普通高等教育经管类专业系列教材

物流运输与配送管理

（第2版）

王效俐 辛 旭 高凌宇 沈四林 编著

清华大学出版社

北 京

内 容 简 介

本书系统地阐述了现代交通运输管理、运输与配送管理的方法、运输与配送方式和技术在实际中的应用，具体内容包括物流运输管理概论、物流运输组织、运输市场、各种运输方式概述、运输需求分析与预测、物流运输供给分析、合理化运输、危险货物集装箱运输、物流配送与配送中心、配送中心的运作模式分析、配送成本管理、配送中心管理、物流运输与配送的新趋势等，并在附录呈现物流企业排行榜、全球各大物流关卡介绍供读者参考。

每章开篇的"学习目标"帮助读者了解章节的主要内容；"引导案例"旨在培养读者分析问题和解决实际问题的能力；章节后的"思考与练习题"集中反映了各章节的知识要点，便于读者进行复习、自我测试和知识能力拓展；"拓展阅读"则给出了能帮助读者扩展视野的论文与图书清单。

本书对运输与配送的理论知识与实践技能分别予以较为详细的介绍，突出了实用性、科学性、可操作性，可供本科院校、高等职业技术学院的交通运输、交通管理、交通工程、物流工程、物流管理及相关专业使用，也适宜作为物流从业人员的参考书。

本书封面贴有清华大学出版社防伪标签，无标签者不得销售。
版权所有，侵权必究。举报：010-62782989，beiqinquan@tup.tsinghua.edu.cn。

图书在版编目（CIP）数据

物流运输与配送管理 / 王效俐等编著. —2 版. —北京：清华大学出版社，2021.8（2025.2重印）
普通高等教育经管类专业系列教材
ISBN 978-7-302-58121-5

I. ①物… II. ①王… III. ①物流－货物运输－管理 ②物资配送－物资管理 IV. ①F252

中国版本图书馆 CIP 数据核字(2021)第 084244 号

责任编辑：高 屾　高晓晴
封面设计：周晓亮
版式设计：思创景点
责任校对：马遥遥
责任印制：丛怀宇

出版发行：清华大学出版社
　　　　网　　址：https://www.tup.com.cn，https://www.wqxuetang.com
　　　　地　　址：北京清华大学学研大厦 A 座　　　邮　编：100084
　　　　社 总 机：010-83470000　　　　　　　　　邮　购：010-62786544
　　　　投稿与读者服务：010-62776969，c-service@tup.tsinghua.edu.cn
　　　　质 量 反 馈：010-62772015，zhiliang@tup.tsinghua.edu.cn
印 装 者：小森印刷霸州有限公司
经　　销：全国新华书店
开　　本：185mm×260mm　　　印　张：22.25　　　字　数：614 千字
版　　次：2012 年 10 月第 1 版　　2021 年 8 月第 2 版　　印　次：2025 年 2 月第 5 次印刷
定　　价：68.00 元

产品编号：091267-01

第2版前言

2012年10月，结合我国的物流理论和技术体系，同时借鉴国内外相关研究和实践经验，我们编写了《物流运输与配送管理》一书。9年来，本书先后印刷10次，历经多轮教学实践的检验，反响良好。弹指一挥间，中国特色社会主义已经进入新时代，物流技术日新月异，交通运输业迅猛发展。目前，大型客机C919已成功完成首飞，300米饱和潜水处于世界先进行列；信息化、智能化技术实现飞跃，大数据、云计算、5G、人工智能、区块链、虚拟现实、数字孪生等技术方兴未艾；线上、线下相结合的商业模式蓬勃发展，"共享经济"蔚然成风；中国路、中国桥、中国港、中国高铁已经成为亮丽的"中国名片"……为了适应最近几年物流、交通领域出现的新形势、新变化，编者组织力量重新修订了本书。

本次修订主要围绕以下几个方面展开。

① 优化篇章结构。本次修订后，全书各章由学习目标、引导案例、正文、思考与练习题、拓展阅读等5个部分组成。每章开头新增的"学习目标"意在帮助读者了解本章的主要内容、学习重点和难点。"引导案例"旨在培养读者分析问题和解决实际问题的能力。章节后的"思考与练习题"集中反映了本章的知识要点，便于读者进行复习和测试。本次修订新增的"拓展阅读"则给出了能帮助读者扩展视野的论文、图书清单。

② 适度进行内容增补。一是为了适应当下我国物流运输行业的发展现状，编者将近年来各类新兴物流技术增补进本书。二是基于教学实践，编者适度增加了一些有关数学建模的知识，从定量的角度阐释物流与配送的相关理论。对其中数理基础要求较高的内容，编者额外标记了星号(*)，可作为学校教学中的选学内容。三是编者更新了"引导案例"，使其更符合当下物流及配送领域的发展现状。四是编者将物流公司排名与简介、全球各大物流关卡的基本情况以"附录"的形式呈现。

③ 推敲校正全书文字。为确保教材内容的准确，编者组织力量对全书进行了认真校对，修正了第一版中存在的定义、概念、文字上的错误，力求全书表达准确。

本书提供了丰富的教学资源，读者可扫描右侧二维码获取。

教学资源下载

全书由同济大学经济与管理学院王效俐教授、辛旭博士、高凌宇博士，以及上海海事职业技术学院沈四林副教授共同编写。其中，王效俐编写第一、二、六、十一章；辛旭编写第五、七、十三章；高凌宇编写第八、十、十二章；沈四林编写第三、四、九章。同济大学博士生刘妙慧负责更新每章的引导案例和附录。

本书校对工作的具体分工为：喻大洲负责第一章，龚帅宇负责第二章，王兰君负责第三章和第四章，卢鹏羽负责第五章至第七章，陈海潮负责第八章至第十章，刘妙慧负责第十一章至第十三章。在此，向他们表示衷心的感谢。

由于时间仓促，加之编者水平有限，书中疏漏之处在所难免，敬请各位专家、读者提出宝贵意见，以使本书日臻完善。联系邮箱：gaoshen2184@sina.com。

编　者

2021年7月于同济园

前　　言

航运物流业是我国"十二五"规划中振兴国民经济的重要产业之一，对于提高整个社会经济发展的效率起着至关重要的作用，而且运输与配送是物流的核心，创造着物流的空间效用。对于大多数企业来讲，运输与配送成本在整个物流成本中的比例是较大的，因此运输与配送是物流系统的重要组成部分。

为了应对国内物流业高速发展的现状，适应市场经济和现代化建设的需求，以及培养掌握现代运输与配送管理技术的高级应用型人才，我们根据长期从事运输与配送储运管理实践、教学与培训、职业技能鉴定及为企业提供内训、咨询的经验，结合我国运输与配送管理的现状，在进行调查研究、收集大量图文资料的基础上编撰了本书。

运输与配送管理是物流管理与供应链管理中的重要环节。物流经济的发展有赖于健全的运输体系架起跨越时空的桥梁，将大规模生产与原材料供给连接起来，将供应源与市场黏合起来。本书由运输与配送两部分组成。运输是物流活动最主要的组成部分，据统计，运输费用约占整个物流费用的40%，在建设一个四通八达、畅通无阻的运输线路网的同时，需要对运输工艺进行有效整合。配送是以配送中心的工作任务为核心，以工作流程为主线，完成物流末端的运输。

本书从运输与配送的理论知识与实践技能层面分别予以较为详细的介绍，突出了实用性、科学性和可操作性。每章开篇的引导案例，有助于培养学生分析问题和解决实际问题的能力；章节后的思考题集中反映了各章节的知识要点，便于学生进行总复习、自我测试和知识能力拓展，也便于教师对学生的学习情况进行考核。

本书的主要特点是：
- 内容新颖全面，包括交通运输管理与配送管理两方面内容；
- 强调理论知识与实践相结合。

本书的出版对交通运输类专业、物流工程和管理等专业的教学工作具有极大的促进作用和重要的现实意义。

全书由同济大学王效俐教授和上海海事职业技术学院沈四林副教授合作完成。第一、二、五、六、七、八、十一章由王效俐教授编写；第三、四、九、十、十二、十三、十四章由沈四林副教授编写。吴志强、杨宝玉、王志利、周玲、胡程参与了本书的校对工作，在此，向他们表示感谢。

本书是在参考了许多专著、教材和企业的有关资料的基础上编撰完成的，在此向相关的作者和有关单位表示诚挚的谢意。本书的出版，得到了清华大学出版社的大力支持，在此也表示衷心的谢意。

由于编者水平有限，本书难免有疏漏与不足之处，诚请专家和读者提出宝贵意见，以便日后充实与完善。联系邮箱：gaoshen2184@sina.com。

编　者

2012 年 7 月于同济园

目 录

第一章 物流运输管理概论 …………… 1
 第一节 物流概述 …………………… 3
 第二节 物流运输管理基础 ………… 6
 第三节 载运工具概述 ……………… 13
 第四节 运输质量管理和运输方式的
     选择 ………………………… 21
 思考与练习题 ………………………… 24
 拓展阅读 ……………………………… 25

第二章 物流运输组织 ………………… 26
 第一节 物流运输组织概述 ………… 27
 第二节 运输组织系统的构成 ……… 32
 第三节 运输组织的工作程序 ……… 46
 思考与练习题 ………………………… 61
 拓展阅读 ……………………………… 61

第三章 运输市场 ……………………… 62
 第一节 运输市场概述 ……………… 63
 第二节 运输市场的结构和特征 …… 67
 第三节 运输产品 …………………… 71
 第四节 运输市场营销 ……………… 75
 思考与练习题 ………………………… 84
 拓展阅读 ……………………………… 84

第四章 各种运输方式概述 …………… 85
 第一节 水路运输 …………………… 86
 第二节 铁路运输 …………………… 98
 第三节 公路运输 …………………… 106

 第四节 航空运输 …………………… 112
 第五节 管道运输 …………………… 117
 第六节 邮政运输 …………………… 121
 第七节 成组运输 …………………… 127
 第八节 冷链运输 …………………… 131
 思考与练习题 ………………………… 133
 拓展阅读 ……………………………… 134

第五章 运输需求分析与预测 ………… 135
 第一节 运输需求概述 ……………… 137
 第二节 运输需求分析 ……………… 139
 第三节 运输量预测 ………………… 145
 第四节 运量预测方法 ……………… 148
 思考与练习题 ………………………… 154
 拓展阅读 ……………………………… 155

第六章 物流运输供给分析 …………… 156
 第一节 运输供给概述 ……………… 157
 第二节 运输供给分析 ……………… 159
 第三节 运输成本 …………………… 162
 第四节 运输价格 …………………… 168
 第五节 运输能力 …………………… 173
 思考与练习题 ………………………… 175
 拓展阅读 ……………………………… 175

第七章 合理化运输 …………………… 176
 第一节 合理化运输概述 …………… 177
 第二节 不合理运输的类型与合理化
     运输的措施 ………………… 179

第三节 数学方法在运输组织中的
　　　　应用 ································· 183
思考与练习题 ··································· 203
拓展阅读 ··· 204

第八章 危险货物集装箱运输 ············· 205
第一节 危险货物集装箱运输
　　　　概论 ································· 206
第二节 危险货物的分类 ··················· 207
第三节 危险品的安全管理 ················ 211
第四节 危险货物运输的技术条件 ······ 213
思考与练习题 ··································· 219
拓展阅读 ··· 219

第九章 物流配送与配送中 ················ 220
第一节 物流配送概述 ······················ 221
第二节 配送业务程序 ······················ 229
第三节 配送的基本方式及应变计划 ··· 231
第四节 配送中心的概念 ··················· 233
第五节 物流配送中心的发展 ············ 238
第六节 配送中心的设立 ··················· 244
思考与练习题 ··································· 252
拓展阅读 ··· 253

第十章 配送中心的运作模式分析 ······· 254
第一节 配送中心模式的类型 ············ 257
第二节 配送的服务策略 ··················· 259
第三节 订单处理与备货作业 ············ 263
第四节 进货作业 ····························· 266
第五节 装卸搬运作业 ······················ 269

第六节 配载与送货作业 ··················· 273
思考与练习题 ··································· 280
拓展阅读 ··· 280

第十一章 配送成本管理 ···················· 281
第一节 物流成本概述 ······················ 282
第二节 物流成本的核算 ··················· 287
第三节 配送成本的核算 ··················· 292
第四节 配送服务与配送成本的
　　　　关系 ································· 299
思考与练习题 ··································· 300
拓展阅读 ··· 300

第十二章 配送中心管理 ···················· 301
第一节 配送中心的作业管理 ············ 302
第二节 配送中心信息管理 ················ 316
思考与练习题 ··································· 321
拓展阅读 ··· 322

第十三章 物流运输与配送的新趋势 ···· 323
第一节 物流配送中的国家战略 ········· 324
第二节 物流配送中的新兴技术 ········· 327
思考与练习题 ··································· 334
拓展阅读 ··· 334

附录 ··· 335
附录 A 物流企业排行榜 ··················· 335
附录 B 全球各大物流关卡介绍 ········· 343

参考文献 ······································· 345

第一章

物流运输管理概论

学习目标

20世纪初，人们逐步形成了对"物流"的认识。通过本章的学习，你将理解一个世纪以来物流概念的演变过程；掌握几种物流的概念和物流的功能；认识现代物流业发展对我国经济发展的重大意义。同时，物流业的发展离不开交通运输，你将在本章了解运输与物流的关系；了解运输的概念和功能；理解运输需求、运输供给、运输市场的概念及其特征；认识不同的载运工具及其特点；了解不合理运输的表现和影响运输合理化的因素。

引导案例

京东物流的运输管理与成本控制

京东商城是中国电子商务领域最受欢迎和最具影响力的电子商务网站之一。每当提到京东，人们首先想到的就是它自建自营的物流体系、强大的物流能力以及良好的购物体验。截至2021年3月31日，京东物流在全国运营超过1 000个仓库，包含云仓面积在内，京东物流运营管理的仓储总面积超过2 100万平方米。京东自开始涉足电子商务领域以来，便在该领域投入了大量的时间和精力，在上海、广州等地建立了子公司，由点及线、由线连成面，使其物流配送网络几乎覆盖全国各地，拥有大规模的物流基础设施。那么，如此庞大的物流体系是如何实现降本增效的呢？

京东的主要物流配送模式主要有以下三种。

(1) 自营物流模式

京东集团2007年开始自建物流，2017年4月25日正式成立京东物流集团。京东自营物流目前为京东商城的自营商品、有"京东配送"标志的第三方卖家商品提供配送服务。目前，京东物流拥有中小件、大件、冷链、B2B、跨境和众包(达达)六大物流网络，凭借这六张大网在全球范围内的覆盖以及大数据、云计算、智能设备的应用，京东物流打造了一个从产品销量分析预测，到入库出库、再到运输配送各个环节无所不包，综合效率最优、算法最科学的智能供应链服务系统。截至2020年9月，京东物流为超过19万企业客户提供服务，助力约90%的京东线上零售订单实现当日达和次日达，客户体验持续领先行业。京东自营物流，不仅使得京东的配送更加方便、快捷，节省了仓库调拨的周转时间，而且使自营物流体系更加健全。

(2) 自营与第三方物流相结合模式

京东物流构建协同共生的供应链网络，2017年，京东物流创新推出云仓模式，通过优化本地仓库资源，让第三方中小物流企业也能充分利用京东技术、品牌和资源，进而实现共赢。京东物流采取与当地的物流企业相互合作，一起完成配送任务的模式。京东物流配送到达不了的区域，选择与当地的快递公司合作，来完成货物的配送任务，在偏远地区，一般与邮政合作。另外，在配送大件时，京东还选择与厂商进行合作。这样既节省费用，又可降低成本。

(3) 高校代理模式

高校学生是网络购物点的主要消费人群之一，但学生上课时间与货物的配送时间往往冲突，使得很多老师、同学无法及时收到快递。为了缓解这一情况带来的不利影响，同时节约配送成本和提高配送效率，京东物流在全国各大院校内招募了"高校代理人"，建立校园自取点，让高校教职工及学生能够享受到京东物流快捷的服务。

除此之外，针对不同客户的配送需求，京东物流为不同群体量身定做不同的服务，设计推出了"211限时达""大家电211限时达""次日达""夜间配""大家电夜间配""定时达""极速达""隔日达"等一系列的配送服务方式。其中，"211限时达"是京东物流率先提出的。到目前为止，"211限时达"服务的范围仍在不断扩大，特别是每年"双十一"期间，京东物流的高效配送体系得到了证明，为京东赢得了口碑。

综上，我们发现京东物流在成本控制方面存在以下的优点。

第一，自建物流体系虽然前期投入资金大，但是投资回收期到了以后，可以比第三方物流节省更多成本，可以不依靠别的企业。自营物流对供应链各个环节有较强的控制能力，因此在成本方面相对于与第三方合作方式更能够进行合理地控制，也易与生产和其他业务环节密切配合，全力服务于本企业的经营管理，确保企业能够获得长期稳定的利润。其次，自营物流有利于企业对供应和分销渠道的控制，可以合理地规划管理流程，提高物流作业效率、减少流通费用；可以使物流与资金流、信息流、商流结合更加紧密，从而大大提高物流作业的工作效率。

第二，在自有物流无法送达的地区，采取与第三方物流合作的模式可以有效降低自己的成本。而且由于当地物流企业对本地情况比较熟悉，也提高了运送效率。将大件的商品包给厂商，是因为大件商品物流配送成本较高，如果京东物流自行运送，成本将高于利润。因此，与厂商合作不仅能够节约成本，还能够用厂商的知名度来替京东物流宣传。

第三，采用集中配送的办法相比传统配送方式具有很多优势，比如节省仓储、降低库存、减轻运输负担、优化物流服务等。特别是对零售业来说，集中配送是最优选择，在这种模式下，商品都是放在配送中心的，品种类型繁多，需要适当保存，所以存放在统一的配送中心，有利于减少损耗，降低产品残次率，而且节约经营成本。接到一定量的订单后，配送中心可以统一规划配送路线，集约化配送，既能最大程度地利用运输设备，又能提高配送效率，降低运输成本，为客户使用提供指导，树立良好的企业形象，使企业资源得到最充分的利用。

第四，京东物流，为越来越多的第三方产品提供服务、收取佣金。这也是收回自建物流投资成本、降低物流平均成本的办法。

阅读上面的案例，可以进一步思考：京东物流采用了哪些配送模式？它们各自的优势如何？京东物流在成本控制方面和其他物流企业相比有何特色？

(资料来源：佚名. 京东商城物流成本控制案例分析. 豆丁网. http://www.docin.com/p-1899751031.html, 2021-03-16.)

第一节　物流概述

物流涵盖了全部社会产品在社会上与企业中的运动过程,是一个相当庞大且复杂的领域。从社会再生产的角度来看,国民经济所有工农业产品的生产过程和制造过程,除了在加工和生产的时间外,全部都是物流过程的时间。例如,在机械产品的生产过程中,加工的时间仅占10%左右,物流的时间却占90%。从社会再生产的流通角度来看,转化为商品的工农业产品,都需要通过物流来实现资源的配置。

一、物流的概念

物流是若干领域经济活动系统的、集成的、一体的现代概念。它的基本含义可以理解为按用户要求,将物的实体从供给地向需求地转移的过程。这个过程涉及运输、储存、保管、搬运、装卸、货物拣选、包装、流通加工、信息处理等若干活动。物流便是这些独立但又有着有机联系的相关活动所集成的、一体化的系统。

1. 物流概念的演变
(1) 物流概念在美国的演变

1901年,约翰·F. 克罗威尔(John F. Growell)在《农产品流通产业委员会报告》中,第一次论述了对农产品配送成本产生影响的各种因素,揭开了人们对物流认识的序幕。1905年,美国陆军少校琼西·贝克(Chauncey B. Baker)在《军队和军输品运输》中明确提出了军事后勤(logistics)的概念。现今,《剑桥高级英语学习词典》中对logistics一词的解释便是"后勤学,后勤"。

最早关于物流的概念,则是由阿奇·萧(Arch W. Shaw)于1915年提出的。他在《市场分销中的若干问题》(Some Problmes in Market Distribution)中首次提出了"physical distribution"(简称"PD")的概念。有人把它翻译成"实物分销",也有人翻译成"物流",这便是最早的物流的概念。1935年,美国销售协会进一步阐述了物流(PD)的概念:"物流是包含于销售之中的物质资料和服务,在从生产地点到消费者地点流动的过程中所伴随的种种经济活动"。

第二次世界大战期间,美军的人员调动、军用物品的装备制造、运输、供应、战前配置与调运、战中补给与养护等军事后勤活动中采用了一系列技术与方法(即广为熟知的运筹学方法),使得这些后勤活动既能及时保障供给,满足战争需要,又能使得费用最省、时间最少、成本最低,还能安全巧妙地回避敌方进攻。因此,"二战"之后,西方的企业和社会开始更加关注于"物流"这一领域,并把军事后勤管理(logistics management)的理论引入经济部门,应用于流通领域和生产经营管理全过程中所有与物品获取、运送、存储、分销有关的活动,取得了很好的效果。

到了20世纪80年中期,西方国家的学者开始认为原来的"PD"描述的是分销物流,而实际上物流不仅包括分销物流,还包括购进物流、生产(制造)物流、回收物流、废弃物流、再生物流等,它应该是一个闭环的全过程,就像军事后勤管理。这时,大家逐渐认识到用"logistics"作为物流的概念更合适一些。在20世纪80年代末、90年代初,学界逐渐把"logistics"作为物流的概念。此后,"logistics"逐渐取代"PD",成为"物流"的概念和英文名词。

(2) 物流概念在日本的演变

20世纪50年代,日本正处于经济高速成长期。1956年,日本生产性本部派出早稻田大学宇野正雄等7人组成的"流通技术专业考察团"前往美国实地考察。回国后,他们提交了《关于美国流通技术的考察报告》,并首次使用了"physical distribution"一词,把它译为日文"物的流通"。1965

年,"物的流通"进一步被简化为"物流"。在"物流"理论的指导下,日本不仅大大降低了流通成本,还提升了服务水平。自1985年开始,西方国家逐渐用"logistics"取代"PD"。同时,日本物流界也使用"logistics"的读音构成的外来语作为"物流"的概念名称,以此和汉字表达的"物流"相区别。这是物流科学走向成熟的标志。

(3) 物流概念在中国的演变

中华人民共和国成立后,国家面临恢复工农业生产的诸多问题。此时,物流在经济中的作用并没有显现出来。1979年,我国物资工作者代表团赴日,在考察报告中第一次引用了"物流"这一术语。当时,我国接受的概念是"PD",译成"物流"。因此,我国许多文献中也是按"PD"的概念来阐述物流的。这种情况一直持续到20世纪90年代初。20世纪90年代以后,我国也开始逐渐接受"logistics"的概念。各类文献中虽然仍使用中文"物流"一词,但在翻译成英文时一概用"logistics",不再使用"PD"。

2. 物流的定义

(1) 中国国家标准(GB/T 18354—2006)的定义

物流指物品从供给地向接收地的实体流动过程。根据实际需要,将运输、储存、装卸、搬运、包装、流通加工、配送、信息处理等基本功能实施有机结合。

物流管理指为达到既定的目标,对物流的全过程进行计划、组织、协调与控制。

(2) 美国物流管理协会对物流的定义

物流是供应链管理的一部分,是对货物、服务及相关信息从起始地到消费地的有效率、有效益的正向和反向流动与存储进行的计划、执行和控制,以满足客户要求。

(3) 英国皇家物流与运输学会对物流的定义

物流指的是将正确的产品,在正确的时间,以正确的方式,按照正确的数量,以正确的成本,送到正确的地方,交给正确的客户。

(4) 日本综合研究所编著的《物流手册》中的定义

物流指的是物质资料从供给者向需要者的物理性移动,是创造时间性、场所性价值的经济活动。从物流的范畴来看,其包括包装、装卸、保管、库存管理、流通加工、运输、配送等诸种活动。

二、物流的功能

1. 物流的总体功能

(1) 组织实物进行物理性的流动

组织实物进行物理性的流动的动力主要来自 5 个方面,即:生产活动和工作活动的要求;生活活动和消费活动的要求;流通活动的要求;军事活动的要求;社会活动、公益活动的要求。

(2) 实现对用户的服务

某些物流领域可以发挥"利润中心""成本中心"等作用,但是所有的物流活动,无一例外地具有"服务"这个共同的功能特性。

2. 物流的基本功能

物流的基本功能,是指物流活动应具有的基本能力。通过这些基本能力的合理组合,便可有效实现物流系统的总目标。物流的基本功能包括运输、仓储、装卸、包装、配送、物流信息和流通加工,分别对应物流活动实际工作环节中的 7 项具体工作。

(1) 运输

运输是指用设备和工具，将物品从一地点向另一地点运送的物流活动，包括集货、分配、搬运、中转、装入、卸下、分散等一系列操作。一切物流过程均离不开运输，它是物流活动的核心业务，涉及运输方式选择、车队组建、装载计划设计、运输路线安排等多种决策。

(2) 仓储

仓库是物流网络组织体系中的"节点"。仓储活动具备保护、管理、贮藏物品的功能。上述活动还会包含仓库选址、配送中心数量/规模等方面的决策。

(3) 装卸

运输、配送、仓储等过程在两端点的作业都离不开装卸（也称"物料搬运"）。它指的是在一个存储区域范围内，货物的短距离移动，其内容具体包括物品的装上卸下、搬运、分类等作业。装卸在物流各环节间起联结和转换作用。装卸的机械化、电子化和自动化可以大大加快物流的中转和流动速度。

(4) 包装

按包装在流通过程中的作用不同，可将包装进一步分为销售包装和运输包装。总体来讲，商品包装要满足消费者、运输商和销售商的要求。其既要起到保护产品、方便使用、便于运输、促进销售的作用，又需要降低包装成本。

(5) 配送

配送是面向城市内、区域内、短距离、多频率的商品送达服务，其本质也是物品的位移。但与运输功能相比，其又具有自身的基本特点。例如，从配送中心到连锁店、用户等的物品搭配及相应的空间位移，均可称为配送。

(6) 物流信息

物流信息主要指为沟通物流各环节、各作业间活动而建立的物流信息网。它有效地为用户提供有关物资的购、储、运、销一体化服务及有关信息的咨询服务，协调各部门、各环节的物流作业。

(7) 流通加工

流通加工是指物品在从生产者到消费者移动的过程中，为保证产品质量、促进产品销售和实现物流高效化，而对物品进行的有关加工和作业，如装袋、分拣、质量检查、贴标签等。此外，在生产过程中对产品所进行的剪裁、组装等作业也属于这一范畴。流通加工一般在仓库、物流节点(据点)、配送中心等地进行。

三、推动现代物流业发展的意义

党的十九大报告指出，我国经济已由高速增长阶段转向高质量发展阶段，正处在转变发展方式、优化经济结构、转换增长动力的攻关期。现代物流业是现代化经济体系的重要组成部分，是新时代中国特色社会主义建设的重要支撑。当前，物联网技术、共享平台网络、共享经济、无人机(车、仓)、快递周转箱、大数据云计算、5G、跟踪技术、信息查询技术、快递组织技术等高新技术和新模式在物流领域的广泛应用，正深刻地改变着物流行业的面貌。未来一段时期，我国物流业将进入以质量和效益提升为核心的发展新阶段。因此，现阶段加快现代物流业发展，探求提升物流效益、降低物流成本的理论与方法，对于促进经济社会转型发展、交通运输转型升级等方面，均具有重要意义。

1. 加快发展物流业是经济社会转型发展的迫切要求

物流业是现代服务业的重要组成部分，对于调整经济结构、转变发展方式、增强国际竞争力具有重要作用。国际层面，世界正经历新一轮大发展、大变革、大调整，大国战略博弈全面加剧，国际体系和国际秩序深度调整，人类文明发展面临的新机遇、新挑战层出不穷，不确定、不稳定因素明显增多，"处于百年未有之大变局"。国内层面，我国社会主要矛盾已经转化为人民日益增长的美好生活需要和不平衡不充分的发展之间的矛盾，经济结构不合理、低端产能过剩、资源环境约束趋紧、人口红利减少、经济发展的后发优势递减等问题凸显。当下，我国经济的发展，面临着从高速增长阶段转向高质量发展阶段的新机遇和新挑战。近年来，虽然国务院先后出台了一系列促进物流业发展的政策措施，但总体而言，我国物流业仍处在初级发展阶段，整体基础薄弱，运行效率不高。加快现代物流的发展，全面提升物流业发展水平，已成为我国经济社会发展面临的一项十分重要而又紧迫的战略任务。

2. 推进物流业发展是实现交通运输转型升级的战略选择

交通运输是兴国之器、强国之基。物流业的发展对传统交通运输业既是机遇也是挑战。党的十九大报告提出建设"交通强国"的目标，即实现"人便其行、货畅其流"，乃至"人悦其行、物优其流"。经过近年来快速发展，我国交通运输硬件设施，特别是高铁、大型/超大型船舶、高速公路、大型桥梁和隧道、城市轨道交通等许多领域的技术水平，已经进入世界先进之列。但是总体而言，其仍存在发展不充分、不平衡的突出问题。具体来看，其存在的问题包括：基础设施还有短板，数量的不充分与结构的不平衡并存，运行管理规则、产业链体系都还不够健全，物流成本较高。以现代物流发展需求为导向，着力解决发展中的突出问题和主要矛盾，是交通运输行业由传统向现代转型升级的必然选择，是发展现代交通运输业的重要切入点和主要着力点。适应现代物流发展需要，确立在现代物流体系中的地位和作用，推进物流业发展，进而实现自身的转型升级，是交通运输行业面临的非常现实而又紧迫的任务，更是交通运输行业今后一个时期的重要战略选择。

第二节　物流运输管理基础

一、物流与运输

由于资源的稀缺性和分布的不均衡性，催生了世界范围内的贸易活动。世界贸易是运输的本源需求，促进着运输业不断发展至今。目前，交通运输已从单个运输方式，扩展到多种运输方式的综合运输系统，进而又发展到与商品的生产和流通相结合的"大系统"，成为综合物流的重要环节。运输业的形成和发展，强有力地推动着社会生产力的发展。而生产力的发展和生产的社会化程度的提升，反过来也对运输业提出了更高的要求。同时，现代物流的产生与发展，更促进了运输业的完善。

1. 运输的功能

(1) 产品转移

无论产品处于哪种形式(如，材料、零部件、装配件、在制品、制成品)，也不管是在制造过程中将被转移到哪里(如，仓库、顾客)，运输都是必不可少的。运输的主要功能就是实现"产品在价值链中的来回移动"。需要注意的是，既然运输利用的是时间资源、财务资源和环境资源，那么只有当运输活动确实能提高产品的价值量时，这种移动才是必要且重要的。

运输之所以涉及利用时间资源，是因为产品在运输过程中是难以存取的。之所以要利用财务资源,是因为产生了驾驶员劳动报酬、运输工具的运行费用,以及一般杂费和行政管理费用分摊。此外,还要考虑因产品灭失损坏而必须弥补的费用。此外,运输直接和间接地使用环境资源。在直接使用方面,运输是能源的主要消费者之一;在间接使用环境资源方面,由于运输造成拥挤、空气污染和噪声污染,因而会产生相应的环境成本。

运输的主要目的则是以最低的时间、财务和环境资源成本,将产品从原产地转移到规定地点。在上述过程中,产品灭失损坏的费用必须是最低的。同时,产品转移所采用的方式,必须能满足顾客有关交付履行和装运信息的可得性等方面的要求。

(2) 产品储存

对产品进行临时储存是一个不太寻常的运输功能,即将运输车辆临时作为储存设施。然而,如果转移中的产品需要储存,但在短时间内(例如,几天后)又将重新转移的话,那么该产品在仓库卸下来和再装上去的成本也许会超过储存在运输工具中每天支付的费用。

在仓库空间有限的情况下,利用运输车辆储存产品不失为一种可行的选择。可以采取的一种方法是,将产品装到运输车辆上,然后采用迂回线路或间接线路运往其目的地。对于迂回线路来说,转移时间将大于比较直接的线路。当起始地或目的地仓库的储存能力受到限制时,这样做是合情合理的。从本质上说,这种运输车辆被用作一种临时储存设施。但它是移动的,并非处于闲置状态。

概括地说,用运输工具储存产品,成本虽然昂贵,但当需要考虑装卸成本、储存能力限制、延长前置时间等情况时,从物流总成本或完成任务的角度来看,这种方法也可能是必要的。

2. 运输与物流的关系

(1) 便利和可靠的运输服务是有效组织输入和输出物流的关键

企业的工厂、仓库与其供货厂商和客户之间的地理分布,直接影响着物流的运输费用。因此,运输条件是企业选择工厂、仓库、配送中心等物流设施配置地点时所需要考虑的主要因素之一。

(2) 运输影响着物流的其他构成因素

运输方式决定了装运货物的包装要求,运输工具决定其配套使用的装卸搬运设备以及接收和发运站台的设计,企业库存量直接受运输状况的影响,发达的运输系统能够适量、快速、可靠地补充库存,以降低库存水平。

(3) 运输费用在物流费用中占有很大的比重

表1-1是中国、美国、日本2018年物流成本的构成情况。从表中可以看出,各国运输费用超过了总物流成本的一半。因此,合理组织运输,以最少的费用、较快的时间,及时、准确、安全地将货物从其产地运到销售地,是降低物流费用和提高经济效益的重要途径之一。

表1-1 2018年中国、美国、日本物流成本构成情况

2018年数据	中国	美国	日本
GDP/万亿美元	12.92	20.49	4.97
货运量/亿吨	515.27	184.96	57.85
平均运距/千米	397.24	557.00	717.39
货运周转量/万亿吨千米	20.47	10.30	4.15
社会物流总额/万亿美元	40.65	18.90	8.69
物流总费用/万亿美元	1.91	1.64	0.43
物流费用占GDP百分比/%	14.8	8.0	8.7
运输费用占物流费用百分比/%	51.8	63.4	69.3
保管费用占物流费用百分比/%	34.6	29.9	27.7
管理费用占物流费用百分比/%	13.6	6.1	3.3

注:表中部分数据的合计数由于四舍五入取舍不同而产生的计算误差,未做机械调整。

(4) 运输与包装的关系

货物包装的材料、规格、方法等都不同程度地影响着运输。包装的外廓尺寸应该充分与运输车辆的内廓尺寸相吻合，这对于提高货物的装载率有着重要意义。

(5) 运输与装卸的关系

一般来说，运输发生一次，往往伴随两次装卸活动——即运输前装的作业和运输后卸的作业。运输活动必然伴随装卸活动。货物在运输前的装车、装船等活动是完成运输的先决条件；装卸质量的好坏，将对运输产生巨大的影响；装卸工作组织得力、装卸活动开展顺利，可以使运输工作顺利进行；装卸是为最终完成运输任务做补充性的劳动，使运输的目的最终完成；装卸是各种运输方式的衔接环节，当一种运输方式与另一种运输方式进行必要的变更时，都必须将装卸作为手段。

(6) 运输与储存的关系

储存(保管)是货物暂时停滞的状态，是货物投入消费前的准备。货物的存储量虽然直接决定于需要量(即使用量)，但货物的运输也会对储存产生影响。当仓库中储存一定数量的货物而消费领域又对其急需时，运输就成了关键。如果运输活动组织不善或运输工具不得力，不仅会延长货物储存时间，还会使货物损耗增大。

(7) 运输与配送的关系

在企业的物流活动中，将货物大批量、长距离地从生产工厂直接送达客户或配送中心称为"运输"。货物从配送中心就近发送到地区内各客户手中称为"配送"。关于两者的区别可以大致概括为以下几个方面，具体如表 1-2 所示。

表 1-2　企业物流运输和配送的区别

运输	配送
长距离大量货物的移动	短距离少量货物的移动
据点间的移动	企业送交客户
地区间货物的移动	地区内部货物的移动
一次向一地单独运送	一次向多处运送，每处只运送少量货物

二、运输市场的概念、特征与分类

1. 运输市场的概念

狭义的运输市场是指运输劳务交换的场所，该场所为旅客、货主、运输业者、运输代理者提供交易的空间。广义的运输市场则包括运输参与各方在交易中所产生的经济活动和经济关系的总和，即运输市场不仅是运输劳务交换的场所，还包括运输活动的参与者之间、运输部门与其他部门之间的经济关系。此外，运输市场作为整个市场体系中的一部分，同样包含资源配置手段这一深层含义。

运输市场是多层次、多要素的集合体，其参与者可以分为需求方、供给方、中介方和政府方等4个方面。我国的运输市场除具有社会主义市场经济共同的特点外，作为市场体系中的一个专业市场，又有以下个性特征：运输商品生产、消费的同步性；运输市场的非固定性；运输需求的多样性及波动性；以及易形成垄断的特性。

运输市场容易形成垄断的特性具体表现在两个方面：一方面，运输业发展到一定阶段，某种运输方式往往会在运输市场上形成较强的垄断力，这主要是因为在自然条件下和在一定的生产力水平条件下某一运输方式具有技术上的明显优势；另一方面，运输业具有自然垄断的特性，这使得运输市场容易形成垄断。我们通常把因历史、政策和需要巨大初始投资等使其他竞争者不易进入市场而容易形成垄断的行业称为具有自然垄断特征的行业。

2. 运输市场的特征

运输本身是一种服务。运输市场同样具备第三产业市场的特征，具体表现如下。

① 运输市场是一个典型的劳务市场。运输企业主要为社会提供没有实物形态的运输劳务。劳务不能储存，也不能调拨，劳务生产与劳务消费具有同时性。它们无论在时间上还是在空间上，都是不可分离的。

② 运输市场是劳动密集型市场。与工业相比，运输业的技术构成相对较低，特别是公路运输业。运输业从业人员较多，每个从业人员占有的固定资产较低。在企业劳动成果中，活劳动(指劳动者在劳动过程中体力和脑力的耗费)所占比重较大。

③ 劳务市场与商品市场成正相关关系。随着商品市场的发展，劳务市场所占的比重有不断扩大的趋势。

④ 运输市场的区域性较强。在市场的空间布局上存在着不同程度的自然垄断。运输市场具有一定的服务半径，超出这个半径范围，企业的经济效益便急剧下降。

⑤ 运输市场波动性较强。由于运输劳务没有实物形态，因此运输市场易受各种因素影响而产生波动。每年、每季、每周，甚至每天都在波动。

⑥ 运输市场受社会运输力量的潜在威胁。许多企事业单位都在组建自己的车队和船队。它们随时都可能进入运输市场参与竞争，是一股不可忽视的运输力量。

3. 运输市场的分类

为了对不同运输市场的经济特征有针对性地开展市场调查与研究，可以从不同角度对运输市场进行分类。

① 按运输方式划分，可分为铁路运输市场、公路运输市场、水路运输市场、航空运输市场和管道运输市场等。

② 按运输对象划分，可分为客运市场、货运市场等。客运市场对运输的安全性、快速性、舒适性和方便性等要求较高，而货运市场则对安全质量和经济性要求较高。货运市场对国民经济形态较为敏感，客运市场则与人民生活水平和国际交往息息相关，而货运市场对国民经济形态较为敏感。

③ 按运输范围划分，可分为国内运输市场和国际海运市场。国内运输内为，如铁路运输市场、江河运输市场、沿海运输市场、公路运输市场；国际运输市场，如国际海运市场、国际航空运输市场等。

④ 按供求关系划分，可分为买方运输市场和卖方运输市场。供不应求时，货主和旅客的运输需要常常得不到满足，买票难、出门难，"以运定产"的现象经常发生，迫切需要扩大运输能力。而供过于求时，又会有大量的运力闲置，得不到充分利用。买方市场、卖方市场的经营环境不尽相同，运输企业采取的对策也会有所不同。

⑤ 按运输需求的弹性划分，可分为有弹性的运输市场和缺乏弹性的运输市场。在富有弹性的运输市场中，运价的变动对运输量的影响较大。运价是调整运输市场平衡的有力工具。在运输需求弹性较低的运输市场中，运价变动对运输量变动的影响不大。为了在时间上使运输市场供求平衡，往往要采取一些在时间上错开客流高峰的强制性措施，如错开上下班时间等。

三、运输价格

运输价格是指运输企业对特定货物或旅客所提供的运输劳务的价格。运费是运输价格与运量的乘积。运输价格能在一定程度上有效地调节各种运输方式的运输需求，即在总体运输能力基本不变的情况下，运输需求会因运输价格的变动而改变。但运输需求在性质上属于派生出来的需求，其大小主要还是取决于社会经济活动的总体水平，运输价格的高低对其影响极其有限。当然，有时运输价格的变动对某一运输方式的需求调节会比较明显。

运输价格是运输企业借以计算和取得运输收入的根本依据。因此，运输价格的高低直接关系到运输企业的收入水平；同时，货物运输价格又是物流总成本的有机组成部分，它的高低也会影响企业的生产经营决策。

1. 运输价格的特点

(1) 运输价格是一种劳务价格

运输价格是运输劳务产品价格，只有销售价格这一种表现形式。同时，由于运输产品的不可储存性，当运输需求发生变化时，只能靠调整运输能力来达到运输供求的平衡。而在现实中，运输能力的调整一般具有滞后性。因此，运输价格因供求关系而产生的幅度往往比一般有形商品大。

(2) 货物运输价格是商品销售价格的组成部分

例如，在外贸进出口货物中，班轮货物的运价占商品价格的比率为 1.1%～28.4%，大宗而价廉货物的比率可达 30%～50%。由此可见，货物运价的高低会直接影响商品的销售价格，甚至实际成交与否。

(3) 运输价格具有按不同运输距离或不同航线而有所区别的特点

距离运价是我国沿海、内河、铁路、公路运输中普遍采用的一种运价形式；而航线运价则广泛地使用于远洋运输和航空运输中。

(4) 运输价格具有比较复杂的比价关系

因为不同的运输方式或运输工具会使所运货物在时间、速度等因素上有差别，而这些差别均会影响运输成本和供求关系，所以在运输价格上势必会有相应的反映。

2. 运输价格形成的因素

形成运输价格的因素主要有运输成本、运输供求关系、运输市场结构模式、国家经济政策以及各种运输方式之间的竞争等。

(1) 运输成本

运输成本是指运输企业在进行运输生产过程中发生的各种耗费的总和。在正常情况下，运输企业为了能抵偿运输成本而不至于亏损并扩大再生产，一般要求运输价格不低于运输成本。

(2) 运输供求关系

运输供给和需求对运输市场价格的调节，通常是由供求数量不同程度的增长或减少引起的。为分析方便，通常以假定其中一个量不变为前提来讨论对运输市场价格的影响，即运输需求不变，分析供给发生变化时，对运输市场价格的影响；运输价格不变，分析需求发生变化对运输市场价格的影响。从以上分析可以看出，运输需求或供给的变化都会引起运输价格的改变。

(3) 运输市场结构模式

根据市场的竞争程度，运输市场结构可大体分为 4 种类型，即完全竞争运输市场、完全垄断运输市场、垄断竞争运输市场和寡头垄断运输市场。不同类型的运输市场具备不同的运行机制和特点，将对运输价格的形成产生重大的影响。

① 完全竞争运输市场。它指运输企业和货主对运输市场价格均不能产生任何影响的市场。在这种市场上，运输企业和货主都只能是运输价格的接受者，运输价格完全由供求关系决定。在现实中，虽然并不存在这种市场，但基本具备该市场条件的是海运中的不定期船运输市场。

② 完全垄断运输市场。它指某一运输市场完全被一个或少数几个运输企业所垄断和控制。在这种市场上，垄断企业拥有完全自由的定价权。它们可以通过垄断价格，获得超额利润。在现实中，完全垄断运输市场并不存在。但在早期，我国铁路运输因由国家独立经营，对铁路运输货物实行指令性价格，所以具备垄断运输市场的性质。需要注意的是，我国铁路运输货物实行的所谓"垄断价格"，其出发点并不是获得超额利润，而主要是根据运输成本、运输供求关系、国家经济政策等因素来定价，同一般意义上的以获取最大利润为目的的"垄断价格"有很大区别。自2018年以来，为深化铁路货运市场化改革，铁路集装箱、零担各类货物运输价格，以及整车运输的矿物性建筑材料、金属制品、工业机械等12个货物品类运输价格已实行市场调节，由铁路运输企业依法自主制定。

③ 垄断竞争运输市场。它指既有独占倾向又有竞争成分的市场。我国沿海、内河以及公路运输市场基本上属于这一类型。这种市场的主要特点是：同类运输服务在市场上有较多的提供者，市场竞争激烈；新加入运输市场比较容易；不同运输企业提供的运输服务在服务水平上(如快速性、货物完好程度)有较大差异，而某些运输企业由于存在优势而产生了一定的垄断性。

④ 寡头垄断运输市场。它指某种运输服务的绝大部分被少数几家运输企业垄断的市场。在这类市场中，运输价格不依靠市场供求关系决定，而是由几家大企业通过协议或某种默契规定的。海运中的班轮运输市场是较为典型的寡头垄断运输市场。

(4) 国家经济政策

国家对运输业实行的税收政策、信贷政策、投资政策等均会直接或间接地影响运输价格。长期以来，国家为扶持运输业，在以上诸方面均实行优惠政策。例如，目前国家对运输业所征的营业税税率是第三产业中是较低的。从运输价格的理论构成看，包括运输成本、利润和营业税金三部分。如果营业税税率降低，在运输成本和利润不变的情况下，运输价格可随之降低。因此，目前国家对运输业实行的优惠税率政策有利于稳定运输价格并促进运输业的发展。

(5) 各运输方式之间的竞争

影响运输价格水平的竞争因素有：运输速度、货物的完好程度以及是否能实现"门到门"运输等。以运输速度为例，若相同起讫地点的货物可采用两种不同的运输方式，则运输速度较慢的运输方式只能实行较低的运价。这是因为就货主而言，它增加了流动资金的占有和因货物逾期丧失市场机会而造成的市场销售损失。与运输速度较快的运输方式相比，其理论降价幅度为上述两项费用之和。

四、运输价格的种类

运输价格可以按不同运输对象、不同运输方式以及多种运输方式的联合等划分为若干种类。

1. 按对货物运输价格的管理方式划分

① 国家定价。例如，早期国有铁路运输的运价、抢险救灾运输的运价以及航空运输的运价由国家定价。

② 国家指导价。例如，早期交通运输部直属企业的计划内货物实行国家指导价。

③ 市场调节价。除上述两种情况外，均实行市场调节价。

2. 按运输货物种类划分

按运输货物种类划分，可分为普通货物运输价格、危险货物运输价格、冷藏货物运输价格和集装箱货物运输价格等。其中，在普通货物运输价格中，又按其不同的运输条件和货物本身价值高低等因素划分若干等级。

3. 按货物批量大小划分

按货物批量大小划分，可分为整批货物运输价格和零担货物运输价格。按规定，后者大于前者。如沿海、长江航区凡满 30 吨以整批计价，一次托运未满 30 吨的，则以零担货物计价，后者价格高于前者 20%。铁路、公路的整批或零担的认定，则以一次托运量是否能装满一车(车辆或车厢)为标准。能装满整车的为整批货，否则为零担货。

4. 按不同运输方式划分

① 水路货物运输价格。国际海上货物运输价格包括班轮运输价格和航次租船运输价格。班轮运输价格指以班轮方式承运货物时规定的价格；航次租船运输价格指船舶所有人和承租人在航次租船合同中约定的运输价格。国内水路货物运输价格按不同航区分别制定，具体划分为沿海航区、长江、黑龙江、珠江水系以及内河航区等。各航区根据不同货种、不同运输距离各自制定相应范围的货物运输价格。

② 铁路货物运输价格。在早期，我国铁路除少数线路外均实行全国统一货物运输价格，并按不同货种、不同运距分别制定。2018 年以后，铁路集装箱、零担各类货物运输价格，以及整车运输的矿物性建筑材料、金属制品、工业机械等 12 个货物品类运输价格已实行市场调节，由铁路运输企业依法自主制定。

③ 公路货物运输价格。上个世纪，我国公路货物运输价格由各省(市、区)分别制定，具体按不同货种、不同运输条件和不同运输距离分别制定。目前，上述价格已实现完全由市场调节。

④ 航空货物运输价格。我国航空货运输价格首先区分国际航线和国内航线，然后按不同航线，分别考虑货物种类和批量等因素制定。

⑤ 管道货物运输价格。我国管道货物运输价格按不同管道运输线输送不同货种分别制定。目前输送的货种为油类(如，原油和成品油)、压缩气体(如，天然气和燃化气体)、水浆(如，矿砂和煤粉)等。

5. 货物联运运输价格

① 国内货物联运运输价格，即起讫地点均在同一国境内的货物联运运输价格。
② 国际货物联运运输价格，即跨国境的货物联运运输价格。

五、运输价格的结构

实践中，运输企业一般按运输距离制定运输价格(称为距离运价)或按不同运输路线制定运价(称为线路运价)。因此，按照不同定价方案形成的运价体系，其各部分的构成及各部分间的相互关系也不尽相同，即运输价格的结构不同。所谓运输价格的结构，指的是运输服务的价格由哪几部分构成，分别与哪些因素有关。基于上述概念，我们有时也把距离运价称为里程运价结构，将线路运价称为航线运价结构。

1. 距离运价(里程运价结构)

(1) 均衡里程运价

均衡里程运价是指对同一货物而言，货物运价率(即每吨货物运价)的增加与运输距离的增加成正比，即每吨千米运价不论其运输距离的长短均为定值。公路货物运价之所以采用均衡里程运价形式，主要是因为公路货物运输成本的变化与运输距离的变化存在内在的联系，即运输成本的增加(或减少)与运输距离的增加(或减少)基本成正比。因此，均衡里程运价能较好地反映运输成本的变化。我国公路货物运价基本上采用均衡里程运价形式。公路货物运输按其营运过程，成本主要由三部分组成：始发地作业成本、途中行驶成本和终止作业成本。

(2) 递远递减运价

递远递减运价是指对同一货种而言，每吨货物运价虽然随运输距离的增加而相应增加，但并不成正比增加。这种运价结构使每吨千米货物运价随运输距离的增加而逐渐降低。递远递减运价被广泛应用于我国水路运输(包括沿海和内河)和铁路运输中。

2. 线路运价(航线运价结构)

线路运价是指按运输线路或航线的不同分别确定的货物运价。它被广泛应用于国际海运和航空货物的运输中。以运输成本为基础的距离运价有时在实际中无法实施。因为国际海运和航空运输线路一般较长，而且每条线路的自然条件和运输条件千差万别。即使运输距离相同，其发生的运输成本也会有很大差别。例如，北大西洋航线与太平洋航线的船舶运输显然不能相提并论。此外，各线路的运输供求关系、竞争状况以及社会、政治环境等也各不相同，因此只有按不同线路(或航线)分别确定运价才更符合实际。

综上所述，从理论上看，无论何种运输方式，只有采用线路运价的形式，才比较符合运输价格的形成规律。但在实际操作中，由于港、站的密度大，加上货种复杂，为了简化运价的制定和运费的计算，目前在我国水路、公路、铁路运输中采用距离运价有其合理性，但对航区或运输区域的划分应予以改进和完善。

第三节 载运工具概述

交通运输是人类社会生存发展最基本的需求之一。自古以来，人们就把衣、食、住、行列为生存的四大基本要素。交通运输承担人员流动与物资流通的双重职能，是参与社会精神及物质财富创造的重要环节。运输生产的目标不在于改变载运对象的性质和形态，而在于通过位移改变其所在的空间位置。

一、载运工具的作用与分类

1. 载运工具的作用

我们将车辆、船舶、集装箱、飞机、运载火箭、铁路货车、客车等称为载运工具，即交通运输的运输工具部分。由于交通运输是使用各种载运工具(火车、汽车、船舶和飞机等)，使运输对象——货物和旅客实现地理位置(空间)上的转移，因此载运工具是使运输对象空间场所移动成为可能的主要技术手段。它们是实现运输的工具和载体；是社会生产和消费中必不可少的主要组成部分，并在国民经济发展中起着重要的作用。

首先，新的革命性运输设备及其对应交通方式的出现，都会推动社会的进步。例如，近代铁路的出现，促使了工业布局和城市发展由沿江海向内陆的转移；飞机的出现，改变了传统地域的时空界限；高速公路与汽车的出现，使城市与城市之间的联系更加紧密。可以说，现代文明社会必须配套现代的交通运输体系，交通运输设备则诠释了现代交通体系的物质内涵，而且伴随人类文明的发展，不断推陈出新、适应与推动社会的进步。

其次，交通运输设备的设计与制造，必须满足社会发展的需要，是社会生产生活的重要组成部分，如汽车工业、飞机工业、轮船工业、铁路工业等。交通运输设备的生产与制造，不仅可以创造出巨大的物质财富，而且可以解决大量的就业与消费等社会问题。

2. 载运工具的分类

类似于运输方式的分类，载运工具可大致分为以下 6 个类别。

① 水上载运工具：利用螺旋桨、喷射水流在水中的推力而在水上行驶的载运工具，如各种螺旋桨船舶、水翼船、气垫船等。

② 道路载运工具：利用汽油、柴油、电或其他能源作动力，通过轮胎在各种道路上行驶的各种车辆，如汽车(货车和客车等)、无轨电车、摩托车等。

③ 轨道载运工具：沿固定的轨道行驶，由电力、内燃机或蒸汽作动力的各种车辆。

④ 航空载运工具：利用螺旋桨或高速喷射气流在空气中的推力而在空中航行的载运工具，包括各种螺旋桨飞机、喷气式飞机、直升飞机等。

⑤ 管道载运工具：各种液体或气体输送管道。

⑥ 其他载运工具：如索道缆车、行人自动步道、皮带输送机等。

二、水上载运工具概述

整个地球表面的 2/3 是海洋、湖泊和河流。水上运输是国际贸易中最主要的运输方式，占国际贸易总运量的 70%，全球 70 多亿人的生活所需离不开全球 150 万名海员的辛勤劳动。前国际海事组织秘书长米乔普勒斯指出，"没有海员的贡献，世界上一半的人会受冻，另一半的人会挨饿。"经过漫长的岁月，水上运载工具也由独木舟发展到现在种类繁多的船舶。

1. 船舶的分类

船舶是能航行或停泊于水域内，用以执行作战、运输、作业等任务的运载工具，是各类船、舰、舢板、筏及水上作业平台等的统称。《中华人民共和国海商法》则规定，"本法所称船舶，是指海船和其他海上移动式装置，但是用于军事的、政府公务的船舶和 20 总吨以下的小型船艇除外"。根据船舶用途，在综合物流中广泛应用的水上运载工具是运输船舶(通常又称商船)中的货船，其又细分为以下几种。

(1) 干货船

干货船包括杂货船、集装箱船、散货船、滚装船、载驳船和冷藏船。

① 杂货船是装载一般包装、袋装、箱装和桶装的普通货物船，在运输船中占有较大的比重。杂货船具有 2~3 层全通甲板，根据船的大小设有 3~6 个货舱，通常设有吊杆或吊车以装卸货物，底部采用双层底结构以保证船舶的安全。一般我们所称的万吨级货船，是指它的载货量在一万吨左右或一万吨以上，而其总载重量和满载排水量则还要大得多。万吨杂货船一般都是双层甲板船，有 4~6 个货舱，每个货舱的甲板上有货舱口，货舱口两旁装有能起重 5~20 吨的吊货杆。近年来由于集装箱运输的发展，杂货船已经少有建造，目前营运的杂货船正向集箱船改造或向提供载运重、长、大件货物运输的特种船型发展。

② 集装箱船是以载运集装箱为主的专用运输船舶。集装箱船在船型和结构上与常规的杂货船有明显的不同——它的外形瘦长，通常设置单层甲板、巨大的货舱口，货舱内部和甲板上均可积载集装箱。绝大多数的集装箱船上不设起货设备，装卸通常由码头的岸边集装箱起重机(简称"岸桥"或"吊桥")进行的。集装箱的装卸效率比杂货高很多，因此船舶靠泊时间短。为加快船舶周转，集装箱船的航速也高于杂货船，通常为 20~30 节(海里/时)，高的可达 33 节以上。近年来为了节能，一般采用经济航速(18 节左右)。由于造船技术及港口配套设施的改善，集装箱船已由最

初的普通杂货船改建发展到目前可装载超过 23 000 标准箱(20 英尺[①]长的集装箱为标准箱,简称为 TEU)的专用船,而且集装箱船还向更大载箱量的趋势发展,以充分发挥规模经济效应。

③ 散货船是指专门用于载运粉末、颗粒状、块状等非包装类大宗货物的运输船舶。属于这类船舶的主要有：普通散货船、专用散货船、兼用散货船以及特种散货船等。普通散货船一般分为单甲板、尾机型、货舱载面呈八角形,舱室的分隔要求不高。大吨位的散货船一般不设置起货设备。专用散货船是根据一些大宗、大批量的散货对海上运输技术的特殊要求而设计的,主要有运煤船、散粮船、矿砂船以及散装水泥船等。兼用散货船是根据某些特定的散货或大宗货对海上运输技术的特殊要求设计建造的,具有多种装运功能。特种散货船包括大舱口散货船(货舱口宽度可达船宽的70%以上)、自卸散货船(具有特殊货舱结构,自身装有一套自动卸货系统)和浅吃水大型船等。

④ 滚装船是指通过跳板采用滚装方式装卸载货的船舶。它把装有集装箱及其他件货的半挂车或装有货物的带轮子的托盘作为货运单元,由牵引车或叉车直接进出货舱进行装卸。使用滚装船运输货物能大大提高装卸效率,并有利于水陆直达联运。

⑤ 载驳船又称"子母船",是指专门载货驳船的运输船舶。先将货物装在统一规格的驳船里,以这些驳船为货运单元装到载驳船上,到达中转港后,卸下驳船,再用拖船把成组的驳船拖运至母船无法航行的航道或无法停靠的码头,把货物运送到码头上。载驳船船型基本上和集装箱船相似,上甲板平坦,驾驶台及上层建筑尽量靠向船首,以让出更多甲板面积堆放驳船。

⑥ 冷藏船是使鱼、肉、水果、蔬菜等易腐食品处于冻结状态或某种低温条件下进行载运的专用运输船舶。因受货运批量限制,冷藏船吨位不大,通常为数百吨到数千吨。冷藏船的货舱为冷藏舱,常隔成若干个舱室。每个舱室是一个独立的封闭的装货空间。舱壁、舱门均为气密,并覆盖有泡沫塑料、铝босси聚合物等隔热材料,使相邻舱室互不导热,以满足不同货种对温度的不同要求。各冷藏舱温度范围为-25～15℃,可以根据不同货种选择适宜的温度。

(2) 液货船

液货船是专门用于运输液态货物的船舶。液货船的运量在现代商船中占有很大的比例。液货船主要包括油轮、液化气船和液体化学品船等。

① 油轮是专门用于载运散装石油的液货船,一般分为原油船和成品油船两种。原油船由于油种单一,吨位较大,可以取得规模经济效益；成品油船受到货物批量与港口设备条件的限制,一般比原油船要小。

② 液化气船是专门装运液化气的液货船,船上装有特殊的高压液舱,可分为液化天然气船(简称 LNG 船)和液化石油气船(简称 LPG 船)。

③ 液体化学品船是专门载运各种液体化学品(例如,醋、苯、醇、酸等)的液货船。因为液体化学品一般都具有易燃、易挥发、腐蚀性强等特征,有的还有剧毒,所以对船舶的防火、防爆、防毒、防泄漏、防腐等方面有较高的要求,通常设双层底和双重舷侧。

(3) 驳船、推船与拖船

驳船是内河运输货物的主要运载工具,本身一般无推进动力装置。它依靠推船或拖船等机动船带动形成船队运输。推船是用以顶推驳船或驳船队的机动船,有强大的功率和良好的操纵性能。拖船是专门用于拖拽其他船舶、船队、木排或浮动建筑物的工具,是一种多用途的工作船,与推船一样具有强大的功率和较高的操纵性。

[①] 1 英尺≈0.3048 米,20 英尺≈6.10 米。

2. 运输船舶的主要性能

(1) 船舶航行性能

为了适应各种海况、气候、海区，船舶必须具备良好的航行性能以保证航行安全。船舶的航行性能主要包括浮性、稳性、抗沉性、快速性、适航性和操纵性等 6 大航行性能。这些性能由设计人员在船舶建造前根据船舶拟投入营运的航区等各种信息来设计，并由船员在船舶营运过程中根据具体要求进行控制。

(2) 船舶的重量性能

运输船舶的重量性能包括船舶的排水量和载重量，计量单位为吨。

① 排水量。排水量指船舶浮于水面时所排开的水的重量，亦等于船上的总重量。根据不同的装载状态，排水量可进一步分为空船排水量、满载排水量、空载排水量以及压载排水量。空船排水量是指新船造好后的排水量，等于空船重量，即船上只有船体钢料、机电设备、船员物料这三部分重量时，船舶所排开的水的重量。满载排水量一般也称为设计排水量，是船舶满载时的排水量，即船舶在满载水线下所排开的水的重量，包括空船重量、货物或旅客、燃料、淡水、食物、船员和行李以及船舶常数等重量的总和。空载排水量是船舶空载时排开水的重量，即不装货物时的重量。压载排水量是船舶压载航行时排开的水的重量。船舶为了保证空载航行时的航行性能，常在船上加压载水，使船舶处于压载航行状态。

② 船舶载重量。船舶载重量是指船舶运输货物的能力，有总载重量和净载重量之分。总载重量指船舶所允许装载的最大重量。它是包括货物和旅客、燃料、淡水、粮食和供应品、船用备品、船员和行李以及船舶常数等重量的总和。船舶总载重量等于船舶的满载排水量减去空船重量。净载重量是指船舶所装载的最大限度的货物重量。船舶净载重量等于船舶总载重量减去燃料、淡水、粮食和供应品、船用备品、船员和行李以及船舶常数后的重量，是总载重量中能够盈利的那部分重量。

③ 船舶载重线标志。为了保证运输船舶能够在各种条件下安全行驶，同时又能最大限度地利用船舶的载重量，国家验船机构或其他国家勘定干舷的主管机关，根据船舶航行于不同的航区和季节，分别规定船舶的最小干舷及允许使用的载重水线，即船舶的载重线。它用载重线标志的形式，勘绘在船中两舷外侧，以限制船舶的最大吃水量。

(3) 船舶的容积性能

船舶的容积性能包括货舱容积和船舶登记吨位。

① 货舱容积。货舱容积是船舶货舱内部空间大小的度量，分为型容积、散装容积和包装容积三种。型容积是货舱的理论容积，即不包括外板厚度、货舱内的骨架等在内，丈量所得到的货舱内部的总容积。散装容积是货舱内能够装载散货(如散粮、矿砂、煤炭、盐等)的货舱容积，它是型容积中扣除骨架等所有容积后的容积，包括船舶两侧壳板内缘、舱底板、舱盖板和横舱壁包围的容积并扣除肋骨、支柱和横梁所占的容积。包装容积是货舱内可容纳的固体货物(这种货物不会充溢船舶肋骨之间的空间)的容积。它是型容积中扣除骨架及骨架间容积后的容积。一般为散装舱容的90%~96%。舱容系数则是船舶货舱总容积与船舶净载重量之比，即每一净载重量所能提供的货舱容积数。由于船舶净载重量随不同航次的具体情况而变化，因而本系数是一个变数。

② 船舶登记吨位。船舶登记吨位指按船舶吨位丈量规范的有关规定进行丈量所得到的内部容积。它是为船舶注册登记而规定的一种以容积折算的专门吨位，分为总吨位和净吨位两种。总吨位是通过对船舶所有围蔽处所进行丈量计算后确定的吨位。一般用于表示船舶的大小等级，作为国家统计船舶数量的单位，以及计算造船、买卖船舶及租船费用的依据。净吨位是指对船舶能够实际营运的载货(客)处所丈量计算后得出的吨位。一般用于计算船舶向港口缴纳各种费用和税收

等的依据，或作为计算航经苏伊士运河和巴拿马运河时的船舶通行税的依据等，但各运河都有自己的计算方法。净吨位在总吨位的0.63～0.70的范围内。

(4) 船舶航速

船舶的航行速度简称航速。它是指船舶在航行时，相对于陆地或水在单位时间内所航行的距离。运输船舶的速度性能包括试航航速和服务航速。试航航速是船舶试航时测得的航速。服务航速也称常用航速或营运航速，它是指运输船舶在平时营运时所达到的航速。

陆上的车辆，以及江河船舶，其速度计量单位多用千米(公里)/时，而海船(包括军舰)的速度单位则称作"节"。节的符号是英文"knot"的词头，缩写为"kn"。1 节等于每小时航行 1 海里，也就是每小时行驶 1.852 千米(公里)。这个距离等于地球椭圆子午线上纬度 1 分所对应的弧长。航海上计量短距离的单位是："链"，1 链等于 1/10 海里，代号是英文"cable"的词头，缩写为"cab"。

(5) 船舶的装卸性能

船舶的装卸性能一般会影响船舶装卸效率。它随货舱的布置、船体结构、起货设备的不同而不同，即具有不同的货舱布置、船体机构和起货设备的船舶，其装卸性能能有优劣之分。目前，运输船舶正向着大型化、专业化的方向发展，船舶装卸设备均采用专业机械，单机效率和自动化控制水平也在不断提升，以适应新形势的需要。

三、道路运输工具概述

1. 汽车的定义与分类

汽车是指不用轨道、架线，使用自身动力装置驱动的快速而机动的轮式陆路运输工具，一般有 4 个或 4 个以上的车轮。

汽车的分类方法有很多，如按用途分可分为轿车、客车、货车、专用车、越野汽车、工矿自卸汽车、农用汽车、牵引汽车和汽车列车等。货车通常分为微型货车、轻型货车、中型货车和重型货车。微型货车的最大总重量不超过 1.8 吨；轻型货车的最大总重量为 1.8～6.0 吨；中型货车的最大总重量为 6.0～14.0 吨；重型货车的最大总重量则在 14 吨以上。

2. 汽车的基本性能

(1) 汽车的动力性

汽车的动力性包括最高速度、汽车的加速时间和汽车的最大爬坡度。最高速度指在水平的良好路面上，汽车能达到的最高行驶速度。此时汽车应为满载，油门开度最大，变速器为最高档。汽车的加速时间是指汽车的加速能力，对平均车速有很大影响，也和行驶的安全性有关，如超车和闪避，进一步分为原地起步加速时间和超车加速时间。汽车的最大爬坡度是指汽车满载、最低档时在良好的路面上能爬上的最大坡度。

(2) 汽车的驱动力与行驶阻力

汽车驱动力又称汽车牵引力，是指驱使汽车行驶的动力。汽车行驶阻力包括滚动阻力、加速阻力、坡度阻力、空气阻力。其中滚动阻力和空气阻力是在任何行驶条件下均存在的，而坡度阻力和加速阻力仅在一定行驶条件下存在。

(3) 汽车的燃料经济性

当汽车以某一档位在一定道路条件下等速行驶时，耗油量与车速之间的关系称为该车的燃料经济性，耗油量越小，则经济性越好。

(4) 汽车的制动性

汽车制动性指汽车在行驶中强制减速直至停车的能力。汽车具有良好的制动性能，首先满足行驶安全性的需要，其次提高汽车的平均车速，从而获得较高的运输生产率。

(5) 汽车的操纵稳定性

汽车的操纵稳定性包括操纵性和稳定性。操纵性指汽车能够确切地响应驾驶员转向指令的能力；稳定性指汽车在行驶过程中，具有抵抗改变其行驶方向的各种干扰，并保持稳定行驶而不致失去控制甚至翻车或侧滑的能力。实际上两者是相互联系的，稳定性的好坏直接影响汽车的操纵性。

(6) 汽车的行驶平顺性

行驶平顺性是指保持汽车在行驶过程中乘员所处的振动环境下具有一定舒适度的性能。

(7) 汽车的通过性

通过性是指一定装载重量下，汽车能以足够高的平均速度，通过各种坏路、无路地带和坎坷不平路段及各种障碍的能力。这也是汽车的重要性能。

四、轨道载运工具概述

轨道载运工具是沿轨道行驶的各种机车与车辆的总称。轨道载运工具广泛地应用于城市之间的中长途客货运输，城市内和市郊的公共交通，特别是大容量、快速的公共交通。其具体包括有轨电车、轻轨交通列车、快速轨道交通列车、市郊铁路列车、铁路客货运输列车、高速铁路列车以及其他轨道式公共交通车辆或列车等。

(1) 有轨电车

有轨电车是采用电力驱动并在轨道上行驶的轻型轨道交通车辆。它是一种公共交通工具，亦称路面电车，简称电车。列车一般不超过 5 节，长 14～21 米，可乘坐 100～180 人。

(2) 轻轨交通列车

轻轨交通列车通常为 6 轴或 8 轴的铰接车辆。铰接车辆长度为 20～32 米，可容纳 250 位乘客。

(3) 快速轨道交通列车

快速轨道交通列车是由 1～10 辆车组成的电动列车，使用专用道行驶。

(4) 市郊铁路列车

市郊铁路列车通常由中长途铁路延伸到市郊或市区边缘，为当地提供客运服务。

(5) 铁路客货运输列车

铁路客货运输列车是由机车牵引若干车辆组成的旅客或货物运输列车。

(6) 高速铁路列车

高速铁路列车，又称高速火车，是指能以高速度持续运行的列车，最高行驶速度一般要达到 200 千米/时之上，一般是由若干带动力的车辆和无动力的拖车一起构成的动车组列车。由于它的速度快、运量大、能耗低、舒适而安全、对环境污染小、经济效益好，因而逐渐发展成为一种高效的中长途旅客载运工具。高速铁路列车属于现代化的高速交通工具，是火车顶尖科学技术的集中体现，可以大幅提高列车旅行速度，从而提高火车运输效率。

根据国家发展改革委、交通运输部、中国铁路总公司印发的《中长期铁路网规划》，中国高速铁路网由所有设计速度每小时 250 千米以上的新线和部分经改造后设计速度达到每小时 200 千米以上的既有线路共同组成。截至 2020 年底，中国高速铁路营业总里程达到 3.8 万千米，居世界第一。

(7) 其他轨道式公共交通车辆或列车

其他轨道式公共交通车辆或列车有悬挂式或骑跨式独轨车辆、橡胶轮和钢轮双用车辆、橡胶轮轨道行驶车辆、磁悬浮挂式车辆等。

五、航空运输工具概述

20世纪最重大的发明之一是飞机。1911年2月20日，英国飞行员蒙斯·佩凯在印度驾机为邮政局运送了第一批邮件；同年7月初，英国飞行员霍雷肖·巴伯将一名女乘客从肖拉姆运送到亨登，并为通用电气公司将一纸箱"奥斯拉姆"灯空运至霍夫。20世纪二三十年代，飞机开始频繁承担快递空中运输任务，于是出现了运输机。可以说，飞机是20世纪新出现的、技术发展最迅速的一种载运工具。

中国首款按照国际适航认证标准研制的干线民航客机C919于2017年5月5日成功完成首飞。其全称为COMAC-C9-19，C取自中国(China)和中国商用飞机有限责任公司(简称中国商飞，英文名称Commercial Aircraft Corporation of China Ltd，缩写COMAC)的首字母。截至2019年10月，累计全球订单数量突破1 000架。中国商飞计划于2021年交付首架C919单通道客机。

1. 飞机的类型

(1) 按运输类型划分

按运输类型，飞机可分为：①由航空公司定期航班或非定期航班使用的各种运输机；②为工农业生产飞行、商业飞行、教学飞行等服务的航空飞机。

(2) 按航程距离划分

按航程距离，飞机可分为以下4种。①远程飞机。航程距离约在8 000千米以上，主要用于洲际飞行。由于航程远，需耗用大量燃料，其机体尺寸和重量都很大，所需跑道也长。②中程飞机。航程距离约在3 000～5 000千米以上，适用于洲内和主要航线的飞行，其最大起飞质量在100 000千克以上。③近程飞机。航程距离约在3 000千米以下，适用于在国内主要航线上飞行，其最大起飞重量在40 000千克以上。④短途飞机。航程距离约在1 000千米以下。

(3) 按发动机及其产生推力的类型划分

按发动机及其产生推力的类型，飞机可分为以下4种。①活塞式。以活塞式航空发动机作为动力，通过螺旋桨产生推进力的飞机。由于活塞式发动机功率的限制和螺旋桨在高速飞行时效率下降，只适用于低速飞行。活塞式飞机大多数服役于20世纪50年代以前，仅有少量小型飞机、超轻型飞机、无人机等采用此种发动机。②涡轮螺旋式。涡轮螺旋式运输机是以涡轮发动机为动力，以螺旋桨旋转时所产生的力量作为前进推进力的飞机。部分短程支线和通勤运输飞机采用这种类型。③涡轮喷气式。涡轮喷气式运输机是由燃气涡轮发动机向后喷射出高速气流以产生推动力的飞机。④涡轮风扇喷气式。在涡轮喷气发动机的前部(或后部)加上一个风扇以产生推动力的飞机。目前，除短程飞机外，几乎所有运输飞机都采用这种形式。

2. 飞机的性能

(1) 稳定性

飞机稳定性，又称"飞机安定性"，是指飞机反抗外界扰动、保持原有飞行状态能力的特性。飞机保持一定状态飞行(如巡航、爬升、下降)时，可能遇到如突风、不稳定的气流或偶然不当的操纵而引起扰动，使飞机偏离原来的飞行状态。若飞机具有适当的稳定性，则在扰动消失后，飞机可以不依靠飞行员的干预，逐渐地自动恢复其原飞行状态。

(2) 操纵性

飞机除了能通过空气动力部件保证稳定飞行之外，还应具备良好的操纵能力。良好的操纵性能是指飞行员不需要用很大的力，就可使飞机改变飞行状态。但飞机的操纵性能也不是越灵敏越好。飞机的操纵性与飞机的稳定性有密切的关系，在具体要求上往往相互矛盾。稳定性很好的飞机，操纵性可能不灵敏；操纵性很好的飞机，稳定性又不好。因此，应当根据不同用途飞机的不同性能要求，适当地进行协调，使稳定性和操纵性综合起来处于最佳状态。

(3) 尾旋

尾旋是飞机的攻角(迎角)超过临界迎角后，发生的一种连续的自动的旋转运动。在尾旋发生过程中，飞机沿着一条小半径的螺旋线航迹一面旋转，一面急剧下降，并同时绕滚转、俯仰、偏航三轴不断旋转。

(4) 颤振

由于飞机必须很轻，因此在空气载荷的作用下必然会出现变形。这种变形将改变气动载荷的分布，而它反过来又使变形发生变化。在这种相互作用过程中，会引起飞机的颤振。当飞机发生颤振时，轻则出现不稳定和振动现象；重则导致飞机在空中完全解体，从而发生机毁人亡的惨剧。

六、管道运输工具概述

管道是输送油、气比较理想的工具，还可以用来运输粮食和矿石等。管道自身没有动力，主要依靠各种增压设施驱动油、气、矿石等沿着管道流向目的地。

1. 运输管道分类

(1) 根据运输介质分类

根据运输介质分类，管道可分为输油管道、输气管道和输送固体料浆的管道等。输油管道是指专门输送油品的管道，分为原油管道和成品油管道两种。输送原油的管道，需要在沿线设加压站，若输送易凝、高粘原油，还要增设加热站或热泵站进行热处理。输气管道是输送从气田开采出来的天然气和石油伴生气的管道。在世界管道总长度中，输气管道占一半以上。输送固体料浆的管道是指输送煤、铁等矿石介质的管道。输送前，要将煤、铁等碎成粒状，与适量的液体配置成浆液，方可进行管道运输。

(2) 根据制造材料分类

根据制造材料分类，管道可分为竹制管道、铁制管道和钢制管道。

(3) 根据动力驱动机械分类

管道内的运输介质是根据不同的要求和管道特性，由不同类型的泵或压缩机来驱动的，如往复泵、螺杆泵等。根据泵的驱动机械动力的不同，其又可分为蒸汽机驱动、内燃机驱动、电动机驱动及燃气轮机驱动等。

2. 管道运输的发展

我国是最早使用管道输送流体的国家。早在公元前的秦汉时代，在四川的自贡地区就有人用打通了节的竹子连接起来输送卤水，史书上叫"笕"或"枧"。这算是有记录的最早的管道了。明代科学家宋应星(1587—1666年)所著的《天工开物》中，也描绘了用竹管输气的技术。1865年，美国修建了第一条原油管道，是管径50毫米的熟铁管，长9.75千米，每小时可输送原油13立方米。20世纪50年代，随着石油开采的迅速发展，各采油国开始大量兴建油气管道。目前，管道运输已经成为我国陆上油气运输的主要方式。截至2020年底，全国油气管道总里程达16.5万千米，形成了覆盖全国31个省(区、市)的原油、成品油和天然气三大主干网络和"西油东送、北油南运、西气东输、北气南下、海气登陆"的油气输送网络。但是，作为综合运输体系的重要组成部分,管道运输在我国综合运输体系中的地位还有待提升,具体表现在:我国现有的干线管道运力不足,管道网络化程度仍然较低,与管道配套的天然气调峰设施建设滞后,成品油管道运输比例低;部分油气管道老化、安全隐患突出;政府监管体制和法规体系尚不健全。今后,我国应着力加快管道运输网络体系和配套的天然气调峰设施建设,大力促进管道运输科技进步、多管齐下,确保管道运输安全,实现油气管道运输的资源多元化、供应网络化、调配自动化。

第四节 运输质量管理和运输方式的选择

运输质量的优劣,不仅关系到企业自身的生存、发展,而且对全社会有重大影响。各种运输方式质量管理的内容虽然不尽相同,但对运输企业货运质量管理的要求是一致的。

一、运输质量管理的任务和作用

管理机构针对货运质量管理的主要任务是:制定货物运输质量管理规章、制度和办法,组织、指导、考核、监督全行业货运质量管理工作,处理货运质量纠纷,使全行业的货物运输达到安全优质、准确及时、经济方便、热情周到、完好送达、用户满意的目的。

货物运输既是物质生产部门,又是服务行业,它的功能是为经济建设、物质资料生产、国防建设、社会进步、人民生活提供运输服务。因此,加强货运质量管理可以杜绝重大事故、减少一般事故、提高货运质量,具体表现在以下几个方面。

(1) 有利于提高经济效益

由运输事故产生的赔偿费用将增加企业经济开支、扩大运输成本,所以保持安全优质运输,便可以减少事故赔偿费用支出,为企业提高经济效益提供保障。

(2) 有利于提高企业信誉

货主总是希望自己托运的货物能够安全、准时运达目的地,因此他们偏好选择服务周到、运输质量高的运输企业。

(3) 有利于稳定职工情绪

运输职工特别是汽车驾驶员和其家属总是担心发生运输事故,怕造成车毁、货损、人亡。因此,一旦发生重大事故,不仅事故责任人精神上受到打击、物质上受到损失,还会影响单位职工的情绪。

(4) 有利于维护国家和人民的利益

因为货物运输的是其他单位和个人的货物,所以货物安全、优质送达,承、托双方都受益,各自的经济利益都得到了维护。如果发生货运事故,就直接损害了国家和人民的利益。

二、货运质量指标

货物运输质量事故是指货物从托运方交承运方起,至承运方将货物交收货单位签证为止的承运责任期内,发生的货物丢失、短少、变质、污染、损坏、误期、错运以及由于失职、借故刁难、敲诈勒索而造成的不良影响或经济损失。公路货物运输质量考核指标主要有以下几项。

(1) 货运质量事故分类

按货运质量事故造成货物损失金额的不同来划分,有以下几种。

① 重大事故，造成货物损失金额在 3 000 元以上。
② 大事故，造成货物损失金额为 500～3 000 元。
③ 一般事故，造成货物损失金额为 50～500 元。
④ 小事故，造成货物损失金额为 20～50 元。

此外，货损金额在 20 元以下的货运质量事故，不作事故统计上报，但企业要作内部记录和处理。

(2) 货运质量事故的考核指标和标准

① 重大货运质量事故次数。国家要求汽车运输经营业主杜绝发生重大货运质量事故。
② 货运质量事故频率，指每完成百万吨千米发生货运质量事故的次数。
③ 货损率，指在运输统计报告期内发生货运质量事故造成的货损吨数占货运总吨数的比例。
④ 货差率，指在运输统计报告期内发生货运质量事故造成货差货物的吨数占货运总吨数的比例。
⑤ 货运质量事故赔偿率，指在运输统计报告期内发生货运质量事故所赔偿的金额占货运总收入金额的比例。
⑥ 完成运量及时率，指在运输统计报告期内按托运要求的时间完成的货运量吨数占完成货运总吨数的比例。对于完成运量及时率考核指标，国家暂不作统一规定，由各地根据实际情况自行确定。

三、运输方式的选择

虽然不同的运输方式有其自身的特点，但也有相同之处。要想选择正确、合理的运输方式，必须掌握各种运输方式的经济特征，以及选择运输方式时应该考虑的因素。

1. 运输的基本特征

(1) 运输可以通过多种运输方式来实现

各种运输方式对应于各自的技术特性，有不同的运输单位、运输时间和运输成本，因而形成了各运输方式不同的服务质量。也就是说，运输服务的利用者可以根据货物的性质、大小、所要求的运输时间、所能负担的运输成本等条件来选择合适的运输方式，或者合理运用多种运输方式实行联合运输。

(2) 运输存在着实际运输和利用运输两种形式

实际运输是利用运输手段进行运输，完成商品在空间上的移动；利用运输是运输业者自己不直接从事商品运输，而是把运输服务委托给实际运输商。这种利用运输的代表就是代理型运输业者。

(3) 运输服务业竞争激烈

运输服务业者不仅在各自的行业内开展相互的竞争，而且还与运输方式相异的其他运输企业开展竞争。虽然各运输方式都存在着一些与其特性相适应的不同的运输对象，但是，也存在着多种运输方式都适合承运的货物，这类货物的运输就形成了不同运输手段、不同运输业者之间的相互竞争关系。

(4) 运输服务可分成自用型和营业型两种形态

使用自有的运输设备运输自有的、承租的或受托的货物的活动叫作自用运输。自用运输公司不为社会服务，更确切地说自用运输公司为自身服务，在水路运输中存在这种情况，但并不多见。航空、铁路这种需要巨大投资的运输方式，自用型运输难以开展。营业型运输在公路、铁路、水路、航空等运输领域中广泛存在。企业可以在自用型和营业型运输中进行选择。

(5) 运输系统的现代化趋势

所谓运输系统的现代化，就是采用当代先进适用的科学技术和运输设备，运用现代管理科学，协调运输系统各构成要素之间的关系，达到充分发挥运输功能的目的。运输系统的现代化也促使运输系统结构发生根本性的改变，主要表现在：一是由单一的运输系统结构转向多种方式联合运输的系统结构；二是建立了适用于矿石、石油、肥料、煤炭等大宗货物的专用运输系统；三是集包装、装卸、运输一体化，使运输系统向托盘化与集装箱化方向发展；四是顺应全球经济发展的需要，一些西方发达国家陆续开发了一些新的运输系统，如铁路传送带运输机械、筒状容器管道系统、城市中无人操纵收发货物系统等。

2. 各种运输方式的技术经济特点

运输的方式很多，对于各种运输方式的技术经济特点，主要从以下几方面考察。

① 运输速度。运输速度是指单位时间内的运输距离。决定各种运输方式运输速度的一个主要因素是各种载运工具能达到的最高技术速度。

② 运输成本。运输成本是由多个项目构成的，而不同运输方式的构成比例又不同。

③ 运输能力。由于技术及经济的原因，各种运输方式的运载工具都有其适当的容量范围，从而决定了运输线路的运输能力。

④ 运输灵活性。运输灵活性指一种运输方式在任意给定的两点间的服务能力。

⑤ 经济性。经济性指单位运输距离所支付的费用。

3. 影响运输方式选择的因素

① 商品性能特征。这是影响企业选择运输工具的重要因素之一。一般来讲，粮食、煤炭等大宗货物适宜选择水路运输；水果、蔬菜、鲜花等鲜活商品，电子产品、宝石以及节令性商品等宜选择航空运输；石油、天然气、碎煤浆等适宜选择管道运输。

② 运输速度和路程。运输速度的快慢、运输路程的远近决定了货物运送时间的长短。在途运输货物，如企业的库存商品，会形成资金占用。一般来讲，批量大、价值低、运距长的商品适宜选择水路或铁路运输；批量小、价值高、运距长的商品适宜选择航空运输；批量小、距离近的商品适宜选择公路运输。

③ 运输的可得性。不同运输方式的运输可得性有很大的差异，公路运输最可得，其次是铁路，水路运输与航空运输只有在港口城市与航空港所在地才可得。

④ 运输的一致性。运输的一致性，是指在若干次装运中履行某一特定的运次所需的时间与原定时间或与前 n 次运输所需时间的一致性，是运输可靠性的反映。近年来，托运方把一致性看作反映运输质量的最重要的特征。如果给定的一项运输服务第 1 次花费了 2 天、第 2 次花费了 6 天，这种意想不到的变化就会给生产企业带来严重的物流作业问题。托运方一般首先寻求实现的是运输的一致性，然后才会考虑提高交付速度。如果运输缺乏一致性，就需要安全储备存货，以防预料不到的服务中断。这种现象在水运领域非常突出。当集装箱班轮公司能够提供稳定的服务时，货主对班轮公司的选择呈显著的"确定性"。此时，货主对于所选择的班轮公司具有极高的忠诚度，即使出现服务质量更高的班轮公司，货主也不会改变选择。而当班轮公司的服务水平下降时，货主则会迅速选择其他替代班轮公司，且在一段时期内(通常为 6 至 12 个月)不会再选择原班轮公司。因此，各大班轮公司在市场淡季宁可亏损也要确保服务稳定，减少客户流失。

⑤ 运输的可靠性。运输的可靠性涉及运输服务的质量属性。运输服务质量的关键是要精确地衡量运输可得性和一致性，这样才有可能确定总的运输服务质量能否达到所期望的服务目标。运输企业如要持续不断地满足顾客的期望，最基本的是要保证其承诺的服务质量能够始终如一地满足。

⑥ 运输费用。企业开展运输工作，必然要投入一定的财力、物力和人力。因此，企业进行运输决策时，要受其经济实力及运输费用的制约。例如，企业经济实力弱，就不能使用运费高的运

输工具(如航空运输),也不能自设一套运输机构来进行商品运输工作。

⑦ 市场需求的缓急程度。在某些情况下,市场需求的缓急程度也决定着企业应当选择何种运输工具。例如,市场急需的商品须选择速度快的运输方式,如航空或汽车直达运输,以免贻误时机;反之则可选择成本较低、速度较慢的运输方式。

四、运输合理化

企业要想在从事运输过程中获得运输成本最低化,应首先明确什么样的运输过程是合理的。通过各种方法降低不合理运输的比例,就可以控制运输成本、提高企业的利润。

(1) 不合理运输

不合理运输是在现有条件下未达到可以达到的运输水平,从而造成了运力浪费、运输时间增加、运费超支等问题的运输形式。目前,我国存在的不合理的运输形式主要表现为返程或起程空驶、对流运输、迂回运输、重复运输、倒流运输、过远运输和运力选择不当等。

上述各种不合理运输形式都是在特定条件下才表现出来的。在进行判断时,必须注意其不合理的前提条件,否则就容易出现错误的判断。

(2) 运输合理化的要素

运输合理化一般包括运输距离、运输环节、运输工具、运输时间和运输费用等。

(3) 运输合理化措施

① 合理选择运输方式。各种方式都有各自的适用范围和不同的技术经济特征,选择时应进行比较和综合分析。首先要考虑运输成本的高低和运行速度的快慢,甚至应考虑商品的性质、数量的大小、运距的远近、货主需要的缓急及风险。

② 合理选择运输工具。根据不同商品的性质、数量,选择不同类型、额定吨位以及对温度、湿度等有要求的运输工具。

③ 正确选择运输路线。一般应尽量安排直达、快速运输,尽可能缩短运输时间。否则可安排沿路或循环运输,以提高载运工具的容积利用率和里程利用率。

④ 提高货物包装质量并改进运输中的包装方法。货物运输线路的长短、装卸操作次数的多少都会影响商品的完好,所以应合理地选择包装物料,以提高包装质量。另外,有些商品的运输线路较短,且要采取特殊放置方法,则应改变相应的包装。

⑤ 提高载运工具的装载技术。一方面,要最大限度地利用车船载重吨位和装载容积;另一方面,可以采用零担货物拼整车发运的办法。

思考与练习题

1. 简述物流概念的演变过程。
2. 简述我国接受不同物流概念的过程。
3. 简述物流的基本功能。
4. 简述物流对我国经济发展的意义。
5. 简述物流与运输的关系以及运输市场的特征与分类。
6. 中国物流费用占国内生产总值比例相对于美国、日本较高。这就意味着中国的物流成本高吗?请谈一谈你的看法。
7. 简述运输价格的特点、种类和结构。

8. 简述船舶的分类。
9. 简述飞机按运输类型的分类。
10. 简述运输质量管理的任务与作用。
11. 简述不合理运输的种类。

拓展阅读

1. C. 小约翰·兰利，约翰·J. 科伊尔，罗伯特·A. 诺华克，等. 供应链管理：物流视角[M]. 9版. 宋华，译. 北京：电子工业出版社，2016.

2. 霍佳震. 物流与供应链管理[M]. 2版. 北京：高等教育出版社，2012.

3. 约翰·J. 科伊尔，罗伯特·A. 诺华克，布赖恩·J. 吉布森. 运输管理[M]. 8版. 北京：清华大学出版社，2019.

4. 胡祥培，王明征，王子卓，等. 线上线下融合的新零售模式运营管理研究现状与展望[J]. 系统工程理论与实践，2020，40(8)：2023-2036.

5. 李勇建，冯立攀，赵秀堃，等. 新运营时代的逆向物流研究进展与展望[J]. 系统工程理论与实践，2020，40(8)：2008-2022.

第二章

物流运输组织

学习目标

现代运输的运营目标便是合理组织各类稀缺的运输资源。实现合理的物流运输组织,将有效提高企业的运营效率、降低企业的成本。通过本章的学习,你将理解运输组织的概念、性质与作用;了解不同运输组织系统的构成和分类;认识运输组织的生产辅助服务系统;掌握运输组织的一般工作程序。

引导案例

花王公司的物流运输组织

花王公司是日本著名的日用品生产企业。其物流不仅以完善的信息系统闻名,而且还拥有极为发达、相当合理的运输体系。其主要手段是建立公司独特的复合运输来优化各种运输方式及路线。花王公司复合运输的主要特征表现在自动仓库、特殊车辆、计划运输、组合运输等。到20世纪70年代末,花王公司的物流起点是工厂的自动化仓库。由于公司的所有工厂全部配备了自动立体化仓库,因而完全实现了自动机械化作业。商品从各工厂进入仓库时用平托盘装载,然后自动进行库存。出货时根据在线供应系统的指令,自动备货分拣并装载到货车上。

复合运输系统的终点则是销售公司的仓库。为了提高销售公司仓库的效率,花王公司配备了三段式的平托盘和叉车。商品托盘运输比率为100%,充分发挥了复合运输的优势。除此之外,自动化立体仓库也在花王销售公司中得到大力推进。到20世纪80年代中期,近29万个销售公司的仓库都实现了立体自动化。

在花王公司积极推进工厂仓库和销售公司仓库自动化、机械化的同时,起着连接作用的运输方式,也是花王物流系统变革中的重要一环。这方面的成就主要表现在特殊车辆的开发。所谓特殊车辆,指的便是能装载14.5吨的轻型货车。该货车可以装载20个TII型的平托盘,货车货台上配置了起重装置。其后,花王公司又开发出了能装载19吨货物、24个平托盘的新型货车。与此同时,针对从销售公司到零售店的商品运输,花王公司开发出了一组"特殊架装车"。该车是由面向量贩店的厢式车、对应不同托盘的托盘车、衣架展示运输车等8种特种车辆组成。最后，公司又积极开发和推出了集装箱运输车，该车成为零售店配送的主力工具。

在花王的物流运输体系中，最有名的是其计划运输系统。所谓计划运输系统，就是为了避免交通阻塞、提高物流作业效率，选择最佳的运输路线和运输时间，以在最短的时间内将商品运抵客户的计划系统。例如，针对日本静冈区域，花王销售公司的货车一般在凌晨2点钟从东京出发，走东名高速公路，于早上7点钟抵达静冈花王，从而使货车避开交通高峰，顺利通畅地实现商品配送。以此类推，花王公司针对每个销售公司的地理环境、交通道路状况和经营特点，安排了不同的运输时间和运输路线。所有计划用图表的形式表示，真正确保商品的及时配送，最终实现了全公司商品的高效运输。

花王公司计划运输体系是与花王公司的另一个系统——商品组合运输系统相配套。商品组合运输系统解决的问题是防止货车往返之中的空载。显然，要真正防止货车空载，就必须搜寻货源。开始时，花王公司主要是与花王的原材料供应商进行组合运输。即花王公司将商品从工厂（或总公司）运抵销售公司后，与当地的花王公司供应商联系，将生产所需的原材料装车运回工厂，这样就不会出现空载。后来，商品运输组合的对象逐渐扩大，已不仅限于与花王公司经营相关联的企业，所有其他企业都可以利用花王公司的车辆运载商品。例如，前面所列举的静冈花王每天早8点钟卸完货物后，就装载清水的拉面或电动机零部件，运到客户位于东京的批发店。现在，参与花王组合运输的企业达100多家，花王工厂与销售公司之间近80%的商品运输都实行了组合运输。

我们可以看到，花王公司的组合运输之所以能实现并大力发展，一个最大的原因是其计划运输系统确保了商品运输的定时和及时运输。换言之，正是因为花王的运输系统能确保及时、合理地运输，才使得越来越多的企业愿意加入组合商品运输之中。如果没有前者的效率化，是不可能真正实现组合运输的。

阅读上面的案例，可以进一步思考：花王的复合运输体系是如何构成的？它从哪几个方面实现了运输组织的优化？它是如何帮助花王实现高效的物流作业的？花王的计划运输系统与组合运输系统各有什么功能？两者区别是什么？花王公司的做法对你又有什么启示？

（资料来源：佚名. 日本花王公司的复合运输体系. 道客巴巴. https://www.doc88.com/p-678302905401.html. 2012-04-20.）

第一节 物流运输组织概述

现代运输的运营目标是对运输资源进行科学、经济、合理的配置与利用，通过资源的最优化配置，实现组织效益的最大化。就整个运输系统的运转而言，最优化必须依靠各种运输方式的相互配合，以及各个运输环节的相互协调来实现。因此，组织合理的运输活动，除了建立健全四通八达的交通运输体系外，其最终的落脚点还是要在运输体系中合理地组织运输与生产、完善运输组织工作，这样才能发挥运输系统内各个要素的最大功效。

一、运输组织的概念

运输任务的完成需要依靠运输体系的运转来实现。研究运输体系的运转就是研究运输体系的组织工作。因此安排运输任务时，必须明确运输组织的含义和运输组织工作的必要性。

1. 运输组织的含义、分类与功能

运输组织的概念有广义和狭义之分，广义的运输组织，是指从客观出发，从微观着手，在既

有综合运输网络上，在一定的管理体制的调节与控制下，通过各种运输方式的配合和各运输环节的协作，实现运输工具、装卸机具高效益地运转和客货流合理流动的一系列过程。狭义的运输组织，是指为完成某一具体任务的运输方案的实施过程。从广义和狭义两个方面来理解运输组织的概念十分重要。从广义的角度来看，运输组织有利于开展综合运输，能够使综合运输体系灵活运转，对指导运输工作有十分重要的意义；从狭义的角度看，运输组织有利于某一具体运输任务的完成。我们研究运输组织的目的，就是使各种运输方式和各个运输环节有效地配合和协调，通过运输生产的进行，推动交通运输体系的灵活运转。

从组织工作的具体情况来看，运输组织可以分宏观、微观两种情形。一是运输工作的宏观组织，即根据当地的社会经济环境，对一定时期内运输工作做出总体安排，制订运输计划；二是运输工作微观组织，即对某一具体运输任务的组织实施。前者为后者提供指导，后者是前者的具体化。从组织工作的对象来看，运输组织可分为三个方面。一是运输企业内部运输工具、装卸机具等的作业组织，以提高运输企业的生产效益；二是对客货流的流向、流量方面组织，以实现客货流动的合理化，避免不合理运输；三是建立起一个科学、合理的运行机制。

运输组织是运输组织系统有效运转的灵魂。它负有运输组织、调度指挥的重要使命。运输组织的主要功能就是通过对运输过程各个生产环节和各项作业工序客观规律的研究和分析，制定相应的技术组织措施，将各种运输方式有效地组织起来，不断地提高运输效率，为旅客和货主提供优质的运输服务，并获得最佳的经济效益、社会效益和环境效益。

2. 运输组织的必要性

① 运输业的内部特点决定了我们必须搞好运输组织。运输过程各个组成部分的划分是相对的，它们之间既有区别又有联系。为了适应使用多种高效率的运输工具、装卸机械等设备，以及进行细致的劳动分工的需要，运输过程可划分为不同的生产环节和作业工序。这些相互联系的作业又分别在不同的工地，由不同的人员平行或顺序地完成。这种情况必然要求对运输过程进行严密的组织，以保证各生产环节、各作业工序之间相互协调。毕竟各种运输方式的合理配合、各运输环节的有效协作，应建立在良好运输组织的基础之上。否则，各种运输方式之间缺乏互相配合、各个运输环节不协调，综合生产就无法进行。

② 客货流的特点决定了我们必须搞好运输组织。旅客和货物分布于社会的每个角落。一旦它们需要进行运输，就会要求运输部门及时提供运输服务。然而，客货流不掌握在运输部门的手中。因此，要使交通运输部门能够有效地为人民生活和国民经济服务，必须有效地搞好运输组织工作。

③ 运输体系的发展需求决定了我们必须搞好运输组织。当代交通运输业的发展呈现出两大趋势：一是随着世界新技术革命的发展，交通运输广泛采用新技术，实现运输工具和设备的现代化；二是随着运输方式的多样化、运输过程的统一化，各种运输方式朝着分工协作、协调配合、建立综合运输体系的方向发展。这两种趋势结合起来，成为当代运输业发展的新方向，已经或正在改变着交通运输业原来的面貌。在运输业发展的趋势推动下，综合运用各种运输方式成为我国运输业发展的新模式。为了避免各种运输方式、各个运输企业盲目发展和盲目竞争，就必须搞好运输组织。这种由单一的、孤立的发展模式向综合的、协调的模式转变，是一个巨大的进步。

二、运输组织的性质与作用

运输组织就是在计划运输的基础上，在一定运输设备的条件下，为完成规定运输任务而制定运输对策并实施的过程；或是在一定运输任务的条件下，合理选用运输工具、线路、中转地点、装卸机械，制订最优的运输组织方案并实施的过程。总之，运输组织是根据系统原理，组织运输工作的过程。运输组织过程既是对运输计划有效落实的过程,也是各种运输方式具体协作的过程。通过对各种运输方式、各个运输企业相互关系的协调,使装、卸、集、散、运、储之间紧密衔接,最大限度地挖掘运输设备的潜力、提高运输效益。

1. 运输组织的性质

从现代运输组织系统建设的角度看,运输组织活动的任务就是为全社会运输活动提供优良的运输资源保障,它具备生产服务性、国民经济的基础性、隐性的社会贡献性、特殊的时空性和公共性与企业性的复合性等性质。

(1) 生产服务性

我国按社会生产活动历史发展的顺序对产业进行分类。具体地,产品直接取自自然界的部门称为第一产业(主要是农业,包括种植业、林业、牧业和渔业);对初级产品进行再加工的部门称为第二产业(主要是工业,包括采掘业、制造业、电力煤气及水的生产和供应业);为生产和消费提供服务的部门称为第三产业(除第一、第二产业以外的其他各业)。根据这种产业划分的方法,运输业属第三产业。由于运输业与其他产业之间特殊的依存关系,运输组织活动中的运输生产实际上成为其他行业生产活动的"函数"。在这种意义上,运输组织具有生产性。

同时,运输组织具备服务性。运输组织的生产活动为社会提供的"产品"仅是旅客和货物的位移,以及这一位移过程中的服务——包括为旅客提供舒适、安全的服务和为货主提供的保管及装卸等服务。因此,运输组织的生产活动为社会提供的效用不是实物形态的产品,而是一种劳务。劳务量的大小取决于运输量(旅客量和货物量)和运距。也就是说,运输组织活动的存在和发展水平,由社会再生产过程中的需要和人们生活的需要以及发展的预测来决定,从根本上则受到社会生产和消费水平的影响。

(2) 国民经济的基础性

运输组织活动的基础性表现在工农业生产、人民生活、国防建设及社会活动诸方面对交通运输活动具有普遍需求性。国民经济是一个复杂而庞大的系统,是由各部门、各产业、各地区组成的相互联系、相互促进、相互制约的整体。运输组织系统是社会经济系统中最基础的子系统之一,是其他各子系统得以有效运转的主要载体,是联系各部门、各产业、各地区的纽带和桥梁。因此,运输组织系统成为使国民经济这个大系统充满生机和活力、人民安居乐业的基本条件。

运输状况的改变在很大程度上会影响社会和经济机制的运行。随着社会的进步和商品经济的发展,经济的区域化和专业化趋势逐渐显现。社会经济各方面对运输的依赖性愈来愈强,运输业的作用也愈加突出。许多国家的实践经验表明,一个经济发达的国家也同时具有完善的运输网络。而运输手段愈完善,其经济活动也愈具有高效率、高效益的特征。

把运输组织活动视为国民经济的基础性活动,是对运输组织系统本质的认识。这表明运输组织活动是其他生产部门正常运转、协调发展的前提,是现代社会化大生产高效率的先决条件,也是使社会再生产得以延续的不可缺少的基本环节。

(3) 隐性的社会贡献性

隐性的社会贡献性是从国民经济的基础性派生出来的,把它作为运输组织的特征之一加以强调,是因为以下几点。

① 运输组织活动的经济效益由运输对象来体现。运输组织活动的经济效益,除了少部分体现在行业本身上缴国家的利税外,更重要的是蕴含在运输对象所有者身上。当运力供给大于运量时,损失的只是运输部门自身的经济效益;而当运力供给小于运量时,则对社会效益造成了损失。通常后者远远大于前者。这一点在运输关键物资和应对非常事件时更为突出。

② 运输组织的社会贡献性是隐性的。一方面是因为运输需求是从其他社会经济活动中派生出

来的。运输组织活动只是其实现目标的手段,而非最终目标。由于人们一味追求目标、忽视条件和手段,因此往往导致忽视基础性建设投资,从而导致运输资源短缺。另一方面则是因为运输活动的经济效益具有滞后性,且不容易被客观地认识到。运输系统的基础建设往往规模较大、投资大、建设期长,而且即使建成,也不一定会立刻得到充分使用。例如,一些高速公路和大型机场在建成后需要一段时间才能发挥出最佳的效益。

(4) 特殊的时空性

运输组织活动的时空性是指运输活动对于空间、地域和时间具有极强的依附性,即不可挪用性。一方面,交通基础设施(路网、港口和车站等)在空间和地域上不能挪用;另一方面,运输能力在时间上不能挪用。前者表明交通设施的建设成本具有沉淀性;后者则说明由于运输产品的即时性,运输能力不能像其他行业的产品那样可以储存。这一性质决定了运输组织的发展和国民经济其他生产部门的发展,在时间序列上有着密切的相关性。

由于运输生产和消费在时间上的重合,因此要求运输能力保持适度超过运输需求的水平。这被公认为不是浪费。因为除大宗货物外,各行业对运输的需求在时间上存在着随机性。适度的运力富裕是随时使需求得到满足的物质基础,可以缓解和避免给国民经济大系统的正常运转造成约束。由此而创造出的社会配套综合效益,将远远大于因运力浪费所付出的代价,同时又能使整个社会经济系统处于良性循环状态。否则,经济在高库存下运转、人们在低节奏下生活,将给经济系统带来巨大的损失。

(5) 公共性与企业性的复合性

运输组织活动具有公共性的特性早已被人们认识。然而,运输组织活动的产品非但不能作为纯粹的公共品由社会提供;而且在生产经营过程中,运输组织活动还表现出一定的企业性。更进一步讲,从各国的经济史资料中可以看出,在每个国家的不同发展阶段中,运输活动的公共性和企业性的表征存在强弱变化,而且是互为"倒数"。对这种复合特性的判断具有重要的意义,尤其对制定运输政策具有指导价值。

2. 运输组织的作用

在市场经济条件下,各种运输方式按照其自身技术经济特征,在服务社会化的过程中,形成分工协作、有机结合、连接贯通、布局合理、竞争有序、运输高效的现代化运输系统;并在按照市场需要整合、配置运输资源的条件下,通过合理的管理与组织,最大限度地发挥各种运输方式的单个及组合优势。运输组织的作用可以简单归结为以下几个方面。

① 运输组织能有效地协调运输能力与运量的平衡。在运输组织系统的生产过程中,运输企业根据运量情况,对本企业的运力进行合理的调度,并与其他运输企业进行有效的运力调配,以协调运力与运量的平衡,提高整个交通运输体系的社会、经济效益。运输组织通过制订运输方案,保证载运工具的高效运行,从而提高交通运输业的微观经济效益。

② 运输组织能够统筹安排、有效地保证运输生产中的协作。对于一次货运任务的完成过程而言,从货物的托运到交付,整个过程都在运输组织系统范围内。在这些过程中,运输部门与货主、运输部门内部相关的各运输生产单位之间,可以通过一定的组织形式,共同协作完成这一运输任务,并提高运输的效益。

③ 运输组织能有效破解运输体系内的薄弱环节,提高整个运输系统运转的灵活性和高效性。如在运输体系中,对于压车、压港严重的交通枢纽,可以增加集疏运能力,改善运输体系中的"瓶颈",避免因个别环节不能高效运转而降低整个交通运输体系运转效益的现象。

④ 运输组织有利于促进综合运输规划工作和综合运输管理工作的进一步改善。运输组织工作能够对综合运输规划工作和综合运输管理工作的好坏进行检验和评价。将检验和评价的结果进行

反馈，对我们今后工作的开展具有重要的参考价值，对于改善日后的工作同样具有重要的实践指导作用。

三、运输组织的目的与原则

运输业作为一个具有强烈服务性质的物质生产部门，具有独特的生产过程，即运输过程。任何生产过程的完成都有其目的和原则，运输过程也不例外。因此，合理开展组织运输工作必须要明确运输组织的目的和原则。

1. 运输组织的基本目的

① 促进全国客货流合理流动。在全国范围内，旅客和货物的流量、流向合理，对生产和生活具有重要意义。在客运方面，通过运输组织作用的发挥，能够把富余的劳动力调往劳动力欠缺地区，从而促进经济的发展。在货运方面，经由运输组织活动，能把原材料运往生产加工企业，把产品运到销售地，从而使货物实现合理流动，满足生产和生活的需要。

② 推动交通运输体系灵活、高效运转。通过合理的综合运输组织，使交通运输业能以最少的投入，为社会提供最大、最佳的运输服务，提高交通运输运转的社会效益和经济效益。比如在十一黄金周和春运期间，可以通过有效的运输组织，在增加列车的情况下，不影响其他车次的正常运行。

③ 提高服务质量。运输服务的质量在很大程度上依赖于运输组织，通过对各种技术装备综合运用规律和运输过程组织有效性方面的研究，能提高运输生产能力，为社会提供安全、及时、经济、舒适、方便的运输服务。特别是随着IT技术的发展，将先进的通信、控制及感测技术运用于运输组织系统的相应环节中，能够实现运输快捷化、交通智能化以及安全与环境的最优化。

2. 运输组织基本原则

(1) 连续性

作为一个具有强烈服务性的物质生产活动，运输组织有其独特的生产过程。这个过程可视为改变旅客或货物所在地(即位移)的全部生产活动，即从准备运输旅客(货物)开始，直到将客(货)送至目的地为止的全部生产过程。它的基本内容是人们的劳动过程，即运输企业的劳动者运用车辆、装卸机具、站场库房等劳动工具，使旅客、货物等服务对象按照预定的目的和要求，完成其位移的过程。因此，运输组织具有连续性。连续性是指各个生产环节、各项作业工序之间，在时间上能够紧密地衔接和连续地进行，不发生各种不合理的中断现象。

连续性是获得较高劳动生产率的重要因素。它可以缩短旅客货物的在途时间，提高运送速度；可以有效地利用车辆、设备和站房，提高运输效率；可以提高经营管理水平，改善运输服务质量；可以加速物资部门流动资金的周转等。为提高运输组织的连续程度，应尽量采用先进的技术，努力提高运输过程的机械化和自动化水平。但是在一定生产技术水平的条件下，必须谋求组织工作的科学性和合理性，将优越的技术条件与先进的组织方法相配合，才能获得理想的效果。

(2) 平行性

平行性是指各个生产环节、各项作业工序之间，在时间上尽可能应平行地进行。平行性是运输过程连续性的必然要求。对于可以平行进行的生产环节或作业工序，如没能同时进行，就会影响运输组织的连续性。因此，运输组织的平行性，能保证在同一时间内更有效地进行生产活动，从而提高旅客或货物的送达速度，加速载运工具的周转，并为连续生产创造有利条件。

平行性可以节约运输所需要的延续时间。在确定有关生产活动实施平行作业之前，应对各个生产环节或作业工序做专门性的调查研究。分析各项作业的具体内容和完成作业所需要的时间，选定可以平行进行作业的项目并加以合理组织。当然，过分追求平行性会使运输组织工作复杂化。因此，运输组织的平行性应从实际出发，具体问题具体分析。

(3) 协调性

协调性是指通过运输组织使各个生产环节、各项作业工序之间，在生产能力上保持适当的比例关系，即所配备的工人人数、车辆数及其吨(座)位、机器设备的生产能力做到相互协调，不发生不配套、不平衡、相互脱节的现象。这是现代化大生产的客观要求，也是劳动分工与协作的必然要求。运输组织的协调性可以提高车辆、机械、设备的利用率和劳动生产率，保证运输组织的连续性。

在日常生产活动中，由于客、货流的变化、运输组织工作的改善、工人熟练程度的提高等因素，都会使各个生产环节、各项作业工序之间生产能力的比例发生相应的变化。因此，在一定的技术条件下，运输组织的协调在很大程度上取决于运输组织工作的水平。抓好各个生产环节和各项作业工序间的平衡工作，及时调整各种比例失调的现象，保证运输组织的协调性，是运输组织工作的一项重要内容。

(4) 均衡性

均衡性是指在运输组织中要注意使各个生产环节、各项作业工序之间，在相同的时间内，完成大致相等的工作量或实现工作量稳步递增，使车队、车站、车间的作业量能保持相对稳定，不出现时松时紧、前松后紧的不正常现象。运输组织的均衡性有利于企业保持正常的生产秩序；有利于充分利用车辆、机械、设备的生产能力，并使其及时得到保修、更新和改造；有利于运送安全和货物完好，确保运输服务质量；有利于运输部门和物资部门进行均衡生产，如期完成计划规定的生产任务。

当然，我们要求的均衡性并不是绝对的，在个别时期、个别地点，对个别环节和作业进行临时性的"突击"是难免的。但从整个运输组织工作的层面出发，应力求达到生产的均衡性。

第二节　运输组织系统的构成

公路、铁路、水运、航空和管道等各种运输方式，共同构成了现代的综合运输系统。根据各运输子系统的共性，我们可以将运输组织看作一个系统，并分为客运组织子系统和货运组织子系统。这两个运输组织子系统都具备各自特有的组织流程和运输方式，并根据各自的生产特性开展运输组织工作。具体而言，这两类运输组织子系统根据各自运输流、场站作业设施的具体情况，发挥各自生产系统的性能，与其他运输生产辅助系统相互协作，共同完成特定的运输任务。

一、客货源组织系统

客货源组织系统负责客货源的组织工作，主要进行经济调查，及时掌握客货流变化情况及其规律性，搞好日常性的客货源组织工作，建立可靠的客货运基础。其具体工作一般包括：旅客、货主心理和行为的研究；客货运市场的调查和预测；货物的包装、清点、分类等理货工作。客货源组织工作的核心是落实客货源，这直接关系到运输生产活动的正常进行。客货源组织工作通常采用建立"客货源组织工作责任制"的方式，确定划分客货源组织工作的范围，明确组织客货源工作人员的职责，成立若干组织客货的小组，并采取"分片包干、专人负责"的办法，按区、按点、按产固定组织客货的人员，把责任具体落实到个人。

1. 旅客运输组织概述

(1) 旅客运输组织的基本特点

旅客运输的直接服务对象是旅客(即具有不同旅行需求和不同支付能力的人群)，其次是行李、包裹和邮件。因此，旅客运输组织的工作性质、组织原则与货物运输组织存在较大的区别。在组织和管理旅客运输工作时应注意以下几点。

① 在旅客运输的过程中，旅客自身存在较强的自主性。他们可根据自己的旅行需要，自主地选择乘车日期、车(班)次、到站和座别，自行购买车票、托运行李，到车站指定地点候车，按时检票上车；当到达目的地后，旅客自动下车，验票出站，领取行李。因此，设计符合不同层次旅客需要的运输产品以及提供高质量的旅行服务是旅客运输组织的重点。

② 客流流量和流向既是基于个人旅行活动的需要而自然形成的，又受到一系列社会因素的影响，其变化的随机性比较大。因此，必须对客流做大量的调查、对客运统计资料进行详细周密的分析，掌握客流变化规律，而后进行旅客运输计划的编制。

③ 旅客运输需求的时空不均衡性。从空间上看，居民消费水平高的发达地区，旅客出行的需求总量相对较大。从一条运输通道较长时期的统计结果看，双方向的客流量基本平衡。但从短期看，因受农事忙闲、节假日、气候、城市交通等因素的影响，一年内的各个季度、月度以及一月内各日，甚至一日内各时段之间，客流量都有较大的波动。因此，要求客运技术设备及其运输能力必须预留一定的缓冲。

④ 旅客运输在准确性、安全性、可靠性和方便性上的要求远比货物运输严格。各种运输方式一般都有比较固定的时刻表。在西欧和日本，铁路是重要的公共交通方式，主要服务于旅客运输，一般采用"循环时刻表"，不仅有足够数量的旅客列车频繁到发，而且同方向的同类旅客列车在一天的各主要时段的到发时刻基本相同，旅客列车在主要枢纽的到发时刻充分考虑各方向旅客的换乘。

⑤ 客运站的位置要方便旅客乘降，特别是铁路车站、公路客运站要紧靠城市，并且与市内运输及其他各种交通工具实现紧密衔接。客运站的站台一般按方向、车(班)次固定使用，不能随意变动。

⑥ 由于旅客的需求层次、旅行目的和支付能力不同，因此各种运输方式应该根据客流结构提供多种层次的旅客运输服务。例如，普速列车有直特、特快、普快、普客等各种等级。列车(机、船)的定员、速度、密度方案，应根据运输市场竞争的需要进行综合比选，注重提高旅客送达速度，增加开行密度，以提供方便、经济、高效的运输服务。

(2) 旅客运输的分类

旅客运输分类的方式很多，通常可以按照交通工具、运输距离、运输区域、经营方式来划分。

① 按交通工具分，旅客运输主要分为铁路、公路、航空和水路运输 4 种形式。铁路具有运量大、速度高、安全好、费用低、能耗小、占地少、全天候、环境效益高等优点，在中、长距离和大密度、高频率的城际和市郊旅客运输中具有明显的比较优势。公路由于其机动灵活、覆盖面广、适于"门到门"运输，在短途及地区旅客运输中占主导地位。航空运输以其速度快、服务质量高的特点，占据了长途旅客运输的优势，近年来在我国有较大的发展。水路运输必须在海洋、江河、湖泊、水库或人工水道上运送旅客，其服务范围受到一定限制。但由于中国有优越的发展水运的自然条件，水路运输在我国旅客运输中也占有一定比例。

② 按运输距离分，旅客运输主要分为长途、中途、短途运输。对于长、中、短途运输的划分没有严格的标准，而且不同的运输方式划分标准也有较大差别。例如，公路把运行距离在 25 千米以内的运输称为短途运输，运距在 800 千米及以上的客运班车，一般称超长客运；而 800 千米的

运距对航空运输来说难以称为长途运输。

③ 按运输区域分，旅客运输主要分为国际运输、国内运输。国际运输是指运输路径至少跨越两个国家的运输方式；国内运输是指在本国内部各地区之间的运输。在国际旅客运输市场中，航空运输占据绝对优势。

④ 按运输范围分，旅客运输主要分为城际运输、城市运输。城际运输是指借助运输工具，实现旅客在城市间运输通道上空间位移的运输方式。城市运输则是指在一个城市内部进行的，主要为了满足城市居民就业、购物、娱乐、交往、就医等日常生活、工作需要而进行。

⑤ 按经营方式分，旅客运输主要分为班线客运和合同客运。班线客运的主要特征是有线路和固定站点。经营班线客运的企业必须公布运行班次和运行时间、票价，并定时、定点出发。合同客运是通过与顾客签订合同的形式提供客运服务，如通勤包车、校车及旅游包车等。合同客运的班次、运行时刻、程序由顾客安排。

(3) 旅客运输组织的基本原则

为了保证优质、高效地完成旅客运输任务，旅客运输组织必须遵循以下几项原则。

① 保证旅客运输安全。安全是旅客的首要原则。旅客运输不仅要改变旅客的空间位置，还要保证旅客在旅行中的生命和财产安全。旅客运输的安全性是衡量旅客运输质量的重要标志之一。客运企业在进行客运生产活动时，要把安全摆在第一位。保证安全运输，不但符合旅客的利益和愿望，而且对维护国家的声誉和企业的形象具有重要意义。因此，必须不断地改善各种技术设备，同时严格执行各项安全作业制度。

② 不断提高旅客运输的服务质量。旅客运输服务是一种社会服务，而社会服务质量是人们生活质量的重要组成部分。旅客的运输过程不仅包括充分满足人们的"行"这一核心需求，而且应尽可能满足人们在出行中的"食""住"和其他文化生活的辅助需求及延伸需求。因此，旅客运输不仅要在技术装备和服务设施等硬件建设上为提高服务质量提供强大的物质基础；更重要的是，要在客运员工的整体素质、服务态度、服务水平和服务管理上提出高标准、严要求。一切从旅客需要出发，以安全、快速、方便、舒适、经济等高质量服务，满足不同层次旅客的需求。此外，旅客的出行活动又是一种自主的行为，在售票、候车、乘降、换乘以及行包承运、交付以及事故理赔等方面，应简化手续、方便旅客。在信息服务和运转工具、港(站)服务设施等方面，要为旅客创造良好的文化生活、卫生条件和旅行环境。

③ 提高旅客运输的经济效益。由于运输行业既有公益性又有商业性，运转成本既有内部性又有外部性，运价便成为政府和消费者关心的焦点。针对运输行业的公益性和运输成本的外部性，政府应该给予运输行业一定的补贴，特别是带有公益性的旅客运输(例如城市公共交通)。但运输企业也要科学地组织运输过程，保证各部门工作的协调配合，并有效地利用各项技术设备和正确地配备工作人员。这就需要合理地编制客运班计划、安排客运时刻表，还要有计划且经济合理地使用客运运力，不断提高运输服务水平。

④ 发展各种交通工具的联合运输。各种交通工具都是在统一的运输市场中为满足广大人民旅行需要服务的。因此，在组织旅客运转时，铁路、公路、水运、航空等各种交通工具组成了全国统一的运输网，实行联合运输，分工合作，优势互补，协调配合。各种交通工具的联合运输，要在优化运输路线设计、合理安排换乘时间、简化联运手续、方便旅客乘降等方面，保证满足人们的旅行需求。

2. 货物运输组织概述

(1) 货物运输组织的特点

① 对象广泛。货物运输的对象，包括工、矿、农、林、渔、牧等各种产品和商品，种类繁多，

且随着新产品的不断问世和旧产品的不断淘汰,其类别和品名也在不断变化。

② 运输方向性。货物运输具有方向性,即往返程货运量不相等。这是由于资源分布和生产力的配置所致。我国自然资源主要分布在西部和北部内陆地区,而工业基地主要分布在东部和南部沿海。自然资源和工业布局的错位态势,决定了我国地区经济发展的不平衡,决定了货运结构以能源、原材料和初级产品为主,也决定了物资由北向南和由西向东的基本流向。

③ 运输时间性。货物运输需求往往在年内各季、季内各月以及月内各旬、各日之间不均衡。如我国铁路运输,长期以来存在着一、三季度运量偏低,二、四季度偏高,特别是第四季度运量骤增的现象。运输时间不均衡主要是由工农业生产和消费的季节性导致的。国民经济各部门生产和消费的季节性,可以分为 4 种情况:生产和消费都有季节性,如南方的甘蔗和北方的甜菜等;生产有季节性,而消费全年均衡,如粮食等;生产均衡,而消费有季节性,如化肥、农药等;生产和消费都相对均衡,如煤炭等。

④ 销售集中性。虽然货物运输的运输对象差异很大,但市场相对集中,特别是对于大容量的运输方式,如铁路、水运,大多具有一定的批量。

⑤ 运输组织的复杂性。与旅客运输相比,货物运输还包含了货物集散、装卸、中转组织,为了提高货物运输的效率,应合理选择运输方式、运输路径以及运输工具。因此,货物运输过程不仅是货物运送的过程,还要延伸到货源组织、中转组织、货物配送以及工农业生产过程,其运输组织更复杂,涉及的机构也较多。

(2) 货物运输的分类

① 按运输方式分类,货物运输主要包括公路、铁路、航空、水路和管道运输 5 种方式。各种运输方式基于自身的技术经济特点,在货物运转市场中各具优势。

- 公路由于其机动灵活、覆盖面广、适于"门到门"运输,在短途及地区、小批量运输中占据主导地位。
- 铁路具有运量大、速度高、安全好、费用低、能耗小、占地少、全天候、环境效益高等优点,在大宗货物运输和中长距离货物运输中具有明显的比较优势,是货物流通、尤其是区际货物流通的主要载体,在平抑物价、繁荣经济、兴农救灾、国防和军事物资运输中也发挥着重要作用。
- 航空运输具备速度快、服务质量高、损坏率和丢失率相对较小、包装要求低等优点,主要服务于三类货物的运输。一是急快件货物运输,如商业信函票证、生产部件、急救用品、救援物资以及紧急调运的物品等;二是易腐货物运输,主要是货物的价值与时间密切相关的货物,如鲜花、海鲜、应时水果等;三是普通货物,尽管急快件和常规易腐货物运输在航空运输中占有重要地位,但是航空运输货物中大部分仍是常规非易腐货物(即普通货物),以有时间要求、不宜颠簸或容易受损的精密仪器设备、贵重物品为主。
- 水路运输主要有运量大、成本低、效率高、能耗少、投资省的优点,同时也存在速度慢、环节多、自然条件影响大、机动灵活性差等缺点。水运主要承担大数量、长距离的运输,是干线运输中起主力作用的运输形式。在内河及沿海,水运也常作为小型运输工具使用,承担补充及衔接大批量干线运输的任务。水运货物主要分为散货运输和杂货运输两类,前者是批装的大宗货物,如石油、煤炭、矿砂等,后者是指批量小、件数多或较零星的货物运输。
- 管道运输是利用管道输送气体、液体和粉状固体的一种运输方式。其运输形式是靠物体在管道内顶着压力方向循序移动实现的。它和其他运输方式的重要区别在于,管道设备是不移动的。管道运输的主要优点是:由于采用密封设备,在运输过程中可保证货物的安全与完整,也不存在其他运输设备本身在运输过程中消耗动力所形成的无效运输问题。此外,管道的运输量大,适合于大量且连续不断运送的物资。

② 按组织形式分类。为了在承运、交付货物和计算运输费用时便于计量,货物运输一般按"批"为单位进行管理。依据运输工具单元所装载的货物批数,货物运输可分为单批运输和组批运输两类。单批运输是指同一运输工具只载运同一批货物的运输形式;组批运输是指同一运输工具载运多批货物的运输形式。这里的"一批"是指属于同一托运人、同一收货人、同一发货地点、同一收货地点、同一时间、同一承运人的货物。实践中以每张货物运单为一批。

③ 按运输区域分类,货物运输主要分为国际运输和国内运输,也分别称为外贸运输和内贸运输。国际运输是指运输路径至少跨越两个国家的运输方式。国内运输是指在本国内部各地区之间的运输。在国际运输中,水路运输占有明显的优势。对于公路运输,各国分类标准不一。以美国为例,营业性货运分为州际货物运输、州内货物运输、市际货物运输及市内货物运输等。对于铁路运输,通常分为管内运输和直通运输。管内运输指在一个铁路局公司管辖范围内的运输;直通运输指跨越两个或两个以上铁路局公司的运输。按航行区域,水路运输分为远洋运输、沿海运输、内河运输和湖泊(包括水库)运输。远洋运输是指国际之间的运输,以外贸运输居多;沿海运输是指几个邻近海区间或本海区内的运输,以内贸运输为主;内河运输是指在一条河流(包括运河)上或通过几条河流的运输,一般为国内运输;湖泊运输是指一个湖区内的运输,大多属于国内运输。

④ 按运输工具使用单元分类。依据一批货物的数量大小,货物运输有单元运输(指整车、整船、整机、整舱、整箱)、零担运输(或拼箱运输)之分。如果一批货物的重量、体积或形状需要一个基本运输工具单元的装载能力,那么按单元运输托运;不够单元运输条件的,即一批货物的重量、体积或形状小于一个基本运输工具单元装载能力的,按零担托运。例如,铁路货运分为整车、零担、集装箱三种运输方式。一个基本的运输单元在不同的运输方式中的标准是不同的。例如,在铁路运输中这一标准为30吨货车,在公路运输中为3吨货车。

⑤ 按经营方式分类,货物运输按经营方式分为定线运输和非定线运输。定线运输即定期、定线在各货运港站之间运输货物。非定线运输即不定期、不定线,在特定区域范围内以合同形式进行的货物运输。

⑥ 按运输货物的种类分类,货物运输可分为普通货物运输和特殊货物运输。普通货物是指在运输过程中,按一般运送条件办理的货物,如煤、矿石、粮谷、棉布等。而由于货物本身的性质,在运输过程中要采取特殊的运送措施才能保证货物完整和行车安全的,称为特殊货物。按照特殊货物的不同运送要求,又可再分为危险货物、鲜活货物、超限货物、超长货物、笨重货物。其中,超限货物、超长货物、笨重货物又统称为阔大货物。

⑦ 按参与运输方式的数量分类,货物运输可分为单一运输和多式联运。单一运输由一种运输方式完成运输过程。多式联运是由两种及以上的运输方式参与,在运转计划、运送条件、换装作业、费用清算和事故理赔等方面,有各方均适用的规章制度的运输方式。例如,公铁联运指的是以一份货运票据,在换装地点不需要发(收)货人重新办理托运,由铁路和公路共同参加的运输。经济的发展要求运输形式的多样化,原有的一些运输形式可能会在"优胜劣汰"的规则下逐渐退出历史舞台。如零担运输,随着各种形式的快递和速运的出现,将最终导致衰落或改变既有的形式与内容。同时,新的符合经济发展要求的运输形式将迅速壮大发展,如集装箱运输。

(3) 货物运输组织基本要求

① 安全是货物运输组织的最基本要求。货物运输安全与许多因素有关,如货物的质量和包装方法、货物运输设备、货物运输条件以及运输过程中的作业方法等。为了保证货物运输安全,必

须加强对运输人员的职业道德教育,采用科学的运输组织、管理措施和作业方法。同时,还应注意改进运输设备、装载技术和包装方法。但由于本身的性质产生的自然减量或者由于各类技术原因,货物在运输过程中产生一定的损耗是不可避免的。企业应当根据货物特性、运输设备条件和包装方法等因素,合理制定允许货物损耗的标准,以便正确划分货物运输安全与否的界限。应当特别关注特种货物,即阔大货物、危险货物和鲜活易腐货物的运输安全。

② 迅速是一个相对的概念。货物运输的迅速与否,一方面应以运到期限作为衡量标准;另一方面,就某种运输方式来说,可以以是否在一定运程范围内具备"门到门"的送达速度的优势为衡量标准。通过采用新的技术设备和运输组织方法,缩短货物的装卸作业时间、提高货物的运送速度、减少货物及载运工具在港站中转和停留时间,可以有效提高货物的送达速度。

③ 准时是货物运输满足用户关于货物送达期限和送达时间的要求,尤其是高附加值货物的运输需求,能对用户的送达时间需求做出明确的承诺。在市场经济高度发展的西方国家,货物运输是社会商品交易过程的一个组成部分,按时交货成为运输质量和运输服务水平的重要标志。2018年,我国的顺丰速运可以提供"即日达"服务的地区已经覆盖了华北、华东和华南等几大地区的大中城市,服务范围已覆盖中国区域经济最发达的几大版块。保证货物准时送达,应当在货物装卸和挂运的各个环节体现运输的时效性,对非始发直达的运输流组织方式,应保证固定的运输流接续和严格按时刻表运送。

④ 方便是用户的共同要求,一般包括办理运输手续、费用结算的简便,以及提供不受时间限制的运输服务和延伸服务。同时,方便性也是相对于使用其他运输方式或者与过去情况相比较而言的。因此,尽可能地方便用户、提高服务质量和水平,是改善货物运输组织工作、提高竞争力的一个重要方面。

⑤ 经济对用户而言是指支付较低的运输费用,对运输企业而言则是指耗费较低的运输成本。这两方面的要求有时是一致的,有时则是矛盾的。例如,因为铁路运费比公路低,一些企业将短途物资交由铁路运输,但这样会增加每吨千米的运输成本,是不经济的。又如,为了减少货物装载费用和车辆洗刷费用,一些生产企业希望使用专用车辆运送某些货物;但从运输企业角度来看,使用专用车辆将增加空车走行率,同样增加了运输成本。

货运企业对上述基本要求的达成程度,是货物运输质量和运输服务水平的重要标志,也是运输企业市场竞争力的重要标志。

(4) 货物运输组织的基本原则

① 负责运输。在运输企业与用户之间建立和健全适应市场经济体制的运输合同制度;在运输企业内部以"责任制"为中心,规范和完善与货物运输有关的各个部门和环节的各项负责制,以保证货物运输的安全、完整及时送达。"负责制"是现代企业管理的根本制度,也是对货物运输的基本要求。保证货物安全、完整和及时送达,在发生各种违约情况下及时、正确地实行理赔,严肃、认真地进行事故和违章分析、明确责任,是负责运输的主要标志。运输企业在接受发货人的货物承运之后直至将货物送达收货人之前,对货物的承运、保管、装卸、运输和交付过程负有全面责任,与货物运输有关的部门和个人应将负责运输的原则贯彻始终。

② 计划运输。货物运输需求在大宗物资运输总量保持稳定增长态势的同时,小批量、轻质、高附加值货物的运输需求迅速增长,运输市场日益呈现需求多元化的发展态势。在新形势下,尽管运输产品和运输资源的配置已经转向以运输市场为主体;然而"计划"仍然是组织现代化运输大生产的重要手段。运输计划在综合平衡运量需求和运能供给以及组织日常运输生产上仍然发挥着整合、协调和优化的重要作用。运输计划通常分为长远、年度和月度运输计划,它是编制相应时期货物运输其他工作计划的依据,是组织货物运输工作的基础。

③ 均衡运输。它是指货物运输的数量和时间安排上尽可能地均衡、货物的流量和流向尽可能稳定，以保证良好的运输工作秩序，充分利用运输能力。从根本上来说，运输的均衡性决定于工农业生产、分配和消费的季节性以及国家资源分布、开发水平和生产力的配置。在日常运输组织工作中，放松货源货流组织、缺乏科学的分析预测，同样可能产生一定范围和一定时间内的运输不均衡。因此，组织均衡运输，必须加强经济调查，做好货源货流组织，认真搞好运输流调整。加强空驶方向的货流吸引，在一定程度上可减小运输方向的不均衡。根据货源货流的变化规律，在计划安排上预先考虑季节性物资运输要求，则可减少季节性物资运输对运输均衡的不利影响。

④ 运输合理化。它是社会物流合理化的重要组成部分，力求使货物的运量、运程、流向和中转环节合理，保证充分、有效、节约地使用运输能力，以最少的运输资源耗费，及时、准确、迅速、均衡、质量良好地满足运输需求。需要指出的是，运输合理化有利于节约能源和减少因运输引起的环境污染，符合经济社会和交通运输可持续发展的要求。因此，合理组织运输成为货运组织必须遵循的基本原则之一。

⑤ 直达运输。严格地说，它是指货物在发送港站装上车(船、机)后直接运达到站，在运输途中既没有货物的中转作业，也没有运输工具的改编作业。根据现行的铁路车流组织办法，车辆在运输途中延误时间最长、作业费用最多的是在技术站的改编作业。因此，人们往往将组织无改编通过技术站的货物列车，统称为货物直达运输组织，简称直达运输。可见，广义的直达运输并不严格限定货物装车(船、飞机)后，必须直接送到目的地，而指尽可能减少耗时较长的货物中转或运输工具改编作业的运输组织方式。

二、基本生产组织系统

运输的生产过程由多个环节组成，需要多部门之间的衔接和配合。例如，旅客运输的中转和换乘是旅客自主的选择行为，运载工具的乘降过程需要旅客的主动配合，旅行安全规章需要旅客主动遵守；而在货物运输过程中，货物的仓储、装卸和中转、货物运输载体的各种作业和运动，主要由相关运输企业的生产活动来完成，需要运输企业对货物运输及其技术作业过程进行一系列严密、科学、有效的组织和管理。接下来，我们分别就客、货运输的生产组织系统地进行说明。

1. 客运生产组织

客运生产组织的流程可以简单描述为：旅客获得乘坐交通工具的凭证；旅客从始发地港、站登乘交通工具，开始运输；旅客在途中运输，包括中转和换乘；旅客到达目的地，离开交通工具，终止运输。

客运站(港、机场)既是旅客运输的起点，又是旅客运输的终点。旅客运输的组织与管理主要是在客运站(港、机场)内完成的。因此，客运站(港、机场)的组织工作是旅客运输的核心，它主要包括客票出售、旅客进站、安全检查、承运行李、调度车(船、机)、安排旅客候车(船、机)、检票、组织旅客上车(船、机)、指挥车(船、机)出发、指挥车(船、机)到达、组织旅客下车(船、机)、检票、车(船、机)停放、旅客出站、交付行李等。其作业流程如图2-1所示。

为了开展旅客运输的组织生产，运输企业需进行以下工作。

① 进行旅客运输市场调查和旅客运输需求预测分析，了解不同旅客群体(客流)的数量、流向、流程、流时、旅行服务需求及其变化，分析各种运输方式的市场占有率。

② 根据市场需求开发有竞争力的、满足不同层次需求的多样化旅客运输产品和运输服务，如各运输线路、各方向不同行程的铁路列车、飞行航班、公路班车等。

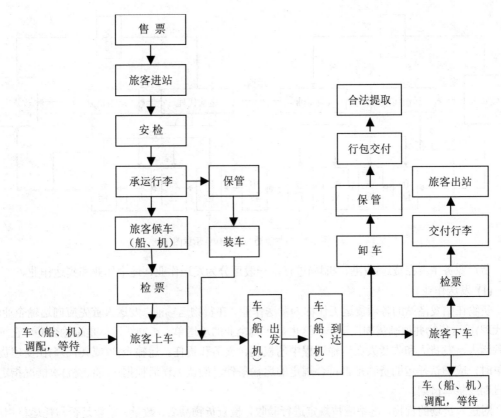

图 2-1 客运站(港、机场)作业流程图

③ 制订运输计划，合理运用运输技术设备、能源和人力资源。

④ 提供方便的客票预订和发售服务，良好的候车(船、机)环境和旅客乘服务，安全、快速、舒适的运载工具，旅行途中优质规范的餐饮、卫生和文娱服务，信息服务，各种延伸服务，以及满足旅客投诉和理赔的需求。

⑤ 运输过程的监控和调度指挥，保证旅客和行李包裹被安全、迅速和方便地运送。

⑥ 运营活动的安全、技术和经济考核、统计分析和管理。

随着社会进步和人民生活水平的不断提高，旅客运输企业应更多地开发满足各种休闲、观光旅游需求的运输产品和服务，更多地关注老龄、儿童、残疾等社会弱势群体的运输服务需求。

2. 货运生产组织

现代货物运输按运输工具不同，有铁路、公路(包括城市道路)、航空、水运和管道5种方式。除管道运输是一种比较特殊的、运输线路与运载工具合一的专门输送石油及其制品、天然气等产品的运输方式外，其他4种运输方式都共同面临复杂、繁多的货物品类和批量的安全性、完整性的运输需求。

货物运输生产总是围绕着发到作业、中转作业和运行作业展开的。其中，发到作业和中转作业由港站计划、安排和实施；运行作业则由承运人的生产管理部门计划和安排，由司乘人员具体实施。运输货物的过程主要包括组织货源货流、办理货物承运、货物保管、装卸、运送、途中作业、到达货票检查、卸车(船、机)、保管、交付等过程。相应的作业流程具体如图2-2所示。

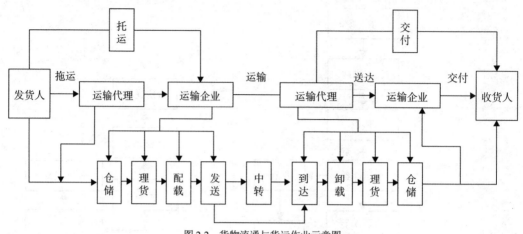

图 2-2 货物流通与货运作业示意图

货运业务主要在货运站(港、机场)进行,一般可分为发送作业、途中作业和到达作业。

(1) 发送作业

货物在始发港站的各项货运工作称为发送作业。在货物运输前,发送人首先应向运输企业(或其代理)托运货物并填制货物托运单,这也是运输企业的承运单。货物托运单是运输合同,它规定了承运人、发货人和收货人在运输过程中的权利、义务和责任。运输企业(或其代理)在受理货物运单时,应确认托运的货物是否符合规定的运输条件,确认无误后根据车(船、机)次情况指定进货日期或装车日期。

对进入货场的货物,港站应按规定进行验收,检查货物品名、数量、重量是否与托运单相符,货物包装和标记是否符合规定的要求。检查无误后,先将货物安放在堆场或仓库。船舶要根据配载计划编制堆场积载图,再将货物按堆场积载图堆放。

货物在装运前,必须对运输工具进行技术检查和货运检查,在确认能保证货物完整时方可装货。装货时,要力求充分利用运输工具的装载能力,并防止偏载、超载等。装载完毕,要严格检查货物的装载情况是否符合规定的技术要求,然后按规定对车辆和货舱施封。零担货物、集装箱货物在进场验收后,一般货物在装车、装船完毕后,需要在运单上填写运输工具编号、货物的实装重量及货物状况等,并填制货票或出具收据。

特别地,在水路运输、民航运输中,发货人面对的往往是实际承运人的代理。港口直接面对的是实际承运人或其代理,而不是托运人。港口只负责接受租用港口的实际承运人或其代理的货物,并按他们的指令在港口交接货物。

(2) 途中作业

货物在运送途中发生的各项作业统称为途中作业。货物在运送过程中,不同运输方式之间或同一运输方式内部往往经过各种形式的内部交接,才能到达目的地(站、港、机场)交付收货人。不同运输方式之间的换装作业以及需要中转的货物在中转站的作业都是途中作业。为了保证货物运输的安全与完整,便于划清企业内部的运输责任,货物在运输途中如发生装卸、换装、保管等作业,交接时应按规定办理交接手续。

货物在运输途中的中转作业分为如下两种情况。

① 货物随同运载工具中转。这种中转方式可以进一步分为两种情况,一是在同一种运输方式下,通过运载工具及其运载动力的重新组合,如公路场站集装箱拖车的更换接驳,铁路货车在技术站的无调(不进行调车作业,仅换挂机车)或有调(进行解体和编组调车作业)中转作业;二是在不

同运输方式之间进行运输方式转换,如公铁联运的集装箱换装中转。在这两种情况下,都不发生货物装卸作业。

② 货物通过装卸作业中转。这种中转方式是指货物运输途中需要改变货物与其载运工具的组合关系,重新进行配载和配装,发生新的货物装卸作业的中转。例如,零担货物在途中场站卸车后重新配装发送,集装箱货物在途中场站进行拆箱和拼箱作业后继续发运等。

除运输途中正常的中转作业外,运送途中货运作业还包括:货物目的地和收货人的变更作业,由于各种事故造成的途中货物换装作业,以及特种货物载运工具在途中技术作业所要求的中转停留等。对运输工具进行简单检修,补给继续运输所需要的燃料、水、冰、食品及其他所需物品,也是货运站(港、机场)对货物在运输途中所进行的作业。

(3) 到达作业

货物在到达站发生的各项货运作业统称为到达作业,主要包括货运票据的交接、货物卸车、保管和交付等内容。

货运站(港、机场)在接到运输工具到达及卸货内容的计划后,应进行卸装准备工作。运输工具到达货运站(港、机场)界域外时,应及时安排进港进站,并将运输工具送至卸货作业线。

卸货前,货运站(港、机场)需认真核查运输工具、集装箱和货物的状态是否完好,如发现异状或有异议,要及时会同车(船、机)运行负责人做好货运记录。卸货时,应根据货物积载图将货物准确无误地卸下,并清点货物件数、衡量货物重量,核对货物标志和货物状态。如果发生货物事故,应编制货运记录。货运记录是分析事故责任和处理事故赔偿的重要依据。卸下的货物应按方便提取的原则,合理、有序地堆码。

收货人或其代理人在货运站(港、机场)领取货物时,必须出具领货凭证(提货单、货票)或有效证件文件(包括保函),并据此交换货物。在发生各类货损货差事故的情况下,运输企业应与收货人按照货运合同确定理赔事宜。

为开展货物运输的组织生产,运输企业需要进行以下工作:进行货物运输市场调查和运输需求预测分析,了解本地区物质运输的品类、数量、流向、流程、各种季节性物资运输需求,分析各种运输方式的市场占有率;根据市场需求开发有竞争力的优质货物运输产品,如各运输线路和方向的、不同行程的铁路货运班列、公路货运班车等,保证货物运输的安全、快速、方便、准时、经济;组织货源货流,制订运输生产计划和运载工具运用计划,合理运用运输技术设备,提高运输能力;提供货物运输信息服务,包括货物运输信息查询、货物运输动态跟踪预报、货物运输单据流转、货物运输设备运用、货物运输工具统计分析等信息和其他延伸增值服务;运输过程的监控和调度指挥,包括运载工具的运行过程和在货运站(港、机场)的技术作业过程,以安全、高效、经济、有序地实现货物输送;运营活动的安全、技术和经济的考核、统计、分析和管理。

总的来看,货物运输与旅客运输相比,其运输组织更为复杂,需要组织货源货流,并根据货源货流变化配置运输资源;需要进行载运工具的回空调拨运输,防止载运工具偏集;需要更完备、更可靠的信息系统为商务交易和运输过程提供服务;需要特别重视阔大货物、危险货物、鲜活易腐等特种货物运输条件及其运输过程的安全。

3. 运输流的生产组织

客运与货运以运载工具为载体,实现有目的的位移。运载工具在运输线路上的移动便形成交通运输流。运载工具的运输组织方式多种多样。与陆路运输相比,水路和航空的运输流是一种稀疏流,在运输线路上较少相互干扰和冲突,彼此表现出较强的独立性,通常只是在特定地段(如水运人工航道)和运输节点(水运港口或航空港)及其进出相邻区域才需要疏导和处理交通运输流。铁路和公路的交通运输流在节点上、线路上均呈现出较强的关联性。铁路的运载基本单元是车辆,但个别车辆一般不能单独发运,须将相同去向或到站的车辆组成列车才能发运。列车运行需要严格规范其运行次序与运行速度。铁路车站便是列车产生、消失、途中停靠和运行次序调整的地点和场所。公路或城市道路以各种汽车为运载基本单元,速度不同的汽车在运输线路上的超越关系常常发生变化。在平面交叉路口,也要按不同运行方向确定通过交叉口的先后次序。可以看出,为了保证运输安全、畅通和良好的运输秩序,需要对交通运输流进行疏导、调节和管理,这就构成了运输流的生产组织。

运输流生产组织的主要任务是:管理、调节和控制交通运输需求,从时间和空间分布两个方面影响和促进交通运输流的适度生成和合理分布,制订运输计划,防止或缓解交通运输"瓶颈"处的交通拥挤和阻塞;调节控制交通运输线路上运载工具的运行速度,实现较高的线路利用率和通行能力;指定或规范运载工具的运行路径,提高运载工具的运输效率;调整及控制运载工具运行的相互顺序关系,保证运输安全和良好的运输秩序;组织交通运输场站的作业过程,包括:旅客乘降、货物装卸,组织运载工具基本单元的分解、组合、中转、接续、技术检查、商务检查、货物及其票据交接等作业过程,保证作业过程的连续性、平行性、协调性、均衡性等方面的要求;编制交通运输服务时刻表,协调和规范交通运输系统的运输组织工作。

需要指出的是,各种运输方式的组织化程度不同。所谓组织化,是指运输系统对运输流的调节、控制和管理的规模范围和质量水平。组织化程度高的交通运输方式,如航空和铁路,有着比较严格的需求管理,可以对所有的运输流实施严密的计划管理和严格的调度指挥,因此其交通流基本上是有组织的和受控的;而组织化程度较低的交通运输方式,如公路和城市道路,由于存在大量私人交通工具,交通流量生成和分布的随机性十分明显,因而对运输流的预测和实时调控能力较弱。因此,对于不同的交通运输方式,其交通运输流组织的重点、方法、手段和难度不尽相同。

4. 场站作业生产组织

场站是旅客和货物运输的始发、终到和中转的地点。其生产过程包括生产准备过程、基本生产过程、辅助生产过程和生产服务过程等4个方面。

① 生产准备过程是指基本生产活动之前所进行的全部技术准备工作和组织准备工作,如编制旅客和货物运输计划、装卸作业计划;设计运输工作方案;确定作业地点、库场和接运工具;准备装卸机械和货运文件等。这些工作是确保基本生产过程得以顺利进行的前提。

② 基本生产过程是指旅客在交通场站的乘降、行李包裹和货物的装卸、搬运以及运载工具进出场站、在场站内部有目的的运输移动和技术作业,是运输对象和运载工具从进入场站到离开场站所进行的全部作业的总和。

③ 辅助生产过程,是保证基本生产过程正常进行所必需的各种辅助性生产活动,如运输机械、场库、站台(泊位)货位、信息通信、线路基础设施、电力供电和装卸机械等的维修、保养与管理。

④ 生产服务过程,是为基本生产和辅助生产服务的各项活动,如为旅客运输提供的候车(船、机)、餐饮、娱乐、信息等服务,为货物运输提供的理货、仓储和计量等服务,为运载工具提供的技术整备、生活必需品供应、燃料和淡水供应、设备整备、清洁、检查、保养与维修服务,为货主提供的货物鉴定、检验、包装等服务。各种生产服务活动也是交通场站生产活动不可或缺的组成部分。

5. 运输生产流程再造

运输生产流程是为实现人和物的有目的的移动而进行的一系列与逻辑相关的活动的有序集合。运输生产流程再造是以信息社会下的业务流程再造(business process reengineering,BPR)理念为基础，为有效地改善运输组织的绩效，对现有运输生产流程的重新分析、设计和改造。

运输企业有效运行的一个显著特征，便是实现人流、物流、资金流和信息流的合理流动，按照一定的逻辑顺序，由一个阶段向另一个阶段转变。这种转变过程实际上是一种流程。所以，我们也将运输生产过程及其管理称为运输流程。运输流程具有一切流程的共同性质，即：

- 目的性——流程是为实现某一目标而设计和产生的；
- 内在性——流程包含状态的时间变化和活动的空间转移，是系统的内在特性；
- 整体性——流程是一系列活动通过一定方式的联系和组合，具有整体特性；
- 动态性——流程通过活动(状态)的变化而实现某一目标，具有动态特性；
- 层次性——流程包含不同层次的多种活动的投入，具有系统的层次性；
- 结构性——组成流程的各种活动之间的相互联系和相互作用方式在结构上具有一定的规律性，表现为串联结构、并联结构和反馈结构的不同组合。

(1) 集装箱与运输流程再造

20世纪40年代，美国人马尔科姆·麦克莱恩(1915—2001年)改造了集装箱，并开创了整个集装箱物流体系，引起了世界整个行业的巨大变革，而被称为"集装箱运输之父"。1956年4月26日，经过麦克莱恩改造的"理想X号"(Ideal X)载着58个约10米的集装箱从美国纽约港出发，前往得克萨斯州的休斯敦港，世界海运由此进入了集装箱运输时代。集装箱运输克服了普通散件杂货运输长期以来存在的装卸及运输效率低、时间长、货损货差严重、货运质量不高、货运手续繁杂等缺点。同时，集装箱运输使流通过程中每一个环节发生了根本性的变革，是一种高效率、高效益和高质量的运输方式，它对货物运输流程再造产生了重要影响，起到了促进作用。集装箱广泛投入使用后，各个大陆之间的航运实现低成本运转。曾有一位中国评论者说，"一个个冷冰冰的铝制或钢制大箱子，却堆积出了中国每年2万亿美元的出口总值。"《经济学家》则评价道："如果没有集装箱，就不会有全球化。"

集装箱运输是高协作的运输方式。它涉及面广、环节多、影响大，是一个复杂的运输系统工程；集装箱运输系统既包括海运、陆运、空运、港口、货运站等各个运输环节，又包括集装箱船公司，铁路、公路与航空运输公司，以及海关、商检、安检、动植物检疫、船舶代理公司、货运代理公司、集装箱租赁公司等参与集装箱运输的各个服务部门。以集装箱运输为纽带，不仅使海运、港口、陆运、空运相衔接，使各种运输方式的运力与运量相匹配，而且使海关、商检、代理等服务部门工作相协调。

集装箱运输适于组织多式联运。集装箱多式联运以集装箱为运输单元进行直达运输。货物在发货人工厂或仓库装箱后，可直接运送到收货人工厂或仓库。运输途中无须拆箱、装箱，减少了中间环节。集装箱在不同运输方式之间转运时，无须改变箱内货物装载状态，而只需简单地转移集装箱，这便提高了转运作业效率，非常适于不同运输方式之间的联合运输。在换装转运时，海关及有关监管单位只需加封或验封转关放行，从而提高了运输效率。集装箱换装转运时使用专业机械装卸，不涉及箱内货物，因而货损货差事故大为减少，提高了货运质量。此外，各个运输环节和部门之间密切配合、衔接紧凑，货物所到之处中转迅速及时，大大减少了货物停留时间，保证了货物安全、准确、及时地运抵目的地。

集装箱运输简化了托运、制单和结算手续。在集装箱多式联运方式下，不管货物运程有多远，不论由几种运输方式共同完成货运任务，也不论运输途中货物经过多少次转换，所有运输事项均由多式联运经营人(multimodal transport operator，MTO)负责办理。托运人只须办理一次托运、订立一份运输合同、支付一次费用、购买一次保险，从而省去办理托运手续的诸多不便。同时，一旦运输过程中发生货损货差，多式联运经营人将负责对全程运输进行理赔。集装箱多式联运采用一张货运单证、统一费率，不仅简化了制单和结算手续，还节省了人力和物力。

总之，集装箱运输由于使用标准化的货物集装箱，不仅提高了装卸作业效率和货物运输质量，减少了运输方式转换时的重复装卸作业，简化了货物转运过程，使整个运输过程围绕集装箱的标准化重新进行相关设备及其运力的配置；而且改变了运输的组织方式，产生了专门从事运输服务而不一定拥有运输设备的运输中介(运输代理人、多式联运经营人、无船承运人、无车承运人)，运输交易分别在用户与运输中介以及运输中介与不同运输方式的运输企业之间进行，并由运输中介负责全程运输和运输方式之间的衔接配合等问题。可见，使用集装箱带来的运输流程再造，适应于货物的多式联运和快速运输需求，有效地加速了企业的资金周转，提高了运输企业的利润。

(2) 电子商务与运输流程再造

据国家统计局电子商务交易平台调查显示，2020年，全国电子商务交易额为37.21万亿元，比2019年增长4.5%。我国电商新模式新业态不断涌现，产业结构效益更加优化。围绕"一带一路""大众创业、万众创新""供给侧结构性改革""制造强国战略""互联网+""大数据"等国家重大战略举措，电子商务立足自身发展规律与优势，在构建"网上丝绸之路"、促进创新创业、推动传统产业转型升级等方面持续发挥积极作用。电子商务带来的运输流程再造，集中表现为运输企业采用新的技术和新的管理模式，呈现出信息化、自动化、智能化、柔性化的特点。

① 信息化。信息化是运输现代化的基础，运输信息化是电子商务的必然要求。运输信息化表现为物流信息的商品化、物流信息收集的数据库化和代码化、运输信息存储的数字化、运输信息处理的电子化和计算机化、运输信息传递的标准化和实时化等。因此，条码(bar code)技术、数据库(database)技术、电子订货系统(electronic ordering system，EOS)、电子数据交换(electronic data interchange，EDI)、快速反应(quick response，QR)、有效客户反映(efficient consumer response，ECR)、企业资源计划(enterprise resource planning，ERP)等技术与观念在运输中得到普遍应用。运输效率的提高在很大程度上取决于运输信息的流转和处理。

② 自动化。自动化的基础是信息化，核心是机电一体化。自动化的外在表现是无人化，自动化的效果是省时，从而扩大运输作业能力，提高劳动生产率，减少运输过程的人为差错和失误等。运输自动化的设备多种多样，如条码、语音、射频自动识别系统、自动导向车、货物自动跟踪系统等。这些高新技术越来越普遍地应用于运输作业流程中，大大简化了运输过程中监督、判断、操作和管理的内容和方式。例如，京东物流投入使用上海"亚洲一号"电商物流中心，是国内最大、最先进的电商物流中心之一。硬件方面，它拥有自动化立体仓库、自动分拣机等先进设备；软件方面，京东物流开发仓库管理、控制、分拣和配送信息系统等，并拥有自主知识产权。整个系统由京东物流总集成，90%以上操作已实现自动化。

③ 智能化。智能化是运输自动化、信息化的最高层次。运输及其管理过程存在大量的决策，如运输方式和运输路径的选择、运输工具运行的自动识别和跟踪、运输安全控制、速度控制和作业进程控制等问题都需要借助于先进的智能化技术和系统。目前，智能交通系统(intelligent traffic system，ITS)不仅在交通控制领域，而且在与用户服务相关的电子商务领域，都已经有比较成熟的研究成果。

④ 柔性化。柔性化本来是为实现"以顾客为中心"理念而在生产领域首先提出的。但要真正做到柔性化，即真正根据消费者需求的变化，灵活调节生产过程，便必须依托配套的柔性化物流系统。20世纪90年代，国际生产领域纷纷推出弹性制造系统(flexible manufacturing system，FMS)、计算机集成制造系统(computer integrated manufacturing system，CIMS)、企业资源计划(enterprise resource planning，ERP)、物资需求计划(material requirement planning，MRP)、制造资源计划(manufacturing resource planning，MRP Ⅱ)、以及供应链管理的概念和技术。这些概

念和技术的实质是要将生产和流通进行集成，根据客户端的需求组织生产，安排物流活动。

三、生产辅助服务系统

运输组织的生产辅助服务系统通常包括运输生产服务系统、运输生产生活服务系统和运输通信信息系统。这三个系统对运输组织的生产运营活动起到了辅助支撑的作用。

1. 生产服务系统

生产服务系统是交通枢纽运营的基础，其主要目的是满足旅客、货主及车主在到、发、中转等运输生产活动中的各种要求，而提供必要的场所和设施。根据客、货运输性质的不同，生产服务系统可以进一步分为客运生产服务子系统和货运生产服务子系统。

(1) 客运生产服务子系统

客运生产服务系统的建设实体反映在客运枢纽站内。依据各客运站功能的不同，客运生产服务系统建设的依据也不尽相同。对于长途客运枢纽站，应配备有足够规模的停车场、发车位、售票厅、候车厅、站房以及为旅客托运行李而设置的传送设备或升降设备。对于主要承担短途旅客运输的客运站，由于接送的车辆主要为中、小巴，其运行机动灵活，到、发车的频次高，车辆在站内停留的时间较短，因此短途客运枢纽站的生产服务系统稍微简单一些，只需要建一定规模的停车场、候车厅、售票厅和站房即可。

(2) 货运生产服务子系统

货运生产服务子系统的建设实体则体现在货运枢纽场站上。其建设内容可以通过 4 个区来体现其生产服务的功能。

① 车辆作业区。主要指停车场、堆场、车辆进出货运站必经的道路路线区域及进出站口，同时配备一些中、小吨位的货物取送车辆等。

② 装卸作业区。主要指货物集散的理货大厅、装卸平台和设备以及防护设备等。

③ 仓储区。货物堆场和仓库等货物停留超过 24 小时的区域。

④ 站务管理区。包括货运站站房、生产调度室、信息管理中心、站务办公室及与国际集装箱业务配套的由海关、卫检、商检、商务等部门构成的国际联运代理业务办公室等。

此外，根据枢纽站服务范围和服务对象的不同，各货运站应分别建成综合站或不同功能的专业站，如集装箱中转站、零担站、联运站，以便充分发挥不同功能的货运站的作用。在建筑实体和设备配备上也应分别有所侧重，如集装箱中转站应建有足够规模的堆场、站房和拆装箱库等，配备龙门起重机等大型起重设备、自动分拣作业装置、掏装箱机械等；零担站应建设足够规模的仓库、堆场，配备货物取送车辆和装卸设备，根据货主需要，还可配置为货主提供包装等服务的设施和设备。

2. 生产生活服务系统

生产生活服务系统是运输组织的后勤保障。系统设置的目的是为车主、货主、旅客提供全方位的优质辅助服务以及为维持运输生产顺利开展而提供的后勤服务，具体建设内容可分为三个方面：生产服务区域，包括汽车修理、保养车间、加油站、清洗和检测设备；工作人员服务区域，主要为站务、管理、司乘人员提供生活服务，设置必要的生活服务、食堂、文化娱乐场所等；用户服务区域，主要满足旅客、车主和货主候车、办理货物托运业务时的商务、问询、食宿、休息等需求，因而可以配置一些商店、餐饮、住宿和文化娱乐场所等，并提供打印、复印、传真等服务。

3. 通信信息系统

通信信息系统是运输组织有效运转的"神经中枢",是各系统相互联系、提高运输效率的重要载体。它包括两个部分:计算机信息子系统和通信子系统。其中,计算机信息子系统是以计算机及其运行网络为运行环境,多种通信设施为传输手段的管理信息系统;通信子系统是由多种通信手段构成的能够实现常规通信的通信网络,同时是计算机信息系统数据传输的通道或载体。该系统能够实时采集、处理、分析、存储、传输运输过程中发生的客货流、车辆、船舶、飞机、列车、调度指挥、装卸存储、中转换装/换乘、多式联运、辅助服务等信息。上述系统信息网络连接情况,具体如图 2-3 所示。

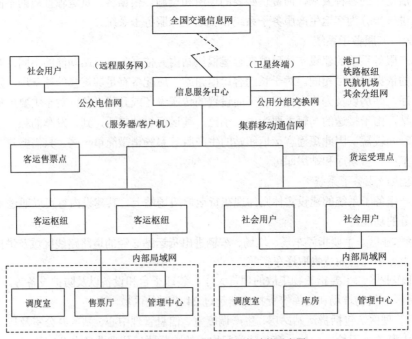

图 2-3 管理信息子系统信息网络连接示意图

第三节 运输组织的工作程序

运输组织是一个复杂的系统性工作,在合理开展运输组织的过程中,必须按一定的工作程序进行。运输组织工作的一般作业流程,具体如图 2-4 所示。

在 5 个步骤中,运输经济调查与预测是开展后续各步骤的前提;营运计划则参考运输经济调查和预测的资料而制订,是运输企业一定时期的工作蓝图;运输方案是营运计划的具体化,运输方案的实施是运输方案付诸实际的过程,也是对运输方案的检验过程;方案效果评价是对先前各步骤工作的总结评价,并为下一阶段的工作提供参考。综上所述,我们也可以用另一种方式来表示运输组织工作中 5 个步骤之间的相互关系,具体如图 2-5 所示。在运输组织工作中,这 5 个步骤不断循环,使运输组织工作不断完善。

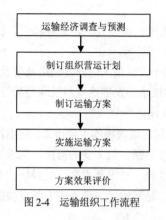
图 2-4 运输组织工作流程

图 2-5 运输组织工作各个步骤之间的相互关系

一、运输经济调查和预测

运输经济调查是做好运输组织的前提。通过运输经济调查，可以了解运输服务地的商品生产情况和消费情况、居民的出行情况等。分析上述客货运输需求的特征，可以为有效布置运力，搞好运输组织工作提供必要的决策依据。

1. 运输经济调查

(1) 运输经济调查的概念

经济调查是伴随商品经济的发展而出现的。随着商品经济的进一步发展，其含义也在不断发生着变化。经济调查是指运用科学的方法和手段，系统地和有目的地收集、分析和研究与市场营销有关的各种信息，掌握市场现状及发展趋势，找出影响企业市场营销活动的主要因素，为企业准确地预测和决策、有效利用市场机会而提供正确依据的一种市场营销活动。这是广义的经济调查，它包括了从产品设计到消费者购买，直到售后服务的全部过程。

对于运输组织来讲，运输经济调查是指运输组织为了实现自身经济利益目标及社会公益目标，对运输经济腹地产、供、销及客源地进行的调查研究工作。通过经济调查，了解并掌握运输经济腹地及客源地的货源、客源构成及流向、流量等，为货源及客流组织工作准备前期资料，为保证运输计划有节奏、均衡地实施提供客观依据。

(2) 运输经济调查的内容

由于影响运输组织的因素很多，因此运输经济调查的内容也十分广泛。从广义上讲，凡是直接或间接影响运输组织活动的资料，都应加以收集和研究。但是由于每次调查目的不同、调查时间有限，其内容也不尽相同，且一次调查活动不可能包罗万象，只有通过多次长期的调查，在不断积累资料的基础上，才能全面认识市场。为了全面了解、认识市场活动，我们在下面将介绍运输经济调查的基本内容。

① 运输组织环境调查，包括政治法律、经济、社会文化、自然和科技等环境。对交通运输企业而言，运输组织环境是不可控因素，运输企业的生产活动必须与之相协调和适应。

- 政法环境调查。了解对运输市场起影响和制约作用的国内外政治形势以及政府对运输市场管理的有关方针政策、法律、法规，如反不正当竞争法、消费者权益保护法、产品质量法、环境保护法、铁路法及各种有关交通运输的法律、法规、规章、细则、制度等。
- 经济环境调查。其主要包括地区经济特征、经济发展水平、产业结构情况、国民生产总值、国民收入总值、人均收入、居民消费水平和消费结构、区域基础设施建设的规模、类型、发展规划,以及交通方式、能源状况等。
- 社会文化环境调查。其主要包括人口受教育程度与文化水平、价值观念、职业构成、民族分布、宗教信仰与风俗习惯、社会流行审美观念与文化禁忌等。
- 科技环境调查。其主要包括当前国内、外科学技术发展水平,新技术的开发利用及普及,新材料、新产品、新能源的开发、研制与推广,当代科学技术的发展速度与发展趋势等。
- 自然环境调查。其包括自然资源、自然地理位置、气候条件、季节因素等。

② 运输市场需求调查。运输市场需求是决定运输市场购买力和市场规模的主要因素,它由消费者市场和产业市场需求共同构成。其中,消费者是运输市场上最活跃、最多变的群体,需求多种多样;产业市场又具有购买者数量少、购买数量大、产品专用性强、技术要求高、受经济改革影响大等特点。因此,分别针对消费者和产业市场进行需求调查,是运输经济调查中非常重要的内容。

- 消费者规模与构成调查。其包括人口总数、分布及年龄结构;消费者的职业、性别、民族、文化程度;消费者的收入水平、消费水平、家庭状况。
- 消费者购买动机和购买行为调查。了解促使消费者产生购买动机的因素,消费者购买行为特点和购买习惯(如时间、地点、数量)。运输企业通过了解消费者的动机,可以有针对性地诱导和激发消费者的购买行为。
- 产业经济调查。运输企业所运送的货运产品,绝大部分属于产业市场需求。因此,认识和了解产业市场供求,对运输企业的运输组织具有重要意义。

③ 运输市场供给调查。运输市场供给是指一定时间内,运输企业为市场提供的产品数量。市场供给调查的目的是使市场供给与需求相适应,更好地满足不断变化的市场需求。运输市场供给调查主要包括:各种运输方式的布局、运输能力、主要技术经济指标;各种运输方式的产品特点、运用范围、设备和设施状况;运输企业的数量、生产能力、技术水平、产品类型和数量;交通运输总体发展规划、重要发展规划等。

(3) 运输经济调查程序

运输经济调查是一项复杂、细致而且涉及面很广的工作。要保证调查工作的效率和质量,确保调查的准确性并取得预期的效果,便应该尊重客观规律,按科学的程序和方法进行。一般来说,运输经济调查的基本程序包括3个阶段,7个步骤,具体如图2-6所示。

图2-6 运输经济调查程序

① 调查准备阶段。调查准备阶段是经济调查工作的开端。调查准备得是否充分、是否周全,直接影响后续几个阶段的实施和整个调查工作的质量。良好的准备工作将有利于合理地利用人力、物力、财力资源,并避免浪费和损失,起到事半功倍的效果。这一阶段的主要工作是通过对市场的初步分析,掌握一般市场情况和市场问题,从而明确调查的目的、确定调查主题和范围,并制订调查计划,具体分如下两个步骤。

确定调查目的和范围。 首先,应明确调查目的,即本次调查需要解决的主要问题,如这次为什么要调查？想要调查什么情况？了解情况后有什么用途等。调查开始前应对这些问题做出准确的回答。其次，应确定调查范围。调查范围的区分直接影响调查收集资料的范围。如果范围界限不清，调查中就可能出现资料信息收集不全或信息杂乱、资料庞杂的情况；而收集资料的范围过大，则会造成浪费。因此，应该对调查范围加以合理限定，一般可以从地区上确定市场的区域范围；从运输产品使用对象上确定调查的旅客、货主群体的范围。

制订调查计划。 调查计划是对调查工作的设计和预先安排。其作用在于保证调查有目的、有计划、有组织地进行。调查计划的主要内容包括以下几个。

- 明确调查主题及目的。在"确定调查的目的和范围"这一步骤中对调查目的进行初步确定后，本步骤还需要进一步明确调查目标的确定是否符合企业的实际；调查主题和目的要尽量做到具体、准确，还可以邀请有关专家及经营管理者，积极采纳他们的意见。
- 确定调查地点、调查对象及调查方法。在确定调查地点时，要根据调查目的，综合考虑地区的分布、调查对象的居住地点等。在确定调查对象时，要考虑被调查对象应具备的条件。例如，对旅客来讲，应考虑年龄、性别、职业、收入水平、文化程度等方面的要求；对企业而言，应考虑企业规模、产品类别、数量、性能、销售地区、采用运输工具等方面的要求。确定调查方法时，应从调查的目的和具体条件出发，以有利于收集符合需要的第一手资料(即从亲身实践或调查中直接获得的材料)为原则进行。
- 选定调查人员。由于调查对象的多样性与复杂性，经济调查人员的水平对调查结果影响甚大。为了确保调查质量，对参加经济调查的人员应有一定的素质要求，具体包括一定的文化基础知识、专业知识、认真负责的工作态度和稳重、外向的性格等。
- 预算调查费用。经济调查的费用较大，要考虑运输企业的承担能力，在有限调查费用的条件下，力求取得最好的调查效果；或在已确定的调查目标下，尽量控制费用支出。在预算调查费用时，一般包括印刷费、资料费、交通费、调查费、人员开支、杂费等。
- 安排调查时间、工作进度。为了保证调查工作有序且按期完成，必须做出具体的时间安排。例如，何时做好准备工作、何时开始人员培训、何时开始正式调查、何时完成资料整理、何时完成调查报告等。有了时间要求，还应定期或不定期地对工作进度进行监督检查，这样可以确保调查工作按预期的目标进行，还可以掌握情况，及时发现问题、加强薄弱环节，从而使调查活动顺利完成。

② 调查实施阶段。这一阶段主要是按照调查计划，组织调查人员，深入实际，全面系统地收集有关资料、信息数据，大体分为如下三个步骤。

选择资料收集方法。 对于收集的资料，可以分为第一手资料和第二手资料。

第一手资料，又称为原始资料，是调查人员通过现场实地调查所收集的资料，如对货源的调查。收集方法即为市场调查方法，包括询问法、观察法、实验法等。使用这三种方法时，应根据调查问题的性质，具体决定采用其中的一种或几种方法。在收集资料过程中，获得第一手资料往往需要的时间更长、费用更多；而第二手资料较容易取得且费用低。因此，应充分利用现成资料，最大限度地缩小实地调查的范围。同时，为保证资料的准确性和可靠性，也应进行一定的现场调查，或者根据具体情况，交叉进行原始资料和现成资料的收集。

第二手资料，又称现成资料，来源于企业的内部资料和外部资料。企业内部资料是企业内部经常收集和记录的资料，如有关统计报表、企业历年的统计资料、有关年度总结报告和专题报告等；外部资料是从统计机构、行业组织、市场调研机构、科研情报机构、报纸、期刊、文献等处获得的资料。第二手资料的收集方法，可以是直接查阅、购买、交换、索取以及通过信息情报网、国际互联网收集和复制，也可以通过参观学习、技术交流、学术交流、新产品鉴定、技术鉴定等间接方式收集。

  设计调查表。调查方法确定后，为了在现场实地调查时做到有的放矢，调查人员必须事先设计调查表。调查表也称为询问表、调查问卷，是市场调查中用来收集资料的基本工具。它以书面的形式记录和反映调查对象的看法和要求。调查表的设计是一项技术含量高并且十分重要的工作。它直接关系到调查工作的成效。因此，调查表的设计应做到主题明确、重点突出，问题通俗易懂、便于回答，还要便于计算机的统计汇总和处理。

  选择调查方式。经济调查包括普查、重点调查、典型调查、抽样调查几种方式。应根据调查的目的和要求以及调查对象的特点，选用适当的调查方式。

  普查是对调查对象全体进行的无一遗漏的逐个调查。它是一种全面调查的组织方式。这需要花费很大的人力、物力、财力以及较长的时间，一般企业很难承受，所以普查很少用于运输企业的经济调查工作中。

  重点调查是在全体调查对象中选择一部分重点单位进行的一种非全面调查。所谓重点单位，指的是所要调查的这些单位在总体中占重要地位或在总体某项标志总量中占绝大比重。例如，要了解全国钢铁生产的基本情况，只要对少数几个重点钢铁生产企业(如首钢、宝钢、鞍钢、武钢、包钢等)进行调查，即可获得所需资料。重点调查可用于运输企业对大宗货源的调查，以及有关流通渠道、经营条件、竞争对手的调查。这种调查方式能以较少的人力和费用开支，较快地掌握调查对象的基本情况。但需要指出的是，重点调查中选取的重点单位不具有普遍的代表性，一般情况下不宜用其综合指标来推断总体的综合指标。

  典型调查是在全体调查对象(总体)中有意识地选择一些具有典型意义或有代表性的单位进行非全面的专门调查。这种调查方式由于涉及的调查单位较少，所以人力成本和费用开支较低，可以安排较多的调查内容，因此有利于深入实际，对问题作比较细致的调查分析。例如，一段时期内，某铁路线上客源有较大幅度的增加，经过对沿途几个大站及旅客的调查，了解到车站合理的始发、到达时间以及方便购票、优质的服务等一系列组织措施是吸引旅客的重要原因。为此，可以根据情况将上述经验面向更大范围加以推广。用典型调查的综合指标推断总体的综合指标，一般只能做出估计，不能像随机抽样那样能计算出抽样误差，也不能指明推断结果的精确度。不过，在总体各单位的差异比较小，典型单位具有较大代表性的情况下，以典型调查资料推断总体指标也可以得到较为满意的结果。

  抽样调查是一种从全体调查对象(称为总体)中抽取部分对象(称为样本)进行调查，并用所得样本数据推断总体情况的调查方式。抽样调查可把调查对象集中在少量样本上，并能获得与普查相近的结果，有很强的科学性与准确性，同时省时、省力、省费用，所以在经济调查中被广泛采用。

  ③ 调查结果处理阶段。调查结果处理阶段是调查全过程的最后一个阶段，又称分析和总结阶段。本阶段将收集到的资料和数据进行加工整理及分析，得出调查结论，然后撰写调查报告。这一阶段可被进一步分为两个步骤。

  整理分析资料。调查所得的资料是大量的、零散的，还有可能是片面的和不真实的，必须进行系统的编辑整理，去粗取精、去伪存真，如检查资料是否齐全，是否有互相矛盾的地方，数据口径是否一致，是否满足时效要求等，以便对发现的问题及时补充修正，保证资料的系统完整和真实可靠。对经过编辑整理的资料，要根据要求进行分类，把性质相同的归在一起。分类后的资料还要加以统计汇总，编号归档存储，这样将方便以后的查找和使用。当采取计算机加工处理资料时，资料的分类编号更为重要。为了掌握被调查事物的内在联系，揭示问题的实质和各种市场现象间的因果关系，还需要对调查资料进行综合分析，以找出其内在的规律性和关联性。例如，可以运用各种统计方法(如相关分析、回归分析等)或根据需要制成各种统计表、统计图来进行分析，最终得出合乎实际的调查结论。

撰写调查报告。撰写调查报告是经济调查工作的最后阶段。它把调查分析的情况、得出的结论、提出的措施或建议写成书面报告，提供给管理部门和职能部门的管理人员作为决策参考。经济调查报告的基本内容一般包括调查的地点、时间、对象、范围、目的，采用的主要调查方法，调查结果的描述分析，以及调查结论与建议。调查报告的格式一般由导言、正文、结束语和附件等部分组成。撰写报告时，应注意报告内容要达到以下几点要求：紧扣调查主题，突出重点；引用数据准确可靠，能如实地反映客观情况；观点明确，切忌模棱两可；文字简明扼要，等等。正式提交调查报告后，调查工作并未完全结束，应跟踪调查实施的程度及其效果，以便纠正偏差，取得更佳效果，并可据此总结经验教训，进一步提高今后调查的水平。

2. 运输经济预测

(1) 运输经济预测的内容

运输经济预测的内容非常广泛。运输市场需求量、运输市场供给能力、运输价格和成本变化趋势、运输市场占有率、运输市场营销发展趋势、运输企业经济效益和社会效益、同行业的竞争能力和竞争策略的改变等，都可以是运输经济预测的内容。但对运输组织来讲，最基本、最重要的还是运输市场需求预测，简称运输需求预测。

有必要指出，"运输需求"和"运输量"是两个不同的概念。运输需求是指社会经济生活在人与货物空间位移方面提出的有支付能力的需要，而运输量是指在一定运输供给条件下所能实现的人与货物的空间位移量。在社会经济活动中，人与货物的空间位移量是通过运输量的形式反映出来的。运输量的大小无疑与运输需求水平密切相关，但运输量本身并不能完全代表社会运输需求。运输需求的实现还要取决于运输供给的状况，在运输能力完全满足运输需求的情况下，运输量基本可以反映运输需求。但在运输供给严重不足的情况下，运输业完成的运输量仅是社会经济运输需求的一部分。如果增加运输设备、提高运输能力，被不正常抑制的运输需求就会迅速变成实际的运输量。

理解"运输需求"与"运输量"的不同，对预测运输需求是非常重要的。在过去，很多预测工作没有分清运输需求与运输量的区别，往往采用以过去的历史运输量数据预测未来的运输需求，即以"运量预测"简单代替运输需求预测。这种概念上的混淆必然影响到预测的准确度。显然，在运输供给完全满足运输需求的情况下，运量预测尚可代表对运输需求的预测，但在运输能力严重不足的情况下，不考虑运输能力限制的运量预测结果，就难以反映经济发展对运输的真正需求。

运输需求预测可进一步分为运输需求总量预测和客货流预测两大部分。其中，运输需求总量预测是比较抽象意义上的预测，它只负责从总量上把握全国、某部门或某地区的客货运输需求量，包括发到量、周转量等。其特点是只考虑总量，基本不涉及具体的发到地和具体线路上的客货流量。而客货流预测负责把已预测出的客货运输需求总量，在分析地区间交流的基础上，分配到具体的运输方式和运输线路上。

需要指出的是，运输需求是一种派生需求，所以在对运输需求进行预测时，必须充分考虑到国民经济各部门的发展情况。只有这样，才能对运输需求做出合理预测。

(2) 运输经济预测的步骤

运输经济预测是调查研究、综合分析和计算推断的过程。一个完整的运输经济预测项目一般应包括以下几个步骤。

① 确定预测目标。进行一项运输经济预测，首先必须明确预测的目标，即明确预测的对象、

目的和要求。预测对象应视为预测系统的总体。预测目的指通过预测要了解什么问题和解决什么问题。预测要求指对预测结果的具体要求和附加条件(如预测是定性预测、定量预测，还是定时预测、对哪个时期预测、对预测时间和预测精确度有什么要求等)。这些预测目标将直接影响预测的内容和规模；同时对预测人员的组织、预测资料的搜集、预测方法的选择、预测费用的支出等工作甚至预测的效果产生较大影响。因此，只有预测目标明确，才能使预测工作有的放矢，避免盲目性，从而以较短的时间、较少的费用，取得较满意的预测结果。

② 制订预测计划。为了保证运输经济预测目标的实现，要制订具体周详、切实可行的预测计划。预测计划应包括预测工作的负责人、预测前的准备工作、收集和整理资料的步骤和方法、预测方法的选择、预测精度的要求、预测工作的期限、预测费用等。预测计划不是一成不变的，可以在实际预测工作中对原计划做出必要的调整。

③ 收集和整理资料。资料是预测的基础。资料的质量直接关系到预测的精度。要根据预测对象的目的和要求，广泛收集影响预测对象未来发展的一切资料。既要收集预测对象本身的历史资料，也要收集对预测对象有影响作用或与之相关的因素的资料，包括对预测对象的未来会造成较大影响的间接因素的资料。

④ 选择适当的预测方法。如何选择适当的预测方法是提高预测质量的一个重要因素。必须从实际出发，根据预测对象的特点、预测的目的、预测的期限和时间间隔及预测对费用、时间和精确度的要求，结合收集的资料和预测人员的技术条件，选择有效的预测方法。选用的预测方法要在满足预测要求的前提下，尽量简单、方便、实用。有些预测方法要建立数学模型，有些则可以采用匡算、推算、类比测算等简单的方法。另外，在选用预测方法时要根据实际情况，有时选择一种，有时可以几种方法结合起来，相互验证预测结果，以提高预测的准确性。

⑤ 进行预测。根据已选定的预测方法，利用所掌握的资料，就可以具体地开展计算、研究，做出定性或定量分析，判断预测对象未来的发展方向和发展趋势。

⑥ 分析预测误差。所谓预测误差，是指预测值和实际值之间的差异。由于预测是根据历史资料，利用简化的模型进行的，不可能包罗影响预测对象的所有因素，因此误差是不可避免的。预测误差的大小，反映预测的准确程度。如果误差过大，就失去了预测的意义，用于决策则会产生危害。需要指出的是，预测总是有误差的，在任何给定的情况下，总会有一些更有效的方法可用于改进预测水平。但是，使用这些方法要花费更多的时间和费用，从而使经济效益下降。所以，应当对预测的不精确度持灵活态度，不应一味地改进预测方法。

⑦ 参照新情况，确定预测值并进行评审。利用选用的预测方法得到的预测值，仅能作为初步预测结果。根据这个结果，还要参照当前已经出现的各种可能性，利用正在或将要形成的各种趋势、征兆，进行综合对比和判断推理，最后确定出预测值。不能简单地认为预测运算的结果就是最后的预测值。预测不仅是科学，而且是一种艺术。预测技术是工具，每个人都可以使用，但使用的好坏，由使用者的技艺高低所决定。可以请各方面专家评审确定好的预测值，集思广益，做到专业预测人员与领导、群众相结合，定量预测与定性预测相结合，使预测效果更好。

⑧ 经常反馈，及时调整预测方法和预测值，发布正式预测报告。运输经济预测的目的是为决策提供依据。预测人员要及时根据预测值与实际值之间的差异和预测工作中的实践经验，结合评审意见，及时调整预测方法和预测值，并提出正式的预测报告和说明，递交给有关部门，供其决策时参考。

以上是运输经济预测的一般步骤，为提高预测水平和预测效果，预测工作应逐步走向规范化、制度化、程序化。

二、运输生产计划的制订

在运输生产过程中,各运输组织必须对其负责的运输任务进行有效的管理和控制,以使运输生产处在正常状态。为了对动态的运输生产过程进行控制,必须制定较完善的运营指标系统,以确定一段时间内运载工具、运输通道、其他运输设备和人员的合理使用办法,我们称之为运输组织的日常生产计划,简称为运输计划。

运输计划按其编制期限分为长远计划、年度计划和月度计划。长远计划是较长时期的运量规划,通常为五年或十年。它根据国民经济发展的远景制订,一般规定运输企业所要达到的运量规模和货物周转量等基本经济指标预期达到的目标,并作为其发展规划和技术装备发展的根据。年度计划则反映计划年度运输企业应完成的运输任务,作为当年度运输生产计划的编制依据。月度计划属于生产计划,是根据需求确定的具体工作指标和工作办法。它既是年度计划在计划周期内的具体安排,又是组织日常运输生产活动的依据。

1. 运输生产计划

各种运输方式日常生产计划的形式尽管存在着诸多不同,但就生产计划的组成而言,大致可以归纳为两部分:一是规定一定时间段内(一般按月或旬)具体的技术经济指标;二是对近期(一般按日或班)的运输工作做出具体安排的运输生产计划。

- 技术经济指标一般包括数量指标和质量指标。数量指标一般指各种工作量指标,规定了各生产部门在计划时间段内需完成的工作任务。为了保证顺利完成运输任务,往往需要进一步规定部门内各系统或各个方面的生产任务,构成工作量指标群。质量指标一般指工作效率指标,规定了各生产部门在运营中应达到的生产效率。其内容既包括生产活动中的单位生产率,也包括实际生产活动的计划兑现率。与工作量指标相同,质量指标的构成往往不是唯一的,而是一系列效率指标的组合。
- 运输生产计划是具体的工作计划,基本上由各种运输方式中的日常指挥部门编制。一般称这些部门为调度部门。不同的运输组织方式,其运输生产计划制订的时间段不尽相同,总体上包括月、旬、日、班(一般指12小时)等计划周期。其中,月、旬工作计划往往仅规定具体的技术经济指标;而日、班工作计划则规定日常生产活动的具体安排,其具体制定方法则较多地采用了图表作业的方式,即通过若干专门设计的图表,对具体作业进行推算和控制。

根据营运组织的不同形式,我们可以把运输生产计划进一步分为港站运输生产计划和运输企业生产运作计划。港站运输生产计划是指对车站、码头、港口、航站等交通枢纽的生产计划安排;运输企业生产作业计划则指不同企业根据运输内容而安排的运输作业计划。

2. 港站运输生产计划

(1) 港站运输生产计划的内容

港站运输生产计划按时间划分主要包括月度生产计划和日常计划两部分,为保证月度计划的实现,有的运输方式还进一步制订旬度作业计划。月度生产计划一般包括工作量计划、重点物资装卸计划及主要技术经济指标计划。

- 工作量是港站需完成的运输任务。对于港口而言是吞吐量,对于铁路车站而言是旅客、货物发送量和货车办理辆数,对于航站和汽车站而言则是出入港站的旅客、货物和运载工具数量。相对而言,港口和铁路车站的工作量组成细致一些,如铁路发送量进一步细化到分方向的发送量、组织直达列车数,办理辆数需细化到有调、无调车数等多项指标。

港口也需按不同品类、流向分别规定运输任务。
- 重点物资装卸计划。重点物资装卸计划会因不同的运输企业和不同的时期而有所不同。
- 技术经济指标。其属于反映港站工作效率的指标，反映的是港站工作的运输质量。一般而言，包括运载工具在港站的平均停留时间、装卸作业平均时间、装卸机械运用效率、计划兑现率等。

(2) 港口运输生产计划

港口运输生产计划是港口各项计划的核心，是编制港口其他计划的依据和基础，可具体分为港口月度生产计划、港口昼夜分班作业计划、单船作业计划等。
- 港口月度生产计划可分为月度吞吐量计划、月度装卸工作计划和旬度作业计划。旬度作业计划是月度生产计划的具体化，它的主要任务是根据本旬度来港船舶及本港作业条件具体安排船舶的泊位。
- 港口昼夜分班作业计划是港口各级生产部门组织生产的主要依据，是对港口昼夜24小时连续不间断作业的具体安排，是协调港口各生产环节的手段。港口生产管理部门通过作业计划把每天的任务层层落实，直到每一个班组或每个工人。相应地，每个班组与每个工人通过昼夜分班作业计划明确自己的任务。
- 单船作业计划是船舶在港作业过程的实施方案。它详细规定了船舶从抵港时起至发航时止的所有作业项目以及各个作业项目的作业程序与作业时间。

(3) 铁路车站生产作业计划

铁路车站作业计划包括货运和客运两个方面的计划，货运方面主要包括月度、旬度货物运输计划。客运方面主要包括车站旅客输送日计划、车站工作日常计划。不同性质的车站分别制订与其有关的作业计划。
- 月度货物运输计划是车站根据货源情况，结合自站的设备条件、装卸、搬运能力，向分公司提出下月的计划安排意见，经分公司批准下达。它基本上规定了货场应完成的发送货物任务，包括发送量、分品类的发送量、分方向(去向)的发送量。以批准的月度货物运输计划为依据，车站应制订旬度货物运输计划。旬度货物运输计划的内容与月度货运计划的主要内容基本相同，它并不重新制定有关的机车、车辆运用的数量和质量指标，仅根据货源、货流、车流的变化及运用车分布情况进行调整，使旬间及一旬各日保持运输工作的均衡，故旬度货物运输计划也可称为旬间调整计划。
- 旅客输送日计划，实质上是车站根据客流变化情况而编制的旅客乘车组织计划。计划经调度部门批准后，各站即可依此组织发售车票和中转签证。有技术作业的车站(技术站和货运站)除按月、旬规定相应的技术经济指标外，还应通过制订车站作业计划来组织指挥车站日常生产活动。车站作业计划包括班计划、阶段计划和调车作业计划。

(4) 航站生产作业计划

航空运输的生产过程由地面的运输生产组织、飞行组织保障和指挥调度等地面工作，以及空中运输飞行工作两大部分组成。地面工作的总任务是保证进出港飞机的安全、正点和有足够的载量。空中运输飞行工作的总任务是安全、迅速地把旅客和货物、邮件由一地运送到另一地。地面工作与空中运输飞行工作各有特点又互相联系，构成了一个完整的航空运输生产过程。在整个生产过程中，航站起到了保障陆地与空中联系、指导空中运输的作用，其具体的计划内容包括航站发运量计划和航空运输综合计划。
- 航站发运量计划(简称航站计划)是规定地面工作主要任务量的计划。一条航线连接两个或几个机场，航线的运输量实际上是相关航站组织的销售量的汇总，即相关航站的客货运量构成了航线运量。因此,航站计划与航空企业的航线计划相辅相成。航站计划的主要指标包括发运量、发运收入、客座利用率和出港载运率等。
- 航空运输综合计划是规定航空运输生产全过程主要任务量的计划。它是航站计划和航线计划的综合反映,主要指标包括飞行小时、运输量、总周转量、发运量、发运收入等。

3. 运输企业生产作业计划

(1) 运输企业生产作业计划的内容

运输企业生产作业计划一般包括客货运输运量计划、设备检修计划、载运工具运用计划、运行组织计划等内容,主要通过一系列运营指标来反映。
- 工作量。运输企业完成的工作量指标主要包括运输量、周转量和运输收入等。
- 工作效率指标。它主要包括运载工具利用效率、运输产品生产率、载运能力利用率等指标。
- 日常计划。它主要反映对日常运输工作的控制和指挥。一般指日班计划,其内容比较具体,涉及客货运任务控制、运载工具分布控制、运载工具运行控制等。

(2) 船舶运输生产作业计划

船舶运输生产作业计划是航运企业运输生产计划的重要组成部分。它根据企业年、季运输生产计划及船舶运行组织方法所做的近期运输工作安排,具体包括月度计划、旬计划、日计划和直接下达到船舶的航次计划。

船舶月度运输作业计划是根据计划月的任务与条件,在已有船舶运行组织的基础上,安排船舶月度实际生产活动的执行计划。它在技术上必须保证完成年度分季、季度分月的运输任务;在组织上要保证船舶、港口、航道及修船厂等航运企业内部各部门以及与其他运输部门工作上的协调;在经济上最大限度地使用船舶运输能力和港口通过能力,以期取得较好的营运经济效益。船舶月度运输作业计划一般应包括月度核定货源分类流向计划、月度船舶修理计划、月度船舶运行安排计划、月度分线承运计划和计划说明等 5 个方面内容,具体如下。
- 月度核定货源分类流向计划是按流向编制的货物运输计划。它规定了航运企业在计划月应完成的货物运输任务。
- 月度船舶修理计划是按船舶安排修理种类、修理时间和修理地点的计划。它是确定企业计划月实有运力的基础。同时,通过该计划可以把航运局公司船舶工作计划与修船厂的工作计划协调起来。
- 月度船舶运行安排计划是对每一船舶的运行组织所做的具体安排计划,它通过船、港、货平衡确定。
- 月度分线承运计划是根据月度船舶运行安排计划,按航线的不同编制汇总的月度货物运输计划。它可以综合反映出核定货源分类流向计划所承运的货物是否已得到运输保证。
- 计划说明主要阐述不同计划制订的原理和原则,以使执行计划单位更快、更准、更有效地实施计划。其具体内容一般包括不同单位的职能任务、运输量分配、运输方式的选取以及不同运输岗位的分工等。

(3) 铁路货物运输生产计划

铁路货物运输生产计划是铁路货物运输企业运营计划的重要组成部分,通常分为月度货物运输计划和技术计划两部分。
- 月度货物运输计划是保证完成年度货物运输计划,在计划月度内的具体安排。它的基本任务是:正确分配各重点品类和铁路局公司的运量;组织合理运输、直达运输和成组装车;经济合理地使用铁路设备;组织水陆联运,综合利用各种运输工具;组织均衡完成国家年度运输任务。其主要内容包括全国、各铁路局公司的不同类别货物运输量；国际联运进出口运输计划；水陆联运计划；装车地直达列车和成组装车计划、卸车计划等。
- 铁路运输工作技术计划是为了完成月度货物运输计划而制订的机车车辆运用计划。其主要内容包括：使用车和卸空车计划；空车调整计划；分界站货车出入计划及分界站、各区段列车列数计划；货车运用质量指标计划；货车运用车保有量计划；机车运用指标计划。

(4) 航空运输生产计划

航空运输的过程由陆地指挥和空中运输两大部分共同完成。航站在运输过程中负责制订航站计划和综合计划；而对于航空运输企业来说，为了更好地完成空中运输任务，则需制订适当的航空运输生产计划和航班计划。
- 航空运输生产计划(又称航线计划)是按航线规定空中运输飞行主要任务的计划，主要指标包括飞行班次、飞行小时、运输量、周转量、小时生产率、航线载运比率等。
- 航班计划是规定航空运输正班飞行的航线、机型、班次和班期、时刻的计划。它是航空运输生产计划的实施计划，也是组织日常航空运输生产活动的重要依据。

(5) 公路运输作业计划

根据货运、客运属性不同，公路货物运输生产计划可进一步分为公路货运企业运行作业计划、公路客运企业运行作业计划。
- 公路货运企业运行作业计划。根据间隔期的长短，它可进一步分为长期运行作业计划、短期运行作业计划、日运行作业计划和运次运行作业计划等4种形式。长期运行作业计划是一种适用于运输线路、起讫地点、运送数量和品类都比较固定的经常性大宗货物运输的计划形式。计划周期有半个月、一个月不等，作业计划质量较高。它对货车发放班次、到开时间、沿途作业内容等做出具体规定。短期运行作业计划的适应性较强，对于起讫地点较多、流向复杂、货车繁多的地区均能适用。计划周期一般为3~5天。但是这类作业计划编制的工作量较大，对于调度水平有较高的要求。
- 公路客运企业运行作业计划。客车运行作业计划是布置每一辆车按"客车运行周期表"工作的客车运行具体行动计划。它具体落实了每辆客车运行、保修、机动日期的安排。在客车运行周期表的基础上，客运调度室根据各车队的车辆数、完好率及车型、技术性能等因素，将车辆分别编入各客车运行周期表，即可形成客车运行作业计划。

三、运输方案的编制

运输方案对我们来说并不陌生。各类运输企业的每一个生产活动，都是在运输方案的指导下进行的。所谓运输方案，是指根据运输组织原则制订的、据以完成某一运输任务的系统作业图标及有关条文。它根据运输生产计划规定的任务，在充分把握运输枢纽场站、港口的装卸能力、运输方式的运输能力、企业部门的生产规律的前提下，根据当月(旬)的具体情况，对月(旬)的货运工作、客运工作等进行统筹安排，是具体运输任务的组织工作的依据和指导书。通过运输方案的综合安排，使货流、客流组织与运输组织方式、运输方式与运输组织运行、运输组织运行与运输工具的运用紧密结合；使运输组织内部和运输方式与企业生产互相协调；使运输组织更好地为工农业生产、国防建设和人民生活需要服务，更好地满足国民经济发展对运输的需要。

运输方案的主要作用包括：通过运输方案，使运能和运量相互协调，保证运输生产计划的完成，全面完成运输任务；通过运输方案，有效地组织内外相关部门的紧密协作，提高运输效率和效益；通过运输方案找出运输生产中的主要矛盾和薄弱环节，未雨绸缪、防微杜渐。

1. 运输方案的编制原则和依据

(1) 运输方案编制的原则

运输方案编制的原则包括：坚决贯彻、执行党和国家的运输方针和政策，保证完成国家规定的运输任务；局部服从整体，认真落实上级运输方案的安排，保证上级运输方案的实现；明确目标，针对运输工作中的主要矛盾和薄弱环节，加强客、货流组织和运输工具的管理，安排好车辆(机、船)工作，保证运输工作的总体优化；坚持全局观念，组织运输过程各个环节的协调配合；树立营销观念，为广大顾客服务，在完成运输任务的同时提高运输效益。

(2) 运输方案编制的依据

运输方案编制的依据包括：客、货运输生产计划；客、货运输工具编组计划，运行图和港站技术作业过程；有关区段通过能力，主要港站通过能力及改编能力、装卸能力；各运输环节间相互交换的重点运输资料；对前一时期运输方案执行情况进行的分析；吸引地区主要物资部门的生产、供应、销售情况及其对运输的要求；不同交通工具的衔接协作，联合运输的开展情况和短途运输能力等。

2. 运输方案的编制内容

制订好运输计划，可以帮助运输生产部门不断监控运入和运出的活动日程，保证运输生产连续进行。运输方案则是针对具体运输任务，在运输计划的基础上编制的具体的操作准则，因此，在编制运输方案时要充分考虑如下内容。

(1) 运输线路的选择

在运输过程中，根据客、货运输的需要，通常会对运输线路进行选择，以便顺利完成运输任务。因此，在编制运输方案时，对运输线路的选择大多会考虑运输的时间、运输的质量要求、运输的成本、运输设备的情况等要素。

(2) 运输方式的选取

要根据客、货源的具体情况、需求情况或市场范围，选择合适的运输方式。一般来讲，每种运输方式各有其服务特点和成本优势，要根据实际情况进行选取，以便使选择路线和运输企业的人员能在选定的运输方式范围内开展工作。

(3) 运输服务工作的配套

运输服务工作是指与相关运输调配人员和港站的联系，由他们安排、调度运输的各个环节。尤其是货物运输方案，运输企业要根据运输任务，向托运人获取货主的姓名、接货地点、货物重量，有时还需知道货物体积、类别和到站，以便货物送到时就可以开始各项装货作业。这些工作通常根据预先制订的货运计划进行，包括指定人员、安排装货、货物固定、货物衬垫、文件手续和其他工作。

(4) 货运跟踪

运输的跟踪是运输组织过程中必不可少的工作。这类业务工作包括连续跟踪和在必要时中途改变运输路线。运输管理单位通过计算机网络可以直接与运输企业的信息系统联网。这样，每天都可得到所有车辆位置的报告。运输跟踪是一种重要的控制手段，选择合适的运输跟踪方式，可以随时根据运输进程或出现的问题来安排具体的组织工作。

(5) 运费的确定

对于客运业务而言，国家通常有统一的定价标准。因此运费的确定主要是针对货运任务来说的。根据相关的运输法规，不同方式在运价上有较大的灵活性，于是价格协调变得尤为重要。在编制货物运输方案时，要根据事先的准备和分析研究来确定适当的实施办法，使最终协商得到的运价能让托运者与运输企业双方都有利可图，从而使运输企业有效地提供服务。

(6) 延期/滞留时间的控制

对于旅客运输来说，停靠站造成的时间耽搁，客运单位通常不会支付相关补偿费用。而货物运输则不同，滞期费(延期费)就是由于装卸等活动超过规定的时间而使运输工具耽搁，致使托运单位为延期和滞留所支付的管理费用。因此，在编制货运任务的运输方案时要充分考虑相关因素，合理控制消耗在装卸、设备运用上的时间，以便降低运输成本。

(7) 运输索赔

索赔通常发生在货物运输业务中，一般来说，运输企业在货运过程中可能发生货损货差，应对托运单位进行赔偿。因此，在编制方案时，要事先确定索赔的细则，以便在出现运输赔偿问题时有据可依。

四、运输方案的实施

运输方案的实施是将运输方案转化为行动和任务的部署过程，并保证这种任务顺利地完成，以实现运输方案所制定的目标。好的运输计划和运输方案只是走向成功的开始。如果运输组织不能有效地实施运输方案，再好的计划和方案也只是纸上谈兵。

1. 运输方案实施的基本条件

为了有效地实施运输方案，管理者需要掌握一些必要技能，它们是保证运输方案有效实施的先决条件，具体包括以下几点。

(1) 组织技能

组织技能包括两方面：首先是提供明确分工，将全部工作分解成便于管理的几个部分，再分配给各有关部门和人员；其次是发挥协调作用，通过正式的组织联系和信息沟通网络，协调各部门和人员的行动。为了保证方案有效实施，组织技能必须与运输方案的目标要求相一致。

(2) 推动并影响他人的技能

管理者要有善于推动并影响他人共同把事情办好的能力。这不仅包括推动组织内部的人员，还包括推动组织外的其他人或企业，为达到共同的目标而努力。

(3) 建立一套工作制度、决策制度和报酬制度的技能

工作制度直接关系到组织实施方案的效率。以报酬制度为例，它首先涉及对方案实施人员及部门工作绩效的评估。如果以短期盈利情况为评估标准，就可能引导方案实施人员及部门的行为趋于短期化，而缺少为实现长期战略目标努力的主动性。

需要说明的是，运输组织的人员构成、素质，以及员工的工作态度、工作作风、是否遵循共同的基本信条和行为准则等被统称为企业文化。企业文化具有相对稳定性和连续性。现代管理学认为，企业文化对运输方案能否顺利实施和实施的效率具有重要影响。

2. 运输方案实施的有效控制

运输方案的实施，离不开控制，即建立和管理一个对实施活动情况进行追踪的控制系统。在管理过程中，控制的目的在于确保企业的经营能按照计划规定的预期目标运行。对运输方案实施的控制，体现在确保运输过程按方案目标运行而实施的工作程序或工作制度中，包括为使方案实绩与预期一致所采取的各种措施。

实行运输方案控制的最根本原因在于，方案通常建立在事先对众多不确定因素的假定基础上。在方案实施过程中，难免遇到现实与事先的假定不一致的情况。这时就需要通过对运输方案的实施进行控制，及早发现、纠正问题，即对方案或方案的实施方式做出必要的调整。

控制还对方案实施人员起到监督和激励的作用。例如,当方案实施人员发现他们的主管非常关心其所承担任务的执行效果,而且他们的报酬及前途也取决于此,那么他们将更加努力地工作,并认真地按计划要求去做。有效的控制离不开科学、严格的工作程序或步骤。运输方案的控制步骤具体如图2-7所示。

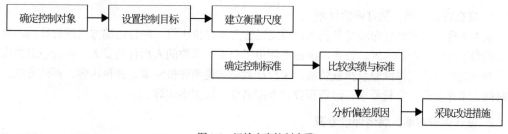

图2-7 运输方案控制步骤

① 确定控制对象。诚然,控制的内容多、范围广,可使我们获得较多的信息。但任何控制活动本身都会引起费用支出。因此,在确定控制的内容、范围、程度时,管理者应当注意使控制成本小于控制活动所能带来的效益或可避免的损失。对运输组织而言,最常见的控制内容是客货运输收入、费用,即根据各项营销支出预算或对人员、活动、渠道等进行费用分析、获利性分析来实行控制。

② 设置控制目标。一般与运输方案设立的目标一致。

③ 建立衡量尺度。在很多情况下,运输组织的方案目标决定了它的控制衡量尺度,如客货运输收入、客货运量、市场占有率等。因为大多数运输企业都有若干管理目标,所以在大多数情况下,运输方案实施控制的衡量尺度不止一种。

④ 确立控制标准。控制标准是指以某种衡量尺度来表示控制对象的预期活动范围或可接近的活动范围,即对衡量尺度进行量化。当然,控制标准一般存在一个浮动范围。确定控制标准时,应尽可能吸收企业内多方面的管理者和被管理者的意见,以使其更切合实际、受到各方面承认。为了使标准具有激励作用,可采用两种标准:一种按现在可接受的水平设立;另一种通过激励方案鼓励实施人员的工作达到更高水平。

⑤ 比较实绩与标准。在将控制标准与实际执行结果进行比较时,需要决定比较的频率,即多长时间进行一次比较。这取决于控制对象是否经常变动。如果比较的结果是实绩与控制标准一致,那么控制过程到此结束;如果不一致,则需进行下一个步骤。

⑥ 分析偏差原因。产生偏差可能有两种情况:一是执行过程中的问题,这种偏差比较容易分析;二是计划本身的问题,确认这种偏差往往比较困难。有时这两种情况会交织在一起,使分析偏差的工作成为控制过程中的一大难点。在分析偏差过程中,特别要避免因缺乏对背景情况的了解,或未加客观分析,犯"把孩子连同洗澡水一起泼出去"的错误。

⑦ 采取改进措施。如果在制订计划时,也制订了应急计划,改进就能更快。不过在多数情况下,并没有这类应对预案,这使我们必须根据实际情况,迅速采取补救措施,或适当地调整某些方案目标。

五、运输方案的效果评价

运输方案中设定的每个运营阶段结束后(或在一次运输任务完成后),便应对营运计划、运输方案的执行情况进行评价——肯定成功之处,找出不足之处,总结经验教训,改进下一步的工作。

运输方案的效果评价是运输组织管理工作的重要组成部分。通过对运输方案从制订到生产营运各阶段的全面而又系统的分析评价，可以全面总结和不断提高决策水平。概括地说，运输方案的效果评价是从运输方案运行实践中吸取经验与教训，再运用到以后的运输方案实践中去。通常情况下，对运输方案的效果评价大致包括6个步骤。

1. 成立评价小组，制订评价计划

在本步骤，应及时任命项目负责人，成立运输方案评价小组，制订运输方案评价计划。负责人必须保证评价工作的客观、公正，因而不能由"业主"单位的人担任负责人。评价小组的成员应具有一定的评价工作经验及执业资格。评价计划必须说明评价对象、评价内容、评价方法、评价时间、工作进度、质量要求、经费预算、专家名单、报告格式等。

2. 设计调查方案，聘请评价专家

调查是评价的基础。调查方案是整个调查工作的纲要，对于保证调查工作顺利进行具有重要的指导作用。一个设计良好的调查方案不但要做到内容全面，涵盖调查内容、调查范围、调查对象、调查方式、调查计划、调查经费等；还应包括科学的调查指标体系。只有用科学的指标，才能科学地表达所评项目的目标、目的、效益和影响。

每个评价方案都有其自身的专业特点。评价单位除依靠内部专家外，还可能需要从社会上聘请一定数量的评估专家，参与具体的调查评价工作。

3. 阅读文件，收集资料

对于一个运输方案来说，方案实施单位要围绕被评价方案，向评价单位提供材料。这些材料一般称为方案评价的文件。评价小组应组织专家认真阅读这些文件，从中收集与未来评价有关的资料(例如，方案的筹备资料、运营资料、效益资料)，以及国家和行业有关的规定和政策等。

4. 开展调查，了解情况

在系统收集方案资料的基础上，为核实情况、进一步收集评价信息，还必须进行现场调查。通过现场调查，详细了解方案实施的具体情况。这时不但要了解方案实施的宏观情况，而且要了解微观情况。宏观情况包含方案在国民经济发展中的地位和作用，在地区、社会发展中的地位和作用；而微观情况则包括方案自身的建设情况、运营情况、效益情况、可持续发展以及对地区经济发展、生态环境的作用和影响等。

5. 分析资料，形成报告

在本阶段，评价小组应在阅读文件和现场调查的基础上，对已经获得的大量信息进行消化吸收，形成总体概念，撰写最终的评价报告。方案评价报告是调查研究工作最终成果的体现，是方案实施过程阶段性或全过程的经验、教训的汇总，同时又是反馈评价信息的主要文件形式。评价报告编写的总体要求包括以下两点。

① 真实反映情况、客观分析问题、不断总结经验、认真吸取教训。为了让更多的单位和个人受益，评价报告的文字要求准确、清晰简练，少用或不用过分专业化的词汇。评价结论要与未来的规划和政策制定紧密联系起来。为了提高信息的反馈速度和反馈效果，让项目的经验、教训在更大的范围内起作用，在编写评价报告的同时，还应编写并分送评价报告摘要。

② 评价报告是反馈经验、教训的主要文件形式，为了满足信息反馈的需要，便于计算机录入，评价报告的编写需要有相对固定的内容和格式。被评价的方案类型不同，评价报告所要求涵盖的内容和具体的格式也不尽相同。

6. 提交后评价报告，反馈信息

评价报告草稿完成后，送评价执行机构高层领导审查，并向委托单位简要通报报告的主要内容，必要时可召开小型会议研讨有关分歧意见。方案评价报告的草稿经审查、研讨和修改后定稿。正式提交的报告应有"方案评价报告"和"方案评价摘要报告"两种形式，应根据不同对象上报或分发这些报告。

思考与练习题

1. 什么是运输组织？为什么需要进行运输组织？
2. 简述运输组织的性质、作用、基本原则。
3. 旅客运输组织有什么特点？有哪些类别？
4. 简述旅客运输的基本流程。
5. 货物运输组织有什么特点？有哪些类别？有哪些基本要求、基本原则？
6. 简述客运站(港、机场)的基本作业流程。
7. 货运业务包括哪些作业？
8. 运输流生产组织有哪些主要任务？
9. 场站作业包括哪些生产过程？
10. 集装箱运输为何可以提升效率？为何"没有集装箱就没有全球化"？
11. 运输组织的生产辅助服务系统包括哪些子系统？
12. 运输组织有哪些步骤？
13. 运输经济调查包括哪些内容？基本程序是什么？
14. 港站运输生产计划有哪些内容？
15. 运输企业生产作业计划应包含哪些内容？
16. 运输方案编制时应遵循哪些原则？
17. 为了有效实施运输方案，管理者一般需要掌握哪些技能？
18. 运输方案的控制包含哪些步骤？
19. 运输方案效果评价包括哪些步骤？

拓展阅读

1. 王效俐，沈四林. 运输组织学[M]. 上海：立信会计出版社，2006.
2. 徐瑞华，张国宝，徐行方. 轨道交通系统行车组织[M]. 北京：中国铁道出版社，2005.
3. 陈家源. 港口企业管理学[M]. 大连：大连海事大学出版社，1999.
4. 杨新湜. 民用航空概论[M]. 北京：人民交通出版社，2019.
5. 闻克宇，赵国堂，何必胜，等. 基于改进迁移学习的高速铁路短期客流时间序列预测方法[J]. 系统工程，2020，38(3)：73-83.
6. 樊一江，谢雨蓉，汪鸣. 我国多式联运系统建设的思路与任务[J]. 宏观经济研究，2017(7)：158-165.
7. 赖明辉，薛巍立，田歆，等. 整车运输协作问题迭代拍卖机制设计[J]. 系统工程理论与实践，2018，38(12)：3174-3186.

第三章 运输市场

学习目标

运输企业的战略目标即满足货主和旅客的需求并获得利润。运输企业产生运输供给,货主(旅客)产生运输需求,他们之间交易的场所便是"运输市场"。通过本章的学习,你将了解运输市场的含义;掌握运输市场的参与者;了解运输市场的地位作用、运输市场的结构;掌握运输市场的影响因素和运输市场的特征;了解运输产品的品牌构建模式和运输市场的营销方法。

航空运输企业的市场营销战略

近年来,航空货运物流市场飞速发展。截至2019年,货邮运输量达753.2万吨,居世界第二位,约为美国同期水平的60%。其中,国内货邮运输量达511.2万吨,占总量的68%;国际货邮运输量达242万吨,占总量的32%。从发展速度看,"十三五"期间,我国航空货邮运输量年均增速为4.6%,其中,国内货邮运输量年均增长3.7%,国际货邮运输量年均增长6.7%。依照目前市场上提供服务的类型,可以把航空运输业涉及的商业模式分为两大类:第一类为快递类航空货运公司;第二类则为非快递类航空货运公司。快递类航空货运公司是综合服务商,能够提供"门到门"的全套物流服务。非快递类航空货运公司则指传统的航空承运人,重点关注"场到场"的运输服务。

数年来,航空货运逐渐受到物流市场及航空运输市场的重视和发展。目前国内已成立了12家航空货运公司,可以说航空货运行业已经实现了"跨越式"的发展,并存在巨大的发展潜力。与此同时,航空运输在发展中难免会遇到各种挑战,例如,许多外国航空公司对我国航空货运物流的市场"虎视眈眈",加剧了市场竞争;国内经营成本高、市场价格竞争激烈,因为我国的航空用油和材料都属于垄断行业,所以为了保证服务质量,航空运输企业的运营成本始终处于一个较高的标准;航空货运优势遭到其他运输方式的取代,因为运输能力有限,不能一次性将货物送达目的地,而公路或铁路运输则拥有大量的运输空间、较好的运输能力,这一点约束了航空运输业的大规模发展;周边国家和地区的机场抢占,对我国航空运输企业的威胁是非常显著的,依据运输专业资料显示,周边机场每年抢占我国航空运输市场的份额为总份额的2/3。

为此，航空运输营销战略必须创新，具体应从以下几方面入手。

第一，构建一个相互兼容的开放式信息共享系统，利用各企业之间的信息化，不断促进航空货运向集约化发展，更快实现航空货运物流企业的科技运作能力。目前，物流快递运输信息网络相对发达，信息化程度更高，而航空货运的信息化程度还不能满足客户的需求，移动终端的追踪服务还不够及时和快捷。应该在国际化信息网络和系统方面加快建设步伐，提供更优质的服务。

第二，航空货物运输企业要为消费者提供一站式、全方位、合理高效的物流服务，同时兼具企业自身的文化特色吸引消费者。基于以信用为本的原则，航空公司要尊重货运代理人，满足货运代理人在业务各个方面的需求，相互信任、互惠互利，形成共赢。另外，在实际货代能力和水平上，还要做好沟通和协调，积极开展相关培训活动，按照相关规定做好运输资质以及定期货运业务知识的审查，提升货物运输的培训力度。这样一来，实际运输安全等级也会得到进一步提升。更为重要的是，相关工作人员需要及时学习新的政策和规定，确保航空货运企业工作人员能够对最新的行业动态进行了解，并做出积极有效的调整。针对代理市场销售人员，以及关键岗位工作人员，要进行专业化素质强化，及时改变工作团队之中存在的不足之处，以及把握未来更多的发展机遇。

第三，积极推进航空货运市场模式转型。航空货运市场模式的应用，主要涉及的内容有航空货运、快递行业所组成的第三方合作模式。但从本质角度来说，专业的第三方物流是整个航空货运代理行业发展的必然趋势。一般情况下，航空快递属于航空物流费发展过程中的中坚力量，当发展到一定程度之后，可以实现向航空物流企业的有效转型操作。航空货运企业在模式选择和战略发展过程中，会涉及深度发展的快递市场，各个企业需要强化其专注度，在新的供应链视角之下，做好新业务的拓展操作。总的来说，航空物流企业属于整个航空货运市场的主体单位，人们需要在航空快递和航空货运等发展上提高重视程度，做到优势互补，从而强化其发展能力。如果能够确保航空货运市场渠道保持畅通状态，直销渠道也会得到本质性拓展，并且会与快递行业结合得更加紧密。

阅读上面的案例，可以进一步思考：目前我国航空运输业面临的挑战有哪些？我国目前尚未完全做到航空运输的"客货分离"，原因何在？未来，航空货运的营销模式的创新有哪些可行的思路？

(资料来源：王鑫春，张雅. 航空物流货运市场分析与营销. 现代营销(经营版)，2020(02): 110.)

第一节 运输市场概述

运输活动有着悠久的历史。运输市场的出现晚于运输活动的出现。当运输劳务成为商品之后，即运输生产不是为了自身，而是为了交换，并随之出现了专门从事客运和货运的运输者时，运输市场才具备了产生的条件和基础。运输市场诞生之后，便具备了丰富的内涵。

一、运输市场的含义

运输市场有广义和狭义之分。广义的运输市场是整个市场体系的一部分，指运输参与各方在交易中所产生的经济活动和经济关系的总和。换言之，运输市场不仅是运输劳务交换的场所，而且包括运输产品的生产者和消费者之间、运输供给和运输需求之间、运输部门和其他部门之间的经济关系。此外，运输市场作为整个市场体系中的一部分，同样包含"资源配置手段"这一深层含义。狭义的运输市场是指为完成旅客和货物的空间位移而提供客位或吨位的场所，即运输需求方(旅客和货主)、运输供给方(运输业者)及运输代理者进行托运交易的场所。

我们接下来主要讨论广义的运输市场。作为一个具有多重含义的概念，应从不同角度去理解，广义的运输市场具备不同的含义,具体如下。

① 运输市场是运输产品交换的场所。在这里,运输市场是一个地理概念,通常被看作一个交易场所,运输需求方和运输供给方发生交换行为。

② 运输市场是运输产品供求关系的总和。从这个角度来认识运输市场,它由不同的运输产品、劳务、资金、技术、信息等的供给和需求构成。这一概念强调的是买方、卖方力量的结合,买方市场、卖方市场就反映了这一概念下供求力量的对比结果。

③ 运输市场是在一定时空条件下对运输产品需求(现实需求和潜在需求)的总和。商品的需求总和是消费群在一定时间和空间条件下表现出来的需求总量,所以市场是由具有现实需求和潜在需求的消费者所组成。

二、运输市场的参与者

运输市场是多层次、多要素的集合体,运输市场的参与者主要包括以下4种。

1. 运输需求者

运输需求者包括各种各样的客、货的运输需求者,即旅客和货主。运输需求主体参与运输市场活动,其目的有两个:一是通过运输劳务获得运输效用;二是追求经济性,即用较少的费用获得运输效用的满足。

2. 运输供给者

运输供给者包括提供运输劳务的单位和当事人,即各种运输方式的运输业者和运输业者的行业组织。运输供给主体提供运输劳务,以追求自身经济效益最大化为目标。

3. 运输中介(经纪人)

运输中介包括介于运输需求和供给双方之间,以中间人的身份提供各种与运输相关的服务的货运代理公司、经纪人、信息咨询公司等。作为独立的市场经济组织,运输中间商依靠服务于供需双方来参与运输市场活动,以追求自身经济效益最大化为目标。

4. 政府(监管者)

政府也是构成运输市场的重要因素。这里所说的政府包括各级交通运输管理部门和其他有关部门,它们代表国家及公众的利益,对运输市场进行监督、管理、调控。

在运输市场中,需求者、供给者、中介直接从事客货运输交换活动,属于运输市场的行为主体。政府以管理、监督、调控者身份出现,不是市场运行的行为主体,不参与市场主体的决策过程。它主要通过经济手段、法律手段,制定运输市场运行的一般准则,规范和约束运输市场主体的行为,使运输市场有序运行。

三、运输需求与运输供给

(1) 运输需求的概念和特点

运输需求是指在一定的时期和价格水平下,社会经济生活在货物与旅客空间位移方面所提供的具有支付能力的需要。运输需求必须具备两个条件,即具有实现位移的愿望和具有支付能力。缺少任一条件,都不能构成现实的运输需求。运输需求与市场经济条件下的一般商品需求相比有其特殊性,主要表现在以下几个方面。

① 运输需求的派生性。运输需求是社会经济活动的需求派生出来的,因为货主或旅客提出位移要求的目的并不是位移本身,而是实现生产或生活的目的,完成空间位移只是其为实现真正目

的的一个必不可少的环节。所以，相对运输需求而言，社会经济活动是本源需求，运输需求是派生需求。因此，研究运输需求要以社会经济活动为基础。

② 个别需求的异质性。个别需求的异质性指的是个别运输需求因货种和服务内容而对质量管理和工艺要求不同、对运价水平要求不同等，如鲜活易腐货物同一般货物在保管上要求有所不同，高价值货物与低价值货物能够承担的运输费用、装卸质量和保管的安全性水平有所不同，等等。

③ 总体需求的规律性。运输需求起源于社会经济活动，而社会经济的发展及增长速度具有一定的规律性，因此，运输需求也具有规律性。通常经济繁荣带来运输需求的增长，经济萧条带来运输需求的下降。在国际运输中，由于运输需求是由世界经济和国际贸易派生出来的，其发展变化同世界经济和国际贸易密切相关，但由于国际贸易和国际运输的特点，世界经济活动的兴衰反映到国际运输需求上往往有一定的时间滞后。

④ 运输需求的不平衡性。运输需求的不平衡性体现在时间、空间和方向上。时间上的不平衡主要起因于农业生产的季节性、贸易活动的淡、旺季、节假日及客运需求的旅游季节等。空间和方向上的不平衡主要起因于资源分布、生产力布局、地区经济发展水平、运输网络布局等。

(2) 运输供给的概念和特点

运输供给是指在一定时期和价格水平下，运输生产者愿意而且能够提供的运输服务的数量。运输供给必须具备两个条件，即运输生产者出售服务的愿望和生产运输服务的能力。缺少任一条件，都不能形成有效的运输供给。运输业是一种特殊产业，其产品的供给具有不同于其他产业的特点，具体表现在以下几个方面。

① 产品的非储存性。运输业的生产活动是通过运输工具使运输对象发生空间位置的变化，不产生新的物质产品。因此，运输产品的生产和消费是同时进行的，即运输产品不能脱离生产过程而单独存在。所以不能像工业一样，可以将产品储存起来。

② 供给的不平衡性。运输供给的不平衡既表现在时间上，也表现在空间上，还表现在运输方向上。为了实现供需时空结合，企业通常需要付出空载行驶的代价。

③ 部分可替代性。运输供给由多种运输方式和多个运输生产者的生产能力构成。有时存在着可分别由若干种运输方式的多个运输生产者完成同一运输对象的空间位移，即运输供给之间存在着可替代性。这种可替代性构成了运输业者之间竞争的基础。

四、运输市场的地位

1. 运输市场是市场体系的基础

运输是商品流通的载体。货运市场不存在，则商品市场也无法形成和完善。同时，劳动力市场形成的前提条件是劳动力自由流动。劳动力的自由流动同样需要依赖发达的客运市场。因此我们说，运输市场是市场体系的基础，可以把运输市场看作要素市场之一。运输是社会再生产得以进行的必要条件，运输市场运转状况直接影响产品的整个运动过程，从而影响整个市场体系的运转效率，乃至整个国民经济的发展速度。可以说，运输市场的发展规模和水平决定了商品生产和交换的规模和程度。只有当运输市场发展到一定水平之后，商品的生产和交换才能突破区域规模的限制。

2. 运输市场是整个市场体系的子系统

作为市场体系的子系统，运输市场的运行方式、市场秩序、市场调节过程，受到市场体系基本规则的制约。运输市场规则的建立与完善，不能超出市场体系基本规则的框架，基本应与市场体系总体规则同步。

五、运输市场的作用

只要存在商品生产和商品交换,市场就会发挥其作用。运输市场的作用主要体现在以下几个方面。

1. 提供运输供求信息

提供运输供求信息是运输市场的最基本的功能。市场是交换的场所,是连接生产和消费的纽带,从市场中可以得到相关的供求信息。从某种意义上讲,运输市场是进行运输活动、促成交易成功的信息网络或信息系统。运输市场提供的信息流是双向的。第一个流向的信息使运输生产的企业或个人根据市场的需求状况,来决定自己的生产规模和提供什么样的产品或服务,从而得到最理想的经济效益。第二个流向的信息则让运输需求者充分选择运输生产者和运输方式,从而使运输支出得到最大程度的效用满足。

2. 协调经济比例

在特定的社会生产规模中,各部门、产业之间以及各部门、产业内部客观上存在着最佳的比例关系。运输市场协调经济比例的功能主要表现在如下两个方面。

① 协调运输业与其他行业在国民经济中的比例关系。运输需求过大的市场会刺激运输部门扩大生产,增加供给,提高经济效益;运输供给过大的市场则会使运输企业因无利可图而转向其他行业。

② 在运输体系内部,运输市场调整各种运输方式的市场份额。由于运输业具备投资大、投资回收期长的特点,若运输业内部出现过度竞争,就会造成资源的浪费。因此,政府必须对运输业采取一定的管制措施,让运输业内部保持合理的、存在限度的竞争,以使社会拥有低成本、高效率的运输系统。

3. 促进生产力的发展

运输是社会分工的产物,伴随着商品经济的发展而发展。在商品经济社会中,发达的运输体系是经济发展的重要条件。社会分工越发达,运输市场规模越大;运输市场规模越大,反过来又推动社会分工的发展,使社会生产力在较小程度上受到时空的限制。充足的运输使一个国家的生产实现专业化、规模化、区域化和科学化。不仅如此,发达的运输市场还可以使社会生产成为世界性的,使全球各个区域的经济联系得到加强,充分利用国内和国际两个市场,从而促进生产力的发展。

六、运输市场的影响因素

1. 自然地理因素

运输的目的是使旅客和货物产生位移,即克服地理空间对人与物的流动所产生的障碍。因此,自然地理因素是影响运输的首要因素,主要包括国土面积、资源分布、地理条件等。国土面积大小与运输市场规模和容量有密切关系,资源种类及其分布又会对运输市场结构产生影响。地理位置和地形条件往往在很大程度上决定了可利用的天然运输资源和各种运输方式的空间配置,必然对运输市场的规模及构成产生重要影响。

2. 经济因素

经济体制对运输市场的形成和发展也有重要影响。在计划经济体制下,政府主要依靠行政计划管理运输业和调节运输供求。运输市场的职能和作用被大大削弱。在市场经济体制下,自然要重视和充分发挥运输市场的作用,逐步恢复和完善运输市场。同时,运输是社会分工和商品经济发展的产物，运输化与工业化相伴而生、相辅相成。因此，经济发展水平必然是影响一国运输市场最重要的原因。资源分布及开发状况、能源结构、人口及其构成、收入和消费水平、产业结构、生产总值和经济的国际化水平等直接制约着运输市场的规模、结构以及运行效率。

3. 政策和法律因素

由于运输在促进经济增长和保证经济正常运行方面的关键性作用，因此必须为其建立一些特殊的法律环境或规则，即要求运输活动必须在法定的规则下进行。不同国家根据各自的经济制度和发展需要，分别制定了相应的政策和法律，因此运输市场必然受到有关政策和法律的影响。各国运输业管理体制和运输政策，均对运输市场起着直接的调控作用。例如，各国交通运输企业的开办都有特定的条件和审批程序，运营许可证也存在一定的登记、颁发和管理制度。

4. 技术因素

技术进步在现代运输网的形成中起到了决定性的作用。运输技术的不断更新，满足了社会经济和消费者的各种运输需求，彻底改变了运输业的面貌，并持续性地调整着运输结构。因此，技术进步也是运输市场的重要外部影响因素。此外，现代通信技术与运输技术，正有效地缩短着地理空间的障碍，同时也为国家(地区)乃至全球运输市场的一体化奠定了基础。

第二节　运输市场的结构和特征

运输市场结构是具有多重含义、多个侧面和多重规定性的经济范畴，需要从不同的角度加以研究。根据不同的标准，运输市场结构有不同的分类方式，在运行过程中也表现出了不同的特征。

一、运输市场的结构

在运输市场体系中，按照不同的分类标准，运输市场的结构可以分成不同的类别。

1. 运输市场的状态结构

运输市场的状态结构是指由运输市场运行的不同状况而形成的市场结构。运输市场交易是由供求双方共同构成的。在交易进行的过程中，由于双方的经济力量对比不同，而使市场处于不同的状态。

(1) 运输买方市场

买方市场是指在买卖双方的力量对比中，买方占主导地位的市场。在这种运输市场状态下，运输供给大于需求，买方掌握着市场的主动权，成为市场运行的主导力量。由于运输供给大于运输需求，货主或旅客有很大的回旋余地，有选择多种不同运输服务的自由；而运输企业则不然。它们都尽力为自己的产品寻找销路，彼此之间进行激烈的竞争。竞争主要通过两种途径，即价格竞争与非价格竞争，其中非价格竞争以质量竞争(包括服务竞争)为核心，运输供给方竞争的结果是运输需求方得益。

(2) 运输卖方市场

卖方市场是在买卖双方的力量对比中，卖方占主导地位的市场。在这种运输市场状态下，运输供给小于运输需求，卖方掌握着市场的主动权，成为市场运行的主导力量。由于供给不足，卖方的回旋余地很大，可以待价而沽。买者则处于被动地位，竞争激烈，甚至不惜出高价去购买运输服务。卖方市场对运输供给方有利，但运输业者容易出现不良经济行为，如缺乏竞争意识、忽视技术进步、借机牟取利益等，因而这种市场状态结构对运输业乃至整个国民经济的发展都是不利的。

(3) 运输均势市场

运输均势市场是指运输市场上买卖双方的力量对比旗鼓相当、处于均势状态的市场。这是一种比较完善的市场状态。在这种市场状态下，运输供给与需求大体平衡，价格也相对平稳，双方均无明显优势和劣势。这时，运输业的发展和国民经济的发展均处于平稳状态，因而是理想的市场结构。

买方市场、卖方市场和均势市场是运输市场上存在的三种不同状态。不同状态的产生是供求双方力量对比不同的反映。但各种对比关系不是固定不变的，随着影响供给与需求的各种经济变量的变化，需求与供给会发生变化，市场状态也会发生相应的转变。

2. 运输市场的空间结构

运输市场空间是指运输主体及其所支配的运输市场客体的活动范围。现实的运输市场总是具有一定活动空间的市场。各类市场由于扩散和吸引能力的大小而有所不同。运输市场的空间结构则是指各等级、各层次的市场空间在整个市场体系中所占有的地位及其相互关系。运输市场的空间结构从大的方面来说可以分为三个基本层次。

(1) 区域性的地方运输市场

区域性的地方运输市场，即以区域为活动空间的运输市场。这类市场包括城市运输市场、城间运输市场、农村运输市场、城乡运输市场，以及南方市场、北方市场等。区域性的地方运输市场通常以大大小小的经济区为主，在地域分工和生产专业化的基础上逐步形成，并循序渐进地发展壮大。

(2) 全国统一的运输市场

全国统一的运输市场是以整个国家领土、领空、领海为活动空间的运输市场，是一个包括各个地区、各种运输方式在内的运输市场。它以市场经济的充分发展为基础，在区域运输市场充分发展的前提下得以形成。全国统一的运输市场由铁路运输市场、公路运输市场、水路运输市场、航空运输市场和管道运输市场组成。

(3) 国际运输市场

国际运输市场是指不仅以本国，而且以其他国家为活动空间的运输市场。它是随着国家间的商品交换及经济社会文化交流的增加而逐步形成的，是国际分工、世界经济的发展和经济生活国际化的必然结果，也是市场经济发展的客观要求和必然趋势。

3. 运输市场的时间结构

运输市场的时间结构是指市场主体支配交换客体这一运行轨迹的时间量度。由于在运输市场交易中，市场主体之间对交换对象——运输劳务的权力转移与其价值运动过程，可以有不同的时间轨迹，因而运输市场按时间结构一般包含如下两种情况。

(1) 运输现货交易市场

运输现货交易市场由拥有运输劳务(现货)并准备交割的运输供给者，以及想得到运输劳务的运输需求者构成。运输现货交易是指运输市场上出售运输劳务与货币转移是同时进行的，因而也称即期交易。广义的现货交易也包括远期交易，即供求双方只签订运输合同，约定在一定时期内按合同条款履行义务并进行交割。如果现货交易是通过签订运输合同进行的，那么运输劳务必须在规定的时间内完成。买卖双方只有在相互同意的情况下才能修改或取消所签的合同。

(2) 运输期货交易市场

运输期货交易市场是指从事买卖标准化的运输期货交易合同的市场。运输期货交易是在交易所通过签订标准化的运输期货交易合同而成交的。运输期货交易不仅可以先签订期货交易合同，再在某一特定时间交割，还能"买空卖空"和根据交易人的需要自由买卖(增加、减少)。

4. 运输市场的竞争结构

运输市场的竞争结构是指市场上运输劳务的竞争关系与组合模式。它反映了运输市场竞争的态势和程度。决定运输市场结构的主要因素有两个：一是参与运输市场交易的供给者和需求者的数量；二是成交的运输劳务的差异程度。根据运输劳务的竞争关系与组合模式，运输市场的竞争结构可以划分为下列 4 种情形。

(1) 完全竞争运输市场

完全竞争运输市场又称纯粹竞争市场，其特征是：运输市场上存在大量的运输供给者(或代理人)和运输需求者(或代理人)；他们各自的交易额相对于整个市场的交易规模只是很小的一部分，因而不能影响市场的运价，只能接受市价；所有的运输供给者都是独立地进行决策，以相同的方式向运输市场提供同类、同质的运输劳务，即完全可以互相取代；运输供给者只要具备一定的经营条件和运力即可进入市场，并且退出市场的伸缩性小，决定进、出市场的唯一条件是经济上是否有利可图；这种市场没有政府的干涉。由于没有差异化，完全竞争运输市场的竞争十分激烈，运输供给者只能获得正常利润。在现实中，这种理想模式是不存在的。近似具备这种市场条件的是发达国家的跨州(省)公路货运市场以及海运中的不定期船市场。

(2) 垄断竞争运输市场

这类运输市场是介于完全竞争和完全垄断之间且近于前者的一种市场结构。与完全竞争运输市场相似，垄断竞争运输市场上存在大量的运输供给者(或代理人)和运输需求者(或代理人)。他们提供具有一定差别的、能从整体上或局部上加以区别的而且可以互为相近替代品的运输劳务。但是，他们各自的交易额相对于整个市场的交易规模只是一小部分，因而任何一个运输供给者和运输需求者都不可能独立地控制运价，也无法控制整个市场。由于运输企业进入市场容易、运输企业多、运输劳务替代性大，因此市场竞争激烈，运输供给者也只能获得正常利润。在垄断竞争运输市场上，竞争不仅表现为价格竞争，也表现为非价格竞争。一些运输供给者集中经营某一细分市场，以优异的方式满足顾客需求并赚取利润。为了提高市场占有率，各运输供给者都十分重视运输质量与运输服务，同时广告宣传等促销工作也成为运输企业市场营销活动的重点。从总体上讲，国内航运市场与这类市场类似。

(3) 寡头垄断的运输市场

寡头垄断的运输市场是介于完全竞争和完全垄断之间且近于后者的一种市场结构，可以分为完全寡头垄断市场和差别寡头垄断市场。完全寡头垄断是由少数几家运输供给者控制市场，向市场提供相同的或差别不大的运输劳务，控制着市场的绝大部分运力，整个市场的运价由这些运输供给者垄断。由于运输劳务不具有差异性，因此获取竞争优势的唯一方法是降低成本。差别寡头垄断是由少数几家有部分差别的运输劳务供给者组成的。每个供给者运输劳务差别主要表现在运输质量、运输服务等方面，寻求在这些主要特征的某一方面领先，以期引起顾客对这一特性的兴趣。

(4) 完全垄断运输市场

完全垄断运输市场，又叫独占运输市场。这种市场主要表现在为某个国家或地区的运输市场上只存在一家运输供应者。市场上运输劳务的唯一供应商对运价具有相当程度的控制权，不存在或基本不存在竞争。这种垄断的产生可能是管制法令、许可证、规模经济或其他原因作用的结果。此时，运输供应者的营销目标往往是通过索要高价、提供最低限度的服务、利用垄断地位最大限度地攫取利润。在存在潜在竞争威胁时，不受管制的垄断者会更多地投资于服务和技术，设法阻止其他竞争者的加入，尽可能维护甚至加强其市场垄断地位；而受到管制的垄断者主要考虑如何在合理的运价水平上尽可能保质、保量地满足市场的运输需求。由于运输市场放开，现实中已不存在完全垄断运输市场。

二、运输市场的特征

运输市场作为社会主义市场体系的组成部分，毫无疑问具有一般市场的共性，如供给方与需求方构成市场主体的两大阵营；供给与需求的变化虽然都受不同因素的影响，但最终都受价值规律支配；交换要遵循等价交换的原则等。但由于运输产品生产过程、运输需求过程以及运输产品的特殊性，运输市场除具有一般市场共性外，又具有区别于其他产品市场的不同特征。

1. 运输市场上交换的产品具有无形性和服务性

与一般的商品市场不同，运输市场交换的不是普通的实物产品，而是不具有实物形态的运输服务。在交换过程中，虽然也发生像普通商品交换那样的所有权转移，但是运输服务的购买者取得这种所有权后，不能消费具体的物质产品；而只是改变旅客和货物在空间和时间上的存在状态，包括旅客或货物的具体数量、起运和到达的具体时间、地点等。虽然这也是一种消费，但它不是物质产品的消费，而是对运输服务的消费。

2. 运输市场不能以储存来调节产品供求

在运输市场中，运输产品的生产、消费具有同步性。旅客和货物是和运输工具一起运行的，并且随着运输工具的场所变动而改变其所在的空间位置。由于运输劳动所创造的产品在生产过程中同时被消费掉，因此不存在任何可以存储、转移或调拨的"成品"。可见，运输服务的供给只能表现在各种运输方式的现实运输能力之中，不能以储存、调拨的方式对运输供求状况进行调节；只能以提高运输效率或新增运输能力来满足不断增长的运输需求。一旦运输需求下降，一些运输供给能力就会闲置起来。

3. 运输市场既有空间上的广泛性，又有具体位移的特定性

运输产品进行交换的场所是纵横交错、遍布各地的运输线路和车站。这些线路和车站连接城乡，跨越省区甚至超越国界，相互贯通、交织成网。客运市场中的交换主要集中在车站、码头、机场等地；货运市场比较分散，哪里有货物运输需求，哪里就会有货运交易的场所。同时，运输产品又具有"矢量"的特点，不同的到达地和出发地之间的运输形成不同的运输产品，它们之间不能相互替代。即使是相同的到达地和出发地之间的运输，也有运输线路问题。只有相同的旅客或货物在相同起运终到地点并经过相同线路的运输，才是相同的运输产品。例如，不能用运水果代替运石油，也不能用兰州向乌鲁木齐的运输代替广州向上海的运输，甚至在同一运输线上不同方向的运输也是完全不同的运输产品。

4. 运输市场供求不平衡，具有较强的波动性

一般来说，价值规律在一定程度上促使市场供求的均衡发展和供求双方矛盾的调和，使供求关系在质量、种类等方面保持均衡。但由于运输需求的多样性、运输需求的不平衡性、运输业的"超前发展"和先行地位，以及现有的运输市场管理办法、措施和手段的限制等，运输市场在供求上是难以做到均衡的。而且，运输劳务是没有实物形态的产品，又不可能储存待售，不像有形产品那样可通过储存来调节市场的供求量，故一旦不使用，将会造成不可弥补的损失，致使运力浪费。同时，运输受各种因素影响变动较大、波动性较强。我们能做的便是依靠运输市场调节机能的有效发挥，凭借敏感的价值规律的自动反馈和调节系统，使运输市场在供求上力求趋向平衡或使不平衡的差值限制在一定范围内。

5. 运输产品的可替代性较强，各种运输方式之间竞争激烈

在具体的运输市场上，同一种运输产品可以由不同的运输方式完成运输。因此，不同运输生产者的竞争，不仅发生在同一部门内部的不同企业之间，也发生在不同的运输方式之间。在现代运输业中，铁路、公路、水路、航空、管道等多种运输方式都可以实现客货位移，即并行的几种运输方式可以提供数量相同但质量(如运输速度、舒适度、方便度等)不同的运输产品。因此，运输产品具备较强的可替代性。可以互相替代的运输方式共同组成运输市场上的供给方，它们之间

存在着竞争关系,而且要根据提供运输服务质量的差别,保持运价比价(运输价格之间的比例关系)位于合理区间。为了促进各种运输方式的协调发展、充分发挥各自的优势、防止盲目竞争,还需要国家对运输业进行宏观调控和系统规划,打破条块分割、部门各自为政的局面,以便优化资源配置,发展综合运输。

6. 运输市场天然容易形成垄断

运输业位于特定的发展阶段,某种运输方式往往会在运输市场上形成强大的垄断力。即使到了运输市场比较完善的时期,垄断的痕迹仍然存在。例如,许多发达国家都曾有过大规模运河建设的时期。这时水运运量占统治地位。其后,铁路又在相当长的时期成为运输业的霸主。即使到了现在,虽然多种现代运输方式并存,竞争成为运输市场运行的主要特征,但各种运输方式仍旧在自己的优势领域保持着一定的独占性。例如,铁路和管道在线路方面的独占性,使其自然地产生垄断性的经营特点。而容易出现垄断的市场恰恰最不容易成为比较完善的市场,因此各国对运输市场一般都加以严格管制。

第三节 运输产品

产品是人类日常生活中最常见的东西。它既是经济学中的一个重要的概念,也是分析需求、供给、生产、消费、成本等众多问题的起点和依据。因此,分析运输市场问题、有针对性地进行运输组织活动,离不开对运输产品的研究。

一、运输产品的含义

运输产品是人们消费的重要产品之一。研究运输产品问题,是分析运输业诸多问题的基础。长期以来,人们对运输产品的认知一直停留在比较零散和单一的层面。对于运输产品的解释基本上停留于"运输产品是运输对象的空间位移,运输业提供的是一种无形产品"的层面。

运输产品的上述定义局限于它是位移,主要强调其空间性。毫无疑问,空间性是运输产品的重要属性。但随着经济和社会的发展以及技术的进步,运输产品的性质和效用取向正悄然发生着变化。习近平总书记在党的十九大报告中提出,我国社会主要矛盾已经转化为人民日益增长的美好生活需要和不平衡不充分的发展之间的矛盾。现阶段,旅客和货主除了考虑空间效用,还将考虑时间效用甚至其他方面的效用。随着时代的进步,为了科学地理解运输产品,必须与时俱进地把握其内涵。

同时,除了从运输供给者的角度理解运输产品,还需要从运输需求者的角度进行理解。由于产品是消费者通过购买方式所得到的某种满足,因此一切能满足买主某种需要和利益的物质属性和非物质属性都属于产品的内涵,也就是产品的组成部分。对于运输产品(包括旅客运输和货物运输)来说,其整体构成也包括三个部分,即核心产品、形式产品和扩大产品。运输产品的核心利益与效用是满足旅客和货物空间位移的要求;运输产品的形式层是旅客和货主能够直接感受到的;扩大产品是指运输产品购买者应该得到的便利服务和辅助服务。

二、运输产品的特征

运输产品的内涵具有多样性和复杂性,对运输产品的认识也应当由浅入深,由简单到完善。从内在特征来看,可以从以下几方面理解运输产品的特征。

1. 效用性

运输产品的效用是二元的,即空间效用和时间效用。空间效用反映运输在跨越空间障碍、克服距离因素方面的作用和能力;时间效用反映运输克服空间障碍需要支付的时间代价。随着运输业的发展,衡量运输产品的优劣已经越来越多地倾向于它的时间效用,时间效用的高低是人们选择运输服务的重要依据。运输业出现早期,由于运输技术、运输工具比较落后,克服空间障碍是运输业的主要功能,也是运输产品最重要的特性。随着时代的发展,交通运输体系越来越发达,交通运输工具也越来越先进,克服距离障碍已经成为一件十分平常的事情。在经济和社会发展到一定水平后,人类克服空间障碍的能力、手段和技术水平已非昔日所比。今天,距离障碍已经不再是人们出行、货物移动的主要难点。这时,人们选择运输产品,除了考虑空间效用,更多的是考虑时间效用,即克服空间障碍所要花费的时间。我们可以看到,世界各国的运输业为了提高市场竞争力,把不断提高运输速度作为一项最重要的任务。航空运输、铁路运输、公路运输等都在想方设法提高速度。

2. 无形性和劳务性

无形性是运输产品最明显的特征,这是因为运输产品是位移,而位移是没有实物形态的。在一般情况下,关于运输产品无形性的定义更多的是从运输的结果上考虑的。运输产品的生产(供给)和消费在相同的时间和空间内进行,虽然旅客在运输完成后没有得到运输企业给他的任何东西(车票、机票是运输企业与旅客之间的契约凭证,而不是旅客想要得到的位移),然而旅客在消费运输产品过程中接触到的所有东西都是实实在在的。所以说,从运输产品完成的过程而不是结果来看,无形性并不是运输产品的重要特征。对于生产和消费在相同的时空内进行的运输活动来说,对于提供运输服务的运输主体来说,注重过程应当是更为重要的。仅描述运输产品的无形性实际上是没有意义的,只有从劳务性的角度分析运输产品,才能把握其生成、存在的缘由与形式,把握其最精髓的东西——服务。运输业向社会出售产品,其表现是发生位移,而实质上提供的是运输劳务,劳务过程贯穿于运输活动的始终。运输服务的一部分是有形的,如火车站、承载旅客的列车、候机大楼、载运旅客的飞机等,位移的实现需要借助于这些有形的物质载体(固定的或移动的)。这些有形的物质载体成为衡量运输服务好坏的重要标志,例如,铁路车站服务设施是否齐全,站舍是否整洁,铁路客车的内部环境是否舒适,民航候机大楼是否宽敞明亮,飞机是否宽大舒适等。这些都是顾客对运输服务评价的重要组成部分。

3. 网络性

许多产品或服务具有网络产品的特点,如电话、电力、互联网、运输等。运输业是网络型基础产业,运输产品的生成(供给)和消费都是基于一定网络实现的,它产生于网络,消费于网络。基于网络特性的运输产品具有以下特征。

(1) 区域性与方向性

制造业的生产是点状的,而运输业的生产是网状的。运输产品的形成过程是网状的,不同的运输网分布于不同的区域,不同的区域经济和社会发展水平决定了其运输需求的差异。经济发达地区对运输产品的需求明显高于经济不发达地区,发达地区运输网的繁忙程度要高于不发达地区,运输产品多形成于经济发达地区的运输网。基于网络特性的运输产品具有比较明显的方向性。由于自然资源和生产力布局的原因,网络的某一方向运输量明显高于相反方向的运输量。在另外一些情况下,比如在一年内的不同时间内,某一方向上的旅客运量也会明显高于相反方向。运输产品的区域不均衡性和方向不均衡性导致运输网络负荷在区域和方向上存在较大差异。

(2) 转换成本高

一些基础产业提供服务的转换成本比较明显,如固定电话、自来水、天然气等。基于网络特性的运输产品也存在转换成本,有时比较突出。例如,将一条铁路运煤专线的煤炭运输转移到其他运输方式上(如公路)时,由于运费、运输规模等方面的差别,存在较大的转移成本。同时,运输需求者可能在一定时间内会被合约锁定在特定运输服务上,运输企业也可能通过某些方法提高用户的转换成本,如航空公司为老客户提供里程津贴,使其长期选择该航空公司。

(3) 规模经济性

运输网络的建设需要巨大的前期投入,其沉没成本十分高昂。在一定条件下,运输的边际成本很低。例如,一列旅客列车在未满员的情况下,增加一个人的成本几乎为零;一架未满员的飞机,增加一名乘客的边际成本同样很低。很高的固定沉没成本和几乎可以忽略不计的边际成本意味着平均成本函数随着产品数量的增加而明显下降。因此,运输网络上的产品数量越大,分摊到每一产品的成本就越低,运输产品本身具有比较明显的规模经济性。

4. 替代性与互补性

不同的运输方式都可以实现位移,它们之间是可以相互替代的,有的运输过程也可以由同一运输方式内的不同运输企业完成,这意味着运输产品具有替代性。运输产品的替代性表明各个运输方式和运输企业间具有竞争性。运输产品间也有互补性,有的运输过程仅由一种运输方式是无法完成的,而必须由几种运输方式联合协作,联合运输是运输产品互补性的突出体现。运输产品的互补性表明,运输企业间不仅要有竞争,还要有协作。大力发展不同运输方式间无缝隙地接续运输是综合交通体系发展的重要方向。

5. 公共物品属性和私人物品属性

运输产品具有公共物品和私人物品的双重属性。经济学关于公共物品的定义包括两点,即非竞争性和非排他性,完全具有上述两点特征的是纯公共物品。通常情况下,在未达到拥挤点的情况下,用户消费运输服务几乎不存在竞争性和排他性,运输产品具有公共物品属性。然而,在接近和到达拥挤点后,竞争性和排他性就会凸现出来,这时的运输产品具有明显的私人物品属性。

三、运输产品组合

1. 运输产品组合的概念

产品组合也称产品搭配,是指一个企业提供给市场的全部产品的结构以及它们的有机结合方式。对于运输产品而言,不同类型的运输产品及其构成即为运输产品组合方式。以铁路运输为例,其产品组合如图3-1所示。

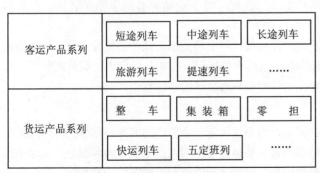

图 3-1 铁路运输的产品组合

2. 运输产品组合的影响因素

一种运输方式或一个运输企业所拥有的产品组合,反映了它能够向市场提供的产品的丰富程度,运输产品组合受到一定条件的影响和限制,包括以下因素。

(1) 市场需求

市场需求不断变化,企业应根据市场调查和预测结果,分析运输产品需求的变化趋势,加强和拓展市场潜力大的产品。可见,市场需求的多样性影响着产品组合的复杂性。

(2) 企业目标

不同的企业有不同的目标,有的企业致力于客运,有的则致力于货运,因此,企业不同的目标会造就不同的产品组合。

(3) 企业资源

企业拥有的资源包括人力、物力、财力等,每个企业都有自己的优势和劣势,因此应根据自身特点经营对自己有利的产品。

(4) 竞争状况

产品组合受竞争对手的冲击和影响,企业应根据各种运输产品的供求情况和盈利状况,调整产品组合。

3. 运输产品组合策略

(1) 扩大产品组合策略

这一策略的内容是扩大现有产品的数量以满足市场上的新需求。在运输需求增大而呈现多样化趋势时,企业可以采用这一策略。例如,在足球世界杯比赛期间可以开行球迷专列,在旅游旺季开行旅游专列等。

(2) 缩减产品组合策略

当运输需求呈现萎缩或某种类型的运输需求下降时,运输企业可考虑这一策略。例如,铁路"五定班列"在开行一段时间后,如果需求有所减少,可以相应减少这种列车的开行。

(3) 产品线延伸策略

产品线延伸具体可分为向上延伸、向下延伸和双向延伸三种类型。向上延伸是指在原有产品线中增加一些高档次产品,如铁路运输推出包间服务,以满足特定人群的需要。向下延伸是指在原有产品线中增加低档廉价产品,如根据人们对低价低档次产品的偏好,可以增加部分普通列车。双向延伸是指企业既增加高档高价产品,也增加低档低价产品,以满足市场的不同需求。

四、运输产品的品牌模式

1. 运输品牌

品牌是指用于识别产品或服务的名称、术语、符号、象征或设计,或者它们的组合,以区别于其他企业的产品。品牌是一种特殊工具,强有力的企业品牌有助于顾客认识、理解和信任企业。

对出售有形产品的企业来说,重要的是产品品牌;对出售无形产品的运输业来说,重要的是企业(公司)的品牌。运输业通过多种潜在中介,包括设备标记、印刷品、广告、职员制服等,打造企业品牌,获得顾客认同。但是,我国的运输业还缺乏足够的品牌意识。

2. 品牌效果

对于运输业来说,品牌是一个完整的概念,而不仅仅是一个单纯的名称。品牌的总体效果受愿景、使命、标志、市场宣传、经营策略和高管人格魅力的影响,但企业行为和服务质量起决定性的作用,所有这些因素塑造了一个完整的形象。运输企业能够留给顾客的印象越深,这个企业及产品的品牌地位就越强。比如,在铁路运输中,"红旗"列车与其他普通列车具有完全不同的意义,它表示列车的卫生更好、服务更好。铁路部门最近几年特别重视"精品列车"的推出,实际上就是品牌化的过程。

第四节 运输市场营销

运输供给方要把运输产品提供给运输需求者,离不开运输市场营销活动。运输市场营销依托于运输市场,通过提供优质的运输产品和宣传推广,巩固运输企业原来的市场,并为运输企业开辟新的市场。因此,研究运输市场营销对运输组织的发展具有十分重要的意义。此外,运输市场营销活动必须依托于一定的组织机构对其进行有效合理的计划和控制,才能使企业的整个营销活动有计划、有目的地进行,并在进行过程中不断地改进和完善。

一、运输市场营销的含义

运输市场营销属于微观市场营销的范畴,是指在运输市场上通过运输劳务的交换,满足运输需求者现实或潜在需要的综合性营销活动过程。它开始于运输生产之前,贯穿于运输生产活动的全过程。具体而言,在提供运输产品之前,要研究货主与旅客的需要,分析运输市场机会,研究目标市场,从而决定运输产品类型、运输生产组织形式以及运输范围和数量;在组织生产经营过程中,要使运输产品策略、运价策略、客货源组织策略和服务策略有机结合起来,通过良好的公共关系去实现运输生产过程;运输生产结束后,还要做好运输结束后的服务和信息反馈工作。这样周而复始,形成良性循环,不断提升运输服务质量,开拓新的市场,提高运输企业的经济效益。

二、运输市场营销组织

运输市场营销组织是指运输企业营销部门的行政组织机构,它规定了运输企业营销部门的业务范围、权利、责任和义务,是计划和控制各种营销活动的基础。如果没有一个有效的组织去执行或执行不力,企业的营销战略、战术都将是徒劳的。组织管理的实践证明,一个科学合理的组织机构,对提高组织绩效,获取最大的社会效益和经济效益起着重大的作用。所以要保证营销活动的有效进行,建立高效的营销组织机构是十分重要的。

1. 设立市场营销组织机构应考虑的因素

(1) 环境因素

在经济全球化的时代,任何一个组织要求得生存和发展,必须随着组织的内部因素和外部环境的变动不断地进行调整,建立与之相适应的组织体制。外部环境是影响市场营销组织设立的一个重要因素,是组织生存与发展的基本条件,它的变化会影响组织的建立、变革和发展。例如,经济政策、科学技术、政治法律、社会文化等宏观环境的调整和改变,会促使企业建立新的营销组织,变革落后的组织结构,提高自己的竞争力,以适应竞争激烈的市场。同时,企业自身的内部因素,如企业的经营哲学、战略方针、所处的发展阶段、经营范围、业务特点等,也会影响企业业组织结构的类型。

(2) 社会责任

任何一个组织都有自己的使命,而这种使命是由社会赋予的。社会责任要求企业认真考虑公司的一举一动对社会所产生的影响,以对自己和社会都有利的方式,将公司经营活动及政策方针同社会环境联系起来。随着资源短缺、环境污染、人口爆炸等社会问题的日益紧迫,企业面临着更多的社会责任。例如,运输企业不能为某些国家的禁运物品提供运输服务,否则会影响社会治安和经济秩序;提供运输服务时必须注意环保要求,不能破坏人类的生存环境等。也就是说,企业业在设立营销组织机构时,应充分考虑必须承担的社会责任,在社会伦理准则指导下进行营销组织的管理活动。

2. 设立市场营销组织的一般原则

(1) 协调性原则

建立的市场营销组织，要能够与企业内部的其他机构相协调，并能协调各个部门之间的关系。市场营销组织机构通过识别、确认和评估市场上存在的需要和欲望，选择和决定企业能够最好地为之服务的市场和顾客群体，进行目标市场决策，从而为整个企业明确努力方向。原则上讲，企业的各职能部门应当协调地紧密配合，以实现企业的总体目标。但现实中，由于各部门间的限制和偏见，或是各部门意见不统一、利益不均衡，部门之间往往存在冲突和误解。必须注意营销部门同其他部门的协调，同时，市场营销内部人员机构及层次设置也要相互协调，以充分发挥市场营销机构自身的整体效应。

(2) 灵活性原则

营销环境是不断发展、变化的，营销组织必须具有一定的机动灵活性，才能快速适应环境的变化。作为企业的市场营销组织，一方面要能够迅速地捕捉和掌握市场变化的信息，如通过建立营销信息系统及时反馈市场信息等；另一方面要能够在判断准确的基础上，迅速做出反应和调整，这包括对有关营销策略或活动的调整，也包括在市场出现重大变化时对营销组织所做的一系列调整。

(3) 精简性原则

一个有效的机构应该是精简的、高效的，除了能有效地完成工作任务外，其组织形式也应该是最为简单的。一个精简的机构，要做到因事设职、因职设人，人员精干，内部层次不宜太多。内部层次少，可以促使信息流通加快，减少阻碍，还能密切员工之间的关系，有利于思想交流和情感沟通，从而提高组织的积极性和效率。实践证明，建立市场营销机构时能否把握好市场营销工作的性质和职能范围，是能否真正做到精简的重要前提。

(4) 有效性原则

效率是衡量一个组织的水平的重要标准。组织的效率高，说明其内部结构合理、完善，能顺利地生存和发展。在企业内部，各个部门的效率表现在：能否在一定的时间内完成规定的各项任务；能否以最少的工作量换取最大的成果；能否很好地吸取过去的经验教训和进行业务创新；能否维持机构内部的协调和及时适应外部环境条件的变化。市场营销组织要赏罚分明，充分调动员工的积极性。

3. 现代营销组织结构类型

(1) 职能型组织结构

职能型组织结构是营销组织最普遍的形式，它是由一个营销经理负责各类营销功能，按照营销职能设置的营销机构。这类组织易于管理，但是随着公司产品品种的增多和市场的扩大，这种组织结构会暴露出效益低的问题。这是因为：①没有人对任何产品和市场担负完全责任，容易发生某些特定市场的特定产品的计划工作不完善的情况，那些不受各职能部门偏爱的产品就会被搁置一边；②各职能部门都会本着自身的利益，要求获得比其他部门更多的预算和更重要的地位，这样营销经理就必须仔细核对各部门的各种要求，并面临如何进行协调的难题。

(2) 产品(品牌)型组织结构

生产多种产品和品牌的公司，常常需要建立一个产品(品牌)管理组织(以下简称产品管理组织)。产品管理组织由一名产品主管经理负责，下设几个产品大类经理，产品大类经理之下再设各个具体产品经理去负责各个具体的产品和品牌。该组织结构通常适宜产品差异很大或产品品种数量太多的公司。该组织结构并没有取代功能性管理组织，只是增加了一个管理层次。产品管理组织由于是专人专管,因此有利于将产品组合的各要素较好地协调起来,而且产品经理能更快地就市场上出现的问题做出反应。对于一些小品牌产品,由产品经理专管,可以减轻被忽视的程度,但该组织形式可能会由于缺乏整体观念,造成部门冲突、多头领导等不利局面。

(3) 区域型组织结构

对于在全国范围内从事运输服务的公司,通常按照地理区域安排其营销组织,即由一个负责全国销售的经理领导几个区域销售经理,区域销售经理领导地区销售经理。

4. 营销组织结构的合理化

在组织结构合理化的情况下,组织内部各要素才能得以有效配置,执行功能才能得以有效发挥。由于组织结构受环境、战略、技术、规模、人员、地域分布等因素的影响,而且任何一个因素的变化,都可能导致原有组织结构的部分不合理,因此要求其做出相应的变革。那么,如何识别某种组织结构是否合理呢?一般来说,组织结构合理化的标志主要有以下几个方面。

(1) 目标设置的合理化

组织目标设置是否合理,关系到组织结构的总体设计是否有效。合理化的组织目标必须具备以下特性:

① 组织目标必须为组织的全体成员和组织中的各个群体所一致认同,即组织目标应该与个人目标、群体目标一致;

② 组织目标的设置是否建立在广泛收集信息、科学准确的可行性分析和有效预测的基础上;

③ 组织目标不仅要被全体成员所认同,还应该被他们广泛深入地理解,并由他们参与制定实施;

④ 组织目标是否与社会和经济发展情况以及组织所处的特定环境相适应。

(2) 组织分工的合理化

一个高效的组织必须有合理化的分工,具体包括如下几个方面。

① 管理层次与控制幅度要合理化;

② 工作程序及规章制度要合理化,这要求对每一个工作角色的任务有明确的规定,尤其是对各工作角色之间的衔接有严格的规定,并用一套规范化的规章制度把这些程序和关系固定下来;

③ 权力结构要合理化,这要求权力结构有层次,责权利相一致,权力结构的形式与组织未来发展的需要相适应等。

(3) 组织协调的合理化

合理的组织分工完成后还需对个人和部门进行多方面的正式、非正式的调整,以标准化的方式建立协调关系。程序标准化、产出标准化和技术标准化是现代管理中常用的协调手段。

5. 运输市场营销组织的目标

运输市场营销组织的目标主要有以下几个。

(1) 对市场需求做出快速反应

市场营销组织应该不断地适应外部环境,并对市场变化做出积极反应。可以通过市场营销研究部门、企业销售人员、外部商业研究机构等提供的市场信息,了解市场的变化趋势,然后及时对营销活动做出调整,包括新产品开发、包装、定价、销售等整个市场营销活动。

(2) 使市场营销效率最大化

市场营销组织是在充分考虑与其他部门的协调关系的基础上建立起来的,因此具有协调和控制职能,可以避免各部门间的矛盾和冲突,确定各自的责权利,有利于提高营销效率。

(3) 代表并维护消费者利益

市场营销组织奉行的是市场营销观念,坚持"顾客至上"的理念,因此必须维护消费者利益。

虽然企业可以通过市场调研机构了解消费者的愿望，但是要保证消费者利益不受侵害，必须在管理的最高层面上设置专门的市场营销组织来担当此任。

6. 运输企业营销组织的任务

从根本上讲，运输企业营销组织的任务就是了解并满足顾客的需求，这也是营销组织的总任务。对实际运作的营销管理人员来讲，可以将总任务表述为下列几项具体的任务。

(1) 运输市场研究

运输市场研究是通过系统地收集、分析有关运输市场的信息，帮助运输企业高层管理人员进行决策。运输市场研究是运输企业营销组织的基础任务之一，通常包括运输市场需求研究、目标市场研究、旅客和货主行为研究、运输产品研究、广告研究、竞争研究及宏观环境研究等。

(2) 运输产品管理

运输产品管理是研究和开发满足旅客、货主需要的新产品和服务。新产品管理通常是营销部门、研究开发部门、生产部门共同的责任。在运输新产品和服务开发以后，营销部门要根据运输波动情况及客货运输的不同特点制定产品策略，并对有关运输产品的各个要素进行决策。

(3) 促销管理

促销管理包括规定各种促销手段及其具体内容，如确定广告的形式、进行广告费用预算、选择广告媒体、拟订广告方案、选择广告代理商及评价广告活动效果等。

(4) 分销渠道管理

为建立和保持有效的分销渠道，营销部门必须确定是否采用分销渠道以及采用分销渠道的宽窄和长短，还要选择分销商、制定对分销商的政策、分析各分销渠道和分销商的经营效果。

(5) 价格管理

根据企业的竞争战略和市场战略，确定每个市场的定价政策、新产品的定价及价格的调整和变化等。

(6) 树立企业形象

通过企业识别系统(corporate identity system，CIS)，给顾客和公众一个鲜明、独特的印象和感觉，使企业形象在激烈的竞争中易于识别。

三、运输市场营销计划

运输市场营销计划指的是运输市场的作业计划，即具体的营销策略和步骤。由于当前市场经济环境的复杂性，企业没有适当的计划，就无法应付和处理这种复杂性，因此，制订和实施市场营销计划是运输市场营销组织的基本任务，是企业开展营销活动的基础。作为营销管理人员，应该能够明确营销计划的重要性，了解营销计划的内容，掌握制订营销计划的方法。

1. 市场营销计划的意义

(1) 营销计划是企业营销管理的核心

面向市场的企业，一切工作都是围绕着市场展开的。在运输企业的计划体系中，生产计划、设备计划、人事计划、财务计划等都要围绕着企业的营销计划来展开。因此，营销计划在企业计划中处于核心地位。

(2) 营销计划保证了未来行动的可操作性

在计划的过程中，营销管理人员对未来的目标反复考虑、论证，对营销策略仔细斟酌、思考，对行动方案周密设计、安排，对营销预算多方估计、测算，这就要求营销人员在营销工作进行前对营销中可能遇到的问题、困难及解决办法和工作要点等进行深入的研究，这样才能保证计划的可行性,也能增强其在未来实施中的可操作性。

(3) 营销计划可以使资源得到高效率、高效用的使用

企业通过制订科学、灵活、完善的计划,可以实现资源的优化配置,使各项资源得到有效的利用,提高其效率和效用。

(4) 营销计划有助于企业各部门的协调

营销计划是多方参与制订的,企业最高层领导、相关的部门(如生产、财务、人事等)都要参与或提供建议、资料等。这种在营销工作开展前的信息沟通,为将来营销工作的开展、各部门对营销工作的支持和配合奠定良好的基础。从某种意义上讲,营销计划的过程也是营销管理人员沟通多方信息,争取多方理解和支持的过程。

2. 制订市场营销计划的原则

(1) 密切联系实际的原则

市场营销计划通常由上层专业计划人员制订,由基层管理人员和销售人员实施。专业人员可能更多地考虑总体方案和原则性的要求,不了解实施中的具体问题,而基层人员可能因缺乏与专业计划人员的交流和沟通,不能正确地理解计划的内涵,最终导致计划脱离实际。因此,在制订计划时,专业计划人员要与基层市场营销人员协作,共同制订计划,这样才能使营销计划更符合实际,也有利于计划的顺利实施。

(2) 长期目标与短期目标相协调的原则

营销计划的制订必定涉及企业的长期目标,而企业对计划具体实施人员的评估和奖励往往是根据其短期的工作效益,这容易使计划实施人员注重其短期行为,而忽视长期目标,不利于企业的发展。因此,制订计划时必须克服长期目标与短期目标之间的矛盾,设法求得两者之间的协调。

(3) 行动方案要具体、明确

有些计划失败,往往是因为计划中没有规定明确、具体的行动方案,缺乏一个能使企业内部各有关部门、环节协调一致、共同努力的依据。因此,制订计划时,必须明确规定各部门的责任和具体的行动方案,使其相互协作,各尽其责。

3. 运输市场营销计划的类型

企业可以根据其规模、市场状况、战略方向等多方面的因素决定所采用的计划类型。常见的计划类型主要有如下几种。

(1) 按时间跨度分

① 长期计划。时间多在 5 年以上,内容一般是概要性的,主要涉及组织扩大、产品升级、市场转移等重大事项。

② 中期计划。时间在 1~5 年,内容与企业的中期规划和中层管理人员的日常工作有更多的直接关系。中期计划较为稳定,受环境变化影响小,因此是大多数企业制订计划的重点。

③ 短期计划。时间在 1 年以内,内容详细具体,对企业一线管理人员的日常工作有更大的影响,一般包括年度经营计划和各项适应性计划。

(2) 按职能分

市场营销计划从职能上划分,可以分为市场调研计划、产品开发计划、包装计划、价格计划、广告计划、推销计划、营业推广计划、公关计划和顾客服务计划等。

(3) 按涉及的对象和范围分

根据涉及的对象和范围,市场营销计划可以分为企业营销总策略计划、各项营销组合要素计划及每项要素内部各具体项目的活动计划等,分别由企业营销总裁、各事业部(产品部、分销部、公关部)经理、产品线经理和品牌经理制订。

4. 制订运输市场营销计划的工作步骤及内容

(1) 制订市场营销计划的步骤

企业在编制市场营销计划时，需要广泛收集资料、进行市场分析、确定市场目标、探讨市场策略。一般包括以下步骤：①分析现状，为编制计划做好充分准备；②确定目标，为具体活动程序指明方向；③编制计划草案，交由有关部门讨论；④编制正式计划，组织企业内部实施。

(2) 市场营销计划的内容

明确企业的战略任务和目标后，就要考虑如何将这些战略和目标付诸实施，这就是营销计划的工作内容。企业按上述步骤进行计划编制时，营销计划的内容详略可能不同，但大多数营销计划都包括以下内容。

① 计划概要。计划概要就是对主要营销目标和措施进行简要、概括的说明，以便上级管理人员或审核人员对计划内容能够一目了然。同时，计划概要之后还要附上计划内容目录及在计划书中的相应页码，以方便查阅。

② 企业营销现状。企业营销现状包括有关市场、竞争、产品、促销等各营销因素和宏观环境方面的内容。

③ 分析。在分析现状的基础上，找出企业的优势和劣势、机会和威胁及面临的问题。

- 优势/劣势分析：对企业资源、能力方面进行分析，发现优势，找出弱点，以便利用优势开发机会、对付威胁，同时对其弱势进行改进和完善。
- 机会/威胁分析：分析来自企业外部可以左右企业未来的因素，分析、判断其可能为企业带来的营销机遇或可能给企业造成的威胁。对于这些机会和威胁，要分出轻重缓急，使最重要最紧迫的能受到应有的关注。
- 清楚了企业的机会与威胁、优势与弱势，就能确定计划中需要强调、突出的主要问题，对这些问题做出决策，可以帮助企业形成有关市场营销的目标、战略、策略和战术等。

④ 营销目标。营销目标是营销计划的主要组成部分，有了目标，就可以确定更具体、更适合操作的任务。营销目标是在分析营销现状并预测未来的威胁和机会的基础上制定的，包括投资收益率、销售额、利润额、销售收入以及市场占有率等目标。

⑤ 营销战略。营销战略是完成计划目标的营销途径和方法，包括目标市场战略、营销组合战略及营销费用预算等。在战略制定过程中，要注意与其他有关部门、人员讨论、协商，争取理解、支持与合作。

⑥ 行动方案。行动方案是确保营销计划有效实施的主要内容，包括做什么、何时做、谁负责做、需要多少费用等。按上述问题把每项活动都列出详细的程序表，以便于执行和检查。

⑦ 预算收支。营销计划中还要编制各项收支的预算，在收入一方要说明预计收入，在支出一方要说明预计生产成本(包括营销费用)、收支的差额(即预计的利润或亏损)。上层管理者负责审批和修正预算。预算一经批准，便成为购置设备、安排生产、人事及营销活动的依据。

⑧ 控制。控制是营销计划的最后一部分，说明如何对计划执行过程和执行进度进行管理。一般做法是将计划规定的目标和预算按月份或季度分解，以便企业的上层管理部门进行有效的监督检查，督促未完成任务的部门改进工作，以确保营销计划的完成。控制有时还包括发生意外时的应急计划，该计划简明扼要地列举可能发生的某些不利情况，并提出管理部门对不利局势应采取的对策与措施。

5. 运输市场营销计划的执行

营销计划的执行是将营销计划转化为具体的行动和任务的过程，也就是调动企业的一切资源投入到营销活动中去，保证计划任务的完成，以实现营销计划所制定的目标。制订营销战略计划是解决企业营销活动应该"做什么"和"为什么要这样做"的问题,而执行计划是要解决"由什么人""在什么地方""在什么时候""怎样做"的问题。计划制订得再好,如果不能执行或执行不当,也不会有成效。因此,必须保证制订的营销计划方案能有效地执行,这样才能取得整个营销活动的成功。

(1) 营销计划执行的内容

① 制订行动方案。制订行动方案,可帮助企业明确市场营销战略实施的关键性决策和任务,并将责任落实到个人或小组,同时规定具体的时间表,即每一项行动确切的时间安排。

② 调整组织结构。组织就是把战略计划的任务分配给具体的部门和人员,规定明确的职权界限和信息沟通渠道,协调企业内部的各项决策和行动。因此,适当的组织结构在战略计划的实施过程中起着决定性作用。企业要根据其战略和市场营销计划的需要,适时改变、完善组织结构。

③ 形成规章制度。为了保证营销计划能落到实处,还必须设计相应的规章制度,包括工作制度、决策制度、报酬制度和奖罚规章等。

④ 开发人力资源。市场营销计划要靠企业内部的工作人员执行,因此开发人力资源十分重要。对企业员工要进行培训、考核、激励,充分发挥其潜能,同时还要根据不同的战略要求,合理使用不同性格和能力的管理者,做到人尽其才。

⑤ 协调各种关系。为了有效地实施市场营销计划,企业的市场营销部门和其他部门以及市场营销部门内部必须协调一致,相互配合。

(2) 营销计划执行的技能

市场营销计划在执行过程中,通常会在三个层次上发生问题:行使基本的营销功能的层次,如企业怎样才能从经销商处获得销售支持;执行营销方案的层次,即协调所有的营销功能,采取整体行动;执行市场营销政策的层次,如企业要让所有的员工理解企业的经营思想,要用最好的态度和最好的服务对待所有的顾客等。为了避免问题的出现或及时解决出现的问题,保证营销计划方案的有效执行,营销管理人员需要掌握一些相关的技能。

① 诊断问题的技能。当营销计划执行的结果未达到预期目标时,需要分析战略计划和执行之间的内在关系,并判断出现问题的层次,诊断出现问题的原因。只有掌握诊断技能,才能准确地判断市场营销过程中出现的问题。

② 配置技能。配置技能指营销经理应具有在营销功能、方案、政策等三个层次上分配时间、人力和资金的权限。

③ 组织技能。组织技能包括两方面:首先是提供明确的分工,将全部工作分解成便于管理的几个部分,再分配给各有关部门和人员;其次是发挥协调作用,通过正式的组织联系和信息沟通网络,协调各部门和人员的行动。

④ 互动技能。管理者要有善于推动并影响他人共同把事情办好的能力,不仅要推动营销组织内部的人员,还要推动营销组织外的其他人或企业一起为达到营销目标而努力。

⑤ 评估结果的技能。对营销计划执行结果的评估,不能只从销售额、利润额两方面来考虑,必须建立一套完整的工作制度、决策制度和报酬制度。这些制度直接关系到组织实施计划的效率成败。以报酬制度为例,它首先涉及对营销人员及部门工作绩效的评估,如果以短期盈利情况为评估标准,就可能引导营销人员及部门的行为趋于短期化,而缺少为实现长期战略目标努力的主动性。

⑥ 调控技能。执行营销计划时,还要掌握控制技能,即建立和管理一个对营销活动情况进行追踪的控制系统,主要包括年度营销计划控制、盈利能力控制、效率控制、服务绩效控制和战略

控制等。

四、运输市场营销控制

营销计划是对企业未来发展做出的具体规划,往往是根据许多不确定的因素制订的,在实施过程中难免会发生许多意外情况,因此,营销部门必须进行连续不断的监督、评估和调整,对各项营销活动进行有效的控制。

1. 市场营销控制的意义

在管理过程中,控制的目的在于确保企业经营按计划运行,其重要意义如下所述。

(1) 控制能使管理工作成为一个封闭回路系统

一般情况下,控制工作既是一个旧的管理过程的终结,也是一个新的管理过程的开始。控制不仅限于衡量计划执行中出现的偏差,还要采取措施纠正,使管理系统稳步地实现预定目标。而纠正措施可能涉及需要重新拟定目标、修订计划、改变组织结构、调整人员配备,并对指导方针做出巨大的改变等,这实际上是一个新的管理过程,从而使管理成为一种连续的过程。控制工作可以积极地影响计划工作,是实现计划的保证。

(2) 控制有助于企业防患于未然

由于存在一些不确定因素,因此计划在实施过程中可能会遇到诸多的问题,这时就需要通过控制及早发现问题,对计划或计划的实施方式做出必要的调整,避免可能发生的事故,寻找更好的管理方法以充分挖掘企业的潜力。例如,运输企业实行服务质量控制,可确保旅客、货主得到舒适、满意的运输服务,从而提升品牌形象,增加客户黏性。

(3) 控制对营销人员起着监督和激励的作用

如果营销人员发现他们的主管非常关心其所承担任务的执行效果,而且他们的报酬及前途也取决于此,那么他们会更加努力地工作,并更加认真地按计划、要求去做。

2. 市场营销控制的基本程序

市场营销控制是用于跟踪企业营销活动过程的每一个环节,以确保其按计划目标运行和实施的一套系统的工作程序。

(1) 确定控制对象

确定控制对象是确定控制的内容,如果运输企业需要对其货物运输收入、运输成本、利润额等盈利性指标进行控制,那么也需要对其营销人员工作、运输服务质量、企业广告等营销活动进行控制。企业控制的内容很多,范围很广,但控制活动本身也要费用支出,因此,在确定控制内容时,应注意使控制成本小于控制活动所能带来的效益。

(2) 设立控制目标

设立控制目标是为控制对象确立各种控制活动目标,一般与计划目标相一致。如果计划中已设立了控制目标,在此就可以省略。

(3) 设定控制标准

控制标准是以某种衡量尺度表示的控制对象的预期活动范围或可接受的活动范围。衡量尺度是衡量市场营销活动优劣的"量"或"质"的尺度,如销售量、费用率、利润额等"量"的尺度及工作人员的组织能力、工作能力等"质"的尺度。而控制标准就是为这些尺度设立一个弹性的浮动范围,如销售量应该达到多少数量,利润额应该达到多少数额,市场占有率应该达到什么样的比例等。控制标准的设定要结合产品、地区、竞争等情况,区别对待,尽量保持控制标准的稳定性和适用性。

(4) 比较实绩与标准

比较实绩与标准是运用设立的衡量尺度和控制标准对计划完成的结果进行检查和比较，同时用文字或图表记录检查比较结果。一般要规定检查比较的频率，即多长时间进行一次比较。

(5) 分析偏差原因

当实绩与计划产生偏差时，就要分析原因。产生偏差的原因一般有两种：一是执行过程中的问题，这种偏差比较容易分析；二是计划本身的问题，分析这种偏差比较困难。而且现实中这两种情况往往交叉在一起，增加了分析偏差的难度。因此，企业必须全面、深入地了解营销过程中的实施情况，尽可能拥有较详细的资料，以便找出问题的症结，分析计划没有完成的真正原因。

(6) 采取改进措施

经过分析，找到原因，就可以"对症下药"。如果在制订计划时，也制订了应急计划，改进活动就能做到有的放矢、合理有序；如果没有这类预防措施，就必须根据实际情况，迅速制订补救方案，或者适当调整某些营销计划目标。

3. 市场营销控制的类型

根据控制的目的、侧重点的不同，市场营销控制的类型有以下几种。

(1) 年度营销计划控制

年度营销计划控制是指为了确保企业达到年度计划规定的销售额、利润指标及其他指标而采取的措施，是一种短期的控制，其中心是目标管理。实施年度计划控制的目的在于：促使年度计划产生连续不断的推动力；控制的结果可以作为年终绩效评估的依据；通过控制进行检查，发现企业潜在的问题并及时予以妥善解决；高层管理人员可借此有效地监督各部门的工作。为了保证年度计划所规定的销售、利润和其他目标的实现，营销经理可以通过运输收入分析、市场占有率分析和营销费用率分析等对年度营销计划进行控制。

(2) 盈利能力控制

盈利能力控制就是通过对财务报表和数据的一系列处理，把所获利润分摊到如产品、地区、顾客群、分销渠道等各因素上，从而衡量每一个因素对企业最终盈利的贡献，获利水平如何。盈利能力控制的目的在于找出妨碍获利的因素，以便采取相应的措施，排除或削弱这些不利因素的影响。它能帮助主管人员决定哪些产品或哪些市场应予以扩大，哪些应缩减，以至放弃。评估盈利能力的指标包括销售利润率、资产收益率和资产周转率等。

(3) 效率控制

利润分析揭示了企业的若干产品在不同地区或者市场的盈利情况，如果盈利情况不妙，那么接下来要解决的问题就是是否存在更有效的方法来管理销售队伍、广告、促销和分销等绩效不佳的营销实体活动，这些都是效率控制。所以，效率控制包括销售队伍效率的控制、广告效率控制和促销效率控制等。

(4) 服务绩效控制

服务绩效控制主要是对顾客享受运输企业提供的整体服务的满意程度的控制。服务质量已经成为企业检测顾客服务水平的重要手段，实行服务绩效控制，有助于企业提高服务质量，保证服务特色，增强服务的竞争力。服务绩效控制的方法主要有顾客态度追踪和投诉措施等。

(5) 战略控制

战略控制就是对企业整体营销效益进行严格评价与审查，以便重新评价其进入市场的总体方式。实行战略控制可以确保企业的目标、政策、战略和措施与市场营销环境相适应。运输企业可以通过市场营销审计实现战略控制的目的。市场营销审计是指对一个公司或一个业务单位的营销环境、目标、战略和活动所做的全面的、系统的、独立的和定期的检查，其目的在于确定问题所在，提出行动计划，以提高公司的营销业绩。

思考与练习题

1. 运输市场具有什么地位？
2. 简述运输市场的作用。
3. 运输市场有哪些影响因素？
4. 简述运输市场的结构类型。
5. 运输市场有哪些特征？
6. 简述运输产品的特征。
7. 影响运输产品组合的有哪些因素？
8. 设立市场营销组织机构时应考虑哪些因素？
9. 设立市场营销组织的一般原则是什么？
10. 运输市场营销计划的主要内容是什么？
11. 市场营销控制的基本程序是什么？
12. 市场营销控制有哪些类型？

拓展阅读

1. Stopford M. Maritime Economics[M]. 3rd Editon. Routledge，2008.
2. 欧国立. 运输市场学[M]. 北京：中国铁道出版社，2005.
3. 刘作义，赵瑜. 运输市场营销学[M]. 3 版. 北京：中国铁道出版社，2010.
4. 蒋惠园. 运输市场营销学[M]. 北京：人民交通出版社，2004.
5. 杨秀云，赵勐，王全良. 我国高速快捷运输市场中竞争替代的结构性特征研究——基于中国高铁与航空运输数据的经验分析[J]. 经济经纬，2020，37(3): 81-91.
6. 吕晓峰，王稼琼，肖永青. 产业生态视角下的中国货运市场规模与结构演化分析[J]. 经济与管理研究，2018(8): 66-72.
7. 易泽华，王铁男. 铁路运输市场营销对策研究[J]. 学术交流，2005(2): 70-73.

第四章

各种运输方式概述

学习目标

运输是物流活动的主要组成部分，是物流的核心环节。本章主要介绍铁路、公路、水路、航空和管道等多种运输方式在具体的交通运输过程中的特点。通过本章的学习，你将了解运输的各种方式的概念和特征；认识水路运输、铁路运输、公路运输、航空运输、管道运输等多种运输方式的共性与区别；掌握各种运输的特点和适用范围；了解托盘运输和集装箱运输的重要性；理解冷链运输的现状和未来发展的趋势。

引导案例

华映公司多式联运运输方式纠纷案例

2011年11月18日，华映公司与特灵台湾公司签订了进口三套冷水机组的贸易合同，交货方式为FOB美国西海岸(FOB是国际贸易中常用的贸易术语之一，习惯称为装运港船上交货，故FOB也称"离岸价")，目的地为吴江。2011年12月24日，买方华映公司就运输的冷水机组向人保吴江公司投保一切险，保险责任期间为"仓至仓条款"。同年12月27日，原告东方海外公司从美国西雅图以国际多式联运方式运输了装载于三个集装箱的冷水机组经上海到吴江。原告签发了空白指示提单，发货人为特灵台湾公司，收货人为华映公司。

货物到达上海港后，2012年1月11日，原告与被告中外运江苏公司约定，原告支付被告陆路直通运费、短驳运费和开道车费用共计9 415元，将提单下的货物交由被告陆路运输至目的地吴江。但事实上，被告并没有亲自运输，而由吴淞公司实际运输，被告向吴淞公司汇付了8 900元运费。

同年1月21日，货到目的地后，收货人发现两个集装箱破损，货物严重损坏。收货人依据货物保险合同向人保吴江公司索赔，保险公司赔付后取得了代位求偿权，向原告进行追偿。原告与保险公司达成了和解协议，已向保险公司做出11万美元的赔偿。之后，原告根据货物在上海港卸船时的理货单记载"集装箱和货物完好"，以及集装箱发放/设备交接单(出场联和进场联)对比显示的"集装箱出堆场完好，运达目的地破损"，认为被告在陆路运输中存在过错，要求被告支付其偿付给保险公司的11万美元及利息损失。

本案中,华映公司向人保吴江公司投保一切险,双方达成的保险合同依法成立有效,货损属于货物运输保险单下的保险事故范畴,保险公司对涉案货损进行赔付符合情理和法律规定。故买方应向人保吴江公司要求索赔。

原告东方海外公司应当承担赔偿保险公司的责任,但并非最终责任承担者。全程运输方式属于国际多式联运。原告是多式联运的全程承运人(经营人),其与被告之间订立的合同是有效成立的。涉案两个集装箱货物的损坏发生在上海至吴江的陆路运输区段,故被告应对货物在其责任期间内的损失承担赔偿责任。原告作为多式联运全程承运人,对保险公司承担赔偿责任后有权就其所受的损失向作为陆路运输承运人的被告进行追偿。

被告中外运江苏公司应该承担责任。本案的集装箱在卸下船时良好,在陆运出场时也完好无损,而到目的地进场时出现破损,那么自然推定集装箱及箱内的货物损坏发生在陆路运输阶段,法律规定对承运人责任的归责原则为过错推定责任原则,只要货物在该运输途中发生了损坏,若没有相反的证据,就推定承运人存在过错,必须对自己的过错行为负责。因此,当多式联运经营人对收货人赔付后,向发生货损的区段承运人追偿于法不悖,所以,中外运应当承担赔偿责任。

阅读上面的案例,可以进一步思考:案例中纠纷产生的原因可以通过什么方法尽量避免?有更好的运输方式组合吗?

(资料来源:佚名. 华映公司多式联运纠纷案例. 道客巴巴. https://www.doc88.com/p-1456450087880.html. 2018-10-14.)

随着国家经济的发展,交通运输方式也在不断地变化与发展。各种运输方式相应地由"各自为战"向"相互影响、相互协调"的方向发展。铁路、公路、水路、航空和管道等多种运输方式在具体的交通运输过程中都会发挥各自的优点,相互结合、相互协作,为运输组织系统更好地服务。伴随着这个发展过程,了解各种运输方式的发展状况和特性,便成为合理组织运输的前提。

第一节　水路运输

国家经济发展的同时,交通运输方式也在不断地变化与发展,各种运输方式相应地由各自单独作业趋向于相互影响、相互协调、组合协作的方向发展。铁路、公路、水路、航空和管道等多种运输方式在具体的交通运输过程中都会发挥各自的优点,相互结合、相互协作,为运输组织系统更好地服务。运输方式的变化和发展使得了解当今各种运输方式的特性和区别成为合理组织综合运输的必备前提。

水路运输是利用船舶等水运工具,在江、河、湖、海及人工运河等水道上运输旅客、货物的一种运输方式。水路运输运量大、成本低,因此发展迅速。20世纪80年代以来,我国的水运货物周转量已逐渐上升到各种运输方式中的第一位,是干线运输的主要动力。如今,水路运输已经成为交通运输系统中重要的组成部分,在整个交通运输系统中起着巨大的作用。

水路运输分为沿海运输、近海运输、远洋运输、内河运输。水路运输可以根据运输线路和地理位置的特点,选择多种不同的运输工具。内河运输主要是在陆地内的江、河、湖泊等水道上运输,因此运距不是太长,主要使用中、小型船舶及拖船、挂船等运输工具进行运输;沿海和近海运输的主要任务是沿大陆附近的航道运送客货或在邻近的国家之间来回运转,运输距离适中,运输过程中使用中、小型海洋运输船舶较多;远洋运输是跨大洋的远程运输,一般选用大型的远洋运输船舶;专业运输要选用大型专业运输船舶,如集装箱船、冷冻船、油船、矿石船、液化气船、载驳船等。

一、水路运输的特性

水路运输是以船舶为主要运输工具、以港口或港站为运输基地、以包括海洋、河流和湖泊的水域为运输活动范围的一种运输方式。水运至今仍是世界许多国家最重要的运输方式之一。在所有运输方式中，水路运输具有装载量大、成本低等优势，是最为便宜的运输方式，但运输速度最慢。其特性主要有以下几个方面。

1. 运输能力大

船舶可供货物运输的舱位及载重量较大，因此水路运输的能力最大。在长江干线，一只拖驳或推驳船队的载运能力已经超过万吨。在远洋运输中，载运能力在20万吨以上的油船、载运能力在10万吨以上的干散货船已非常普遍。截至目前，国际最大的超巨型油船每次载运原油将近65万立方米，而最大的集装箱船，每次可装载20 000多标准箱(为了便于计算集装箱数量，以20英尺长的集装箱为标准箱)。

2. 能源消耗低

运输货物至同样距离，水运(尤其是海运)所消耗的能源最少。

3. 单位运输成本低

水运的运输成本约为铁路运输的1/25～1/20，是道路运输的1/100。因此，水运(尤其是海运)是价格最低的运输方式，适于运输费用负担能力较弱的原材料及大宗物资的运输。

4. 续航能力大

由于船舶的运输能力大，不仅可以携带大量的燃料、粮食和淡水，而且具有独立生活的空间。因此，水路运输有平均运距长的优点。

5. 受自然条件影响较大

由于内河河道和某些港口受季节影响较大，如冬季结冰、枯水期水位变低等，难以保证全年通航。海上运输会受暴风和大雾的影响。另外，商船到达商港时，如果水深不够，也会限制船舶的入港。

6. 可达性差

由于大部分水路运输都需要地面运输系统的配合才能最终完成客货的运输过程，因此水路运输的可达性或者说灵活性较差。

7. 投资额巨大且回收期长

海运公司订造或购买船舶需巨额资金。例如，2015年新造一艘超大型集装箱船(运能约20 000标准箱)的造价即可达到1.5亿美元。船舶是其固定资产，折旧期较长，一般为20年。就投资分析而言，用于固定资产的比例比其他运输方式要高，且船舶很少有移作其他用途的可能。

二、水路运输的基础条件

1. 航道

航道是水运赖以发展的基础，有"航运之母"之称。航道是指沿海、江河、湖泊、水库、渠道及运河等水域中，供一定标准尺度的船舶航行的通道。

航道可以按下列方式分类。

(1) 按航道的技术等级划分

我国航道等级由高到低分Ⅰ、Ⅱ、Ⅲ、Ⅳ、Ⅴ、Ⅵ、Ⅶ级航道。Ⅰ级通航3 000吨级船舶；Ⅱ级通航2 000吨级船舶；Ⅲ级通航1 000吨级船舶；Ⅳ级通航500吨级船舶；Ⅴ级通航300吨级船舶；Ⅵ级通航100吨级船舶；Ⅶ级通航50吨级船舶。通航标准低于Ⅶ级的航道可称为等外级航道。

(2) 按航道的管理属性划分

① 国家航道。国家航道是指：构成国家航道网、可通航500吨级以上船舶的内河干线航道；跨省、自治区、直辖市可常年通航300吨级以上船舶的内河干线航道；可通航3 000吨级以上海船的沿海干线航道；对外开放的海港航道和国家指定的重要航道。

② 地方航道。地方航道是指：可以常年通航300吨级以下(含不跨省可通航300吨级)船舶的内河航道；可通航3 000吨级以下海船的沿海航道；地方沿海中、小型港口间的短程航道；非对外开放的海港航道；其他属于地方航道主管部门管理的航道。

③ 专用航道。专用航道是由军事、水利电力、林业、水产等部门以及其他企事业单位自行建设和使用的航道。

(3) 按航道所处地域划分

① 内河航道。内河航道是河流、湖泊、水库内的航道以及运河和通航渠道的总称。其中天然的内河航道又可分为山区航道、平原航道、潮汐河口航道和湖区航道等。而湖区航道又可进一步分为湖泊航道、河湖两相航道和滨湖航道。内河航道大部分是利用天然水道加上引航的导标设施构成的。在内河航道航行时，必须掌握以下一些通航条件：通航水深，包括潮汐变化，季节性水位变化，枯洪期水深等；通行时间，包括是否全天通行，哪些区段不能夜行等；通行方式，应了解航道是单向过船还是双向过船等；通行限制，应了解有无固定障碍物，如桥梁或水上建筑等，有无活动障碍物，如施工船舶或浮动仓库等。

② 沿海航道。沿海航道原则上是指位于海岸线附近，具有一定边界可供海船航行的航道。

③ 海上航道。海上航道属自然水道，其通过能力几乎不受限制。但是，随着船舶吨位的增加，有些海峡或狭窄水道会对通航船舶产生一定的限制。因此，对于航运管理人员来说，必须要知道船舶通行的海上航道有无限制条件。

(4) 按航道形成的因素划分

① 天然航道。天然航道是指自然形成的江、河、湖、海等水域中的航道，其中也包括水网地区在原有较小通道上拓宽加深的航道。

② 人工航道。人工航道是指在陆上人工开发的航道，包括人工开辟或开凿的运河和其他通航渠道，如平原地区开挖的运河，山区、丘陵地区开凿的沟通水系的越岭运河，可供船舶航行的排、灌渠道或其他输水渠道等。世界上知名的人工航道主要有苏伊士运河和巴拿马运河。

- 苏伊士运河。通航水深16米；通行船舶的最大船舶为满载15万吨或空载37万吨的油船；通行方式为单向成批发船和定点会船；通过时间为10～15小时。
- 巴拿马运河。通航水深13.5～26.5米；通行船舶为6万吨级以下或宽度不超过32米的船只；通过时间为16小时左右。

③ 渠化航道。渠化航道是位于渠化河段内的航道。

(5) 按航道的通航条件划分

① 按可通航时间长短，航道可分为常年通航航道和季节通航航道。

② 按通航限制条件，航道可分为单行航道、双行航道和限制性航道。

③ 按通航船舶类别，航道可分为内河船航道、海船进江航道、主航道、副航道、缓流航道和

短捷航道。

2. 航标

航标是设置在航道上引导船舶安全航行的设施。航标的主要功能是：为航行船舶提供定位信息；提供碍航物及其他航行警告信息；根据交通规则指示航行；指示特殊区域，如锚地、测量作业区、禁区等，即定位、警告、交通指示和指示特殊区域等4个方面的功能。按照设置地点，航标可分为沿海航标与内河航标。

(1) 沿海航标

沿海航标建立在沿海和河口地段，引导船舶沿海航行及进出港口与航行。它分为固定航标和水上浮动航标两种。固定航标设在岛屿、礁石或海岸上，包括灯塔、灯桩、立标；水上浮动航标是浮在水面上，用锚或沉锤、链牢固地系留在预定海床上的标志，包括灯船与浮标。

(2) 内河航标

内河航标是设在江、河、湖泊、水库航道上的助航标志，用以标示内河航道的方向、界限与碍航物，为船舶航行指示安全航道。它由航行标志、信号标志和专用标志三类航标组成。按照工作原理分类，有视觉航标、音响航标与无线电航标。

3. 港口

港口是指具有船舶进出、停泊、靠泊、旅客上下、货物装卸、驳运、储存等功能，具有相应的码头设施，由一定范围的水域和陆域组成的区域。它是连接水路货物运输和各种运输方式的枢纽，是货物集中、疏散、仓储、转运的基地，是船舶靠泊、作业、避风、供应和修理的地方，也是旅客上、下船的场所。

(1) 港口分类

港口种类较多，可按用途、性质、功能分成不同的类型。

① 按用途和服务对象划分，可分为：

- 商港，是指供通商船舶进出，为贸易、商务、客运、货运服务的港口，有完善的船舶码头泊位和货物装卸设施，也支持客船上下客。
- 渔港，是指专供渔船停泊、修理、装卸和储存转运渔产品的港口，通常还为渔船提供燃料、淡水和其他补给物资。
- 军港，是指供海军船只和舰艇停泊、修理和补充军需物品的港口，主要为海军军事及其相关活动服务。
- 避风港，是指供船舶避风浪的港口。这种港口一般是利用天然港湾，自然形成。避风港除了船舶避风所必需的锚泊设施外，一般不具备装卸和补给功能。
- 自由港，是指不属于任何一国海关管辖的港口或海港地区，外国货物进港时可以免征关税。在自由港一般可以进行加工、储藏、贸易、装卸和重新包装，但船舶须遵守卫生、移民等法律规定。自由港有多种形式，除全功能自由港外，还有在港口设有自由贸易区、加工出口区、保税仓库、科技或工业园区的形式。各国的经验证明，自由港是对外开放的门户，建立自由港是发展外向型经济的有效途径。

② 按地理位置划分，可分为：

- 河港，指沿江、河、湖泊、水库分布的港口。
- 海港，指沿海岸线(包括岛屿海岸线)分布的港口。
- 河口港，指位于江、河入海处，受潮汐影响的港口。

③ 按运输货物的贸易性质划分，港口可分为：

- 对外开放港口。

- 非对外开放港口。

④ 按功能划分，港口可以分为客运港、货运港、油港和综合港等。

(2) 港口设施

① 码头，是供船舶停靠、旅客上下、货物装卸的设施。码头可设计成数个泊位(即供船舶停泊的码头位置)，每个泊位可供一艘船舶停泊。根据停靠船的长度和设计的泊位数可以确定码头的总长度。

② 锚地，是供船舶抛锚候潮、等候泊位、避风、办理进出口手续、接受船舶检查或过驳装卸等停泊的水域。锚地要求有足够的水深，使抛锚船舶即便由于较大风浪引起升沉与摇摆，仍有足够的富裕水深。

③ 港口铁路和道路，是沿海港口的交通运输设施。铁路运输是货物集疏的重要手段。港口铁路应包括港口车站、分区车场、码头和库场的装卸线以及各部分连接线等。港口道路可分为港内道路与港外道路。港内道路通行载货汽车与流动机械，港外道路是港区与城市连接的通道。

④ 仓库，是储藏物资的建筑物。港口是车船换装的地方，也是货物的集散地，出口货物需要在港口聚集成批等候装船；进口货物需要检查、分类或包装，等候散发转运。因此，港口必须具有足够容量的仓库与堆场，以保证港口的吞吐能力。

⑤ 港口机械，是港口货物装卸的重要机械，用于完成船舶与车辆的装卸、货物的堆码、拆垛与转运等。港内流动的装卸机械有较大型的轮胎起重机、履带式起重机、浮式起重机和各种装卸搬运机械，如叉式装卸车、单斗车、索引车等；港口固定装卸的机械有门座起重机、岸边起重机、集装箱起重机；港口还应该配备各种连续输送机械，如带式输送机、斗式提升机、气力输送机和螺旋输送机。

4. 船舶

船舶是指水上船筏，其主要性能包括以下几点。

① 航行性能。船舶的航行性能主要包括浮性(各种装载条件下保持漂浮状态的能力)、稳性(受外力发生倾斜的船，在外力消失后自动回到原来平衡位置的能力)、抗沉性、快速性、适航性和操纵性等6个航行性能。具有良好航行性能的船舶，才能适应极为复杂的航行条件，才能保证航行安全。

② 载重性能，包括排水量和船舶载重量。

- 排水量。排水量指船舶浮于水面时所排开的水的重量。它等于船和船上人与其他物品的总重量(单位：吨)，可以分为满载(包括空船、货物、燃料、淡水、食物、人员和行李等)排水量、空载排水量。
- 船舶载重量。船舶载重量是指船舶所允许装载的最大重量(单位：吨)。它包括载货量、人员(旅客和船员)、燃料、润滑油、淡水、粮食、供应品、船用备品和行李等的重量，又称总载重量，其中载货量的最大重量称为净载重量。

③ 船舶载重线标志。为了保证运输船舶能够在不同的航区和各种条件下安全行驶，同时又能最大限度地利用船舶的载重能力，根据不同条件规定的船舶最小干舷高度，按规定在船舶纵向两舷勘划出的标志，称为船舶载重线标志。这也是船舶在不同季节和不同航区的最大吃水标志。

④ 船舶登记吨位。根据《国际船舶吨位丈量公约》的规定，丈量船舶内部的容积以吨位表示，船舶吨位分为总吨位和净吨位，取2.83立方米为1吨位。因此，船舶吨位与以重量单位表示的船舶排水量和载重量不同，船舶吨位用于船舶登记，故称登记吨位。总吨位是丈量后确定

的船舶总容积(又称总吨)，以吨位表示。总吨位一般用于表示船舶大小，也用于表示一国或一家船舶公司拥有船舶的数量，还可以用来计算造船费用和船舶保险费用。净吨位是从总吨位中减除不适于载运客、货外所得到的船舶有效容积，一般用于缴付港口费、引航费、灯塔费和停泊费的计算基准。

三、我国水路货物运输的现状

水运业是经济社会发展的基础性、先导性产业和服务性行业，是综合交通运输体系的重要组成部分，在支撑国民经济平稳较快发展、优化国土开发和产业布局、促进对外贸易和国际竞争力提升、维护国家权益和经济安全等方面发挥了重要作用。我国水运行业最早以内河水运为基础，改革开放以后，沿海地区经济发展加速，经贸往来日益密切。加入WTO之后，外贸业迅速发展，沿海航运与远洋航运发展迅速，发展的重心也有所偏移。随着中部崛起战略与西部大开发的战略的持续推进，内河行业又成为水运行业的发展重点，同时多式联运的发展也促使内河航运迅速发展。

1. 我国内河货物运输现状

中国内河水路运输条件较好的地区包括：东北部主要是黑龙江水系，松花江、嫩江、乌苏里江沿线；中部主要是以长江流域为支柱的赣江、湘江、皖江、汉水、淮河水系、洪泽湖、太湖、洞庭湖及京杭运河、钱塘江流经地区；南部主要是珠江水系，瓯江、闽江、韩江、九龙江等各个孤立的片段。我国内河货物运输量占全社会水路货物运输量的56%以上。水运较为发达的内河水系有长江、珠江、黑龙江、京杭运河和淮河，通常称为"三江两河"水系。而其中的京杭运河和淮河同长江又有一定的连通性，故可以将两河视同长江的支流。

截至2019年末，全国内河航道通航里程12.73万千米，比2018年增加172千米，完成货物周转量16 302.01亿吨千米。等级航道里程6.67万千米，占总里程52.4%，提高0.2个百分点。三级及以上航道里程1.38万千米，占总里程10.9%，提高0.3个百分点。从国内水路的航道里程来看，近几年我国内河的水路通航里程已经基本稳定，保持在12.7万千米左右，且存在小幅的波动，主要原因是受航道等级提升工程等因素影响，造成部分区域航道周期性封闭与开通。

近年来，内河航运在促进内地经济与外贸发展中作用不断增强，有力促进了产业结构的地域性调整。未来，中西部地区与东部地区的产业转移将显著受益于航运与铁路运输的联动发展，尤其是长江经济带的中游的各个省份。

2. 我国沿海货物运输现状

中国沿海海上运输习惯上以温州为界，划分为北方沿海和南方沿海两个航区。北方沿海航区指温州以北至丹东的海域，它以上海、大连为中心，包括上海—青岛—大连、上海—烟台—天津、上海—秦皇岛、上海—连云港、上海—温州、大连—石岛—青岛、大连—烟台、大连—龙口、大连—天津等航线。南方沿海航区指温州至北部湾的海域，以广州为中心，包括广州—汕头、广州—北海、广州—海口等航线。

我国沿海港口可以分为三类：一类是海湾港，即在沿海岸边，如大连、秦皇岛、天津、青岛、连云港、日照港和湛江等港口；二类是河口港，即江河入海口附近的河岸边，主要有上海、宁波、福州和广州等港口；三类是岛屿港，如海南省的海口、洋浦、八所、三亚和台湾省的基隆、高雄等岛上的港口。

2019年，位列中国港口货物吞吐量前十大港口排行榜的依次为：宁波舟山港、上海港、唐山港、广州港、青岛港、苏州港、天津港、日照港、烟台港和大连港。宁波舟山港累计完成货物吞吐量 11.2 亿吨，为全球唯一年货物吞吐量超 11 亿吨的"超级大港"，并连续 11 年位居全球港口首位；集装箱吞吐量累计超 2 753 万标准箱，蝉联全球第三。上海港集装箱吞吐量达到 4 330.3 万标准箱，连续 10 年位居世界第一。其中，上海洋山港集装箱吞吐量 2019 年达到 1 980.8 万标箱，同比增长 7.6%，在上海港占比达 45.7%，分量进一步加重。另外，2019 年上海港完成货物吞吐量 7.17 亿吨，继续位居世界第二。

四、水路运输的发展趋势

1. 运输功能拓展与运输方式变革

物流概念的提出使运输组织优化的着眼点从运输工具转到运输对象。换言之，运输组织优化要我们站在更高的层次，在更大的范围内，以运输对象运输全过程的优化为目标，组织安排运输工具。这使水运环节的船舶运输组织更加复杂化。为适应现代物流系统发展的需要，组织者必须有系统分析的能力。现代运输强调物流的系统观念，在拓展港口功能、充分发挥港口集疏作用的前提下，建立以港口为物流中心的，由铁路、公路、水路、航空、管道等多种运输方式组合优化的多式联运系统，使从原材料供应、产品生产、储存、运输，到商业销售的整个物流流通更顺畅，从而使货方、运输方、销售方和购买方在合理的联运中全面受益，体现运输服务于社会经济的宗旨。物流的系统观念改变了船方、港方、货方在运输中过分顾及各自利益的传统做法，树立了全新的物流流通全系统利益相关的观念，使运输服务于社会经济的观念得到了升华，这是运输的时代新特征。

2. 航运经营观念的革新

在航运市场激烈竞争的形势下，航运公司的经营观念从单纯追求利润转变为追求低运输成本和高服务质量，以使自己获得新的生存和发展机会。由于在物流系统中，货方兼有"双重身份"，不仅是物流系统中的组成部分，而且也是运输服务的对象，船方和港方用"顾客至上"的态度争取为货方服务，用运输低成本和服务高质量吸引货源，由此引起了航运经营观念的大变革。

3. 船型专业化与运输全球化

在经济贸易全球化的今天，运输全球化是必然趋势，长距离的海上运输促进了船舶大型化和专业化。从船型构成看，油轮、散货船、集装箱船等专业化船舶占有很大的比例。

4. 泊位深水化、码头专用化、装卸机械自动化

船舶大型化的趋势对港口航道、水域和泊位前沿的水深提出了新要求，比如随着大型集装箱船舶和大型油轮、散货船的出现，港口航道和集装箱船泊位前沿水域的水深便要不断增加。对流量大而且稳定的货物，如散货、石油及其成品油类的集装箱的运输，设立专用码头泊位，不断提高专用装卸机械非自动化程度，可大大提高港口通过能力，同时可提高港口的装卸效益。因此，泊位专用化和装卸高效化已成为现代港口的发展趋势。

5. 港航企业经营管理改革

近年来，世界航运业出现"强强联手，优势互补"的趋势。在港口方面，实行"政企分开"和"港口经营民营化"。我国港口对外开放以来，吸纳了大量的外资，沿海各大港口也有中外合资经营的集装箱码头，以"政企分开"建立港口现代化企业制度已经成为我国港口体制改革的核心任务，港口组合经营、港航联合经营、港方和货方合作经营成为港口的一种新的经营机制。

五、水路运输的组织管理

水路运输主要以船舶为运载工具,按船舶营运的组织形式划分,水路运输可分为定期船运输、不定期船运输和专用船运输;按贸易种类划分,水路运输可分为外贸运输和内贸运输。外贸运输又分为进口运输和出口运输。不同的划分原则还可归纳出其他的水运组织形式。水路运输的组织管理,就是指航运企业根据已揽取到或即将揽取到的运输对象和航运企业控制的运力情况,综合考虑不同营运形式的生产过程和环节,对船舶生产活动做出全面的计划与安排。

1. 水路运输的经营方式

水路运输企业经营的营运方式可有自营、租船营运、委托经营、联合营运、自运、船务代理和航业经纪等几种。

① 自营。轮船公司本身购买或建筑船舶,自行经营航线业务。通常是规模较大的海运公司,才有能力自营,如中远海运、中外运等。

② 租船营运(租船运输)。公司本身并无船舶,而以租赁的方式,自船东处取得船舶,从事货物船运或转租营运。

③ 委托经营。小型轮船公司将船舶委托大轮船公司或有经验的代理人代为营运。通常付给代理费、货运佣金或给付代营费作为受委托人的报酬,而盈亏仍由船东自行负责。

④ 联合营运。各轮船公司在某一航线组织海运联盟,采取联合营运,同一航线或数航线的所有货运公平分配装运,或运费收入公平分配,但各公司仍保持其独立性。

⑤ 自运(货主)。大规模的生产企业,为运送本身的货物,而自行购船或租船自行营运,如宝钢。

⑥ 船务代理。船务代理是这样一种业务,即以船东或租船人的名义代办客货招揽、船务处理,装卸货物及进出口手续等,以收取佣金或手续费为报酬。

⑦ 航运经纪。代办各项业务,以收取佣金为报酬,但其经营范围较广,包括船舶买卖,代理船方或贷方洽办租船业务,从事海事案件的处理等。

2. 船舶航次生产活动

航次,是指船舶在营运中完成一次运输生产任务的周期。在实际工作中,一般从船舶在终点港卸货(或下客)完毕时起,经装货(或上客)后,驶至新的终点港卸货(或下客)完毕时止作为一个航次。一个航次所经历的时间,称为航次时间。当客、货船(驳)空放单独计算航次时,其航次时间一般从船舶上一航次终点港卸货(或下客)完毕时起,至空放抵达新的终点港时止。定期班轮的航次时间,可按班期时间计算。运输推(拖)船是将驳船送达终点港的锚泊地或将驳船转交另一推(拖)船换推(拖),本船收毕推(拖)缆,或将驳队送达终点港并分推(拖)驳船靠好岸的时间作为本航次结束与新航次开始。新增船舶及修理完毕重新参加营运的船舶,其航次时间的计算以调度命令为准。对船舶航次生产活动的认识,可以归纳为以下几个方面。

(1) 航次是船舶运输生产活动的基本单元,是航运企业考核船舶运输生产活动的投入与产出的基础。航次是船舶从事客货运输的一个完整过程,即航次作为一种生产过程,包括了装货准备、装货、海上航行、卸货等完成客货运输任务的各个环节。船舶一旦投入营运,所完成的航次在时间上是连续的,即上一个航次的结束,意味着下一个航次的开始,除非船舶进坞维修。如果航次生产活动中遇有空放航程,则应从上一航次船舶在卸货港卸货完毕时起算;如果遇有装卸交叉作业,则航次的划分仍应以卸货完毕时为界。

(2) 报告期内尚未完成航次,应纳入下一报告期内计算,即:年度末或报告期末履行的航次生产任务,如果需跨年度或跨报告期才能完成,则该航次从履行时起占用的时间和费用都需要转入下一年度或下一报告期内进行核算。

(3) 航次按阶段划分，可以分为预备航次阶段、装货阶段、航行阶段和卸货阶段。预备航次阶段是指船舶开往装货港的阶段；装货阶段是指船舶抵达并停靠装货港，等待泊位和装载货物的整个阶段；航行阶段是指船舶离开装货港开往卸货港的整个阶段；卸货阶段是指船舶抵达卸货港，等待泊位和停靠码头卸货的整个阶段。

3. 船舶运行组织

船舶运行组织，是指航运企业根据已揽取到或即将揽取到的运输对象和航运企业控制的运力情况，综合考虑船舶生产过程中各个环节及与其他运输方式的协调配合，对船舶生产活动所做出的全面计划与安排。做好这项工作的基本要求是强调运输的经济性、及时性、协调性和安全性。

船舶的运行组织要完成基本作业和辅助作业等两类作业。装卸货物、上下旅客、船舶航行属于基本作业；装卸货准备，办理船、货进出港手续和燃料、物料、淡水供应等属于辅助作业。认真分析航次中各项作业的协调性、经济性和安全性，合理安排各个环节是提高运输效率、保证运输质量的关键。

船舶运行组织以实现运输对象的流向、流量、时间、质量要求为目的，以船舶运行环境为客观约束条件。船舶运行的主要环境参数包括：船线总距离和港口间各区段的距离(单位：海上运输用海里，内河运输采用千米)；各港平均装卸定额，反映了航线上各港口的平均装卸效率和组织管理水平；航线沿途水文气象条件及适航性，如风浪参数、海况、航道尺度等。这些航线参数对船舶运行组织有着直接的影响，做船舶运行计划前应充分分析研究，在船舶运行中也要密切关注其变化，适时做出必要的调整。

(1) 班轮运输组织

班轮运输又称定期船运输，它是指固定船舶按照公布的船期表在固定航线和固定港口间运行的运输组织形式，具备"定港口、定航线、定班期、定运时、定船舶"的"五定"运作特点。从事班轮运输的船舶称之为班轮。班轮对所有托运人提供货运空间。不论船舶是否被装满，都要按计划日期起航，保证班期是班轮运输组织的核心工作。

班轮主要承运件杂货。件杂货物价格高，且多为轻货，平均积载因数在 $2\sim3m^3/t$ 范围内。这就要求有较快的运送速度和较大的舱容。传统的杂货班轮承运包装、外形、重量千差万别的货物，致使船舶在港停泊时间过长，严重影响船舶的营运效率，增加船舶运输成本。为了改变这种落后状态，20世纪60年代后半期，件杂货成组化得到了迅速的发展，其中以集装箱化最为突出。

班轮航线上营运的船舶包括传统的杂货船、多用途船、集装箱船和滚装船。以集装箱船、多用途船和普通杂货船为主，滚装船多用在短距离的近海班轮航线上(如大连—烟台线)。

国际上班轮航线有许多种布局形式，但最基本、最常见的有以下几种：传统多港口挂靠航线；干线配支线船航线；多角航线；单向环球航线；小陆桥航线及大陆桥航线等。

影响班轮公司航线选择的最主要因素是货源，或准确地讲是航线经济效益；其次是港口的自然条件和社会、政治因素。为了选定合适的航线，必须做货源调查及港口调查。货源调查一般分为短期货源调查与长期货源调查，前者是指对各待选航线目前货物流向与流量的调查，后者是指对航线沿途上有关国家(或地区)的经济与贸易发展总趋势进行调查与预测。一般来说，选定的航线要有足够的货源，并且从长远角度看有很好的发展前景。

(2) 不定期船的运输组织

船东随时根据货主的需求在时间、地点和内容上发生的变化，组织船舶运输的一种营运方式称为不定期船运输。不定期船的主要运输对象是货物本身价格较低的大宗散货，如煤炭、矿石、粮食、铝矾土、石油、石油产品及其他农、林产品和少部分干杂货。这些货物难于负担很高的运输费用，但对运输速度和运输规则等方面要求不高，不定期船运输正好能以较低的营运成本满足它们对低廉运价的要求。在不定期船市场上成交的租船合同形式主要有：光船租船合同、期租合同、程租合同、连续航次租船合同、包运合同等。其中，较为常见的租船方式的特征具体如下。

① 光船租船的特征是：船舶出租人只提供一艘空船，合同期一般较长；承租人负责配备船员、任命船长，并负担船员的工资及伙食费等；承租人负责船舶调度和安排营运，并负担一切营运费用；租金按船舶的装载能力和租期长短计算。

② 定期租船的特征是：船舶出租人负责配备船员、负担船员工资、伙食费等；承租人负责船舶调度和营运组织工作；航次费用，如燃油费、港口费等均由承租人负担；租金按船舶的装载能力和租期长短计算。

③ 航次租船的特征是：船舶出租人负责运输组织工作，并负担船舶的营运费、燃料费、港口费等；按装载货物的数量或按船舶总载重吨位及航线(或航程)计收运费。

4. 海运进口业务的组织管理

1. 海运进口工作视贸易条件不同而不同，如按 CFR[①] 或 CIF[②] 贸易条件进口，由卖方负责租船订舱。我国大都按 FOB 贸易条件进口，因此须由我方负责安排船位。FOB 是常用的国际贸易术语之一，全称是是 Free On Board(named port of shipment)，即船上交货(指定装运港)，习惯称为装运港船上交货。FOB 价格也称"离岸价"。按 FOB 贸易条件成交，由买方负责派船接运货物，卖方应在合同规定的装运港和规定的期限内，将货物装上买方指定的船只，并及时通知买方。以船舷线为分界线，货物在装船时越过船舷之后，所承担之风险即由卖方转移至买方。现把按 FOB 条件进口的简单程序介绍如下。

(1) 租船订舱

对大宗货物货代或买方应在交货期前45天向轮船公司办理租船手续，对一般货物应在交货期前35天办理订舱手续。委托租船订舱时应按轮船公司的规定填写"进口订舱联系单"，对货名、包装、件数、重量、尺码、装卸港口、交货日期、贸易条件、发货人名称、地址、电传、电话、传真号等一定要仔细填报，对超长、超重货物要列明体积和最大重量，对危险品要列明其性质和应注意的事项，以及我国的危险品规定编号、国际危险品规定的页码和联合国编号，对贵重货物要列明售价，对租船货物应随附贸易合同副本。

(2) 发派船通知

轮船公司安排好船位后，应将船名、船期通知货代或买方，以便其及时向卖方发派船通知，促使卖方按期备货、装船，防止发生损失船期和空舱等方面的问题。

(3) 办理保险

国外卖方装船后应及时向货代或买方发装船通知，货代或买方收到通知后向保险公司办理投保，如买方与保险公司订有预约合同亦应及时将船名、装船日期、货名、数量、金额、装卸港口

---

① CFR 为国际贸易术语，中译名为成本加运费，全称为 Cost and Freight。它指在装运港船上交货，卖方需支付将货物运至指定目的地港所需的费用。但货物的风险是在装运港船上交货时转移。按 CFR 条件成交时，由卖方安排运输，由买方办理货运保险。

② CIF 为国际贸易术语，中译名为成本加保险费加运费，全称为 Cost, Insurance and Freight（insert named port of destination）。按此术语成交，运价的构成因素中包括从装运港至约定目的地港的通常运费和约定的保险费，故卖方除具有与 CFR 术语的相同的义务外，还要为买方办理货运保险，支付保险费，按一般国际贸易惯例，卖方投保的保险金额应按 CIF 价加成 10%。

等通知保险公司。

(4) 汇集单证

各种进口单证是办理进口报关、报检、接交、运输不可缺少的原始凭证,因此对从银行、发货人、轮船代理处取来的或寄送来的提单、发票、装箱单(或重量单)、品质证书、原产地证、保险凭证等要进行整理、审核。如发现短缺或内容与合同不符,应及时通知发货人补齐、更正。

(5) 掌握船舶动态

不论是装船国的船舶还是外轮,货代均应制作运输卡或船舶动态表,以作为船、货安排的根据。运输卡的内容主要有船名、船期、各港所配货物、货类、数量、实装量、抵离装卸港口日期以及运输过程中的重大事件。船舶动态表主要填写船舶类别、卸港顺序、各港货类、货量、预抵国内第一卸货港的日期等,以防货到后,发生滞报、漏报、无人认领等事故。

(6) 报检

凡属法检商品,货到后,货代或收货人应凭"入境货物报检单"向口岸检验检疫机构办理报检。经商检机构签发"入境货物通关单"后,才可凭以办理报关,货物通关后货代或收货人应主动与检验检疫机构联系落实施检工作。

(7) 报关

一切进出国境的货物都必须经由设立海关的海港、河港、空港、车站、国际邮件交换站或国界孔道进出,并应按海关的规定办理申报手续,货物在经海关查验与申报内容完全相符时才予放行。

(8) 监卸和交接

船舶到港卸货前一般由船方申请理货公司理货,理货公司代表船方将进口货物按提单、标记、点清件数,验看包装后,拨交给收货人。监卸人是收货人的代表,应在现场与理货员密切配合,把好质量、数量关。并应要求港方卸货人员按票卸货,防止混卸和不规范操作。已卸的货物要按提单、标记分别码垛,堆放在仓库或货场内。对船边现提货物和危险品应根据卸货进度,及时做好衔接工作,以防出现货等车或车等货等现象。

在船卸完货物后,要上船下舱检查有无漏卸情况。在卸货中如发现提单项下的货物有残缺,应及时向船方或港方办理残缺签证。验残时要注意以下问题:应认真核对货物的标记,以查明是否属于应接运的货物;查明货物包装上的指示性标记是否符合合同规定与是否齐全;对残损货物的内外包装情况应做详细记录,如有条件应作现场拍照或录像;查清货物损失的具体数量、重量和程度,以及受损货物或短少货物的型号、规格;对残缺货物应及时向理货公司索取理货签证。如理货公司不提供,说明残缺责任不在发货人或承运方,而在港区。因此,应向港区索取证明,因为该证是分清残缺责任和日后进行索赔的重要依据。另外,还应立即向检验检疫机构申请作现场鉴定,如属中国人民保险公司承保、分保、代理理赔的货物,应请当地中保公司到现场作鉴定并出具报告,以便向保险公司办理索赔。

(9) 代运工作

有关进货部门在到货港口既无机构,也无人员,为了使货物能及时提离港口,代运部门(或货代)可接受进货部门的委托,代办进口货物到港后的国内转运业务,双方要签订海运进口货物国内接交代运协议书。代运可以是长期的,也可以是临时的,长期一般为三年。这项业务称为进口代运。

为使代运工作顺利进行,委托人应及时备齐所有的商务单证、进口许可证或批文,送交代运部门。代运部门在货物卸船后三日内填制"海运进口货物到货通知"寄委托人。从港口发往内地时,另以"提货通知"通知委托人提货。代运货物如包装完整,件数相符,外表无异状,一般不在港口办理检验。如有残缺或外表有异状，接卸单位除应在港口取得有关证明做好残损记录外，转由收货人处理。货物运到最终目的地后，收货人应与国内段承运人办理交接手续。如发现货物不符或有残缺，应取得承运部门的商务记录，直接向承运部门或责任方索赔。

5. 海运出口业务的组织管理

海运出口业务是根据贸易合同有关运输条件，把售予国外客户的出口货物加以组织和安排，通过海运方式运到国外目的港的一种业务。凡以CIF、CFR条件成交的出口货物，要由卖方安排运输，其主要环节和程序如下。

(1) 审证

即审核信用证中的装运条款。为使出运工作顺利进行，在收到信用证后，必须审核信用证中有关的装运条款，如装运期、结汇期、装运港、目的港、是否能转运或分批装运，以及是否指定船公司、船名、船籍和船级等，有的来证要求提供各种证明，如航线证明书、船籍证等。

(2) 备货、报验

备货是根据合同及信用证中有关货物的品种、规格、数量、包装等的规定，按时、按质、按量地准备好应交的出口货物；报验是对需要检验和提供相关证明的货物做好申请报验和领证工作。

(3) 托运订舱

根据合同及信用证中有关货物的品种、规格、数量、包装等的规定及信用证中的装运条款向船公司或船代申请订舱；当船公司或其代理签发装货单时，定舱工作即告完成，意味着托运人和承运人之间的运输合同已经缔结。

(4) 保险

货物订妥舱位后，属卖方保险的，即可办理货物运输险的投保手续。保险金额通常是以发票的CIF价加成投保(加成数根据买卖双方约定，如未约定，则一般加10%投保)。

(5) 出口货物集中港区

当港口船舶配载计划确定后，按照港区进货通知并在规定的期限内，由托运人办妥集运手续，将出口货物及时运至港区集中，等待装船。

(6) 报关和交接工作

货物集中港区后，发货单位必须向海关办理申报出口手续，就是出口报关。备齐报关所需的各种证书：商检、卫检、动植检验、货物报关单、装货单、发票、报关委托书、出口结汇核销单、出口货物合同副本(信用证)。在装货24小时之前向运输工具所在地或出境地海关办理通关手续。海关官员检查单证，海关驻港官员检查货物，确认单货相符和手续齐备后，在装货单上加盖放行章。

(7) 装船工作

发货单位凭海关加盖放行章的装货单与港务部门和理货人员联系，查看现场货物并做好装船准备；在装船过程中，要派人进行监装，随时掌握装船情况和处理工作中所发生的问题，理货人员负责点清货物，逐票装船完毕，取得大副签发的收货单，凭以调换已装船提单。

(8) 装船通知

对合同规定需在装船时发出装船通知的，应及时发出，特别是由买方自办保险的，如因卖方延迟或没有发出装船通知，致使买方不能及时或没有投保而造成损失的，卖方应承担责任。

(9) 支付运费

船公司为正确核收运费，在出口货物集中到港区仓库或库场后申请商检机构对其进行衡量。凡需预付运费的出口货物，船公司或其代理人必须在收取运费后发给托运人运费预付的提单。如属到付运费货物，则在提单上注明运费到付，由船公司卸港代理在收货人提货前向收货人收取。

第二节　铁路运输

铁路运输是使用铁路列车运送客货的一种运输方式。铁路运输主要承担长距离、大数量的货运，在没有水运条件地区，几乎所有大批量货物都是依靠铁路来运输的。铁路运输是干线运输中起主力运输作用的运输形式。

一、铁路运输的特性

1. 运输能力大

对于陆上运输而言，铁路运输的运送能力是最大的。特别是重载铁路的修建，使铁路运输的运送能力比以前有了巨大的提高。每一铁路车辆的平均运送能力可以达到 4 000 吨，远远大于道路运输的单车运量，因此铁路运输非常适合大宗物资的陆上运输。在我国，铁路运输仍然起到运输主动脉的作用。

2. 运输成本较低

由于铁路运输采用大功率机车牵引列车运行，可以承担长距离、大运输量的运输任务，而且由于机车的运行阻力较小、能源消耗低，因此系统的运行价格较低。

3. 受自然条件的限制较小

由于铁路运输方式受气候、季节性的影响小，除受大风雪、大雾等影响外，只要行车设施无损坏，可以四季、昼夜连续运行，因此铁路运输是较可靠的运输方式。

4. 运输到发时间准确性高

由于铁路运输统一调度，并且具有专用路权，先进的列车可以通过电脑控制，实现全自动化，能保证运输到发时间的准确性。

5. 初期建设投资高

铁路运输固定资产的比例要远远高于其他运输项目。对于铁路运输，初始建设的投资包括铁路线路的修建和机车的购买，投资成本高。一旦铁路拆除，造成的损失是巨大的，因此铁路运输的投资风险比较高。

6. 营运缺乏弹性

铁路运输只有达到一定的运输量，才能保证其经济性，这样势必影响铁路运输的机动灵活性。同时，铁路运输不会随客源和货源所在地的变化变更营运路线。

7. 货损较高

由于铁路运输在运输的过程中货物需要编组，因此会出现货物的多次装卸搬运现象，如果不能精心处理，就会造成货物的损坏。

8. 机动性差

铁路车站设置固定，火车不能随处停车，而且只能在固定线路上运行，不适宜紧急运输。

二、铁路运输的基础条件

1. 铁路线路与信号

(1) 路基与道砟

路基是用以铺设铁轨设施的路面。为了适合铁轨的铺设，原有的路面过高者必须挖渠成为路肩，过低者必须填筑使之成为路堤。道砟是指铺设于路基上的碎石，其主要作用在于均匀分散轨枕所传来的压力，使其均匀地分布在路基上。雨天时，道砟更利于排水。

(2) 钢轨与轨枕

钢轨是铁路设施中列车行驶的支撑设施，列车通过车轮与钢轨的摩擦得以前进、减速并制动停车，所以钢轨的材质对于行车安全尤为重要。就传统铁路而言，单位长度愈重的钢轨愈能承受车轮的重压，适合高运量列车行驶。轨距是指两条平行钢轨的内侧距离，可分为宽轨、标准轨和窄轨三类。我国标准轨道宽为 1.435 米，凡轨宽大于此数者皆属宽轨，小于此数者皆为窄轨。

轨枕是铺设于钢轨下面的坚固耐用物体，可以使两轨之间保持一定的距离，以确保行车安全，并承受列车行驶所产生的压力。所以一般而言，轨枕必须具有良好的弹性以减少列车行驶所产生的剧烈震动，并增加旅客乘坐的舒适性。目前铁路运输系统上所使用的轨枕，根据材质的不同可分为木枕、钢枕及混凝土枕三种，其中木枕的性能最好。

(3) 道岔

行驶中的列车欲驶向其他路线，必须在不同路线的钢轨汇合处装上特殊的装置，用以引导车轮进入他轨，这项装置即为道岔。通常铁路列车经过道岔时，须降低行车速度，因此可能造成旅客时间的延误。

(4) 信号

铁路运输中列车必须遵循信号的命令行驶以确保行车安全。目前，营运中的铁路列车大多装有自动停车装置，若司机不遵守信号行车，则列车将启动自动停车装置，迫使列车停止，但这种自动停车装置也可能因为维修不当，致使功能失效而发生严重的行车事故。一般铁路信号可分为壁板信号、色灯信息和驾驶室信号(即机车信号)三类。

2. 铁路车站

车站是办理旅客运输和货物运输的基地，旅客上下车、货物的装卸都是在车站上进行的。车站是铁路运输业的窗口，是铁路运输的基层单位。在车站上，除了办理旅客与货物运输的各项作业外，还要办理与列车运行有关的各项作业，如列车的接发、会让与越行、车站列车解体与编组、机车的换挂与车辆的检修等，以提高铁路运输效率和运输能力。

(1) 按技术作业性质划分

车站按技术作业性质可分为中间站、区段站和编组站。

① 中间站。中间站是为提高铁路区段通过能力，保证行车安全和为沿线城乡及工农业生产服务而设的车站，其主要任务是办理列车会让、越行和客运业务。

② 区段站。区段站多设在中等城市和铁路网上牵引区段的分界处，主要任务是办理货物列车的中转作业，进行机车的更换或机车乘务组的换班以及解体、编组区段列车和摘挂列车。

③ 编组站。编组站是铁路网上办理大量货物列车的解体和编组作业，并设有比较完善的调车设备的车站，有列车工厂之称。编组站的主要任务是解编各类货物列车、组织和取送本地区车流、供应列车动力、整备检修机车、提供货车的日常技术保养等。

编组站和区段站统称技术站，但二者在车流性质、作业内容和设备布置上均有明显区别。区段站以办理无改编中转货物列车为主,仅解编少量的区段、摘挂列车;而编组站主要办理各类货物列车的解编作业,且多数是直达列车和直通列车,改编作业往往占全站作业量的60%以上,有的高达90%。

(2) 按业务性质划分

按业务性质可分为客运站、货运站和客货运站。

① 客运站。专门办理旅客运输业务的车站称为客运站。它的主要任务就是保证安全、正点地接发旅客列车,迅速、有序地组织旅客上下车及行包邮件的装卸与搬运,便利旅客办理候车和一切旅行手续,保证铁路与城市交通有良好的衔接,使旅客能够迅速集散。为了确保客运站各项任务的顺利完成,车站上设有相应的客运设备。

② 货运站。凡专门办理货物装卸作业的车站,以及专门办理货物联运或换装的车站都叫作货运站。货运站按其工作性质分为装车站、卸车站和装卸车站。按办理的货物种类,货运站又可分为综合性货运站和专业性货运站。货运站一般应具有下列主要设备:运转设备,包括各种用途的股道,如到发线、调车线、牵出线、货物线、走行线及存车线等;场库设备,包括仓库、雨栅、站台、堆放场以及取送货物的道路及停车场;装卸设备,包括各种装卸机械和搬运机械等。

③ 客货运站。它是同时从事客运与货运的车站。它对内担负着客货运输的生产组织,对外服务于旅客与货主。它既是铁路企业的生产部门,又是铁路行业的对外窗口。

3. 铁路机车、车辆

(1) 铁路机车

机车是铁路运输牵引车,也称动力车。按照机车原动力,铁路机车可划分为如下类型。

① 蒸汽机车。这是早期的铁路机车类型,它利用燃煤将水加热成水蒸气,再将水蒸气送入汽缸,借以产生动力,推动机车的车轮转动。

② 内燃机车。以柴油作燃料,让内燃机运转发电机产生电流,再由电流驱动电动机,使其带动车轮转动。

③ 电力机车。利用机车上的受电弓,将高压电流自轨道上空的接触电线网直接输入至机车内的电动机,以电流驱动电动机,使之带动机车车轮。

三种机车的情况比较如表4-1所示。

表4-1 三种不同类型的机车比较

项目/形式	蒸汽机车	内燃机车	电力机车
构架与造价	简单、低廉	复杂、较高	复杂、较高
运行速度	最小	较高	最高
马力	最小	较大	最大
热能效率	最低	较高	最高
空气污染度	最严重	轻微	没有
维护难易度	容易	困难	容易

(2) 车辆

铁路车辆是运送旅客和货物的工具,它本身没有动力装置,需要把车辆连挂在一起,由机车牵引才能在线路上运行。

按照车辆的用途或车型,铁路车辆可以分为通用货车(棚车、敞车、平车)和专用货车(保温车、罐车、特种车)。

① 棚车。棚车是铁路上主要的封闭式车型。大多数棚车是侧滑开门式，采用小型叉车、手推车、手车等进入车厢内装卸。也有的棚车是车顶设滑动顶棚式，拉开后和敞车类似，可采用吊车从上部装卸，主要装运防雨、防潮以及防止丢失、散失等较贵重的物品。

② 敞车。敞车是铁路上主要的一种车型。敞车无车顶，但设有车厢挡板(槽帮)，有高槽帮、低槽帮等不同类型，主要装运建材、木材、钢材、袋装或箱装杂货和散装的矿石、煤炭等货物。

③ 平车。平车是铁路上大量使用的通用车型。这种车型无车顶和车厢挡板，这种车体自重较小，装运吨位可相应提高，且无车厢挡板的制约，装卸较方便，必要时可装运超宽、超长的货物，主要用于装运大型机械、集装箱、钢材、大型建材等。在平车基础上，采取各种相应的技术措施，发展成集装箱车、车载车、袋鼠式车等，以满足现代物流要求，提高载运能力。

④ 保温及冷藏车。保温及冷藏车是指能保持一定温度并能进行冷冻运输的车辆，以适应冬、夏等季节生鲜食品的运输。目前我国以成列使用机械保温车为多，车内装有制冷设备，可自动控制车内温度。保温车主要用于运送新鲜蔬菜、鱼、肉等易腐货物。

⑤ 罐车。罐车是铁路上用于装运气、液、粉等货物的专用车型。它有横卧圆筒形，也有立置筒形、槽形、漏斗形。罐车分为装载轻油用罐车、粘油用罐车、酸类罐车、水泥罐车、压缩气体罐车等多种。罐车主要用来运送液化石油气、汽油、盐酸、酒精等液体货物。

⑥ 特种车。特种车是装运特殊货物的车型，该车型使用不多，有长、大货物车，牲畜装运车，煤车，矿石车，矿砂车等。

车号包括型号及号码，是识别车辆最基本的标记。型号又有基本型号和辅助型号两种。基本型号代表车辆种类，用字母表示。我国部分货车的种类及其基本型号如表4-2所示。

表4-2 我国部分货车的种类及其基本型号

顺序	车种	基本型号	顺序	车种	基本型号
1	棚车	P	7	保温车	B
2	敞车	C	8	集装箱专用车	X
3	平车	N	9	家畜车	J
4	矿砂车	A	10	罐车	G
5	煤车	M	11	水泥车	U
6	矿石车	K	12	长、大货物车	D

三、铁路运输的发展趋势

1. 旅客运输的高速化

(1) 铁路旅客运输重新受到各国政府的重视

铁路已有近200年的历史，它具有诸多的优势。四通八达的铁路线路促进了现代经济的发展，经历了铁路发展大潮的国家都已成为当今的发达国家。第二次世界大战后，一些国家把交通运输重点转向了公路和民航，成功的背后也带来了诸多负面影响。公路拥挤不堪，甚至严重堵塞，环境恶化，这些使人们不得不重新重视铁路运输的优越性，把发展交通运输，尤其是发展城市及市郊旅客运输、大通道上的客货运输再度转向铁路，铁路运输重新受到各国政府的重视。

(2) 大力提高旅客列车速度已是共同的趋势

速度是交通运输，尤其是旅客运输最重要的技术指标，也是主要的质量指标。自有铁路以来，人们就致力于不断提高列车速度，在发展高速铁路技术的同时，各个国家都在大幅度地提高列车速度。早在1987年，就有15个国家的特、直快列车的运营速度达到和超过了120千米/时。在欧洲，非高速线上特、直快列车的运营速度达到 160 千米/时已很平常。提高旅客列车速度是当前各国铁路旅客运输发展的一大趋势。

(3) 发展高速铁路已成为世界潮流

为了适应旅客运输高速化的需要，日本率先建成了时速 210 千米的东海道新干线，在世界范围内掀起了修建高速铁路的浪潮。法、德、英、俄、瑞典、西班牙等国家也在马不停蹄地新建和改建高速铁路。高速铁路是当今世界发展的潮流。截至 2020 年底，中国高铁运营里程超过 3.79 万千米，稳居世界第一位。"四纵四横"高铁网络已基本建成。2017 年 9 月 21 日，世界上高铁商业运营速度最快的高铁——京沪高铁"复兴号"实现 350 千米时速的运营。2020 年 6 月，时速 600 千米的高速磁浮试验样车在同济大学磁浮试验线上成功试跑，这标志着我国高速磁浮研发取得重要新突破。可以说，在高速铁路和列车方面，中国已经走在了世界前列。

2. 铁路货物运输的重载化

铁路货物运输普遍采用重载技术，从 20 世纪 60 年代开始，重载运输技术被世界上越来越多的国家广泛重视。多年来一些国家依靠科技进步，更新和采用先进的技术设备使重载铁路技术装备的总体水平有了较大提高。例如，加拿大太平洋铁路开创了微机控制列车操纵，运用自导型转向架的新技术，使重载单元列车步入了新时代。实践证明，重载运输是提高运输效率、扩大运输能力、加快货物输送速度和降低运输成本的有效方法。

重载列车所能达到的重量，在一定程度上反映了一个国家铁路重载运输技术发展的综合水平。目前，不同国家的重载运输技术存在着较大的差异，基本上都是根据各自的铁路机车车辆、线路条件和运输的实际需要来确定列车重量标准。世界各国都在积极探索提升列车装载重量的方法，包括：采用新型大功率机车，增加轮周牵引力；装设机车多机同步牵引遥控和通信联络操纵系统，提高车辆轴重，减轻自重，采用刚性结构，增加载重量；装设性能可靠的制动装置以及高强度车钩和大容量缓冲器；在改造既有线路或修建重载专线中，采用新型轨道基础，铺设重型钢轨无缝线路，强化线路结构，提高承载力。此外，还可以通过对车站站场线路轨道进行相应的改造和延长，选用先进的通信设备，在运营中实现管理自动化、货物装卸机械化和行车调度指挥自动化等方法来提升列车的运输效率。

3. 中国"八纵八横"高速铁路网规划

"八纵八横"是中国高速铁路网络的短期规划图。2016 年 7 月，国家发展改革委、交通运输部、中国国家铁路集团有限公司联合发布了《中长期铁路网规划》，勾画了新时期"八纵八横"高速铁路网的宏大蓝图。"八纵八横"高速铁路网，即以沿海、京沪等"八纵"通道和陆桥、沿江等"八横"通道为主干，城际铁路为补充的高速铁路网。"八纵八横"可实现相邻大中城市间 1~4 小时交通圈、城市群内 0.5~2 小时交通圈。"八纵"通道包括沿海通道、京沪通道、京港(台)通道、京哈—京港澳通道、呼南通道、京昆通道、包(银)海通道、兰(西)广通道。"八横"通道包括绥满通道、京兰通道、青银通道、陆桥通道、沿江通道、沪昆通道、厦渝通道和广昆通道。

根据国家《中长期铁路网规划》(2016—2030 年)，预计到 2025 年，我国铁路网规模将达到 17.5 万公里左右，其中高速铁路 3.8 万公里左右，网络覆盖进一步扩大，路网结构更加优化，骨干作用更加显著，更好地发挥铁路对经济社会发展的保障作用。展望到 2030 年，我国将基本实现内外互联互通、区际多路畅通、省会高铁连通、地市快速通达、县域基本覆盖。

此外，《新时代中长期铁路网规划(2035)》和《"十四五"铁路发展规划》正在科学编制中。

四、铁路运输的组织管理

1. 铁路客货运输业务特性的比较

铁路运输业务按其运输目的划分,可分为客运业务与货运业务两大类。铁路运输企业为了满足旅客与货主的不同需求特性,除了必须提供适当的车辆之外,还需要考虑运送方式、运价制定等因素,才能足以与其他运输工具相互竞争。铁路客运业务在性质上与货运业务有以下不同之处。

① 旅客可自由选择车种、车次,并自行乘车旅行;货物则不同,其移动、接送、装卸等均取决于人,所以运送顺序必须依货物性质、托运类别、托运时间等决定,费用方面除运费之外,还须支付装卸费、搬运费等杂费。旅客运输多为往返运送,故上下行列车常设定相同的车次数;货物运输则是由生产地至消耗地的单程运输,所以通常不能固定定期的车次。

② 客运常按不同的车种核收不同的运费;货运则通常按货物价值、性质的不同而收取不同的运费。例如,不同阶层的人购同等级列车车票,负担相同的运费,而香烟与谷类即使以同一列车运送,运费也不同。客运设备的种类与应用较为单纯,而货运则要复杂得多。因货物的种类、性质、大小、长度、重量等差异,必须运用不同的货车、装卸工具、检查设备和接送设备,且所需的业务人员较多,故其设备的种类与应用较客运更为复杂。

③ 旅客重视的服务项目与货物托运人不同。一般旅客较重视的项目为迅速、准时、车次多、舒适等;而货运托运人则较重视价格和准时,对车次的数量要求较少。

④ 旅客是主动乘车,其在车上的时间一般比在站上候车时间长;货物运输则是被动的,其在站上等待配车、装卸、待挂和中转的时间一般比在途中的运行时间长。

2. 铁路客运组织管理

铁路客运是以旅客为主要服务对象的运输业务,而旅客又是具有自由活动特性的个体,对乘车方向及时间具有充分的选择权,并且全凭铁路运输企业所公告的时刻表来选择列车车次。因此,列车时刻表一经公布,除非天灾事变,否则即使在列车空无一人的情况下,亦须照常开行,以维护铁路运输企业的信誉。此外,为了面对其他运输工具的激烈竞争,铁路运输企业亦必须在安全、舒适、迅速、准时等竞争特性上努力,以争取客源。一般而言,铁路客运业务以安全迅速、舒适便利、经济价廉的先后顺序作为服务目标。

(1) 客流类别

旅客根据需要选用一定的运输方式,在一定时间和空间范围内做有目的的移动便形成了客流。客流可以按不同特性进行分类,如按旅行距离可以分为长途、中途和短途客流,按身份职业可以分为工、农、商、学、兵客流。目前,我国铁路采用按旅行距离结合铁路局公司管辖范围的分类方法,将客流分为直通、管内和市郊三种客流。

① 直通客流。直通客流是指旅行距离跨及两个及其以上铁路局的客流。一般来说,直通客流旅行距离较长,购票早,进候车室早,送客亲友多,要求列车服务标准高,注重舒适度。

② 管内客流。管内客流是指旅行距离在一个铁路局公司范围以内的客流。一般来说,管内客流旅行距离较短,旅客注重便捷,其他要求较随意。

③ 市郊客流。市郊客流是指往返于大城市和附近郊区之间的客流,这一客流主要是通勤职工、通学学生和去城镇赶集的商贩,旅客乘车距离短,要求列车密度高,时刻适宜,旅客注重列车准点、便捷。

(2) 旅客列车种类

铁路运输对不同的客流和不同的线路设备条件开行不同等级的列车。我国现行铁路列车运行图旅客列车分为动车组列车(包括高铁、城际、动车)、特快旅客列车(含直达特快旅客列车)、快速旅客列车、普通旅客列车(含普通旅客快车和普通旅客慢车)。此外，根据客流变化的需要，还开行临时旅客列车。

为了区别不同方向、不同种类、不同区段和不同时刻的列车，需要为每一列车编定一个标识码，这就是车次。车次的使用频率很高，每天有数百万南来北往的旅客在施行各环节上使用它，铁路各个部门、各层机构在管理活动中要使用它，基层单位的生产技术作业、计划统计、调度指挥等也离不开它。我国铁路的旅客列车车次采用字母和阿拉伯数字为主体标识。2009年4月1日始，实行新的旅客列车车次：

G：高速动车。其中，G1—G5998为跨局公司，G600—G9998为管内。

C：城际动车。车次范围：C1001—C9998。

D：普通动车。其中，D1—D4998为跨局公司，D5001—D9998为管内。

Z：直达特快。其中，Z1—Z4998为跨局公司，Z5001—Z9998为管内。

T：特快。其中，T1—T4998为跨局公司，T5001—T9998为管内。

K：快速。其中，K1—K6998为跨局公司，K7001—K9998为管内。

Y：旅游列车。车次范围：Y1—Y998。

L：临客。车次范围：L1—L998。

(3) 客票管理

客票既是旅客支付票价的收据，又是旅客与铁路运输企业间所缔结的契约、旅客乘车的凭证和旅客加入铁路意外伤害强制保险的凭证。因此，客票上所记载的条件，双方均有遵守的义务。

车票票面主要应载明：发站和到站站名、座别或卧别、票价、车次、乘车日期和有效期。持票旅客的基本权利是：依据车票票面记载的内容乘车；要求承运人提供与车票等级相适应的服务并保障其旅行安全；因承运人过错发生身体损害或物品损失时，有权要求承运人给予赔偿。

一般说来，铁路客票可有普通客票、减价客票和其他客票等几种。普通客票包括座席票、加价票、卧铺票及补价票等；减价客票包括定期票、团体票、学生票等；其他客票包括公务乘车票、免票乘车票、儿童票和站台票等。

(4) 票价管理

① 票价的类型。我国铁路旅客票价按旅客乘坐的列车等级和车辆类型包括4种：普通票价、加快票价、卧铺票价和市郊票价。普通票价适用于普通旅客列车，分硬座和软座的全价和半价；加快票价是旅客乘坐普通快车、特别快车，在普通票价之外补加的票价；卧铺票价也是一种补加票价，按卧铺车设备条件规定不同收费标准，普通硬卧分为上、中、下铺，软卧分普通和高级软卧的上、下铺；市郊票价是在普通硬座票价基础上的减成票价。

② 票价的组成。旅客票价由基本票价和保险费两部分组成(加快票和卧铺票不计保险费)。普通硬座票价是旅客票价的基础，其他各种票价均以此为基础加成或减成计算。基本票价以每人公里的票价作为基础，按照规定的旅客票价里程区段，采用递远递减的办法确定。保险费按硬座基本票价的一定比例核收，作为旅客旅行中发生意外伤害时，支付保险费的基金。

③ 票价的计算。票价制定的方法有4种：里程比例制、递远递减制、区域制和均一制。为了与其他运输方式竞争客源，一般采用递远递减制(我国铁路也采用这种方法)。为了进一步提高市场竞争能力，还常常随运输服务对象和季节的不同而采用不同的票价方式营运。

如今，京沪线高铁已经改变目前执行的固定票价的做法，实行优质优价、灵活的浮动票价机制，以现行执行票价为基准实行上下浮动。

(5) 附属业务管理

铁路客运的附属业务主要是指邮件运输和行李、包裹运输。

① 邮件运输。邮件运输是指邮政局使用的编入旅客列车的邮政车或行李车,在铁路上运送信件和包裹的运输,是国家便利人民通信和小件包裹快速运输所必不可缺的事业。铁路邮运运费由铁路运输企业按邮运所占用的车辆容积和实际运送里程及规定的邮运费率进行计算,直接向邮政部门结算。邮运费率有轴公里费率和容间公里费率两种,邮运运费按邮运方式的不同,分别采用不同的费率。

② 行李、包裹运输。行李是指旅客自用的被褥、衣服、个人阅读的书籍、残疾人车和其他旅行必需品。包裹是指适合在旅客列车行李车内运输的小件货物。旅客在乘车区间内凭有效客票每张可托运一次行李。行李、包裹运输合同的基本凭证是行李票、包裹票,它是明确承运人、托运人之间权利和义务关系的协议。因此,行李票、包裹票应载明:发站和到站;托运人、收货人的姓名、地址、联系电话、邮政编码;行李、包裹的品名、包装、件数、重量、运费;声明价格;承运日期、运到期限、承运站站名戳及经办人名章。铁路运输企业负有按期、完好地将行李、包裹运至目的地的责任。当行李、包裹发生灭失、损坏、变质、污染时,应对托运人的赔偿要求做出及时处理。行李、包裹的运费,按照客运价里程表及行李、包裹运价表计算。

3. 铁路货运组织管理

凡由货物列车或客货混合列车的货车运送的货物,均属于铁路货运业务的范围。

(1) 铁路货物运输的种类和基本条件

铁路货物运输种类,即铁路货物运输方式。按照我国铁路技术装备条件,现行的货物运输种类分为整车、零担和集装箱。整车适于运输大宗货物;零担适于运输小批量的零星货物;集装箱则适于运输精密、贵重、易损的货物。

铁路货物运输以批为单位,"批"是铁路承运货物、计收运费、交付货物和处理事故的单位。因此,按一批托运的货物,其托运人或其代理人、收货人或其代理人、发站、到站、装车地点、卸车地点必须相同(整车分卸例外)。铁路货物运输一般具有运量大、品种多、运距长的特点,针对其共同特征和普遍需要制定的运输条件,称为基本条件;针对其个性特征和特殊需要制定的运输条件,称为特殊条件。特殊条件是基本条件的补充和延伸。运输条件是承运人、托运人和收货人之间权利、义务和责任的规范,是铁路货物运输合同的主要内容。

① 整车货物。按照货物重量、体积和形状,需要以一辆以上货车运送的货物,可以按整车办理。整车货物运输的基本条件如下。

整车货物以每一货车所装货物为一批,跨装、爬装或使用游车装运的货物,以每一车组为一批,规定限按整车办理运输的货物,允许托运人将一车货物托运至两个或三个到站分卸(即整车分卸)。

承运人原则上应按件数和重量承运货物,但对散装、堆装货物的规格、件数过多在装卸作业中难于点清件数的货物,则只按重量承运,不计算件数。货物重量由托运人确定,按照货物运输途中的特殊需要,允许托运人派人押运,允许在铁路专用线、专用铁路内装车或卸车。

② 零担货物。按照货物重量、体积和形状,不需要以一辆单独货车运送,而且允许与其他货物配装的货物,可以按零担办理。零担货物在运输组织、管理、装卸作业等环节上,相对于整车作业更为复杂,因此还要受到其他一些运输条件的限制。

一件零担货物的体积不得小于 $0.02m^3$,但如果一件重量在 10kg 以上,可以不受此限;为便于装卸作业中堆码、交接和配装,一批零担货物的件数,不得超过 300 件;不易计算件数的货物、运输途中有特殊要求的货物、易于污染其他物品的货物,不得按零担办理;托运人应在每件零担货物上标明清晰的标记(即货签),以便在作业中识别;货物的重量由铁路确定,但对于标准重量、标记重量或附有过磅清单的零担货物，允许由托运人确定重量，但铁路可进行复查和抽查；一般情况下不允许派押运人。

③ 集装箱货物。凡能装入集装箱，并不对集装箱造成损坏的货物及规定可按集装箱运输的危险货物均可按集装箱办理。集装箱货物运输的基本条件如下。

每批必须是同一箱型，使用不同箱型的货物不得按一批托运；每批至少一箱，最多不得超过铁路一辆货车所能装运的箱数(以上两项内容都是为了保证以一张运单托运一批集装箱货物能用一辆货车同时装运)；货物重量由托运人确定；铁路按箱承运，不查点箱内货物。

(2) 铁路货物运输的基本作业管理

铁路货物运输流程由货物发送作业、货物运输途中作业和货物到达作业三部分构成。

① 货物发送作业。货物发送作业又称货物在发站的货运作业，包括托运人向作为承运人的发站申报运输要求，提交货物运单、进货、缴费，与发站共同完成承运手续；发站受理托运人的运输要求，审查货物运单，验收货物及其运输包装、收费，与托运人共同完成承运手续。承运时机因运输种类不同而异。整车货物是先装车后承运，零担和集装箱货物则是先承运后装车。

② 货物运输途中作业。运输途中是指途经区间和途经车站。途中作业包括重车运行及途中货物常规交接与检查、特殊作业及异常情况的处理。货物常规交接与检查是指货物运输途中车站人员同列车乘务员或列车乘务员相互间在局公司(分局公司)规定地点和时间内办理的货车或货物的交接检查工作。特殊作业可有：零担货物在中转站的作业，整车分卸货物在分卸站的作业，加冰冷藏车在加冰所的加冰加盐作业，托运人或收货人提出的货物运输变更的办理等。异常情况的处理是指货车继续运行或货物继续运送有碍运输安全或货物完整时须做出的处理，例如，货车装载偏重、超载或货物装载移位需要进行的换装或整理，对运输阻碍的处理，等等。

③ 货物到达作业。货物到达作业又称货物在到站的货运作业，包括收货人向作为承运人的到站查询、缴费、领货、接受货物运单，与到站共同完成交付手续；到站作为承运人向收货人发出货物催领通知，接受到货查询、收费、交货、交单，与收货人共同完成交付手续。由铁路部门组织卸车或发站由承运人装车、到站由收货人卸车的货物，到站在向收货人点交货物或办理交接手续后，即交付完毕；发站由托运人组织装车，到站由收货人组织卸车的货物，到站在货车交接地点交接完毕，即交付完毕。

第三节　公路运输

公路运输是现代运输主要方式之一，也是陆上运输的两种基本运输方式之一。公路运输的含义有广义和狭义之分。从广义上来说，公路运输是指利用一定的载运工具沿公路实现旅客或货物空间位移的过程。从狭义来说，由于汽车已成为现代公路运输的主要载运工具，因此，现代的公路运输即指汽车运输。

公路运输分为直达运输、干线运输和短距离集散运输三种形式，如图 4-1 所示。公路运输有"通过"和"送达"或"集散"的功能，尤其是"送达"或"集散"功能，使公路运输成为其他几种运输方式(管道除外)的终端运输方式，成为交通运输中不可缺少的组成部分，在综合运输体系中发挥着非常重要的作用。

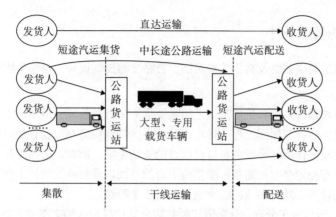

图 4-1 直达运输、干线运输和短距离集散运输三种形式

一、公路运输的特性

2020年，中国机动车保有量达3.72亿辆，其中汽车保有量为2.81亿辆，居世界首位，并且仍然在迅速扩张。全世界现代交通网中，公路线长占2/3，公路运输所完成的货运量占整个货运量的80%左右，货物周转量占10%。在一些发达国家，公路运输的货运量、周转量在各种运输方式中都名列前茅，公路运输已成为一个不可缺少的重要组成部分。下面从公路运输的技术经济角度介绍公路运输的主要特性。

1. 快速、直达

由于汽车运输途中不需中转，因此相对来说，汽车运输的运送速度比较快。汽车除了可以沿公路网运行外，还可以深入工厂、矿山、车站、码头、农村、山区、城镇街道及居民区，活动领域大。这一特点是其他任何运输工具都不具备的，因而汽车运输在直达性上有明显的优势。

2. 灵活、方便

汽车运输既可以成为其他运输方式的接运方式，又可以自成体系，机动灵活。汽车的载重量可大可小，对起运量没有太大的要求。

3. 货物破损率低

道路运输快速直达，装卸搬运次数少，运输途中的货物撞击少，因此货物的破损率低、损耗小。

4. 运输能力小

每辆普通载重汽车每次只能运送 5 吨货物，仅相当于一列普通火车运输能力的 1/36～1/30，因此相对于铁路运输而言，汽车运输的运输能力是有限的。由于汽车体积小，无法运送大件物资，因此不适宜大宗货物和长距离运输。

5. 运输成本较高

由于公路运输的运输量小，因此相对于铁路运输和水路运输而言，每吨千米的运输成本较高。

6. 劳动生产率低

衡量某种运输方式的生产效率主要看完成每吨千米运输所消耗的人员数量。由于公路运输的载运量低，很多需要装卸搬运的场合没有装卸搬运设备，因此，公路运输的生产率相对于铁路运输和水路运输而言较低。

二、公路运输的基础条件

公路运输体系主要由公路及其相关建筑物、公路交通控制设备、运输车辆和场站枢纽组成。

1. 公路

公路是连接各城镇、乡村和工矿基地之间主要供汽车行驶的郊外道路，主要由路基、路面、桥梁与涵洞、隧道、防护与加固工程、排水设备、山区特殊构造物以及各种附属工程组成。公路会承受汽车荷载的反复作用，经受各种自然因素的长期影响，因此，公路不仅要有缓和的纵坡、平顺的线形，还要有稳定坚实的路基、平整而不滑的路面以及必要的防护工程和附属设备。

公路根据使用任务、功能和适应的交通量分为5个等级。

① 高速公路：专供汽车分向、分车道行驶并应全部控制出入的多车道公路。四车道高速公路应能适应将各种汽车折合成小客车的年平均日交通量为25 000~55 000辆；六车道高速公路应能适应将各种汽车折合成小客车的年平均日交通量为45 000~80 000辆；八车道高速公路应能适应将各种汽车折合成小客车的年平均日交通量为60 000~100 000辆。

② 一级公路：供汽车分向、分车道行驶，并根据需要控制出入的多车道公路。四车道一级公路应能适应将各种汽车折合成小客车的年平均日交通量为15 000~30 000辆；六车道一级公路应能适应将各种汽车折合成小客车的年平均日交通量为25 000~55 000辆。

③ 二级公路：供汽车行驶的双车道公路。双车道二级公路应能适应将各种汽车折合成小客车的年平均日交通量为5 000~15 000辆。

④ 三级公路：主要供汽车行驶的双车道公路。双车道三级公路应能适应将各种车辆折合成小客车的年平均日交通量为2 000~6 000辆。

⑤ 四级公路：主要供汽车行驶的双车道或单车道公路。双车道四级公路应能适应将各种车辆折合成小客车的年平均日交通量为2 000辆以下。单车道四级公路应能适应将各种车辆折合成小客车的年平均日交通量为400辆以下。

不同等级的公路，其路面路基质量、路面宽度、曲线半径、交通控制和行车速度有较大的差距，并对道路运输的运输质量、运输成本影响很大。由上述各等级公路组成的公路网中，高速公路及一级公路在公路运输中有着重要的地位和作用。

2. 交通控制设备

交通控制设备包括交通标志、路面标线和交通信号，其功能主要是对车辆、驾驶员和行人起限制、警告和诱导作用。

① 交通标志。交通标志是指把交通指示、交通警告、交通禁令和指路等交通管理与控制法规用文字、图形或符号形象化地表示出来，设置于路侧或公路上方的交通控制设施。交通标志主要有警告标志(唤起驾驶员对前方公路或交通条件的注意)、禁令标志(禁止或限制车辆、行人通行的标志)、指示标志(指示车辆、行人行进或停止的标志)、指路标志(指出前方的地名或其他名胜古迹的位置和距离，预告和指示高速公路或一级公路的中途出入口、沿途的服务设施和必要的导向)。齐全的交通标志，能有效地保护路桥设施，保障交通秩序，提高运输效率和减少交通事故，是公路沿线设施必不可少的组成部分。

② 路面标线和路标。标线和路标是将交通的警告、禁令、指示和指路等信息用画线、符号、文字等标示嵌、画在路面、缘石和路边的建筑物上的一种交通管理设施，如道路中心线、车道边缘线、停车线、禁止通行区等。标线和路标与交通标志具有相同的作用。

③ 交通信号。交通信号是用于在时间上给相互冲突的交通流分配通行权，使各个方向和车道

上的车辆安全而有序地通过交叉口的一种交通管理措施。

④ 高速公路控制系统。为确保高速公路安全、畅通，为驾驶人员提供快速、优质的信息服务，高速公路安装了先进的通信、监控系统，可以快速、准确地监测道路交通状况，并通过可变情报板、交通信息处理电台及互联网实时发布交通信息。

一个合理有效的高速公路控制系统应包含以下设施。

① 机房设施。机房设施包括主控台、监视器、大屏投影、服务器、计算机、供电设施及系统管理软件等。

② 车辆检测器。采用环形检测线圈的形式和压电电缆，主要用于检测车流量、平均速度、占有率、车头间距及车辆的轴数、轴重等。

③ 可变情报板。用于发布有关信息，如前方道路交通状况，即堵塞、拥挤、正常、事故、施工等；或雨、雾、雪及冰冻等恶劣气象条件下的警示信息。在上述道路交通情况下，可变情报板还会发布到达另一条高速公路的方向和距离。正常情况下则显示时间，作为时钟使用。

④ 应急电话。通过有线或无线网络传输至控制中心，有线主要通过高速公路专用通信网的电缆和光缆传输，无线则通过公众移动通信网传输。

⑤ 服务区。设有加油、餐饮、住宿、公用电话、小卖部、公厕及停车场等为司乘人员提供各类服务的设施。

3. 场站

(1) 汽车客运站

汽车客运站是指专门办理旅客运输业务的作业场所，具有旅客运输组织、车辆运行组织、旅客集散、中转换乘和综合服务等功能，在整个道路旅客运输过程中发挥着枢纽作用。根据客运站站务工作量(年平均日旅客发送量)，结合车站所在地的政治、经济、文化等因素，汽车客运站分为一级站(年平均日旅客发送量在 10 000 人次及以上的车站)、二级站(年平均日旅客发送量在 5 000～10 000 人次的车站)、三级站(年平均日旅客发送量在 1 000～5 000 人次的车站)、四级站(年平均日旅客发送量不足 1 000 人次的车站)和简易车站。

(2) 汽车货运站

汽车货运站是专门办理货物运输业务的汽车站。货运站的主要工作是组织货源、受理托运、仓储理货、中转换装、搬运装卸、多式联运、货运代理等，并具有编制货车运行作业计划、进行车辆调度、车辆加油、维修等功能。

汽车货运站可划分为整车货运站、零担货运站和集装箱货运站。

① 整车货运站。整车货运站是以货运商务作业机构专营为特征的汽车货运站。它是组织货源、办理货运商务作业的场所。商务作业包括托运、承运、受理业务、结算运费等工作。

② 零担货运站。零担货运站是专门经营零担货物运输的汽车站。根据零担货运站年工作量即年货物吞吐量，零担站可以划分为一级、二级和三级。货物吞吐量是指报告期内零担站发出和到达的零担货物的数量，包括中转收、发量的总和。年货物吞吐量在 6 万吨及以上者为一级站；年货物吞吐量在 2 万吨及以上、6 万吨以下者为二级站；年货物吞吐量在 2 万吨以下者为三级站。

③ 集装箱货运站。集装箱货运站主要承担集装箱的中转运输任务，又称集装箱中转站。集装箱货运站的主要业务功能包括：港口、火车站与货主间的集装箱门到门运输与中转运输；集装箱适箱货物的拆箱、装箱、存储、接取和送达；为货主代办报关、报检等货运代理业务。根据年运输量、地理位置和交通条件的不同，集装箱货运站可分为 4 级。集装箱货运站的年运输量是指计

划年度内，通过中转、送达集装箱标准箱量的总和。一级站年运输量为 3 万标准箱以上；二级站年运输量为 1.6 万～3 万标准箱；三级站年运输量为 0.8 万～1.6 万标准箱；四级站年运输量为 0.4 万～0.8 万标准箱。

4．运输车辆

在道路运输中，运输工具主要是由动力装置驱动的，具有 4 个或 4 个以上车轮的，可以单独行驶并完成运载任务的非轨道无架线的汽车。根据车辆的定义和用途，可以对运输车辆进行详细分类。

(1) 按车辆的定义划分

按车辆的定义划分，车辆可分为轿车、客车、货车等。

① 轿车。可乘坐 2～9 个乘员(含驾驶员)的小型载客汽车称为轿车。轿车主要在良好路面上行驶，通常车身为闭式，备有行李舱。轿车按发动机工作容积(排量)可分为微型轿车(1.0 升以下)、普通级轿车(1.0～1.6 升)、中级轿车(1.6～2.5 升)、中高级轿车(2.5～4 升)和高级轿车(4 升以上)。

② 客车。乘坐 9 人以上(不含驾驶员)的载客汽车称为客车。客车通常按车辆长度可分为小型客车(6 米以下)、中型客车(6～9 米)、大型客车(9～12 米)和特大型客车(如铰接式客车)。

③ 货车。货车主要用来运载货物，通常按其总质量分为微型货车(总质量小于 1 800 千克)、轻型货车(总质量 1 800～6 000 千克)、中型货车(总质量 6 000～14 000 千克)和重型货车(总质量大于 14 000 千克)。

(2) 按车辆的用途划分

按车辆的用途划分，可将车辆分为客车、货车等。

① 客车。客车可分为旅游客车、城市公共汽车、长途客车、卧铺客车等。客车有单层，也有双层。

② 货车。货车可以分为普通货车、厢式货车、专用货车、自卸车、牵引车和挂车等。

普通货车：按有无车厢挡板，可分为平板车、标准挡板车、高挡板车。

厢式货车：厢式货车又称厢式车，主要用于全密封运输各种物品，特殊种类的厢式货车还可以运输化学危险物品。厢式货车具有机动灵活、操作方便、工作高效、运输量大、充分利用空间及安全、可靠等优点。

专用货车：根据特殊使用要求设计或改装的汽车，主要执行运输以外的任务，如救护车、起重车、检测车、消防车等。

自卸车：主要用于矿区工地运输矿石、沙土等散装货物，是车厢能自动倾翻的汽车。

牵引车和挂车：专门或主要用于牵引挂车的汽车称为牵引汽车，通常分为半挂牵引车和全挂牵引车。半挂牵引车后部设有牵引座，用来牵引和支撑半挂车前部。

三、公路运输的发展趋势

第二次世界大战结束后，随着世界经济的恢复和发展，欧洲各国、美国、日本等发达国家先后建成了比较完善、高标准的国家公路网和高速公路网。汽车工业也形成了比较完整的体系，生产能力和技术水平大为提高，汽车的生产数量和保有量大幅度增加，小客车在汽车中的比例增大，货车的车型逐步向重型化、专有化、快速化和列车化发展。此外，不少国家更加重视原有公路的技术改造，强化干线公路系统的规划和建设，注重公路的环境保护，提高车辆的管理水平，从而大大提高公路运输的生产效率和经济效益。这些为公路运输的进一步发展创造了条件，许多国家打破了一个多世纪以来以铁路为中心的交通运输局面，陆上运输结构发生了显著变化，公路运输已在综合运输体系中起到主导作用。

从 20 世纪 90 年代开始，随着我国高速公路的快速发展，服务区建设经历了从无到有、从借鉴国外经验到结合本国实际发展历程的变化。服务区的建设和运营，对保障司乘人员的基本需求，提高高速公路服务水平，充分发挥高速公路经济社会效益，提高应急保障能力等方面，发挥了重要作用。2019 年末，全国公路总里程为 501.25 万千米，2020 年末，全国公路总里程为 519.81 万千米，比 2019 年增加 18.56 万千米。公路密度为 54.14 千米/百平方千米，增加 1.94 千米/百平方千米。我国公路里程规模稳居世界首位。

未来，我国公路运输的发展趋势将体现在以下几个方面。

① 随着新增高速公路及汽车专用公路的建成和投入使用，公路快速客运和货运业务发展迅速。

② 随着公路网的完善，特别是高速公路网的形成，会促进规模化、集约化经营的运输企业的产生。在这一过程中，行政区域的界限将趋于淡化。

③ 公路货运业将纳入物流服务业发展体系中。物流运输更强调在专业化原则上进行合作，包括不同运输方式之间的合作和与服务对象的合作。

④ 在经营管理方面，现在许多运输企业都建立并运用了运输信息管理系统。在我国，运输企业已普遍采用了车辆运行动态监控系统以及车辆运行自动记录仪(俗称汽车"黑匣子")。

⑤ 运输组织方式按生产力水平分层发展。在公路通行条件好、客货流量大的公路上，按现代企业制度的要求建立规模化、集约化经营的运输企业。在车辆配置上，充分考虑使用强度的影响及运输服务品质的要求。

⑥ 逐步加强运输规划，使公路建设及运输站场设施的配置与客、货流规律更好地协调起来，同时还根据效率与效益原则，纵深推进运输服务的优化与改革。

四、公路运输的组织管理

公路运输主要是指使用各种运输工具在公路上进行客、货运输。随着我国公路建设速度的不断提高，公路运输成为实现"门到门"运输的最佳运输方式。因此，加强公路运输管理，灵活开展各种运输业务，有助于提升运输质量和运输速度。

(1) 公路汽车客运生产过程及其运输组织

用汽车沿公路载运旅客的运输业务称为公路汽车客运，它是公路运输的重要组成部分。公路汽车客运的主要特点是方便、迅速。汽车是一种机动灵活的运输工具，公路通达的广大城乡都可用汽车载运旅客，能在时间上和上下车地点上适应不同客流的变化，满足人们的旅行需求。公路汽车旅客运输包括非营业性运输和营业性运输。前者指自用运输，即人们乘用个人或单位自备汽车的运输；后者指公用运输，是由公路汽车运输企业经营的公路旅客运输业务。自用运输大多采用轿车。一些汽车运输发达的国家，由于盲目发展自用运输，造成公路车流密度过大，交通经常阻塞，行车事故频繁，能源消耗大，空气污染和噪声危害严重。针对这种情况，各国政府已开始重视发展公用运输，鼓励和支持大型、舒适、方便的新型公用运输汽车的研制和运行，在道路和交通管理等方面为发展公用运输创造优惠条件。公用汽车运输业在经营方式上也采取了许多改进措施，试图提升服务质量以吸引更多旅客。

公路汽车旅客运输过程一般包括以下三个顺序衔接的阶段。

① 准备阶段，包括发售车票、接收托运的行李包裹和调派车辆等始发作业。车票是旅客乘车的凭证，也是汽车运输企业给予旅客的收费收据和核算营运收入的根据。通过发售车票可以了解

旅客的流量、流向、流时。整理和分析有关售票的统计资料，还可以认识和掌握客流变化的规律性，为更好地组织旅客运输提供依据。

② 运行阶段，包括组织旅客上车及装载旅客随车运送的行李包裹、汽车运行、安排旅客下车等作业。这是公路汽车客运过程中的重要阶段，旅客能否安全、及时、舒适地到达目的地，在很大程度上取决于这一阶段的工作效率和质量。

③ 结束阶段，包括卸下并交付行李包裹和送客出站等终到作业。组织公路汽车旅客运输，首先要进行客流调查，掌握旅客流量、流向和流时，研究分析每条营运线路上的客流变化规律，然后据以编制客运班车班次表及行车时刻表，在预测客流量的基础上编制旅客运输量计划和车辆运用计划，并按月、旬、日编制汽车运行作业计划，组织车辆运行。

(2) 公路汽车货运生产过程及其运输组织

用汽车沿公路载运货物的运输业务称为公路汽车货运，它也是公路运输的重要组成部分。汽车货物运输具有面广、点多、分散的特点，一般都是两地之间"门到门"的直达货物运输，可以节约中转装卸费用，减少货损货差，缩短货物在途时间。汽车货运也为铁路运输、水路运输、航空运输等集散货物。

汽车货物运输按运距分，可分为长途汽车货物运输和短途汽车货物运输；按一次托运货物重量分，可分为汽车整车货物运输和汽车零担货物运输；按使用车辆分，可分为普通车辆货物运输和专用车辆货物运输；按业务性质分，可分为营业性汽车货物运输(公用汽车货运)和非营业性汽车货物运输(自用汽车货运)。前三种分类方法同运价和运输组织方法有关，后一种分类方法则是出于运输市场管理的需要。

汽车货运生产过程包括以下三个阶段。

① 准备阶段，包括组货、承运、理货、调派车辆和计费等作业。其主要任务是进行货源调查和预测，与发货人签订运输合同或协议，落实托运计划，做好运输生产前的商务工作，调派汽车驾驶员和车辆。

② 生产阶段，包括装货、车辆运行、卸货等作业。其主要任务是编制和执行汽车运行作业计划，组织货物装车、车辆运行和到达目的地后的卸货作业。

③ 结束阶段，包括交货和结算运费等作业。其主要任务是与收货人办理货物交接手续，结清运杂费等。

实现这三个阶段的各种作业，要依靠合理的运输组织工作，把运输生产过程的所有环节协调起来，通过制订各种作业计划和调度工作，特别是汽车运行作业计划和汽车运行调度，尽可能充分、合理地利用劳动力，以及装卸机械、车辆和站场设施，以提高汽车运用效率和货物运输质量，获取良好的经济效益。

第四节 航空运输

航空运输是使用飞机或其他航空器进行运输的一种形式。航空运输的单位成本很高，主要适合运载的货物有两类：一类是价值高、运费承担能力很强的货物，如贵重设备的零部件、高档产品等；另一类是紧急需要的物资，如救灾抢险物资等。

一、航空运输的特性

1. 高速直达性
高速直达性是航空运输的特点。由于在空中较少受到自然条件的限制,因此航空线一般取两点间的最短距离。这样,航空运输能够实现两点间的高速、直达运输,在远程运输中更能体现其优势。

2. 安全性
随着科学技术的进步,在不断对飞机进行技术革新的同时,保养、维护和修理技术也得到了提高,这些都加强了航空运输的安全性。航行支持设施(如地面通信设施、航空导航系统、着陆系统以及保安监测设施等)的迅速发展也使航空运输的安全性大大加强。尽管飞行事故可能会导致机毁人亡(事故严重性最大),但按单位货运周转量或单位飞行时间损失率来衡量,航空运输的安全性还是很高的。

3. 经济特性良好
从经济方面来讲,航空运输的成本及运价均高于铁路和水运,是一种价格较高的运输方式。因此,航空运输通常不如其他运输方式普及,尤其是在发展中国家。但如果考虑时间因素,航空运输有其独特的经济价值。因此,随着经济发展、人均收入水平的提高及企业对时间价值的重视程度的加强,航空运输在运输中的比例呈上升之势。

4. 包装要求低
货物空运的包装要求通常比其他运输方式要低。在空运时,用一张塑料薄膜裹住托盘与货物的现象并不少见。空中航行的平稳性和自动着陆系统减少了货损的比率,因此可以降低包装要求。

5. 受气候条件限制
飞行对天气状况的条件要求高,航空运输在一定程度上受到气候条件的限制,从而影响运输的准确性与正常性。

6. 可达性差
通常情况下,航空运输难以实现客货的"门到门"运输,必须借助其他运输工具(主要是汽车)转运。除此之外,航空运输还具有造价高、能耗大、运输能力小、成本高且技术复杂的特点。

二、航空运输的基础条件

1. 航空港
航空港是供航空运输用的飞机场及其服务设施的总称。飞机场简称机场,是用于飞机起飞、着陆、滑行、停放、维修等活动的场地,其中有为飞行服务的各种建筑物和设施。在航空港内,除飞机场外,还有为客、货运输服务的设施,如候机楼、货运站等。航空港一般由飞行区、客货运输服务区和机场维修区组成。

(1) 飞行区
飞行区是航空港的主要区域,占地面积最大。飞行区域有跑道、滑行道、停机坪、指挥塔台以及各种保障飞行安全的设施,包括无线电通信导航系统、目视助航设施等。在航空港内,为保证飞机安全起飞和着陆,在飞行区上空划定净空区,即根据机场起降飞机的性能,在机场及其邻近地区,不允许地面物体超越限制高度,这块区域上方的空域称为净空区。

(2) 客货运输服务区

客货运输服务区是旅客、货物、邮件运输服务设施所在的区域。区内设施包括客机坪、候机楼和停车场等，其主要建筑是候机楼。区内还配备旅馆、银行、公共汽车站、进出港道路系统等。货运量较大的航空港还设有专门的货运站。客机坪附近设有管线加油系统。

(3) 机务维修区

机务维修区是维修厂、维修机库、维修机坪等设施的所在区域。区内还有为保证航空港正常工作所必需的各项设施，如供水、供电、供热、供冷、下水等各种公用设施以及消防队、急救站、自动电话站、储油库、铁路专用线等。整个航空港的布局以跑道位置的安排为基础。根据跑道的位置布置滑行道、客机坪、货坪、维修机坪以及其他飞机活动场所。客货运输服务区的位置通常位于连接城市交通网并紧邻飞行区的地方。

2. 航路、航线

航路是根据地面导航设施建立的走廊式空域，供飞机作航线飞行使用。航路沿途应有良好的导航设备、备降机场和监视雷达，以保证飞机准确地在航路内飞行。航线是飞机飞行的航空运输路线。在两个机场间进行定期航空飞行，但其飞行航线尚未建立航路的称为固定航线，在航路和固定航线以外飞行的航线称为非固定航线。

3. 民用飞机

民用飞机是指用于从事客货运输的非军用飞机，民用飞机根据起飞重量分为小型、中型、大型三种；按航程分为近程、中程、远程三种，但国际上没有统一划分的定量标准。民用飞机按用途划分可以分为客机和货机。为了保证旅客的安全和舒适，高空飞机的现代客机客舱都是增压密封舱，舱内装备有旅客座椅以及空调、供氧、救生等生活服务和安全保证设备。货机舱内设有装卸货物和集装箱的辅助设备，如起重、滑动装置和货物固定设备等。

民用飞机主要由机身、机翼、尾翼、起落架、发动机等部分组成。机身是飞机的主体，其他各个组成部分都直接安装在机身上，机身前部布置有驾驶舱和操纵系统。机身还是承载的容器，客机的机身内有客舱、行李舱和服务舱，货机则安排有货舱。机翼是使飞机产生升力并在空中保持稳定的主要部分，机翼上有主翼、副翼等操纵面。尾翼通常由垂直尾翼和水平尾翼组成。起落架是飞机起飞离地前和着陆后滑跑及地面滑行时使用的机轮组及其支架的总称。发动机是飞机的动力装置，目前的航空发动机有活塞式和涡轮式两大类。

三、航空运输的发展趋势

2. 实施新一代通信、导航、监视和空中交通管理(communication navigation system and air transportation management，CNS/ATM)系统是现代航空运输的趋势。现行的空管系统有三大缺陷：覆盖范围不足，对大洋和沙漠地区无法有效控制；运行标准不一致，跨国(地区)飞行安全难以保障；自动化程度不够，管制人员的负担过重。为此，国际民航组织(international civil aviation organization，ICAO)在全球部署实施以全球导航卫星系统、卫星通信为基础的 CNS/ATM 新航行系统。1996 年 3 月 18 日，CNS/ATM 系统在西安咸阳机场演示成功。这是当时世界上规模最大的一次展示国际民航组织推荐的由通信(C)、导航(N)、监视(S)、与空中交通管制(ATM)组成的航行系统演示。从 20 世纪 50 年代起，计算机就开始应用于美国航空公司的航班订票系统，现在，计算机信息处理已渗透到商务、机务、航务、财务等各个领域。当前，航空公司的生产组织和运行管理，已进入系统化的动态控制时期，信息技术广泛应用于航空运输的市场预测、机队规划、航班规划、航班计划、价格决策、收益管理、订座系统、机务与航材管理、飞机运行管理、财务数据分析、运行统计评估等各个业务领域。

航空运输是一种科技含量高且密集的运输方式。高水平航空科技成果和大型、高速运输飞机的发展，先进通信、导航设备和技术的应用，新一代空中交通管理技术的实施，机场及其设施的现代化、自动化及运输管理系统的信息化等都是航空运输发展水平的体现，也是未来航空运输进一步发展的方向和目标。

四、航空运输的组织管理

随着经济的发展和科技的进步，航空运输因其速度快、效率高，在运输业中所占比例已经越来越高。因此，在运输过程中，不但要正确确定航空运输各环节的任务量，还要在了解具体业务的基础上抓好航空客货运输的协调与控制工作，使各项业务活动之间衔接平稳，保证航空运输与企业经营活动的顺利进行。

1. 航空旅客运输的生产组织过程

航空旅客运输生产的任务是实施航班计划，完成将旅客和行李从始发机场安全地运送到目的地机场，其运输生产过程可分为如下 5 个阶段。

① 航班计划阶段。航空公司根据公司的发展目标、航线计划、运力、人力资源及资金等情况，在市场调查的基础上，进行航班安排，确定飞行班次、航班频率和经停机场，并制定航班时刻表。航空公司和机场的所有生产活动，均将以航班计划为核心进行组织安排，确保航班计划的顺利实施。

② 市场销售阶段。根据航班计划，航空公司市场销售部门及销售代理在公布的订座期限内进行航班座位销售。市场销售是航空公司回收投资的主要环节，航班座位销售将直接影响航空公司的经济收益。

③ 旅客乘机阶段。航空公司根据航班时刻表，为旅客安排登机准备，接受旅客的行李交运。同时，机场有关部门对旅客和行李进行安全检查，提供候机服务和查询服务。

④ 运输飞行阶段。运输飞行阶段是具体实施运输任务的具体过程，分为飞行准备和飞行实施两部分。在飞行准备阶段，为了保证运输飞行安全和正点，航空公司的机务维修部门必须保证飞机各项性能指标符合适航标准，地勤部门必须保障机上服务用品(如配餐、用水等)；机场方面必须确保跑道等设施条件良好，为航班飞机牵引，提供登机桥和其他特种车辆服务；航务管理部门确保飞行高度和通信导航设备可靠，为飞机的起飞、飞行和降落提供可靠的航行指挥和通信服务设施；油料供应必须保障优质充足。在飞行实施阶段，飞机的空中飞行任务主要由机组和地面空中交通管制指挥部门协作完成；飞行旅途中乘务人员向旅客提供优质的空中服务。

在航空运输飞行中，将调派飞机、空勤组和对飞机进行飞行管理的现场调度指挥业务称为航行调度，而国际民航组织则称这项业务为航务控制。航行调度机构的主要工作是做好飞机起飞前准备和掌握飞机起飞后的飞行动态，其工作程序如下。

① 根据飞机班期时刻表和临时需要，安排每日飞行计划，并向空中交通管制部门提出飞行申请。

② 在飞机预计起飞前两个小时，研究天气情况。取得着陆站(预定着陆机场)和备降站(在预定着陆机场不宜着陆时，可以飞往着陆的机场)及航线的天气预报；选择有利飞行高度层，确定飞行航线、业务载量和油量。当航线天气预报有较大的逆风，或有可能危及飞行安全的天气时，应与机长研究确定绕飞航线。当着陆机场或航线的天气不适航、在短时间内又不能转好时，则应向空运企业经理人员提出改变飞行计划的建议。

③ 在飞机起飞前1小时，了解各勤务保障部门的准备情况；办理放行飞机的手续，将有关机场和航线飞行的临时规定和指定的飞行高度通知空勤组；通知运输服务部门安排旅客上飞机。当改变飞行计划或取消、延误飞行时，及时发出通知。

④ 着陆站、备降站的航行部门在接到飞机起飞通知后，即向本站有关部门通报飞机预计到达时间并了解各项保障工作的准备情况。

(5) 旅客离港阶段。在飞机安全抵达目的地机场后，运输服务部门安排旅客下机，卸运行李；航空公司为旅客提供查询和领取行李服务。

2. 航空客票

(1) 航空客票的含义。航空客票是航空旅客与承运者之间为空运旅客和行李所订合同的凭证，俗称机票。票面记载的主要内容有：旅客姓名、全航程(包括出发地、经停点、目的地及不同航程、不同承运人)、航班号、客票等级、乘机日期和起飞时间、行李件数和重量、票价款额、承运者的名称和地址等。此外，客票通常还附有简要的旅客须知，如说明客票有效期和运输条件，国际客票还应列明适用的国际公约规定和条件等。应该指出，航空客票是记名式的，旅客不能自行转让。

(2) 航空客票的式样。在国际航空运输中，各国航空运输企业为了便于开展互相代理业务和进行费用结算，均采用国际航空运输协会规定的、统一格式的本册式航空客票。这种客票由会计联、出票者联、若干张乘机联和旅客联组成，各联以纸张颜色不同相区别。会计联备财务部门审查和入账用；出票者联供售票单位存查(售票员在出售客票时，撕下会计联和出票者联留存)；乘机联是旅客在指定地点搭乘飞机的凭证，在登机前交候机室值机服务柜台，换取登机证；旅客联由旅客收执，用作支付票款的报销凭证。每本客票内乘机联的数量是根据旅客航程情况确定的。全航程中不同的航班，中途分程的航段，客舱等级不同的航段，订座情况不同的航段，都要分别单用一张乘机联。一本客票内的乘机联不够用时，可以补加顺序号相衔接，乘机联张数相同的一本或一本以上客票连续使用。有的国家为国际客票和国内客票规定不同的式样。

(3) 航空客票的种类。航空客票按使用范围分为国际客票和国内客票；按旅客的航程要求分为单程客票、来回程客票和环程客票；按客舱等级主要分为一等舱客票和普通舱(可称经济舱)客票；按客票的票价分全价客票、折扣价客票(如季节性折扣客票等)、儿童客票、婴孩客票等。航空客票通常同旅客免费交运行李的行李票合在一起，故称客票及行李票。

3. 航空货物运输的生产组织方式

(1) 班机运输

班机是指定期开航，定航线、定始发站、定目的港、定途经站的飞机。按业务对象不同，班机运输分为客运航班和货运航班。客运航班一般使用客货混合型飞机(combination carrier)，一方面搭载旅客，一方面又运送少量货物。货运航班只承揽货物运输，使用全货机(all cargo carrier)，由一些规模较大的航空运输公司在货源充足的航线上开辟。班机运输特点包括以下几点。

① 迅速准确。班机由于固定航线、固定停靠港和定期开航，因此国际航空货物大多使用班机运输方式，能安全迅速地到达世界上各通航地点。

② 方便货主。收、发货人可确切掌握货物起运和到达的时间，这对市场上急需的商品、鲜活易腐货物以及贵重商品的运送是非常有利的。

③ 舱位有限。班机运输一般是客货混载，因此舱位有限，不能使大批量的货物及时出运，往往需要分期分批运输。这是班机运输不足之处。

(2) 包机运输

当班机运输无法满足需要或发货人有特殊需要时，可选择包机运输。包机人包用航空公司的飞机运载货物至指定目的地的形式称为包机运输。包机运输按租用舱位的大小分为整机包机和部分包机两类。

① 整机包机,即包租整架飞机,指航空公司按照与租机人事先约定的条件及费用,将整架飞机租给包机人,从一个或几个航空港装运货物至目的地。包机人一般要在货物装运前一个月与航空公司联系,以便航空公司安排运载和向起降机场及有关政府部门申请、办理过境或入境的有关手续。包机的费用一次一议,随国际市场供求情况的变化而发生改变。原则上,包机运费是按每一飞行千米固定费率核收费用,并按每一飞行千米费用的80%收取空放费。因此,大批量货物使用包机时,均要争取来回程都有货载,这样费用比较低。只使用单程,运费比较高。

② 部分包机。由几家航空货运公司或发货人联合包租一架飞机或者由航空公司把一架飞机的舱位分别卖给几家航空货运公司装载货物。部分包机适用于托运不足一架飞机舱容同时货量又较重的货物运输。部分包机与班机相比有以下不同之处:时间比班机长,尽管部分包机有固定时间表,往往因其他原因不能按时起飞;各国政府为了保护本国航空公司利益,常对从事包机业务的外国航空公司实行各种限制,如:包机的活动范围比较狭窄,降落地点受到限制,需降落非指定地点外的其他地点时,一定要向当地政府有关部门申请,同意后才能降落(如申请入境、通过领空和降落地点)。包机的优点:解决班机舱位不足的矛盾;货物全部由包机运出,节省时间和多次发货的手续;弥补没有直达航班的不足,且不用中转;减少货损、货差或丢失的现象;在空运旺季缓解航班紧张状况;解决海鲜、活动物的运输问题。

第五节 管道运输

管道运输是货物在管道内借助高压气泵的压力,向目的地输送的一种特殊的运输方式。按照输送物品的不同,运输管道可以分为原油管道、成品油管道、天然气管道和固体料浆管道。现代管道不仅可以输送原油、成品油、化学品油、天然气等液体和气体货物,还可以输送矿砂、碎煤浆等。因此,管道运输已经逐渐成为一种重要的运输方式。

一、管道运输的特性

1. 运量大
一条输油管线可以源源不断地完成运输任务。根据管径的大小不同,管道每年的运输量可达数百万吨到几千万吨。

2. 占地少
运输管道通常埋于地下,其占用的土地很少。运输系统建设的实践证明,运输管道埋于地下的部分占管道总长度的95%以上,因而对土地的永久占用很少。所以,在交通运输规划系统中,优先考虑管道运输方案对节约土地资源意义重大。

3. 周期短
运输建设周期短、费用低,营运费用也低。

4. 管道运输安全可靠、连续性强
由于石油和天然气易燃、易爆、易泄漏,采用管道运输方式既安全,又可以大大减少挥发损耗,同时可大大减少由于泄漏导致的空气、水和土壤污染。也就是说,管道运输能较好地满足运

输工程的绿色环保要求。此外，由于管道基本埋于地下，其运输过程受恶劣多变的气候条件影响小，可以确保运输系统长期、稳定地运行。

5. 灵活性差、专用性强

管道运输不如其他运输方式(如公路运输)灵活，除承运的货物比较单一外，也不能随便扩展管线，难以实现"门到门"的运输服务。对一般用户来说，管道运输常常要与铁路运输或汽车运输、水路运输相配合才能完成全程运输。此外，在运输量明显不足时，运输成本会显著地增大。

管道运输的上述特点，使得其主要担负单向、定点、量大的流体状货物(如石油、油漆、煤浆、某些化学制品原料等)的运输。

二、管道运输的基础条件

管道运输系统的基本设施包括管道、储存库、压力站(泵站)和控制中心等。

1. 压力站

压力站是管道运输动力的来源。一般管道运输压力的来源有气压式、水压式、重力式及最新的超导体磁力式。通常气体的输送动力来源靠压缩机来提供，这类压力站彼此的设置距离一般为80～160千米，液体的输送动力来源则是靠泵提供，这类压力站设置距离为30～160千米。

2. 控制中心

控制中心需要配备最现代的监测器及熟练的管理与维护人员，随时检测、监视管道运输设备的运转情况，以防止意外事故发生，造成漏损及危害。

3. 储存库

由于管道运输的过程是连续进行的，因此管道两端必须建造足够容纳其所承载货物的储存槽。

4. 管道

管道是管道运输系统中最主要的部分。它的制造材料可以是金属、混凝土或塑胶，制造材料可以根据输送货物种类及输送过程中所要承受的压力大小而决定。管道按所输送的物品不同而分为原油管道、成品油管道、天然气管道和固体料浆管道(前两类常统称为油品管道或输油管道)；按用途不同可分为集输管道、输油(气)管道和配油(气)管道；按管道铺设工程不同分为架空管道、地面管道和地下管道，其中地下管道应用最为普遍；按管道铺设区域不同分为陆上管道和海上管道；按照管道制造材料不同分为玻璃钢管道、不锈钢管道和塑料管道。

三、世界管道运输情况

能源生产在一国国民经济中占有重要的地位，从石油和天然气中得到的一系列产品被广泛应用于形形色色的商品中。近年来，随着环保意识的提升，在一次性能源消费中，人们更乐于开发和利用清洁、高效、有利于保护环境的新能源。当前，世界各国都在积极为探测、开采、生产、运输和利用能源而努力，建设和完善管道运输系统的热情空前高涨。以中国为例，2020年天然气占一次能源消费比例为8.5%，约3 300亿立方米，计划至2025年，提升至11.5%和4 800亿立方米。

世界管道运输网分布很不均匀，主要集中在北美和欧洲。美国、俄罗斯等欧洲国家的管道运输最发达。美国的管道建设技术是世界上最先进的。早在1977年，管道建设兴起的初期，美国在高纬严寒地区建设并投入使用的横贯阿拉斯加的原油管道是当时建设难度最大、最先进的运输管道。2018年至今，美国的二叠纪盆地管道建设一直走在世界前列。

根据有关数据，截至 2018 年，全球在役油气管道约 3 800 条，总里程约 1 961 300 千米，其中天然气管道约 1 273 600 千米，占管道总里程的 64.9%，原油管道总长约 363 300 千米，成品油管道总长约 248 600 千米，液化石油气管道总长约 75 800 千米。

四、中国管道运输情况

1. 我国管道运输发展概况

我国的石油天然气资源的储量分布不均，能源产出地和消费地分处不同的地区，因此需要通过交通运输合理地配置资源。20 世纪 90 年代以来，我国天然气管道得到快速发展，天然气消费领域逐步扩大，城市燃气、发电、工业燃料、化工用气大幅度增长。2017 年以来，我国油气消费仍保持平稳增长，特别是天然气消费超预期快速上升，按照国家发展改革委、国家能源局印发的《中长期油气管网规划》(发改基础〔2017〕965 号)要求，未来我国仍将持续推进油气管道建设，这对我国能源消费转型升级，推动提升油气管道高质量发展具有重要意义。

2. 我国管道建设情况

截至 2020 年底，我国油气长输管道总里程累计达到 16.5 万千米。其中，原油管道 3.1 万千米，天然气管道 10.2 万千米，成品油管道 3.2 万千米。2020 年，我国新建成油气管道总里程约 5 081 千米。其中，新建成天然气管道约 4 984 千米，新建成原油管道 97 千米，无新建成成品油管道。

(1) 原油管道与油田分布

我国原油管道始建于 1958 年，即新疆克拉玛依油田开发后，由克拉玛依油田到独山子炼油厂，全长 147.2 千米。大规模建设管道是于 20 世纪 70 年代随着石油工业的开发而相应发展的，管道布局是石油生产地与炼油厂、化工厂等用油地相连，也有通过水陆联运、管道输送到海港、内河码头装油船再运到用油地的。2018 年建成或投产的主要原油管道有：烟台港西港区—淄博输油管道汇丰支线，董家口港—潍坊—鲁中、鲁北输油管道二期(潍广管道和齐润支线)等。2018 年续建或开工建设、2019 年及以后建成的主要原油管道有：鲁豫原油管道新泰段，日照—濮阳—洛阳原油管道，日照港—京博输油管道等，2020 年建成或投产的主要原油管道有：中国石化算山码头—镇海炼化厂，董家口港—潍坊—鲁中等。

我国主要油田分布如下。

① 华北地区。华北地区的油田有大港油田和华北油田，炼油厂有北京燕山的东方红炼油厂、大港炼油厂、天津炼油厂、沧州炼油厂、石家庄炼油厂、保定炼油厂和内蒙古呼和浩特炼油厂。秦皇岛至北京的秦京原油管道是华北地区最早修建的原油主干线。管道全长 324.6 千米，年输油能力 600 万吨(4 398.83 万桶)。大港油田至周李庄的输油管道是大港油田唯一的一条原油外输线，全长 210.5 千米，年输送原油能力为 500 万吨(3 665.69 万桶)。

② 东北地区。东北地区是原油生产的主要基地，有大庆油田、辽河油田和吉林油田，原油产量大约占全国总产量的 53.5%。

③ 华东地区。华东地区的主要油田是山东胜利油田，该油田是继大庆油田之后建成的我国第二大油田。

④ 西北地区。西北地区是 20 世纪 50 年代初我国石油勘探的重点地区。1958 年在甘肃兰州建成了中国第一座引进的现代化炼油厂——兰州炼油厂。1958 年 12 月建成的克拉玛依至独山子原油管道，标志着中国长输管道建设史的起点。

⑤ 中部地区。中部地区油田分布在湖北和河南两省境内，有江汉油田、河南油田和中原油田。主要炼油厂有湖北荆门炼油厂和河南洛阳炼油厂。

(2) 成品油管道

成品油管道可以运送一种油品，也可以运送多种油品，主要用于由炼油厂通往化工厂、电厂、化肥厂、商业成品油库及其他用户之间。

格尔木至拉萨的管道，是中国最早的长距离的成品油管道，管道全长1 080千米，年输送能力25万吨。抚顺石化至营口鲅鱼圈的成品油管道，全长246千米；天津滨海国际机场至北京首都国际机场的管道，全长185千米；兰州至成都、重庆的成品油管道，全长1 247千米。

(3) 天然气管道

天然气管道是输送气田天然气和油田伴生气的输气管道，由开采地或处理厂输送到城市配气中心，是陆地上大量运输天然气的唯一方式。

陕西靖边至北京的管道(又称陕京管道)是国家的重点工程，也是早期西气东输的骨干工程。根据我国输油、输气管道建设规划，中国管道建设的重点是建设大批的天然气管道，中国的天然气管网建设可概括为"两纵、两横、四枢纽、五气库"。"两纵"是两条南北向的输气干线，一条是萨哈林—大庆—沈阳干线；另一条是伊尔库茨克—北京—日照—上海干线。"两横"是两条东西向的输气干线，一条是新西伯利亚—乌鲁木齐—西安—上海干线；另一条是万县—枝江的干线。"四枢纽"是在北京、上海、信阳、武汉四地设立调度中心或分调度中心。"五气库"是在大庆、北京、山东、上海、南阳五地建设地下气库。

西气东输管道工程是国家西部大开发发展战略的一部分，该工程将带动西部经济的发展，是国家重点扶持项目。西气东输工程输气管道西起新疆轮南，东至上海市白鹤镇，途径10个省、自治区和直辖市，线路全长约4 000千米，投资约435亿元人民币，是中国目前距离最长、管径最大、投资最多、输气量最大、施工条件最复杂的天然气管道。该工程穿越沙漠、戈壁、黄土高原、森林、草原、农田和湿地等多类环境敏感地区以及水面分布广泛的江南地区，涉及地域广泛，工程复杂。

(4) 我国油气管道行业发展展望

《中长期油气管网规划》(发改基础〔2017〕965号)提出，到2025年全国油气管网规模将达到24万千米，其中，天然气、原油、成品油管道长度分别为16.3万千米、3.7万千米、4.0万千米。天然气管道全国基础网络形成，支线管道和区域管网密度加大，用户大规模增长，逐步实现天然气入户入店入厂。

五、管道运输的组织管理

管道运输的组织管理是指在管道运输过程中利用技术手段对管道运输实行统一指挥和调度，以保证管道在最优化状态下长期安全而平稳地运行，从而获得最佳经济效益的生产组织工作。管道运输的组织管理包括管道输送计划管理、管道输送技术管理、管道输送设备管理和管道线路管理，前两项又统称为管道运输的运行管理，是生产管理的核心。

1. 管道输送计划管理

管道输送计划管理是指根据管道所承担的运输任务和管道设备状况编制合理的运行计划，以便有计划地进行输送。进行管道输送计划管理，首先要编制管道输送的年度计划，根据年度计划安排管道输送的月计划、批次计划、周期计划等。然后，根据这些计划安排管道全线的运行计划，编制管道站、库的输入和输出计划以及分输或配气计划。另外，还需要根据输送任务和管道设备状况，编制设备维护检修计划和辅助系统作业计划。

2. 管道输送技术管理

管道输送技术管理是指根据管道输送的货物特性，确定输送方式、工艺流程和管道运行的基本参数等，以实现管道生产最优化。管道输送技术管理的内容包括：随时检测管道运行状况参数；分析输送条件的变化；采取各种适当的控制和调节措施，调整运行参数，以充分发挥输送设备的效能，尽可能地减少能耗。对输送过程中出现的技术问题，要加以重视，随时予以研究和解决。

3. 管道输送设备管理

管道输送设备管理是指对管道站、库的设备进行维护和修理，以保证管道的正常运行。管道输送设备管理的内容主要包括：对设备状况进行分级并进行登记；记录各种设备的运行状况；制订设备日常维修和大修计划；改造和更新陈旧、低效能的设备；维护在线设备等。

4. 管道线路管理

管道线路管理是指对管道线路进行管理，以防止线路受到自然灾害或其他因素的破坏。管道线路管理的内容主要包括：日常的巡线检查；线路构筑物和穿越、跨越工程设施的维修；管道防腐层的检漏和维修；管道的渗漏检查和维修；清管作业和管道沿线的放气、排液作业；管道线路设备的改造和更换；管道线路的抗震管理；管道紧急抢修工程的组织等。

第六节　邮政运输

邮政是以传递信函为主的通信事业，是接受寄件人的委托，把寄件人交寄的信函及其他邮件经过处理和运输投交收件人的过程。邮政是通信联系的手段之一，既要满足政府机关、社会团体等通信的需要，又要为广大公众服务，在社会的政治、经济、文化生活中以及在国际交往中起着重要作用。邮政运输对促进社会生产发展，提高社会生产力，起着积极的作用。

一、邮政业务

邮政经办的业务，初期只传递官方文书和个人信件，后来增加了寄递业务、适用于邮寄物品的包裹业务和办理汇款的汇兑业务。邮政具有点多、线长、面广的特点，许多国家的邮政利用这一特点进而兼营某些金融业务(如储蓄业务、简易人寿保险)，以及一些代理业务(如代收税款、代发养老金)等。有些国家的邮政还办理报刊发行业务，有的还利用自备的邮运工具提供旅客运送服务。邮政经办的业务，已超过了传统的业务范围。

我国在建立近代邮政初期，仅办理以传递信函为主的函件业务。1898年又开办包裹业务和汇兑业务。1919年开办储金业务，还办理过简易人寿保险以及代理国库代售印花税票等业务。目前，我国人民邮政办理的主要业务有邮件和邮政报刊发行等。

二、邮政运输的特性

1. 具有广泛的国际性

邮政运输网遍及全世界，凡通邮之处，无论是崇山峻岭、高山大河还是穷乡僻壤，均可通行无阻，具有广泛的国际性。我国发往和来自世界各国的邮件，都需要经过许多国家转送，遵照国际邮政公约和协定的规定，各国之间有义务互相提供有效服务，使邮件安全、准确、迅速地运转。

2. 具有"门到门"运输的性质

邮政运输是一种手续简便、费用不高的运输方式。邮政机构遍及世界各地，为大众创造便利的条件。发出邮件和提取邮件，均可在附近邮局办理，手续简便，收费也不高，所以邮政运输基本上可以说是"门到门"运输，它为邮件托运人和收件人提供了极大的方便，因此在国际贸易运输中被广为采用。

3. 具有多式联运性质

如果要投递一件国际邮件，那么该邮件一般需要经过两个或两个以上国家的邮政机构和两种或两种以上不同运输方式的联合作业方可完成。以国际贸易中的包裹运送为例，托运人只要按邮局章程办理一次托运，一次付清足额邮费，取得一张邮政包裹收据，寄运手续即告完成。至于邮件经过几个国家的运送、交接、保管等一系列手续，无须托运人参与，均由各国的邮政机构负责办理。邮件到达目的地后，收件人可凭邮局到件通知和收据向邮局提取，手续非常简便。因此，可以认为邮政运输是一种具备多式联合运输性质的运输方式。

邮政运输通过邮件的递送，沟通和加强了国内以及国家之间人民的通信联系，促进相互间的政治、经济、文化和思想交流。但是，邮政运输不可能运送国际贸易中的大量货物，只能运送包裹之类的小件货物，而且对包裹的重量和体积均有严格限制。通常只适宜运送精密仪器、机器零件、金银首饰、贸易样品、工程图纸、合同契约等量轻体小的零星贵重物品。

三、邮政运输的基础条件

1. 邮件

邮件是邮局传递的函件和包裹的总称。

邮件按运输方法分为水陆路邮件和航空邮件。按内容性质和经营方式分为函件和包裹两大类。根据各个国家的具体要求，包裹又有不同的分类，按我国邮政规定，邮包分为普通包裹、脆弱包裹、保价包裹等。

① 普通包裹。凡适于邮递的物品，除违反禁寄和限寄规定的物品外，都可以作包裹寄递。包裹内不准夹寄信函，但可以附寄包裹内件清单、发票、货单以及收寄件人的姓名和地址签条等。

② 脆弱包裹。装有易碎物品的包裹，可以按脆弱包裹寄递，如玻璃器皿、古玩等。脆弱包裹只限寄往同意接受的国家或地区。邮局对脆弱包裹只在处理上加以特别注意，所负责任与普通包裹相同。

③ 保价包裹。凡适于邮递的贵重物品，如金银首饰、珠宝、工艺品等，可以作保价包裹寄递。寄件人可以申报价值，邮局按申报价值承担补偿责任。

邮局收寄各类邮件，要向寄件人收取规定的邮资。邮资是邮政局为提供邮递服务而收取的报酬。

邮件按寄递区域可分为国内邮件和国际邮件两大类。国内邮件一般先按其内容性质分为信函、明信片、新闻纸(经邮局登记按新闻纸类邮寄的报刊)、印刷品、盲人读物、包裹等，然后按处理手续、运递方式或寄递时限等分为挂号邮件、快递邮件、航空邮件、保价邮件、代收货价邮件等。有些国家基本上按内容性质和寄递时限相结合的方法分类，如英国邮政先把邮件分为信件、包裹和经邮局登记的报刊三类，再把信件分为一、二两等。一等信件资费较高，通常在邮局收寄后第一个工作日内投交收件人；二等信件资费较低，通常在邮局收寄后第二个、不迟于第三个工作日内投交收件人。《万国邮政公约》统一规定了国际邮件的分类。对于邮件分类，一方面可供用户选择使用，另一方面便于邮局按照不同的要求，分别规定各类邮件的资费标准、重量和尺寸的限制，以及不同的处理手续和运递时限等。

我国国内邮件按内容性质分为函件和包件两类。函件分信函、明信片、印刷品和盲人读物 4 种；包件分包裹和快递小包两种。函件又按寄递区域分为本埠函件和外埠函件；按处理手续分为平常函件和挂号函件。此外，利用飞机运递的邮件，称为航空邮件。报明保价金额或代收货价金额的，分别称为保价邮件和代收货价邮件。邮局对保价邮件丢失、短少、损毁，负担按保价金额补偿的责任；对漏收代收货价邮件的货款，负担按托收金额补偿货款的责任。此外，凡是邮局在收寄时给寄件人开具收据，处理时加以登记，投递时要收件人签收的邮件，统称为给据邮件。各类给据邮件都可以由寄件人加付回执费，附寄邮政回执。邮局在有关邮件投交后，将回执退给寄件人，作为邮件妥投的凭证。

国际邮件是指国家(或地区)之间互相传递的邮件。国际邮件的传递由两个或两个以上国家(或地区)的邮政部门共同完成。因此，对国际邮件的规格、质量和邮递各环节的处理要有统一的标准和要求。《万国邮政公约》和各项协定对国际邮件的种类、资费、规格、封面书写、处理、各项费用的结算等做出了统一的规定。

国际邮件包括国际函件和国际包裹。国际函件又分信函、明信片、印刷品、盲人读物和小包。国际包裹分为普通包裹、脆弱包裹、保价包裹和过大包裹。国际函件用挂号方式寄递的称国际挂号函件；要求保价的称国际保价信函。国际邮件用航空方式寄递的称国际航空邮件；要求代收货价的称国际代收货价邮件。万国邮政联盟所有会员国都要办理国际函件业务，不参加《邮政包裹协定》或《代收货价邮件协定》的国家，可以不办理这些业务。国际邮件必须经由国际邮件互换局封成邮件总包，交由国际邮件交换站与外国的交换站(或通过交通部门)进行交换。

2. 邮路

邮路是邮件运输的路线。邮路和邮局共同组成的邮件传递系统，称为邮政网络。它是国家邮政的基本组织形式。邮件的传递是全程全网联合作业，一般要由相关的 2~3 个，甚至更多的邮局共同参与，每个邮局只完成整个传递过程的一个阶段，整个传递过程需由各个传递阶段相互配合来完成。因此，在全国范围内要合理组成四通八达的邮政网络。古代邮驿有驿道，邮件运输靠人力和车马。近代邮政的邮路根据交通线路进行规划和确定，邮件运输主要靠列车、汽车、飞机、船舶等。1830 年英国首先利用铁路运输邮件，1903 年德国开始用汽车运输邮件，1918 年在伦敦和巴黎间开始有定期邮政航班飞行。

为了达到迅速运送邮件的目的，邮路建立的基本原则是：选用路程尽量短、贯穿邮局尽量多的安全稳定路线；选用速度快、经济效益大的运邮工具；选择同邮件封发、投递频次和时间相衔接的车次、船次、航班。

通常按邮件运输工具的不同，将邮路分为铁道邮路、航空邮路、汽车邮路、水道邮路、早班邮路等。我国铁道邮路将邮政自备的邮政车挂在铁路旅客列车上或租用铁路行李车用集装箱运邮。航空邮路均利用民用航空部门的飞机运邮。汽车邮路包括由邮局自办的汽车邮路和委托交通运输部门代运的委办汽车邮路。此外，还有用摩托车运邮的摩托车邮路。水道邮路分为机动船邮路和非机动船邮路。早班邮路有步班邮路、自行车邮路、畜力班邮路等。在我国，按现行管理体制将邮路分为如下 4 种。

(1) 干线邮路

干线邮路是指以首都为中心，联系各直辖市、省会和自治区首府的邮局(简称省会局)以及重要的国际邮件交换站的邮路和各省会局之间相互联系的邮路。

(2) 省内邮路

省内邮路是指以省会局为中心，联系本省(自治区)内各邮电局的邮路以及省(自治区)内各邮局之间相互联系的邮路。

(3) 市内邮路

市内邮路是指一个城市内的邮局连接所属分支机构及各分支机构之间相互联系的邮路，还包括接送报纸的邮路，通往车站、码头、机场接送进出口邮件的邮路和开取信筒邮件的邮路等。

(4) 县内邮路

县内邮路又称农村邮路，是县邮电局和所属分支机构以及各分支机构之间相互联系的邮路。

这种分类方法便于按行政体制进行分级管理。中华人民共和国成立后，我国的邮路，特别是在农村和边疆地区的邮路，有很大增长，已经形成一个利用多种运输工具、贯通全国城乡、纵横交错的邮路网。

四、邮政运输的组织管理

邮政运输，是指通过邮局寄交货物的一种运输方式。邮政运输比较简单，只要卖方根据买卖合同中双方约定的条件和邮局的有关规定，向邮局办理寄送包裹手续，付清邮费，取得收据，就完成了交货任务。

1. 邮政运输的组织管理机构

世界各国的邮政业务都是由国家的邮政部门办理，而且都兼办邮包运输业务。国际上，国与国之间的邮政部门除订有双边邮政协定以外，还参加国际邮政公约，通过这些协定和公约，使邮件包裹的传递畅通无阻、四通八达，形成全球性的邮政运输网，从而使国际邮政运输成为国际贸易的一种运输方式。

万国邮政联盟(简称邮联)，是联合国下的专门机构，其宗旨是组织和改进全世界邮政服务工作，并保证国际邮政合作。万国邮政联盟大会是万国邮政联盟的最高权力机构，每5年召开一次会议。执行理事会由大会选出的40个成员国组成，以确保在大会休会期间，日常工作能正常进行。邮政研究咨询理事会研究邮政技术和合作方面的问题，并就此问题拟出改进建议，推广邮政经验和成就。国际局为万国邮政联盟的中央办事机构，设在瑞士伯尔尼，其主要任务是联络各国邮政部门、提供情报和咨询服务。

2. 邮政运输的有关规定

为了执行国家政策法令、保证邮政运输的顺利进行，邮政局对于禁寄、限寄和其他要求的邮件都有明确的、严格的规定。

(1) 禁寄、限寄范围

国际邮件除必须遵照国家间一般禁止或限制寄递的规定外，还必须遵照本国禁止或限制出口的规定，以及寄达国禁止或限制进口和经转国禁止或限制过境的规定。根据我国海关对进出口邮递物品监督办法和国家法令的规定，武器、弹药爆炸品、受管制的无线电器材、中国货币、票据和证券、外国货币、票据和证券、黄金、白银、白金、珍贵文物古玩、内容涉及国家机密和不准出口的印刷品、手稿等，均属于禁止出口的物品。限制出口的物品是指有规定数量或须经批准方可向外寄递的物品，如粮食油料等，每次每件最多不超过1千克。对商业性行为的邮件，则按《中华人民共和国货物进出口管理条例》规定的办法办理，如规定需要附许可证邮递的物品。寄件人必须向当地的对外贸易管理机构申请领取许可证，以便海关凭以放行。有些物品如肉类、种子、昆虫标本等，按规定须附卫生检疫证书。

(2) 重量、尺寸、封装和封面书写要求

按照国际邮联和我国邮政部门的规定，每件邮包重量不得超过 20 千克，长度不得超过 1 米。这样的规定是基于国际邮件交换的需要，邮政业务和交通运输业分工的原因。邮政运输如不加以限制，邮政业务就会无异于货运业务。

邮政封装视邮件内所装物品性质的不同，要求也不同。对封装的总要求是，以符合邮递方便、安全并保护邮件不受损坏、丢失为原则。对封面书写则要求清楚、正确、完整，以利于准确、迅速和安全地邮递。

邮政运输通过参加国际邮政联盟或国与国之间签订的邮政协定，使国际邮政业务具有广泛的国际性。邮政运输没有自己专门的运输工具，在邮政运输的整个过程中，一般需要经过两种或两种以上不同运输方式联合运输，因此，又具有多式联运的特点。邮政运输因经营方式的不同，其业务对象可分为函件和包裹两大类，我国邮政运输的分类比较多。国际邮政运输要遵守寄送国和寄达国的有关规定，邮件的重量、尺寸、封装和封面书写必须按有关要求办理。

(3) 邮资

邮政业务的报酬是邮资，邮资是邮政局为提供邮递服务而收取的费用。各国对邮资采取不同的政策，有些国家把邮政收入作为国家外汇收入的来源之一；有些国家要求邮政自给自足，收支大致相抵；有些国家对邮政实行补贴政策，从而形成不同的邮资水平。

国际邮资均以重量分级为其计算标准，邮资由基本邮资和特别邮资两部分组成。基本邮资是指邮件经水陆路运往寄达国应付的邮资，是特别邮资计算的基础。基本邮资的费率是根据不同邮件种类和国家地区制定的，邮政局对每一邮件都要收取基本邮资。特别邮资是为某项附加手续或责任而收取的邮资，如挂号费、回执费、保价费等，是在基本邮资的基础上，按每件加收的。但保价邮资须另按所保价值计收。

(4) 单证

邮政运输的主要单证是邮政收据。邮政收据是邮政局收到寄件人的邮件后出具的凭证，是邮件灭失或损坏时，凭以向邮政局索赔的凭证，也是收件人凭以提取邮件的凭证。邮政运输中，邮局与寄件人之间的权利、义务、责任和豁免，除了受有关国家的邮政法规约束外，还要受国际公约和协定的制约。

3. 邮件的传递过程

邮件的传递过程按工序先后分收寄、分拣和封发、运输、投递 4 个环节。

(1) 收寄

收寄工作包括验视邮件是否符合规定，核销邮票，填发收据等。

(2) 分拣和封发

分拣是按邮件寄往地点进行区分，把寄往同一地点和由该地经转的邮件分在一起；封发是将分妥的邮件分别封成邮件总包(袋、套)，以便发运。由于邮件寄达地点不同，寄往各地的邮件多寡不一，因此分拣封发的组织工作特别繁复。我国的分拣封发工作是遵循直封和经转关系要合理，计划封发要周密的原则进行组织的。直封是按照邮件寄达地点直接分拣，并封成总包发给寄达地点的邮局。经转是邮件发寄局按发寄路向发给中途位于交通枢纽的邮局；这些邮局收到后再次分拣封发，转发到寄达地点的邮局。直封和经转关系主要根据邮件流向(寄达地点或发寄方向)和各个流向的邮件流量确定，力求加快邮递速度、减少经转层次。计划封发是从加快邮件传递过程着眼，力求缩短邮件在邮局内和在途中的时间，同时注意邮件到达寄达地点邮局的时间同该局投递出班时间紧密衔接。有计划地选择发运路线和有效车次，可使邮件按规定的频次和时限发运。

(3) 运输

利用各种交通运输工具将邮件总包分别经由规定的邮路运送到寄达地点的邮件运输工作包括转运和押运两类。转运是指邮路沿线的邮局(又称地面局)将本局分拣封发的邮件总包交邮运车船飞机等运走，并将收到的邮件总包运回本局。押运则为押运邮件人员在邮运车船上与地面局交换邮件总包，并在运输途中负责邮件安全和部分函件的车上分拣封发工作。邮件运输是实现邮件空间转移的重要环节，必须保证发往任何地方的邮件都能畅通送达。邮件运输除邮局自办运输以外，要受到铁路、公路、水路、航空等运输部门的线路和运行班次、时间以及载运量的制约。因此，邮件运输需要国家的法律保障，并要有周密的发运计划和灵活的指挥调度，以便综合利用各种运输工具，使邮件运转紧密衔接，避免迂回倒流和积压延误。

(4) 投递

投递有按址投递和局内投交两种方式。按址投递是指按邮件封面所写收件地址投送邮件，是邮件投递的主要方式。局内投交为由收件人到指定邮局领取邮件。局内投交的邮件除写明邮政专用信箱或存局候领的邮件外，一般由投递邮局先填发通知单，按地址通知收件人领取。

4. 邮政运输保险

不论通过何种运送工具，凡是以邮包方式将贸易货物运达目的地的保险均属邮包保险。保险承保通过邮政局邮包寄递的货物，因邮包在邮递过程中遭到自然灾害、意外事故或外来原因造成的货物损失。以邮包方式将货物发送到目的地可能通过海运，也可能通过陆上或航空运输，或者经过两种或两种以上的运输工具运送。

(1) 险别划分

根据中国人民保险公司制定的《邮政包裹保险条款》的规定，我国邮包运输保险有邮包险和邮包一切险两种基本险别。

① 邮包险。本保险负责赔偿：被保险邮包在运输途中由于恶劣气候、雷电、海啸、地震、洪水等自然灾害，或由于运输工具遭受搁浅、触礁、沉没、碰撞、倾覆、出轨、坠落、失踪，或由于失火爆炸等意外事故所造成的全部或部分损失。保险公司负责被保险人对遭受承保责任内危险的货物采取抢救，防止或减少货损的措施而支付的合理费用，但以不超过该批被救货物的保险金额为限。

② 邮包一切险。邮包一切险的责任除上述邮包险的各项责任外，还负责被保险邮包在运输途中由于外来原因所致的全部或部分损失。

邮包险与邮包一切险责任起讫为自被保险邮包离开保险单所载起运地点——寄件人的处所——运往邮局时开始产生，直至该项邮包运达本保险单所载目的地邮局，自邮局签发到货通知书当日午夜起算满15天终止。但是在此期限内，邮包一经交至收件人的处所，保险责任即行终止。

(2) 邮包战争险

在投保一种邮包运输基本险的基础上，经投保人与保险公司协商后可以加保邮包战争险等附加险。加保时，也须另加保险费。

① 责任范围。保险公司负责赔偿在邮包运输过程中由于战争、类似战争行为、敌对行为、武装冲突、海盗行为以及各种常规武器包括水雷、鱼雷、炸弹所造成的损失。保险公司负责被保险人对遭受以上承保责任内危险的物品采取抢救，防止或减少损失的措施而支付的合理费用。但保险公司不承担因使用原子弹或热核制造的武器所造成的损失的赔偿。

② 责任起讫。邮包战争险的保险责任是自被保险邮包经邮政机构收讫后自储存处所开始运送时生效，直至该项邮包运达保险单所载明的目的地邮政机构送交收件人为止。邮政包裹附加险，除战争险外，还有罢工险。在投保战争险前提下，加保罢工险不另收费，如仅要求加保罢工险，

按战争险费率收费。邮政包裹罢工险的责任范围与海洋运输罢工险的责任范围相同。

(3) 我国邮包运输货物保险的做法

在办理国际邮包运输时，应当正确选用邮包的保价与保险。凡经过保价的邮包，一旦在途中遗失或损坏，即可向邮政机构按保价金额取得补偿。因此，对寄往办理保价业务的国家，可予保价。鉴于有些国家和地区不办保价业务，或有关邮政机构对保价邮包损失赔偿限制过严，或保价限额低于邮包实际价值，则可采取保险，也可采取既保险又保价的做法。

第七节 成组运输

成组运输是将各类集装单元(箱)货物作为一个运输单元(箱)，采用机械装卸和搬运，进行规格化运输的一种运输自动化的方式。它是采用一定的办法，把分散的单件货物组合在一起，成为一个规格化、标准化的大的运输单位进行运输。成组运输适于机械化、自动化操作，便于大量编组运输。成组运输加快了货物周转，提高了运输效率，减少了货损货差，节省了人力物力，降低了运费成本。因此，成组运输已成为现代交通运输中普遍采用的方式之一。

一、成组运输概述

我们通常说的成组运输包括捆扎件运输、托盘运输和集装箱运输。它的发展经过了一条漫长的道路。最初的成组方式是利用一个箱子将零碎的物品装起来，或使用网、绳索、铁皮把几件货物捆扎在一起成为一个运输单位，这是成组运输的雏形。后来，把若干件货物堆装在一块垫板上作为一个运输单位。随后，在垫板运输的基础上进而发展到托盘运输。托盘运输比垫板运输前进了一大步，不仅运输单位增大，而且更便利、更适合机械操作。因此，我们把托盘运输称为成组运输的初级阶段。此后，因汽车运输货物需要换装，而发明了集装箱。集装箱运输的产生被称为运输的革命，它为标准化的成组运输方式提供了极为有利的条件，使自动化大生产开始适用于运输领域，因此集装箱运输是成组运输的最高形态。将货物经由集装器具进行集装，改善了货物原有的存放状态，提高了货物的装卸搬运活性。将各类集装单元(箱)货物作为一个运输单元(箱)，采用机械装卸和搬运，进行规格化运输，就形成了集装箱运输。

随着物流业的发展，托盘运输迅速地在仓储运输配送中发展起来，而集装箱运输则大量地应用于国际贸易和国际多式联运中。成组运输能大大提高运输效率、降低运输成本，具有安全、迅速、节省等优点。特别是集装箱运输的开展，可以在各种运输方式之间自动顺利的转换，因而有利于大陆桥运输和多式联合运输的开展。

成组运输必须具备两个前提，一是机械化和自动化；二是产品的标准化和规格化，这两个条件互为前提。要实现机械化和自动化，首先必须使产品标准化和规格化，这样才能充分发挥机械化和自动化的作用。当机械化和自动化的程度提高以后，才可能生产出标准化和规格化的产品，以机械代替人力操作。在运输领域里，大宗货物的运输自动化生产已获得较快的发展。例如，石油及其制品运输早已采用机械化和自动化，使用大型油轮在海上运输，港口使用高性能的自动油泵装卸，陆上使用由管道输送等手段组成的具有高组织化的连贯运输系统。粮食、煤炭、矿砂等大宗货物也已采用自动化和机械化成组运输，大大提高了装卸和运输效率，降低了运输成本。大宗货物的成组运输之所以得到较快的发展，一是因为使用了现代化、高性能的运输设备，实现了机械化和自动化；二是因为货物性质和规格相同，符合产品标准化和规格化的要求。

二、托盘运输

1. 托盘运输的概念和种类

托盘运输是指货物按一定要求成组装在一个标准托盘上组合成为一个运输单位,使用铲车或托盘升降机进行装卸、搬运和堆放的一种运输方式,它是成组运输的一种形式。托盘是按照一定的规格制成的单层或双层平板载货工具。在平板上集中装载一定数量的单件货物,并按要求捆扎加固,组成一个运输单位,以便在运输过程中使用机械进行装卸、搬运和堆放。同时,托盘又是一种随货同行的载货工具。

目前国际上对托盘的提供有两种来源:一是由承运人提供。在装货地将货物集装在托盘上,然后货物与托盘一起装上运输工具,在卸货地收货人提货时,如果连同托盘提走,就必须在规定时间内将空托盘送回,这种托盘结构比较坚固耐用。二是由收货方自备简易托盘,这种托盘随同货物一起交给收货人,不予退回。托盘以木制为主,但也有用塑料、玻璃纤维或金属材料制成的。常见的托盘有平板托盘、箱形托盘和柱形托盘等。

2. 托盘运输的特点

(1) 优点

托盘运输是以一个托盘为一个运输单位,运输单位增大,便于机械操作,因而可以成倍地提高运输效率。这种运输方式具有以下优点。

① 提高运输效率。由于托盘运输是以托盘为运输单位,搬运和出入仓库都以机械操作,因此有利于提高运输效率,缩短货运时间,降低运输成本,同时还可以降低劳动强度。

② 便于理货,减少货损货差。以托盘为运输单位,货物件数变小,体积重量变大,而且每个托盘所装数量相等,既便于点数,理货交接,又可以减少货损货差事故。

③ 投资比较小,收效比较快。与集装箱相比,托盘的投资相对较小,所用时间也较短,因而收效较快。

(2) 缺点

① 托盘承运的货物范围有限。最适合托盘运输的货物是集装箱罐头食品、硬纸盒装的消费品等比较小的包装商品。大的、形状不一的家具、机械以及散装冷冻等货物不适于托盘运输方式。

② 增加了托盘费用和重量。托盘运输虽然设备费用减少,但要增加托盘的费用。同时,由于增加了托盘的重量和体积,因此相应地减少了运输工具的载量。

3. 托盘运输的发展现状

目前世界上许多国家,特别是尚未具备条件开展集装箱运输的国家都在大力推广托盘运输,甚至有些国家的港口当局只允许货物托盘化和成组化的船舶装卸或优先给予泊位。有些承运人为鼓励货主采用托盘运输,除对托盘本身免收运费外,还给货主一定的托盘津贴。甚至有些承运人对去往某些国家的货物,若没采用托盘则须加收托盘费,而许多进口商也愿意采取托盘运输并负担托盘费。由于托盘运输的上述优点,采取托盘运输不仅对港方和船方有利,而且对买卖双方也十分有利。

然而,托盘运输并不是最理想的运输方式。虽然托盘运输向成组运输前进了一步,但其效果还不足以从根本上改变传统的运输方式,不能完全适应国际多式联运方式。例如,它不能像集装箱那样,可以密封地越过国境和快速转换各种运输方式。因此,这种运输方式有待于向更高级的运输方式——集装箱运输方向发展。

三、集装箱运输

1. 集装箱运输概述

集装箱运输是以集装箱作为运输单位进行货物运输的一种现代化的运输方式。它适用于海洋运输、铁路运输及国际多式联运等。

(1) 集装箱的含义

集装箱又称"货柜""货箱",原义是一种容器,现指具有一定的强度和钢度,专供周转使用并便于机械操作和运输的大型货物容器。因其外形像一个箱子,又可以集装成组货物,故称"集装箱"。

根据集装箱在装卸、堆放和运输过程中的安全需要,国际标准化组织(international organization for standardization,ISO)把集装箱定义为:"集装箱是一种供货物运输的设备,应满足以下要求:具有耐久性,其坚固强度足以反复使用;便于商品运送而专门设计的,在一种或多种运输方式中运输时无须中途换装;设有便于装卸和搬运的装置,特别是便于从一种运输方式转移到另一种运输方式;设计时应注意到便于货物装满或卸空;内容积为 1 立方米或 1 立方米以上。"

除了 ISO 的定义外,还有《集装箱海关公约》(customs convention on container, CCC)、《国际集装箱安全公约》(convention for safe containers,CSC)、英国国家标准和北美太平洋班轮公会等对集装箱下的定义,内容基本上大同小异。我国国家标准 GB/T 1992—2006《集装箱术语》中,规定了集装箱的定义。

(2) 集装箱的分类

随着集装箱运输的发展,为适应装载不同种类货物的需要,因而出现了不同种类的集装箱。这些集装箱不仅外观不同,而且结构、强度、尺寸等也不相同。根据集装箱用途的不同可以将集装箱分为以下几种。

① 干货集装箱。干货集装箱也称杂货集装箱,这是一种通用集装箱,用以装载除液体货、需要调节温度货物及特种货物以外的一般杂货。这种集装箱使用范围极广,其结构特点是常为封闭式,一般在一端或侧面设有箱门。

② 开顶集装箱。开顶集装箱也称敞顶集装箱,这是一种没有刚性箱顶的集装箱,但有可折式顶梁支撑的帆布、塑料布或涂塑布制成的顶篷,其他构件与干货集装箱类似。开顶集装箱适于装载较高的大型货物和需要吊装的重货。

③ 台架式及平台式集装箱。台架式集装箱是没有箱顶和侧壁,甚至有的连端壁也去掉而只有底板和 4 个角柱的集装箱。台架式集装箱有很多类型,包括敞侧台架式、全骨架台架式等,其主要特点是:为了保持其纵向强度,箱底较厚;箱底的强度比普通集装箱大,其内部高度则比一般集装箱低;在下侧梁和角柱上设有系环,可以把装载的货物系紧;台架式集装箱没有水密性,怕水湿的货物不能装运,适合装载形状不一的货物;平台式集装箱是仅有底板而无上部结构的一种集装箱;该集装箱装卸作业方便,适于装载长、重大件。

④ 通风集装箱。通风集装箱一般在侧壁或端壁上设有通风孔,适于装载不需要冷冻而需要通风、防止汗湿的货物,如水果、蔬菜等。如果将通风孔关闭,那么可作为杂货集装箱使用。

⑤ 冷藏集装箱。这是专为运输要求保持一定温度的冷冻货或低温货而设计的集装箱,可分为带有冷冻机的内藏式机械冷藏集装箱和没有冷冻机的外置式机械冷藏集装箱,适用装载肉类、水果等货物。冷藏集装箱造价较高,营运费用较高,使用中应注意冷冻装置的技术状态及箱内货物所需的温度。

⑥ 散货集装箱。散货集装箱除了有箱门外,在箱顶部还设有 2~3 个装货口,适用于装载粉状或粒状货物。使用时要注意保持箱内清洁干净,两侧保持光滑,便于货物从箱门卸货。

⑦ 牲畜集装箱。这是一种专供装运牲畜的集装箱。为了实现良好的通风,箱壁用金属丝网制造,侧壁下方设有清扫口和排水口,并设有喂食装置。

⑧ 罐式集装箱。这是一种专供装运液体货物而设置的集装箱,如酒类、油类及液状化工品等货物。它由罐体和箱体框架两部分组成,装货时货物由罐的顶部装货孔进入,卸货时,则由排货孔流出或从顶部装货孔吸出。

⑨ 汽车集装箱。这是专为装运小型轿车而设计制造的集装箱。其结构特点是无侧壁,仅设有框架和箱底,可装载一层或两层小轿车。

由于集装箱在运输途中常受各种力的作用和环境的影响,因此集装箱的制造材料要有足够的刚度和强度,应尽量采用质量轻、强度高、耐用、维修保养费用低的材料,并且材料既要价格低廉,又要便于取得。

(3) 常见集装箱的规格

国际贸易货物运输中常见集装箱规格尺寸如表 4-3 所示。

表 4-3 常见集装箱的规格

规 格	内 径	容 积
20 英寸[①]集装箱	5.89 米×2.35 米×2.38 米	ABT. 27CBM
40 英寸集装箱	11.9 米×2.35 米×2.38 米	ABT. 58CBM
40 英尺[②]高柜	11.9 米×2.35 米×2.69 米	ABT. 67CBM
45 英尺高柜	13.35 米×2.35 米×2.68 米	ABT. 72—75CBM

2. 集装箱运输的特性

与传统的货物运输相比,集装箱运输具有以下特性。

(1) 效益好

集装箱运输经济效益高主要体现在以下几方面。

① 简化包装,节约包装费用。为避免货物在运输途中受到损坏,必须有坚固的包装,而集装箱具有坚固、密封的特点,其本身就是一种极好的包装。使用集装箱可以简化包装,有的甚至无须包装,实现无包装运输,可大大节约包装费用。

② 减少货损货差,提高货运质量。由于集装箱是一个坚固密封的箱体,因此集装箱本身就是一个坚固的包装。货物装箱并铅封后,途中无须拆箱倒载,即使经过长途运输或多次换装,也不易损坏箱内货物。集装箱运输可降低被盗的风险,减少潮湿、污损等引起的货损和货差,深受货主和船公司的欢迎。同时,集装箱运输由于货损货差率的降低,减少了社会财富的浪费,也具有很大的社会效益。

③ 减少营运费用,降低运输成本。由于集装箱的装卸基本上不受恶劣气候的影响,船舶非生产性停泊时间缩短,又由于装卸效率高,装卸时间缩短,因此对船舶公司而言,可提高航行率,降低船舶运输成本。对港口而言,集装箱运输可以提高泊位通过能力,从而提高吞吐量,增加收入。

---

① 1 英寸≈0.025 4 米。

② 1 英尺≈0.304 8 米。

(2) 效率高

传统的运输方式具有装卸环节多、劳动强度大、装卸效率低、船舶周转慢等缺点，而集装箱运输完全改变了这种状况。

① 装卸效率高。普通货船装卸一般每小时为 35 吨左右，而集装箱装卸每小时可达 400 吨左右，装卸效率大幅度提高。同时，由于集装箱装卸机械化程度很高，因此每班组所需装卸工人数很少，平均每个工人的劳动生产率大大提高。

② 航行效率高。由于集装箱装卸效率很高，受气候影响小，船舶在港停留时间大大缩短，因此船舶周转加快，航行效率提高，船舶生产效率也随之提高，从而提高了船舶运输能力，在不增加船舶数量的情况下，可以完成更多的运量。

(3) 投资大

集装箱运输虽然是一种高效率的运输方式，但是它同时是一种资本高度密集的行业。

① 船舶和集装箱的投资高。根据有关资料，集装箱船每立方英尺①的造价约为普通货船的 3.7~4 倍。同时，集装箱的投资也相当大。开展集装箱运输所需的高额投资，使得船舶公司的总成本中的固定成本占有相当大的比例，高达 2/3 以上。

② 港口的投资高。专用集装箱泊位的码头设施包括码头岸线和前沿、货场、货运站、维修车间、控制塔、门房以及集装箱装卸机械等，耗资巨大。

③ 配套设施的投资高。为开展集装箱多式联运，需要有相应的设施及货运站等，还需要兴建、扩建、改造、更新现有的公路、铁路、桥梁、涵洞等，这方面的投资更是惊人，没有足够的资金，开展集装箱运输是困难的，必须根据国力量力而行，不可盲目推进。

(4) 协作难

集装箱运输涉及面广、环节多、影响大，是一个复杂的运输系统工程。集装箱运输系统包括海运、陆运、空运、港口、货运站以及与集装箱运输有关的海关、商检、船舶代理公司、货运代理公司等单位和部门，这就增加了运输中协作的难度。如果配合不当，就会影响整个运输系统功能的发挥，如果某一环节失误，就会影响全局，甚至导致运输生产停顿和中断。因此，要搞好整个运输系统中各环节、各部门之间的高度协作，只有这样，才能保证集装箱运输系统高效率地运转。

总的来说，集装箱运输大大解决了传统运输中存在久已而又不易解决的问题，如货物装卸操作重复劳动多、劳动强度大、装卸效率低、货损货差多、包装要求高、运输手段烦琐、运输工具周转迟缓、货运时间长等。这也使集装箱运输适合不同运输方式之间的转换，有利于国际多式联运的开展。

第八节　冷链运输

一、冷链物流

冷链，即冷链物流，是一种特殊的供应链系统。常温物流只注重速度的层面，而冷链物流是冷链技术和物流技术的结合,在保证生鲜食品新鲜的前提下快速地将货物送达到消费者手中。2017 年 5 月发布的《冷链物流从业人员能力要求》中，定义了冷链物流是"根据冷冻工艺和制冷技术

---

① 1 英尺≈0.304 8 米。

作为物流活动的手段,目的在于使商品从生产到销售的全部环节都能够处在规定的温度控制下,以保证物品的质量,并减少损耗"。

冷链物流是一个复杂的连锁供应链,一般由冷冻加工、冷冻仓储、冷冻运输和冷冻销售等4个部分组成。冷链物流贯穿从原料供应商到最终消费者的整个供应链。它是随着科学技术的进步和制冷技术的发展而建立的,是以制冷技术为基础的低温物流过程。

随着我国生鲜食品冷链物流业的快速发展,国家必须尽快制定和实施科学有效的宏观政策。冷链物流的要求相对较高,相应的管理和资金投入也比普通常温物流大。

二、冷链物流特点

冷链物流的对象大多数都是容易腐烂的生鲜类产品,如果在冷链各个过程中,没有达到适宜的温度,就会导致产品出现损坏。同样,如果忽略了对温度的掌握,生鲜产品表面的微生物会不断繁殖,从而导致大量的货物腐烂。除此之外,时效性也十分关键,这是消费者十分注重的一个方面,产品如果未在最佳配送时间内到达消费者手中,生鲜产品的新鲜度就会下降,还可能因为消费者的满意度的下降而使企业品牌价值下降。传统常温下保存的产品没有容易腐烂的特点,并没有在时效性等方面有较为明确的规定。冷链物流与一般物流相比具有如下特点。

1. 货物容易变质

在冷链产品的配送过程中,冷链产品很容易发生腐烂的现象,所以在冷链流程中的每一个步骤都要严格控制温度。冷链产品的冷链物流业务过程包括仓储、运输等几个过程,在这些过程中极易导致冷链产品的腐烂损耗。除此之外,在冷链物流过程中可能会由于某些不可抗力导致冷链货物的质量损害。

2. 配送具有复杂性

由于冷链物流配送对象具有容易腐烂的特点,所以在配送过程中为了确保生鲜产品的新鲜程度,需要提出解决方案以减少货物损失的成本。还需要确保在运输过程中信息的流通,使企业各项物资、装备合理分配。另外,在运输途中生鲜产品还应注意储存时间、流通时间等。而传统物流配送服务对象不需要考虑容易腐烂的特点,与传统物流相比,冷链物流在配送过程中要注意冷链货物配送的复杂性。

3. 配送时效性要求更高

如果传统物流配送的产品超过了客户要求到达的时间,只需支付一部分费用来进行赔偿,但并没有影响产品自身。但是冷链物流配送对象大多数是生鲜食品,自身特点决定了配送时间必须及时。一旦生鲜产品配送时间超过了消费者所规定的时间,就会导致产品滞销。如果实际送货时间提前,企业为了确保生鲜产品的质量,就会需要进行低温保存。因此,不论是提前还是超过,都没有保证配送的时效性,有时还会影响到公司的品牌价值。因此,冷链货物对配送时效性有更高的要求。

4. 配送成本较高

冷链物流从运输、储存等环节都必须使用专门的冷藏设备以及设施来提供生鲜产品需要的温度和湿度等环境,比如运输冷藏车、湿度转换设备等。冷链物流过程中需要更加专业的设备以及设施,冷链配送环节需要较高的条件,所以就增加了成本,其中先进的温度控制装置、专业的冷链人才和专门的冷链设施设备都增加了冷链产品的流动成本。除此之外,我国冷链物流技术的发展对比其他国家发展较晚,技术有待完善,所以造成了相对较高的冷链配送成本。

5. 对温度变化敏感

生物学上的呼吸作用、酶的催化作用、化学作用以及物理作用都可能引起冷链货物的变质。当温度不断升高时，冷链货物中的生鲜产品呼吸作用加强，就会加剧食品的腐烂速度；如果温度不断降低，生鲜产品自身酶的活性降低，更严重的，活性被彻底损坏，也会影响运输货物的质量。所以温度的变化对其影响很大，冷链物流服务对温度的变化很敏感。

三、冷链物流现状及发展趋势

改革开放以后，我国人均收入水平持续增长，人们对生活品质的要求越来越高。为了改善生活水平质量、调整饮食搭配，人们在选购商品时会更加挑剔，也给相关货物的配送提出了更高的要求。为了应对新形势，政府层面对于冷链物流的发展高度重视，近年来支持力度不断加大，在多个文件中提出了健全农产品冷链物流体系，支持冷链物流基础设施建设等要求，督导冷链物流行业的快速完善。例如，2017 年 4 月，国务院办公厅正式公布了《关于加快发展冷链物流保障食品安全促进消费升级的意见》，提出要加快完善冷链物流标准和服务规范体系，制定一批冷链物流强制性标准。2017 年 8 月，交通运输部印发《加快发展冷链物流保障食品安全促进消费升级的实施意见》，提出着力提升设施设备技术水平、健全全程温控体系、优化运输组织模式、强化企业运营监管。2018 年 4 月，商务部办公厅、国家标准化管理委员会联合印发《关于复制推广农产品冷链流通标准化示范典型经验模式的通知》，确定了 31 个试点城市和 285 家试点企业参与农产品冷链流通标准化示范。2020 年 9 月，国家卫生健康委员会、国家市场监督管理总局联合发布《食品冷链物流卫生规范》，该规范已于 2021 年 3 月实施。

同时，电商平台的崛起无疑成为冷链物流发展的绝佳契机。2016 年 11 月 11 日，国务院办公厅印发《关于推动实体零售创新转型的意见》(国办发〔2016〕78 号)，明确了推动我国实体零售创新转型的指导思想和基本原则。2020 年 3 月，发改委发布《关于开展首批国家骨干冷链物流基地建设的通知》，同年 4 月，农村农业部发布《关于加快农产品仓储保鲜冷链设施建设的实施意见》。这些政策的出台，说明了国家对冷链物流发展的支持。近年来，个人、企业以互联网为依托，通过运用大数据、人工智能等先进技术手段，对商品的生产、流通与销售过程进行升级改造，进而重塑业态结构与生态圈，并对线上服务、线下体验以及现代物流进行深度融合的零售新模式——"新零售"方兴未艾。在这种背景下，一方面，互联网有效降低了信息获取的成本，平台商业模式为供需双方提供了直接接触的渠道，降低了企业的销售成本；另一方面，电商交易额的爆发式增长，尤其是生鲜电商逐渐成气候，为冷链物流企业带来了大量订单。当然，随着电商国际化以及"新零售"在生鲜食品行业的快速发展，对物流综合服务能力提出了更高的要求，冷链物流行业也将跟随"新零售"所带来的需求和渠道不断变革演进，包括与互联网大数据结合实现运营升级、与上下游结合实现整个产业链条的整合，以及供应链与其他产业跨界结合衍生新的消费场景等，具有一体化贸易执行能力的冷链供应链企业将快速崛起。

思考与练习题

1. 水路运输具有什么特性？
2. 水路运输包括哪些基础条件？
3. 水路运输的经营方式有哪些？
4. 简述航次的概念。

5. 简述海运进口、出口业务的基本程序。
6. 铁路运输具有什么特性？
7. 铁路运输包括哪些基础条件？
8. 简述我国"八纵八横"高速铁路网的构成。
9. 公路运输具有什么特性？
10. 公路运输包括哪些基础条件？
11. 公路运输的发展趋势是什么？
12. 简述公路汽车客运、货运生产过程包含的阶段及每个阶段包含的作业内容。
13. 航空运输具有什么特性？
14. 航空运输包括哪些基础条件？
15. 简述航空旅客运输的生产组织过程。
16. 简述管道运输的特性。
17. 管道运输的组织管理包含哪些内容？
18. 邮政运输具有什么特性？
19. 邮政运输包括哪些基础条件？
20. 什么是成组运输？成组运输的主要类型是什么？
21. 什么是冷链运输？它具备哪些特点？
22. 简述"新零售"模式的概念。

拓展阅读

1. 孙家庆. 国际货运代理[M]. 2版. 大连：东北财经大学出版社，2008.

2. 樊一江，谢雨蓉，汪鸣. 我国多式联运系统建设的思路与任务[J]. 宏观经济研究，2017(7): 158-165.

3. 匡旭娟，谢立. 航空运输与中国国际贸易发展——基于国际贸易面板数据的实证分析[J]. 广东社会科学，2017(3): 14-20.

4. 于晓胜. 政府与食品企业实施冷链物流的博弈分析[J]. 统计与决策，2019，35(1): 52-57.

5. Chen K, Yang Z, Notteboom T. The design of coastal shipping services subject to carbon emission reduction targets and state subsidy levels[J]. Transportation Research Part E: Logistics and Transportation Review, 2014, 61: 192-211.

6. Zhang K, He F, Zhang Z, et al. Multi-vehicle routing problems with soft time windows: A multi-agent reinforcement learning approach[J]. Transportation Research Part C: Emerging Technologies, 2020, 121: 102861.

第五章 运输需求分析与预测

学习目标

运输市场包含运输需求与运输供给两个基本方面，本章主要围绕运输需求展开。通过本章的学习，你将认识运输需求的概念和特征；理解运输需求产生的原因和影响因素；掌握运量预测的基本原理；熟练预测运输需求；了解定量和定性的预测方法；理解需求管理的含义和内容、常见的运输组织对策。

2019 年中国集装箱水运运输需求分析与预测[①]

尽管未来中国外贸形势面临诸多困难，不确定性风险加大，但由于经济稳中向好的基本面并未改变，预计 2019 年外贸进出口仍将保持平稳增长，从高速增长向高质量增长的结构性转变更加明显。2020 年，中国经济稳中向好、长期向好的基本趋势没有改变。尽管中国外贸形势面临诸多困难，不确定性风险加大，但外贸结构优化、动力转换加快的总趋势没有改变，随着国家稳外贸政策措施的效应持续显现，外贸将继续保持总体平稳、稳中提质的发展态势。

2019 年中国港口集装箱吞吐量，采用趋势外推法、生成系数法两种方法进行预测。趋势外推法以时间序列为基础，在中短期预测时拟合度较高，但缺乏未来外在因素的考虑；生成系数法则充分考虑外贸环境对港口集装箱吞吐量增长的影响，反映形势变化的效果较好。2019 年，综合考虑中国外贸进出口结构加速升级，以及美元汇率进一步上升的可能性，预计生成系数或在 0.53～0.55 的水平。综合模型预测结果，2019 年中国港口集装箱吞吐量或为 2.58 亿～2.85 亿 TEU。

通过对世界经济、中国外贸形势，以及运力增长的分析，预计 2019 年中国出口集运市场将面临较大不确定性，市场基本面将呈现供大于求的态势，运力过剩将逐步显现，整体市场下行压力加大。

北美航线：美国经济总体向好，失业率保持历史低位，带动投资与消费继续扩张，但未来的增长将面临后劲不足的局面，拖累中国对北美航线运输需求的增长趋势。据德鲁里预测，2019 年

[①] 2019 年，全国集装箱实际吞吐量为 2.61 亿 TEU。

太平洋航线东行货量约为 2 048.9 万 TEU，同比增长 3.2%，增速与 2018 年基本持平。但考虑到如果未来中美贸易争端的形势恶化，出口形势面临较大的不确定性。运力继续保持增长对于北美航线运价将产生不利影响，随着大量新船订单的陆续交付，北美航线总体运力规模始终保持扩张的节奏，也对供需平衡产生较大压力。预计 2019 年市场行情面临较为严峻的形势，尤其是上半年受提前出货的影响较大。

欧洲航线：德鲁里预测，2019 年远东至欧洲航线西行货量约为 1 065 万 TEU，同比增长 4.6%，增速较 2018 年增加 2.5 个百分点。但由于东南亚国家出口增长较快，中国出口至欧洲的货物增长状况并不是太乐观。在运力方面，新增运力主要投放在亚欧航线等远洋航线上，因此总体运力规模一直呈现温和增长态势，供需基本面面临一定的压力，市场行情将以承压下行为主。

日本航线：由于人口老龄化，日本经济增速始终在低位徘徊。作为出口大国，日本同样受到其他国家贸易保护主义的影响，经济前景更加不容乐观。但这种局面反而促使日本加强与周边国家的贸易往来，近期中国与日本关系有所转暖，加之未来中日韩自贸区谈判的潜在利好，中日贸易前景谨慎乐观。在运力方面，中日航线运力规模总体平稳，该航线上的班轮公司也较为自律，避免出现激烈的价格竞争，运价水平保持较为稳定的水平。

南北航线：近几年国际大宗商品价格连续攀升，部分商品已回到 2008 年全球金融危机爆发前的价格水平。随着美联储出台收紧货币政策，导致多数国家股市从高位回落，大宗商品价格也从高位下跌，澳大利亚、巴西等资源出口型国家经济增长大幅放缓，部分国家还出现货币大幅贬值、通胀高企等情况，市场风险大幅增加。克拉克森预测，2019 年拉美、大洋洲、非洲航线运输需求分别增长 5.6%、3.7%和 7.3%，仅非洲航线运输需求增速较 2018 年有所提升。在运力方面，总体运力规模一直在增长，部分抵消南北航线需求上升的影响，供求失衡的风险继续存在。运价受到班轮公司的运力投放及各自在南北航线上运力调配的影响，在不同的时间段可能产生大幅波动。

亚洲区域内航线：随着发达国家出台收紧货币政策，资金回流发达国家，部分亚洲国家面临爆发经济危机的风险。虽然由中国发起"一带一路"倡议，加速了区域内经济融合，提升了投资与贸易的便利性，但全球经贸环境的不确定性将拖累亚洲区域的经济增速，亚洲区域内航线集装箱运输需求的增速也将面临一定挑战。克拉克森预测，2019 年亚洲区域内航线运输需求增速达 5.9%，较 2018 年减少约 0.5 个百分点。由于亚洲区域内航线较低的准入门槛，运输需求的提升往往伴随着运力扩张，市场竞争较其他航线更为激烈，运价上行的难度较大。

阅读上面的案例，可以进一步思考：海运市场的本源需求是什么？在预测港口集装箱吞吐量时，可以采用哪些运输需求分析与预测方法？影响各地区运输需求的因素主要有哪些？

(资料来源：佚名. 2019 集装箱运输下行压力较大. 中国水运报数字报. http://epaper.zgsyb.com/html/2019-02/15/content_29521.htm.)

运输需求与运输供给是运输市场的两个基本方面。运输需求是运输供给产生的根源，是运输组织、规划的基础。运输市场上的供给行为(包括运输线路、运输工具、运输场站、运输服务设施等的设定)完全取决于运输需求的分析与预测。于是，对于运输市场上运输需求的产生、运输需求的影响因素以及运输量大小的研究便成为运输需求分析中不可缺少的内容。因此，合理的运输需求分析与预测便成为运输组织做好运输规划、进行运输决策必不可少的基础工作。

第一节 运输需求概述

需求和需要是两个不同的概念。从经济上讲，有支付能力的需要构成对商品或服务的需求。运输活动的主要内容是实现人或货物的空间位移，因此，只有了解了运输对象的市场需求状况，运输企业才能进行有效的运输活动。

一、运输需求的含义

运输需求是指在一定时期内和一定的价格水平下，社会经济生活在货物和旅客空间位移方面提出的具有支付能力的需要。因此，运输需求应具备两个条件：一是有购买运输服务的欲望或要求，只有运输需求者有运输需求，运输供给者才有可能去满足这种需求；二是具有购买能力，在一定的价格水平下，购买者的收入越高，购买能力越强。总之，这两个条件缺一不可。

运输需求通常会包括以下 6 个要素。

① 对象，即运输货物的品种与旅客的东西。
② 流量，即运输的需求量。
③ 流向，即货物或旅客发生空间位移时的空间走势，表明客货流的产生地与消费地。
④ 运程，即运输距离，指的是货物或旅客进行空间位移的起始地到终点的距离。
⑤ 运速，指的是货物或旅客的运送速度。
⑥ 运输价格(运价)，指的是运输单位重量或体积的货物或每位旅客的运输费用。

二、运输需求的特征

运输需求是一种普遍性需求，然而与其他商品需求相比，运输需求具有特殊性，这种特殊性主要体现在以下几方面。

① 广泛性。运输需求产生于人类生活和社会生产的各个角落，运输业作为一个独立的产业部门，任何社会活动都不可能脱离它而独立存在。因此，与其他商品和服务的需求相比，运输需求更具有广泛性，是一种普遍性的需求。

② 派生性。市场需求有本源需求和派生需求两种。本源需求是消费者对最终产品的需求，而派生需求则是由于对某一最终产品的需求而引起的对生产它的某一生产要素的需求。运输活动是产品生产过程在流通领域的继续，与产品的调配和交易活动紧密相连。货主或旅客提出位移要求的最终目的往往不是位移本身，而是为了实现其生产、生活中的其他需求，完成空间位移只是中间的一个必不可少的环节。因此，运输是社会生产和人类生活派生出来的需求。

③ 多样性。在货运方面，运输业几乎承运涉及所有物品种类的货物，在质量、体积、形状、性质和包装上千差万别，这些差异要求不同的运输条件，这就要求运输服务采取不同的技术措施并且提供各种性质的运输工具。在客运方面，由于旅客的身份、收入、旅行目的等不同，对运输服务在速度、方向、舒适性等方面的要求也是多种多样的。

④ 个别需求的异质性。就整个市场而言，对运输总体的需求是由性质不同、要求各异的个别需求构成的。在运输过程中必须采取相应的措施，才能适应这些个别需求。它们在经济方面的要求也各不相同，有的要求运价低廉，有的要求运送速度快。因此，掌握和研究这些需求的异质性，是搞好运输市场经营的重要条件。

⑤ 时间特定性。客货运输需求在发生的时间上有一定的规律性。例如，周末和重要节日前后

的客运需求明显高于其他时间，市内交通的高峰期是上下班时间，蔬菜和瓜果的收获季节也是这些货物的运输繁忙期。这些反映在对运输需求的要求上就是时间的特定性，运输需求在时间上的不平衡引起运输生产在时间上的不均衡。时间特定性的另一层含义是对运输速度的要求。客货运输需求带有很强的时间限制，也就是说，运输消费者对运输服务的起运和到达时间有各自特定的要求。从货物运输需求看，由于商品市场千变万化，货主对起讫的时间要求各不相同，因此各种货物对运输速度的要求相差很大。对于旅客运输来说，每个人的旅行目的和对旅行时间的要求也是不同的。

⑥ 空间特定性。运输需求是对位移的要求，而且这种位移是运输消费者指定的两点之间带有方向性的位移，也就是说运输需求具有空间特定性。例如，市场需求在城市 B，而农产品产地在 A 地，这就决定了运输需求必然是从 A 地到城市 B，带有确定的空间要求。

⑦ 部分可替代性。不同的运输需求之间一般来讲是不能互相替代的。例如，人的位移显然不能代替货物位移，由北京到兰州的位移不能代替北京到广州的位移，运水泥也不能代替运水果，因为这些明显是不同的运输需求。这里讲的替代性，是满足运输需求的方式上的替代性。在现实运输中，同一运输需求有时可以通过不同运输方式满足。例如，旅客或货物在两地间的运输，完全可以选择公路、铁路、水路、航空等不同的运输方式，最终达到同一目的地，也可以通过不同的运输企业来完成。这种运输需求的替代性也是导致运输市场竞争的主要原因。

⑧ 总体需求的规律性。对运输企业来说，不但要掌握和研究个别需求的异质性，还要研究总体需求的规律性。不同货物的运输要求虽然千差万别，但就总体来说还是有一定规律性的，如货流的规律性、市场需求变化的规律性等。

三、运输需求的类型

1. 根据需求范围划分

根据需求范围的不同，运输需求可以分为个别需求、局部需求和总需求。

① 个别需求。个别运输需求是指运输需求者在一定时期、一定运价下提出的运输需求。在客运方面，旅客因出行目的不同，对运输服务有不同的要求，但所有旅客都有一个共同需求，就是安全、快速、舒适地到达目的地。在货运方面，货物因本身的物理、化学性质的不同对运输的需求也会有所不同，如煤矿、木材等大宗散货需要低廉的运费，海鲜要保证运输时间，化学危险品要保障运输中的货物安全等。

② 局部需求。由于各地区自然条件、经济发展的不同，产生了不同的运输需求。发达地区运输需求量大，欠发达地区运输需求量小。靠近江河、湖泊或沿海地区水陆运输需求量大，内陆地区则公路、铁路、航空运输量比较大。

③ 总需求。这是从宏观经济角度分析出发的运输需求，指在一定时期、一定运价下，个别需求与局部需求的总和。

2. 根据运输对象划分

根据运输对象的不同，运输需求可以分为客运需求和货运需求。

(1) 客运需求

客运需求可以分为生产性运输需求和消费性需求。

① 生产性需求。生产性需求是与人类生产、交换、分配等活动有关的运输需求，如上下班、采购、展销、技术交流、售后服务、财务及劳务等活动产生的需求，它是生产活动在运输领域的继续和延伸，其运输费用计入产品或劳务成本。

② 消费性需求。消费性需求是以旅游观光、度假、探亲为目的的运输需求，它是一种消费活

动,其费用来源于个人消费基金。

(2) 货运需求

货运需求是因为货物交换双方的需要而产生的运输需求。在商品经济条件下,货运需求一般是因商品的交换而产生的。供应商、生产商、批发商、经销商、分销商、零售商和最终的消费者,都会因商品交换的需要而产生运输需求。

一般来说,货物运输需求产生的原因主要有以下三个方面。

① 地区间商品品种、质量、性能、价格上的差异。地区之间、国家之间自然资源、技术水平、产业优势不同,产品的质量、品种、价格等方面就会存在很大差异,这就会引起货物在空间上的流动,从而产生运输需求。

② 生产力与消费群体的分离。自然地理环境和社会经济基础的差异,以及各地区间经济发展水平和产业结构的差异,决定了生产性消费分布的存在。随着生产社会化、专业化的发展,生产与消费在空间上日益分离,也就必然产生了运输需求。

③ 自然资源的地区分布不均衡,生产力布局与资源产地分离。自然资源地区分布不均衡是自然现象,生产力的分布不可能完全与资源产地相配合,这就必然产生运输需求。

第二节 运输需求分析

影响运输需求的因素多种多样,如果及时了解影响运输市场活动的相关要素,借助经济学中的需求分析来预测市场态势,将会使运输组织活动更有目的性。

一、运输需求的影响因素

1. 旅客运输需求的影响因素

客运需求水平受人口、城市化程度、人们的出行时间、收入水平以及运输价格水平等因素的影响。

① 人口数量及城市化程度。旅客运输的对象是人,人口数量的变化必然引起旅行需求的变化。一般来说,人口越多,运输需求也应该越大,但两者的增长变化比例可能是不一样的。

② 人们出行的时间点。客运需求的一个重要特点是它有很强的时间性。例如在城市中,每天上下班时间的交通比其他时间要拥挤得多;而对于城市间交通来说,客运高峰期则有规律地根据年份呈周期性分布。

③ 居民收入水平。研究表明,人们的平均出行时间和次数都随着收入水平的提高而增加。根据马斯洛需求层次理论,吃、住、穿、医疗只能算是人们起码的生存和安全需要,这些需要满足后,就会产生友谊和社交的需要,即"行"的需要。所以,随着人们生活水平的提高,探亲、休养、旅游、访友等需要必然增长,与此相联系的消费性需求也将随着生活水平的提高在数量和质量上发生变化。于是,人们的收入水平与交通需求之间有一定的联系。一般来说,收入水平提高会使人们出行更远的距离或在交通上花更多的钱。

④ 运输价格水平。客运需求也受运价水平的影响。如果我们已经比较清楚地知道了运输需求与运输价格之间的相互关系,就可以在价格与需求坐标系中画出一条运输需求曲线,可以根据运价水平的变化考察运输需求量的变化。

⑤ 其他运输方式的竞争。其他运输方式的开通与否、运价水平和服务质量直接影响对某种运输方式的旅行需求。

⑥ 经济体制。在计划经济体制下，国家实行严格的户籍管理和就业制度，人员流动量小。而在市场经济体制下，人们在就业方面有较大的自由，人口流动相对频繁，因此客运需求量也更大。随着市场经济的发展，我国人口的流动性大大增加，客运量出现了强劲的增长势头。

2. 货物运输需求的影响因素

① 经济发展水平。货物运输需求是派生需求，这种需求的大小取决于经济发展水平。各国在不同经济发展阶段对运输的需求在数量和质量上有很大差别。从西方发达国家的交通运输发展过程看，工业化初期，开采业和工业化生产对大宗、散装货物的需求急剧增加。到机械加工工业发展时期，原材料运输继续增长，但增长速度已不如前一期，而运输需求开始多样化，对运输速度和运输质量方面有着更高的要求。进入精加工工业时期，经济增长对原材料的依赖明显减少，运输需求在数量方面的增长速度放慢，但运输需求越发多样化，在方便、及时、低损耗等运输质量方面的需求越来越高。

② 国民经济产业结构和产品结构。首先，生产不同产品所引起的厂外运量(包括原材料、附件、能源、半成品和产成品等)差别很大，如生产1吨棉纱引起厂外运量2.5～3吨，生产1吨水泥约4～5吨，生产1吨钢材约7～8吨。其次，不同产品利用某种运输方式的产运系数(即产品的运输量与其产量的比值)是不同的，如煤炭和基础原材料工业对铁路的依赖比较大，其他产品则可能更多地利用别的运输方式。再次，不同的产业构成，在运输需求的量与质上有不同的要求。如果用单位GDP所产生的货物周转量来表示货运强度，那么重工业的货运强度大于轻工业，轻工业的货运强度大于服务业，随着产业结构层次的提高，货运强度将逐步下降。

③ 运输网的布局与运输能力。运输网的布局和运输能力直接影响货源的范围和运输需求的适应程度。如国际航空线路的开辟，为鲜活易腐货物的国际运输需求提供了质量保证。优越的交通地理位置，高质量、高效率的运输网络不仅能满足本地区的运输需求，还可以吸引过境货物、中转货物。中国香港、新加坡是名列世界前茅的集装箱大港，其特点是半数以上的集装箱吞吐量来自其他港。由此可见，完善、合理的运输网布局，方便、快捷、高质量的运输能力无疑会大大刺激运输需求，而滞后的运输网络与运输能力则会抑制运输需求。

④ 市场价格的变动。运输价格和运输商品的市场价格变动，也会引起运输需求的变动。一般说来，运价下降的，运输需求上升；运价上涨时，短期内需求会受到一定抑制。同时，两地市场商品价格差别增大，会刺激该商品在两地间的运输需求；而商品价格差别缩小，则会减少两地间该商品的运输需求。另外，燃油、运输工具等价格的变动会引起运价的变动，也将导致运输需求的变动。

⑤ 国家经济政策和经济体制。当产品交流和物资分配体制从计划经济体制转向市场经济体制时，运输需求的市场调节比重增大，货物流通的范围扩大，频率增强。一些过去诸如"不合理运输"或"违反流向"的观念在发生转变。国家或政府还可以运用税收政策和货币政策对流通领域进行宏观调控，从而影响和调控货运需求。

⑥ 人口增长与分布。人口增长与分布的变化对货运需求也会产生很大的影响。人口增长快，必然引起粮食、油料、副食品、日用工业消费品等供应的增加，从而引起对运输需求的增加；大量人口流入城市会引起城市消费能力的增加，也会引起大量的粮食、副食品及日用工业消费品等运往城市，从而增加货运需求。

二、运输需求函数分析

1. 运输需求函数

为了对运输需求函数进行分析，我们引入"运输需求量"的概念。它是指在一定时间、一定空间、一定条件下，运输消费者愿意购买并有能力购买的运输服务的数量。根据研究，运输需求变动的目的和范围不同，从时间上说，可以是一年、一个季度、一个月、一天的运输需求量；从空间上说，可以是一个国家、一个地区、一条线路或一个运输方向的运输需求量；从运输方式上说，可以是某种运输方式，也可以是多种运输方式的总需求量。"一定条件"是指前面提到的影响运输需求变化的多种因素。

运输需求量的函数可表示为

$$Q = f(P, a, b, c, \cdots) \tag{5-1}$$

式中，Q 表示运输需求量；P 表示运输服务价格；a，b，c，$\cdots$ 分别表示除运输价格以外的其他影响因素。

需要说明的是，上式只是运输需求的抽象概念，并没有表示出运输需求量同其他自变量的具体关系。要得到实际问题的运输需求函数，还需经过认真、具体的经济分析、数据统计和数学计算。

2. 运输需求曲线

运输需求曲线是假定在除运输服务价格以外的其他因素都保持不变的情况下，反映运输需求量与运价之间关系的曲线。一般情况下，如果运输服务价格下降，运输需求量就会增加；反之，就会减少。这被称为运输需求定理，可以用图5-1表示，横轴 Q 表示运输需求量，纵轴 P 表示运价，D 表示运输需求曲线。

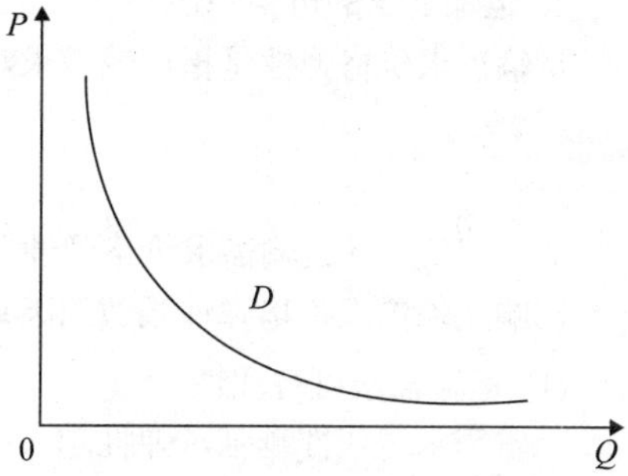

3. 运输需求量的变动与运输需求的变动

如前所述，运输需求量与运输需求是两个不同的概念。这里我们假定影响需求变动的其他因素都不发生变化，运输需求量只取决于价格的变化，这时运输需求函数可以简化为 $Q=f(P)$。从图5-2上看，运输需求量的变动就表现为同一条曲线 D 上各点的上下移动。例如，当价格为 P_1 时，运输需求量为 Q_1；在其他因素不变时，当运价 P_1 降为 P_2 时，运输需求量也就增加了，从 Q_1 也增加到了 Q_2。运输需求表示需求量与运价之间的对应关系的总和。它的变动是在运价保持不变的情况下，由于其他因素的变动所引起的运输需求的变动。在图5-2中，运输需求量的变动是沿着同一需求曲线变动。图5-3中，假定原需求曲线为 D_1。当价格为 P_1 时，运输需求量为 Q_1；当运价保持不变时，由于经济发展了、人均收入增加了，运输需求量由 Q_1 增加到 Q_3，这就导致需求曲线从 D_1 移到 D_2。

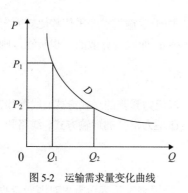

图5-2 运输需求量变化曲线

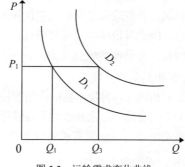

图5-3 运输需求变化曲线

图5-1 运输价格与运输需求的关系

三、运输需求弹性分析

为了较为准确地测定不同运输需求对价格及其他因素的敏感程度,我们引入"弹性"的概念对运输需求变动进行分析。在西方经济学中,用"弹性"来表示作为因变量的经济变量相对于自变量的经济变量的变化的反映程度。因此,运输需求弹性就是用来分析运输需求变动对运输服务价格及其他相关经济变量变化的敏感程度,一般用弹性系数来表示,用公式表示为

$$E_d = Q_{变动率} / Z_{变动率} = \frac{\Delta Q / Q}{\Delta Z / Z} \tag{5-2}$$

式中,E_d 表示运输需求弹性;Q 表示运输需求量;Z 表示影响因素;ΔQ 表示运输需求量的变化量;ΔZ 表示影响因素的变化量。

运输需求弹性可分为运输需求的价格弹性、收入弹性、交叉弹性、派生弹性。

1. 运输需求的价格弹性

运输需求价格弹性是指运输需求对运价的敏感程度。运输需求价格弹性系数的计算公式为

$$E_p = \frac{\Delta Q / Q}{\Delta P / P} \tag{5-3}$$

式中,E_p 表示运输需求价格弹性;ΔP 表示运价的变化量;P 表示运价;其余符号同前。

影响运输需求价格弹性系数的因素有以下几个。

(1) 运输需求可替代性

运输需求替代性越强,弹性越大;替代性越弱,则弹性越小。

(2) 货物本身价值

高价值货物对运价的负担能力强,因而对运价变动的反映程度弱,价格弹性小;低价值货物对运价负担能力较差,因而对价格变动的反映程度较强,则价格弹性大。

(3) 货物本身性质及市场状况

对于不宜久存的货物或急于上市销售的货物,货主宁愿选择运价高、速度快的运输方式,因而价格弹性小;而那些不急于上市,有较长储存时间的货物,价格弹性会相对大。

(4) 货物的种类

按出行目的可将旅客划分为生活性旅客和工作性旅客。一般来说,生活性旅客的客运需求弹性系数较大,而工作性旅客的客运需求弹性系数较小。

(5) 货物的密集程度

一般来说,在货运需求量较大的能源及重工业基地,由于运输需求严重依赖比较固定的运输方式和线路,因此对价格敏感程度较弱,需求弹性自然很小;而较为分散的零担货物,则对价格敏感程度较强,需求弹性就会很大。

(6) 运输市场的供求状况

不同运输市场上,客货运输的价格弹性有很大差别:在运力紧张的运输方式、线路和方向上,运输市场为卖方市场,运输需求的价格弹性明显较小;而在运力富裕的运输方式、线路和方向上,运输市场是买方市场,运输需求的价格弹性较大。

2. 运输需求的收入弹性

运输需求收入弹性主要用于分析客运需求的变动,它是用来表示客运需求对消费者收入变化的敏感程度。用公式表示为

$$E_i = \frac{\Delta Q / Q}{\Delta I / I} \tag{5-4}$$

式中，E_i 表示收入弹性；ΔQ 表示由消费者收入的变化引起的需求水平的变化；Q 表示原有的客运需求；ΔI 表示消费者收入的变化；I 表示消费者原有的收入。

运输需求收入弹性一般为正值。这是由于客运量 Q 总是与消费者收入呈同方向变动，这意味着消费者收入增加时，客运需求增加。收入弹性的分析，有助于对交通规划的决策。收入弹性大的运输项目，因为需求量增长较快，所以应提高发展速度；而收入弹性小的运输项目，应减缓发展速度，这样能更加合理地配置资源。

3. 运输需求的交叉弹性

运输需求交叉弹性表示运输需求变动不是由那些直接有关的运价变动引起的，而是由其他相关因素引起的。它反映的是运输需求对相关因素价格变化的敏感程度，它等于某一运输需求相对变化与其相关因素价格相对变化之比。

用公式表示为

$$E_{xy} = \frac{\Delta Q_x / Q_x}{\Delta P_y / P_y} \tag{5-5}$$

式中，E_{xy} 表示运输交叉弹性；ΔQ_x 表示因 y 因素的价格变化而引起的运输需求变化量；ΔP_y 表示价格变化量；Q_x 表示运输需求量；P_y 表示相关因素 y 的价格。

例如，运输方式具有替代性，如果一种运输方式涨价，就必然会引起对相关运输方式需求的增加；相反，如果一种运输方式降价竞争，必然会引起对相关运输方式需求的减小，此时交叉弹性系数为正(运输服务 x 的价格变动与运输服务 y 的需求呈同方向变动，弹性越大，替代性越强)。另外，运输方式也存在着互补性。如果此时运输服务 x 的价格变动引起运输服务 y 的需求呈反方向变动，此时交叉弹性为负。

4. 运输需求的派生弹性

运输需求是派生需求，运输需求的派生弹性可以用来分析运输需求随其本源需求的变化而变化的灵活程度。

(1) 运输需求的生产派生弹性

运输需求的生产派生弹性是指(工农业)生产水平变化一个单位，运输需求量的变化情况。生产派生弹性一般用于分析货运需求，用公式表示为

$$E_G = \frac{\Delta Q / Q}{\Delta G / G} \tag{5-6}$$

式中，E_G 表示运输需求的生产派生弹性；G 表示生产水平(如GDP、工业或农业生产总值等)；ΔG 表示生产变化值；Q 表示运输需求量；ΔQ 表示运输需求量的变化量。

E_G 一般为正值，说明运输需求量 Q 同生产水平 G 同方向变化，即当工农业生产水平提高时，需要运输的工农业产品增加，所以运输需求量增加；当生产水平降低时，需要运输的工农业产品减少，运输需求量减少。但在个别情况中 E_G 也会出现负值，如工农业总产值出现负增长或运输需求量出现负增长时 E_G 为负。运输需求的生产派生弹性可用于总体运输需求分析，通过生产派生需求弹性的计算和分析，可以反映运输业与国民经济各部门发展的正确比例关系。

(2) 运输需求的商品派生弹性

在市场经济中，运输需求取决于商品的市场需求，因此可以建立反映运输需求随商品需求变动而变化的灵敏程度，称为商品派生弹性指标。运输需求的商品派生弹性是指某种商品需求变化

一个单位，运输需求量的变化情况。商品派生弹性一般用于分析货运需求，用公式表示为

$$E_C = \frac{\Delta Q / Q}{\Delta C / C} \tag{5-7}$$

式中，E_C 表示运输需求的商品派生弹性；C 表示某一商品的需求量；ΔC 表示某一商品需求量的变化值；Q 表示运输需求量；ΔQ 表示运输需求量的变化量。

运输需求的商品派生弹性可以应用于微观运输经济分析，通过商品派生弹性的计算和分析，可以比较不同商品对运价变化的灵敏程度，同时可以看出不同商品对运费的负担能力。运输企业可以根据商品派生弹性来组织运输经营活动和制定运价；生产企业可以根据不同商品的商品派生弹性为其选择经济、合理的运输方式。

四、运输需求中运输方式的选择

运输需求最终被满足，离不开货主(乘客)对运输方式的选择。例如，从 A 地到 B 地的运输如果存在多种运输方式，则货主(乘客)将根据一定的原则(例如，运输时间、运输价格等)对货物运输的具体方式进行选择。由于这种选择是离散的，因此称为"离散选择"。本节我们对运输需求中运输方式的离散选择模型(discrete choice model，DCM)进行介绍。离散选择模型作为经典的统计学模型，在经济、社会学领域均存在着广泛的应用。其中最著名、应用最广的离散选择模型是 Logit 模型。1974 年，美国著名经济学家丹尼尔·麦克法登(Daniel McFadden)基于无关选择独立性假设(independent and irrelevant alternatives，IIA)，构建了离散选择理论，证明了 Logit 模型与最大效用理论的一致性，并最终于 2000 年获得了诺贝尔经济学奖。

在离散选择行为(例如，从 A 地到 B 地运输方式的选择)中，不论选择的选项如何，每个选项对于每个个体而言，均具备一定的"效用(utility)"。某个选项之所以被选择，正是因为其产生的效用最大，这与经济学原理中的"理性人假设"相同。麦克法登将"效用"进一步分解为两个不同的部分，一部分受到选项自身的特性所影响(记为 c)，另一部分则受到随机扰动的影响(记为 ε)，用以概括无法被观察的影响。正因为随机扰动项 ε 的存在，每个选项所对应的效用同样是随机的。换言之，每个经济个体(理性人)不会固定地选择某个特定的选项，而是针对每个选项均存在一定的选择概率，具体如式(5-8)所示。其中，$E[C]=c$，$Var[C]=Var[\varepsilon]$。

$$C = c + \varepsilon \tag{5-8}$$

式中，C 为随机变量，反映某个选项的效用；

c 为常数，反映由某个选项自身的特性所影响的效用；

ε 为随机变量，反映效用中随机扰动的部分。

式(5-8)被麦克法登称为"随机效用模型"(random utility model，RUM)。它大大扩展了传统效用理论的适用范围。接着，麦克法登针对效用随机扰动项施加了巧妙的 IIA 假设，使得经济个体选择每个选项的概率都可以使用十分简洁、清晰的数学表达式写出。对于运输方式的选择模型，具体可写为式(5-9)。式(5-10)则要求各种运输方式被选择的概率之和为1。

$$P_r^w = \frac{\exp(-\theta c_r^w)}{\sum_{k \in P_w} \exp(-\theta c_k^w)} \quad \forall r \in P_w, w \in W \tag{5-9}$$

$$\sum_{r \in P_w} P_r^w = 1 \quad \forall w \in W \tag{5-10}$$

式中，W 为运输网络中全体运输需求起点—终点(交通运输理论中称为"O-D 对")构成的集合，其元素记为 w，表示 1 对起、终点；

P_w 为由运输网络中 O-D 对 w 包含的全体运输方式构成的集合，其元素记为 r 或 k；

P_r^w 为运输网络中 O-D 对 w 的第 r 种运输方式被选择的概率；

c_r^w 为 O-D 对 w 的第 r 条路径的成本；

θ 为参数。

第三节　运输量预测

运输量与运输需求是两个不同概念。正如本章第二节中叙述的那样，运输需求指的是社会经济生活在人与货物空间位移方面所提出的有支付能力的需要；而运输量则是指在一定运输供给条件下所能实现的人与货物的空间位移量。运输量预测与其他事物发展预测相比，都是在一定区域、一定时间范围内，对发展变化态势的描述。但是，在实际中存在着预测对象的特点、影响因素、内在变化规律等方面的差异，这些差异通常会造成运输量预测区别于其他事物预测的现象。因此，有必要理解运输量的含义、特点以及运输量预测的原理，以便帮助运输企业进行合理的运输预测。

一、运输量预测的含义

运输量预测即运量预测，是根据运输及其相关变量的过去发展变化的客观过程和规律，参照当前已经出现和正在出现的各种可能性，运用现代管理、数学和统计的方法，对运输及其相关变量未来可能出现的趋势和可能达到的水平的一种科学推测。

社会经济活动中的人与货物的空间位移是通过运输量的形式反映出来的，运输量可以是公路上的汽车货物流量、航线上的旅客人数或者铁路列车运送的货物吨数。运输量的大小与运输需求的水平有十分密切的关系，但在许多情况下，运输量本身并不能完全代表社会对运输的需求。运输需求能否实现要取决于运输供给的状况，在运输能力完全满足需求的情况下，运输量基本上可以反映运输需求。但有时候，特别是在一些国家或地区运输供给严重不足的情况下，运输业完成的运输量仅仅是社会经济运输需求的一部分，如果增加运输设施、扩大运输能力，被不正常抑制的运输需求就会迅速变成实际的运输量，并形成诱发运输量。

过去开展的许多预测工作没有分清运输量与运输需求的区别，在预测过程中主要采用以过去的历史运输量来预测未来运输需求的方法，以"运量预测"简单地代替"运输需求预测"，这种概念上的误差当然会影响到预测的准确程度。显然，在运输能力满足需求的情况下，运量预测可以代表对运输需求量的预测；而在运输能力严重不足的情况下，不考虑运输能力限制的运量预测结果，就难以反映经济发展对运输的真正需求。因此，在实际工作中，明确运量预测和需求预测的关系，注意这两种预测之间的区别和在实际经济分析中的作用，可以更好地指导运输决策。

二、运输量预测的分类

运输量预测的内容很多，范围很广，结合预测目的、角度和相关特性，根据不同的分类标准，可以将其分为不同类别。

按照预测的对象，可将运输量预测分为货运预测和客运预测。按照预测对象的多少，可将运输量预测分为单一预测和复合预测。按照预测的层次，可将运输量预测分为全国运量预测、国民经济各部门运量预测、各地区运量预测和各种运输方式的运量预测。按照预测方法的不同,可将运输量预测分为定性预测和定量预测。按照预测期间的长短,还可将运输量预测分为短期预测、中期预测和长期预测。短期预测通常是指一年以内的运量预测,一般用于运输企业年度计划;中期预测通常是指2~5年的运量预测,主要用于运输企业或区域运输生产计划;长期预测通常是指5年以上,如10年、20年的运量预测,主要用于全国区域或城市交通规划。一般来讲,预测时间越长,预测结果和实际情况的出入也越大,其参考价值和可靠性也越差。

按照预测的内容,还可将运输量预测分为发送量预测、到达量预测、周转量预测和平均运程预测。在各地区的客货发到量确定之后,往往还需要预测各地区的内部运量和各地区之间的交流量,这些交流量还要在不同运输方式之间、不同运输线路之间进行分配。这些相互联系着的预测内容可以分为总运量预测和客货流预测这两大部分。其中,总运量预测是比较抽象意义上的预测,它只负责从总量上把握全国或部门或地区的客货运输量,包括发到量、周转量和平均运程。这些预测有时是分货物品类或旅客类别的,有些则是笼统的,其特点是只考虑总量,基本上不涉及具体发到地和具体线路上的客货流。而客货流预测则负责把已预测出的客货运总量,在分析地区间交流的基础上,分配到具体运输方式和运输线路上。客货流预测更接近实际的客货位移。

国家或地方的综合管理部门、运输主管机构以及各级运输企业都可以进行运输量预测。不同的预测方有着不同的出发点,这就决定了预测结果的不同用途。相关部门可以参考预测结果制订宏观经济计划、区域发展规划和基建配置计划,运输企业可以根据运输量的预测结果组织运输活动。

三、运输量预测的内容和原理

1. 运输量预测的内容

(1) 社会总运输量预测

社会总运输量是指全国、省、市、区域内可能发生的客货运输总量,是由各种运输方式的营业性和非营业性运输单位承运的所有运输需求量,包括国民经济(或某一种运输方式)的正常运量、转移运量和新增加运量。它是编制国民经济计划和进行运输基础设施建设的重要依据,是进行各种运输方式规划和编制运输生产计划的重要依据。

(2) 各种运输方式的运输量预测

各种运输方式的运量预测对包括铁路、公路、内河、海运及民航等运输方式的货运量、客运量、货物周转量和旅客周转量等的预测。

(3) 地区之间的运输量预测

在各地区的客货发、到量确定之后,还需要预测各地区之间的交流量。地区间的客货交流量是反映地区社会经济空间结构与关系的一个重要方面。

(4) 运输企业在运输市场上的占有率预测

运输企业在运输市场上的占有率在很大程度上反映该企业的竞争能力,因此占有率预测是对运输企业竞争能力的预测。

在四类预测中,前两类属于宏观预测的范畴,后两类属于微观预测的范畴。由于预测的目的不同,因此预测的精细程度也不同。一般来讲,宏观预测与长期预测的内容要粗糙一些,微观预测和短期预测的内容则要细致一些。例如,列入本企业(或部门)经营的运输量,不仅有客、货运量和周转量,还应包括上行、下行的运输量,淡、旺季的运输量,货物运量中主要货物的分类和比重等。

2. 运输量预测的一般原理

(1) 可知性原理

客观世界是可知的，人们不但可以认识过去和现在，而且可以通过总结过去和现在，寻求客观世界发展变化的规律性，并据以预测未来。

(2) 系统性原理

系统性原理强调预测对象是一个完整的系统，系统包含若干个子系统，每个子系统又包含若干个具体因素，系统外部还有相关的平行系统，这些平行系统相互影响、相互作用。利用这种相互关系、相互影响和相互作用，从系统的角度进行预测，可以防止因为顾此失彼而产生的片面性，从而提高预测结果的准确性和有效性。

(3) 连续性原理

事物的发展变化，前后不是割裂的，而是连续、统一的。因而，可以通过总结过去来预测未来。

(4) 相似性原理

各种事物之间尽管千差万别，表现形形色色，但也有着一定的相似性。人们利用事物之间的这种相似性，进行类比、推断和预测未来。实践证明，事物未来发展变化和过去发展变化之间的相似性是经常出现的，有时甚至会出现惊人的相似性。

(5) 因果性原理

因果性原理也称相关性原理，是指客观事物、各种现象之间存在一定的因果关系，人们可以从已知的原因推测未知的结果。因果关系是客观世界无数的事物、现象纵横交错、交织而成的普遍联系网上的一个"纽结"。它从普遍联系网中被抽取出来单独加以考察，表现为在事物、现象的更替运动中，作为原因的某种现象一旦发生，作为结果的另一种现象必然随之出现。原因在前，结果在后，或者原因与结果几乎同时出现。人们如能把握住事物发展变化的原因，就可以推断出必然出现的结果。

(6) 可控性原理

可控性原理说明人们对于事物今后的发展变化不是无能为力的，而是可以进行适当控制的，至少在一定范围内是可以适当控制的。诸如对人口增长、价格变动、生产力的地区配置、运输需求的变化趋势等进行控制、干预、调节和诱导，促使其向着有利的方向发展。

四、运输量预测的作用

运量预测是运输组织工作中规划运能，利用和编制日常运输计划的基本依据，也是对运输设备提出新建和扩能改造要求的基本依据。因此，运量预测的准确性以及对运量发展变化趋势的正确认识与把握，将对提高运输组织工作的预见性、改进运输规划工作具有重要意义。从某种意义上说，运输需求的数量和质量特征决定运输供给的数量、特征以及相应的运输组织方式和运输组织工作水平。另一方面，运输组织也是运能供给的一种调控手段，也会间接地实现对运输需求的调控。对于关系到社会经济和人民生活全局的交通网络，如铁路网，当某一局部的供给能力不足而造成运输瓶颈时，利用运输组织的方法调控过量的运输需求，实施限制装车，综合平衡运量与运能，是运用经济杠杆和价格机制进行需求调控的有效手段。对于各种随机产生的城市交通出行需求，在某个时段、某些地段由于过度集中可能造成交通拥挤时，也必须运用科学的运输组织方法诱导交通流、平衡交通流量。城市道路交叉口的信号系统依据不同时段交通流特性的预测所建立的信号配时方案，以及实行机动车的停车诱导，就是通过交通组织来调控交通流量的例证。现代交通提倡文明出行，需要运用更高层次的交通运输组织管理手段，提高交通的效率，减少拥堵和环境污染，有利于实现可持续发展。总之，通过有效的交通运输组织，能够实现对运输需求进行调控和管理的目的。

第四节 运量预测方法

运量预测的方法很多，可以归结为定性预测和定量预测两大类。针对相同的预测对象，采取不同的方法预测，其结果可能会有所不同。因此，在进行运量预测时要根据不同预测对象的特性，灵活运用各种预测方法。

一、定性预测方法

1. 经验判断法

经验判断法，也称主观估计预测法，是以一部分熟悉业务、具有经验和综合分析能力的人所做出的判断为基础来进行预测的一类方法，该方法比较简单、省时、省力。由于参加者都有着丰富的经验，熟悉情况，因此对预测项目能做出最终预测。经验判断预测方法有很多，最常用的有经理人员判断法、专家意见法等。

(1) 经理人员判断法

由负责的经理人员把与运输市场有关和熟悉运输市场的计划、运营、市场营销、财务管理等职能部门的负责人召集在一起，请他们对未来运输市场的发展形势发表意见和估计，然后经理人员在此基础上做出预测。经理人员判断法简便易行，花费的时间短，企业不必另行支付预测费用，在实际工作中应用比较广泛。

(2) 专家意见法

专家意见法是依靠专家的知识、经验和分析判断能力，依靠专家所掌握的信息量，在对过去发生的事实和历史信息资料进行分析综合的基础上，对未来的发展做出判断的一种预测方法。这种预测方法按照预测过程和收集、归纳各专家意见的方式不同，又可以分为专家会议法和德尔菲法等。

① 专家会议法。它是由预测组织者邀请有关专家一起开会，由专家们针对预测课题进行讨论，找出问题的核心并得出比较接近运输市场实际的预测结果。专家会议预测法存在一些不足：由于参加会议的人数有限，会影响代表性；与会者可能受到与预测因素无关的心理因素的影响，如权威者的意见容易影响其他人的意见；预测组织者最后的综合意见不一定能正确反映出席会议专家们的意见。

② 德尔菲法又称专家调查法。它起源于20世纪40年代末期，最初由美国兰德公司(Rand Corporation)首先使用，很快就在世界上盛行起来，现在此法的应用已遍及经济、社会、工程技术等各领域。它以预先选定的专家作为征询对象，并与适当数量的专家建立直接的函询联系，预测小组以匿名方式发函征求专家意见，通过函询收集专家意见，然后加以综合整理，再匿名反馈给各位专家，再次征询意见。这样反复经过四至五轮，逐步使专家的意见趋向一致，作为最后预测和识别的根据。在运用此法时，要求在选定的专家之间相互匿名，对各专家的反应进行统计处理并带有反馈地征询几轮意见。经过数轮征询后，专家们的意见相对收敛，趋向一致。我国在20世纪70年代引入此法，已有不少项目组采用，并取得了比较满意的结果。德尔菲法与其他经验判断法相比，具有明显的优点。但其经历时间较长，有时发函征求意见的回收率不高，会影响预测结果的精度。

2. 运输市场调查法

运输市场调查法是通过一定的方法征求购买运输产品的顾客的意见，了解顾客购买意向和心理动机，从而对运输需求情况进行收集、记录整理和分析，在此基础上使用运量预测的方法。运输市场调查法一般采用抽样调查，既可以用口头询问方式，也可以用书面询问方式。市场调查法在使用时也会受到许多限制，其费用通常比较高。调查的顾客越多，所花的时间与费用也就越多。

而且，在许多情况下，不少顾客不愿意暴露自己的购买意向，如果调查对象不给予充分合作，或者调查对象没有足够的能力清楚准确地表达自己的意愿，预测结果的可靠性就会受到较大影响。

二、定量预测方法

1. 基于时间序列的预测方法

时间序列预测方法的基本依据是：在一定时间内，经济发展规律的延续性往往使运量预测对象的变化呈现很强的趋势性，因此可以根据预测对象的历史态势推测未来的发展趋势。这类方法的优点是需要的数据信息量较小，预测方法简便易行，只要在所研究的时间序列上预测对象没有大的波动，则预测效果较好；缺点是仅仅以时间作为综合因素，无法反映影响预测对象的实际因素，尤其是经济政策和发展速度调整等外部因素变化所引起的运输需求变化，更是无从反映。运用时间序列方法进行预测的关键是预测期内的预测变量变化趋势的识别与拟合。常用的方法有移动平均法、指数平滑法和自回归分析法等。

(1) 移动平均法

移动平均法以假定预测值同预测期相邻的若干观察期数据有密切关系为基础，将观察期的数据由远而近按一定跨越期进行平均，随着观察期的推移，按既定跨越期的观察期数据也向前移动，逐一求得移动平均值，并以最接近预测期的移动平均值作为确定预测值的依据。通常情况下，移动平均法有两种，即一次移动平均法和二次移动平均法。

① 一次移动平均法。一次移动平均法中的移动平均值计算公式为

$$M_t^{[1]} = \frac{x_t + x_{t-1} + x_{t-2} + \cdots + x_{t-n+1}}{n} (t \geqslant n) \tag{5-11}$$

式中，$M_t^{[1]}$ 表示第 t 期的一次移动平均值；x_t 表示 t 期的实际发生值；n 表示移动平均期数，即每次移动平均所包含的实际发生值的个数。

应用一次移动平均法进行预测，本期的移动平均值就是下一期的预测值，即 $F_{t+1} = M_t^{[1]}$。

② 二次移动平均法。二次移动平均法是在一次移动的基础上再进行的一次移动平均。二次移动平均值的计算公式为

$$M_t^{[2]} = \frac{M_t^{[1]} + M_{t-1}^{[1]} + M_{t-2}^{[1]} + \ldots + M_{t-n+1}^{[1]}}{n} (t \geqslant n) \tag{5-12}$$

式中，$M_t^{[2]}$ 表示第 t 期的二次移动平均值。

使用二次移动平均法进行预测，主要是找出预测对象的线性趋势。因此，需要根据移动平均值找出线性趋势预测方程。该方程的表达式为

$$F_{t+T} = a_t + b_t T \tag{5-13}$$

式中，F_{t+T} 表示第 $t+T$ 期的预测值；T 表示距离第 t 期的期数；a_t, b_t 表示预测模型系数，其计算公式为

$$a_t = 2M_t^{[1]} - M_t^{[2]}$$
$$b_t = \frac{2}{n-1}\left(M_t^{[1]} - M_t^{[2]}\right) \tag{5-14}$$

根据一次和二次移动平均值求出 a_t 和 b_t 以后，就可利用所建立的方程进行预测。移动平均法借助移动平均值来修正序列数据的不规则变动，以反映长期变动的趋势，可以消除历史资料中随机因素的影响。采用移动平均法进行预测时，移动平均期数 t 的选择将影响到预测结果的精度。如果 t 取得大，则移动平均值对数列起伏变动的敏感性差，反映新水平的时间长，预测值容易滞

后于未来的发展趋势；如果 t 取得小，则其灵敏度高，但对随机因素反应灵敏，也容易导致预测失误。一般情况下，当历史资料较多时，n 可以取大些；当时间序列有明显的周期性波动时，n 应与其周期一致，以消除周期性波动的影响。通常，n 取 $2\sim12$。

(2) 指数平滑法

指数平滑法是在移动平均法基础上发展起来的一种预测方法，它与移动平均法不同的是，引入了人为确定的、体现不同时期因素权重的系数。移动平均法是通过使用一组指数变化规律的权重系数对各期历史数据进行加权平均，根据加权平均值进行预测的方法。其常用的方法有一次指数平滑法、二次指数平滑法两种。

① 一次指数平滑法。一次指数平滑法是对原始时间序列数据进行指数平滑的一种方法。一次指数平滑法的计算公式为

$$S_t^{[1]} = \alpha x_t + (1-\alpha)S_{t-1}^{[1]} \tag{5-15}$$

式中，$S_t^{[1]}$ 表示第 t 期的一次指数平滑值；$S_{t-1}^{[1]}$ 表示第 $t-1$ 期的一次指数平滑值；x_t 表示第 t 期的实际发生值；α 表示指数平滑系数（$0 \leqslant \alpha \leqslant 1$）。

式中 $S_0^{[1]}$ 的确定方法如下：在资料较多的情况下，取第一期的实际发生值，即 $S_0^{[1]} = x_0$。应用一次指数平滑法进行预测时，第 t 期的指数平滑值就是第 $t+1$ 期的预测值，即 $F_{t+1} = S_t^{[1]}$。

② 二次指数平滑法。二次指数平滑法是在一次指数平滑的基础上再进行一次指数平滑的方法。二次指数平滑值的计算公式为

$$S_t^{[2]} = \alpha S_t^{[1]} + (1-\alpha)S_{t-1}^{[2]} \tag{5-16}$$

式中，$S_t^{[2]}, S_{t-1}^{[2]}$ 和分别为第 t 期和第 $t-1$ 期的二次指数平滑值。

二次指数平滑值的初始值一般取第一期的二次指数平滑值，即 $S_0^{[2]} = S_0^{[1]}$。使用二次指数平滑法进行预测时，预测方程为

$$F_{t+T} = a_t + b_t T \tag{5-17}$$

式中，F_{t+T} 表示第 $t+T$ 期的预测值；T 表示距离第 t 期的期数；a_t 和 b_t 表示预测模型系数，其计算公式为

$$\begin{aligned} a_t &= 2S_t^{[1]} - S_t^{[2]} \\ b_t &= \frac{\alpha}{1-\alpha}\left(S_t^{[1-t]} - S_t^{[2]}\right) \end{aligned} \tag{5-18}$$

将求出的 a_t, b_t 值代入预测方程，就可利用所建立的方程进行预测。运用指数平滑法进行市场预测的关键在于平滑系数 α 的确定。平滑系数反映本期实际发生值和本期预测值对下期预测值的影响程度。一般情况下，若近期影响较大，则取较大的 α；若远期影响较显著，则取较小的 α。通常，经过试算找出平滑值与实际发生值误差最小的相应 α 值，并以这一个 α 值作为最终选定的平滑系数。

(3) 自回归分析法

自回归分析法是通过分析时间序列的不同自相关系数，选择适当的预测模型的预测方法。当时间序列内的数值在一定的间隔周期内具有较强的相关性时，可采用该法进行预测。一级自回归方程的形式为

$$Y_t = b_0 + b_1 Y_{t-\tau} \tag{5-19}$$

式中，b_0 和 b_1 是待定系数，一般由最小二乘法确定；$Y_{t-\tau}$ 表示第 $t-\tau$ 期的实际发生值，其中 τ

为时间序列发生周期性变化的最小间期数；Y_t 表示第 t 期实际发生值的估计值。

当然，自回归分析并不局限于线性形式，也可以采用非线性形式，如

$$Y_t = b_0 + b_1 Y_{t-\tau} + b_2 Y_{t-\tau}^2 \tag{5-20}$$

2. 基于影响因素的预测方法

基于影响因素的预测方法的基本出发点是经济变量间的相互依存性，通过对历史数据的详细分析，揭示出预测对象与相关经济变量之间的数量关系，据以预测对象的未来值。这类方法对数据信息充分完备的未来值的选择带有预测性，因而影响预测的准确性。

(1) 直接归纳法

直接归纳法也称为经济调查法，这是我国运输企业曾长期使用的主要运量预测方法。例如开展货物发送量的调查时，可以每年专门安排时间到运输企业吸引区的政府计划委员会、各有关行业主管部门和重点厂矿进行调查，了解下一年或以后数年主要货物发送量的预计情况，并根据调查获得的资料加以归纳汇总，在考虑其他有关因素的影响后，做出货物发送量预测。再如，旅客发送人数的调查，则根据可以掌握的通勤、通学人数和各类职工或学生的年乘车次数，调查得来的职工每年探亲人数、大中专学生寒暑假返家人数，或者疗养区床位数及周转次数决定的疗养旅客返程人数，以及同时考虑其他方面的情况，做出旅客发送人数的归纳预测。

通过一定时间的资料积累和周到细致的调查工作，可以掌握吸引区内客货运量变化的大体趋势，直接归纳法能够得出比较符合实际的预测结果。但如果吸引区范围较大，经济调查的工作量就会过于繁重，遗漏数据或调查数据偏大、偏小的情况也难以避免。此外，这种方法在严格的计划经济体制下效果较好，当市场因素在经济活动中所占比重越来越大的时候，客货运量会受很多不确定因素的影响。

直接归纳法的局限性比较明显，然而仍然不失为一种有效的预测方法。

(2) 递增率法

递增率法是根据客货运量的预计增长速度进行预测的方法。一般的做法，是先分析历年客货运量增长率的变化规律，然后根据对今后经济增长的估计确定预测期客货运量的递增率，再预测未来的客货运量。用递增率法计算运量的公式为

$$Q_t = Q_0(1+\alpha)^t \tag{5-21}$$

式中，Q_t 表示预测期运量；Q_0 表示基期运量；α 表示确定的运量递增率；t 表示预测期的年限。

递增率法的关键是确定增长速度，一般用于运量增长率变化不大，或预计过去的增长趋势在预测期内仍将继续的情况，也常用于综合性运量的预测。递增率法计算简单，但预测结果显然比较粗略。

(3) 乘车系数法

乘车系数法是以总人口和平均每人乘车次数预测旅客发送量的方法。乘车系数是指一定范围内旅客发送量与人口数的比值。在全国范围内，乘车系数为总客运量与全国人口的比值，在运输企业或车站范围内，乘车系数为总客运量与该区域(运输企业或车站)的总人口的比值。乘车系数法的计算公式为

$$Q_t = M_t \beta \tag{5-22}$$

式中，Q_t 表示预测期运量；M_t 表示预测期的该区域总人口；β 表示乘车系数。

乘车系数可以根据历年资料和今后可能发生的变化进行确定。乘车系数法的局限性在于该系数本身的变动难以预料，如不同运输工具运价比例的变动、休假制度的改变、经济紧缩对农民进

城工作的影响等，都会使乘车系数出现较大波动。此外，在计算该区域的总人口时，考虑不同类型的区域范围，还会导致计算的复杂程度不同。当考虑间接吸引区时，将比仅考虑直接吸引区要复杂得多。所谓直接吸引区，是所有与该交通线路有直接运输联系的经济单位(厂、矿、场、市镇、仓储与中转站等)共同组成的地域范围。而间接吸引区是指在车站直接吸引范围以外，由其他交通工具的联系而被间接吸引的较远地区的城市和居民点构成的地域范围。

(4) 产值系数法

产值系数法是根据预测期国民经济的总量指标(如工农业总产值、社会总产值、国民生产总值或国民收入等)和每单位产值所引起的货运量或客运量去预测总运量的方法，所采用的公式为

$$Q_t = M_t \beta_c \tag{5-23}$$

式中，Q_t 表示预测期总运量；M_t 表示预测期产值指标(万元)；β_c 表示产值系数(吨/万元或人/万元)。

产值系数法可以用来预测全国的总运量，也可以预测地区的总运量，但全国与地区、地区与地区之间、不同总量指标之间、不同运输方式之间以及不同时间之间的产值系数可能存在很大的差别。因此，该方法的关键是要在长期的变化中把握住具体产值系数及其变动趋势。

(5) 产运系数法

产运系数法是根据某种货物的运量随其生产总量发生变化的规律性来预测货运量的方法。无论从全国还是从地区看，一些主要货物的发送量与其生产总量的比值(即产运系数)总是相对比较稳定的，这些货物包括煤炭、石油、钢铁、金属矿石、水泥、木材、粮食、化肥、盐等。这就可以根据它们的未来产量预计未来运量。产运系数的计算公式为

$$\gamma = \frac{Q}{M} \tag{5-24}$$

式中，γ 表示某年产运系数；Q 表示某种货物的年发运量；M 表示其该年的总产量。

在 γ 值比较稳定的前提下，按产运系数法计算该货物预测发送量的公式为

$$Q_t = M_t \alpha \tag{5-25}$$

式中，下标 t 代表预测年份。

运用产运系数法的关键在于分析掌握各大类货物产运系数的变化原因。一般来说，生产布局的改变，大中小型企业产量构成的变化，基建投资结构的改变，进出口量的多少，产、供、运、销关系的变化和各种运输方式分工结构的变化，都可能引起货物产运系数的变化。

(6) 产销平衡法

产销平衡法是指在一定范围内，把用途相同的某种物资的生产量、消费量和运输量之间进行平衡的方法。通过产销平衡计算，可推算出该种物资在一个车站、一个枢纽、一条线路或一个地区的发送量和到达量(输出量和输入量)。对于产量大于当地消费量的地区，物资是输出的；对于消费量大于当地生产量的地区，物资则是输入的，其关系式为

$$Q_f = Q_s - Q_c \tag{5-26}$$

$$Q_d = Q_c - Q_s \tag{5-27}$$

式中，Q_f 表示该种物资的当地发送量；Q_d 表示当地到达量；Q_s 表示该种物资的当地生产量；Q_c 表示该种物资的当地消费量。

如果只考虑某一种运输方式的发送量和到达量，则对生产量大于消费量的地区有

$$Q_f = Q_s - Q_c - Q_0 \tag{5-28}$$

对消费量大于生产量的地区，则有

$$Q_d = Q_c - Q_s - Q_0 \tag{5-29}$$

式中，Q_0 表示其他运输方式所承担的该种物资的发到量。

产销平衡法是一种细致的运量预测方法，从理论上讲它可以达到相当高的精确度，还可以为下一步研究地区间的物流打下基础。但该方法的使用也受到一定的限制。首先，预测者必须掌握各种物资产、供、销的全面情况和资料，不仅要有主要产品的生产量及其分布的资料、消费量及其分布的资料，还需要掌握进出口量、生产企业自用量，以及各生产单位库存量的变化等资料。其次，同一品名但用途不同的货物，不能混在一起进行产销平衡计算。而另一方面，有些品名不同的货物在使用中又具备某种可替代性，如渣油和动力煤之间、钢材和木材之间等，可以在一起进行换算平衡，这又增加了使用该方法的复杂性。由此看来，产销平衡法所要求的条件比较严格，必须拥有非常详细的资料，而且只能对用途一致的少数几种物资进行详尽的分析预测。

(7) 比重法

比重法是在总运量已用某种方法预测的基础上，进而估算其中部分运量的方法。例如，各种运输方式在总运量中所占的比重，总有一定的规律变化。当总运量已知时，各种运输方式的运量就可以在分析历年变化趋势的前提下加以分配。

(8) 弹性系数法

先求出历年运输量关于经济量的弹性，当有了经济量的预测值后，便可利用该弹性值预测出未来的运输量。

(9) 回归预测法

回归预测法是通过找出预测对象和影响预测对象的各种因素之间的统计规律性，建立相应的回归方程进行预测的方法。回归预测法能具体分析出影响预测对象的主要因素，并能对模型的合理性和预测的可信度进行统计检验，是比较科学的预测方法。但是，回归预测法需要的历史和现实资料比较多，资料的获取比较困难。同时，回归预测法反映预测对象与相关因素的关系仍是静态的。回归预测法按影响因素的多少分为一元回归和多元回归；按回归方程性质的不同分为线性回归和非线性回归。

① 一元线性回归预测。如果影响预测对象的主要因素只有一个，并且这个因素对预测对象的影响为线性关系时，可建立回归模型为

$$\hat{y}_i = a + bx_i \tag{5-30}$$

式中，$\hat{y}_i$ 表示第 i 期的预测值；x_i 表示影响因素在第 i 期的值；a 和 b 表示回归系数。

根据最小二乘法，a 和 b 的计算公式为

$$a = \bar{y} - b\bar{x} \tag{5-31}$$

$$b = \frac{\sum_{i=1}^{n} x_i y_i - \bar{y} \sum_{i=1}^{n} y_i}{\sum_{i=1}^{n} x_i^2 - \bar{x} \sum_{i=1}^{n} x_i} \tag{5-32}$$

式中，y_i 为第 i 期的实际值，而 $\bar{y}$ 和 $\bar{x}$ 的计算公式为

$$\bar{y} = \frac{1}{n}\sum_{i=1}^{n} y_i$$
$$\bar{x} = \frac{1}{n}\sum_{i=1}^{n} x_i \tag{5-33}$$

根据历史数据建立一元线性回归模型后，还需要对所建立的模型进行检验。模型的合理性用相关系数 r 来检验，影响因素对预测对象 y 的影响的显著性用可决系数(也叫作判定系数或决定系数) r^2 来检验。其中，r 表示 x 与 y 之间线性相关的密切程度，其计算公式为

$$\gamma = \frac{\sum_{i=1}^{n}(x_i - \bar{x})(y_i - \bar{y})}{\sqrt{\sum_{i=1}^{n}(x_i - \bar{x})^2 (y_i - \bar{y})^2}} \tag{5-34}$$

当 $|r| \to 1$ 时，说明影响因素 x 与预测对象 y 之间具有较明显的线性关系，可用一元线性回归法进行预测。当 $|r^2| \to 1$ 时，说明 x 对 y 的影响显著，可选择 x 作为自变量。回归标准差 S 的计算公式为

$$S = \sqrt{\frac{\sum_{i=1}^{n}(y_i - \hat{y}_i)^2}{n-k}} \tag{5-35}$$

式中，$n-k$ 为自由度。回归标准差的大小可以用回归标准差 S 与 $\bar{y}$ 的商来判定，一般希望小于 $10\% \sim 15\%$。

② 二元线性回归。如果影响预测对象 y 的主要因素有 x_1 和 x_2 两个而不是只有一个，如果这两个影响因素同时对预测对象起作用，且与 y 都是线性相关的关系，就可利用二元线性回归模型来进行预测。回归模型为

$$\hat{y} = ax = b_1 x_1 + b_2 x_2 \tag{5-36}$$

利用最小二乘法可以求得以下三个标准方程式以确定待定系数 a，b_1 和 b_2 的值。

$$\sum y = na + b_1 \sum x_1 + b_2 \sum x_2 \tag{5-37}$$

$$\sum x_1 y = a \sum x_1 + b_1 \sum x_1^2 + b_2 \sum x_1 x_2 \tag{5-38}$$

$$\sum x_2 y = a \sum x_2 + b_1 \sum x_1 x_2 + b_2 \sum x_2^2 \tag{5-39}$$

解方程组，可得到 a，b_1 和 b_2 的值，这样就可利用回归模型进行预测。

思考与练习题

1. 什么是运输需求？
2. 运输需求有哪些类别？
3. 运输需求具有什么特性？
4. 影响运输需求的因素有哪些？
5. 什么是运输需求函数？
6. 什么是运输需求弹性？
7. 运输需求量与运输量有什么区别？

8. 运输量预测包括哪些内容？
9. 运输量预测的原理是什么？
10. 运输量预测有哪些方法？

拓展阅读

1. 严作人，杜豫川，张戎. 运输经济学[M]. 2 版. 北京：人民交通出版社，2009.
2. 荣朝和. 西方运输经济学[M]. 2 版. 北京：经济科学出版社，2008.
3. 贾鹏，刘瑞菊，孙瑞萍，等. 基于BP神经网络的邮轮旅游需求预测[J]. 科研管理，2013，34(6): 77-83.
4. 王宣承，刘恩猛，程展兴，等. 基于季节分解和神经网络的物流预测混合模型[J]. 统计与决策，2014(11): 80-82.
5. 曹萍，陈福集. GA-灰色神经网络的区域物流需求预测[J]. 北京理工大学学报社科版，2012(1): 66-70.

第六章

物流运输供给分析

学习目标

如前章所述,运输需求是社会经济生活在货物与旅客空间位移方面所提出的具有支付能力的需要;而运输量则是指在一定的运输供给条件下所能实现的货物与旅客的空间位移量。本章则以运输供给为重点,做进一步分析。通过本章的学习,你将了解运输供给的含义、特征与类型;掌握运输供给的影响因素和函数分析方法;理解运输成本的含义与构成、运输价格的含义与制定依据;了解运输能力的含义和影响因素。

美国联合包裹运送服务公司(UPS)物流运输案例

UPS 于 1907 年在美国华盛顿州的西雅图市创立,后总部迁至亚特兰大市,历史悠久。目前 UPS 不仅是全球领先的包裹快递公司,还是世界几大航空公司之一。从 1929 年开始,UPS 便有了自己的航空业务,至今,它的喷气机队共有 283 架飞机,并同时租用 384 架飞机。UPS 被誉为"世界上最受推崇的"快递服务公司,这得力于其不断引进现代新技术。在当今的网络时代,他们更是抓住机会,踏上了电子商务的快车。"电子商务对于我们这样的物流企业来说真是如虎添翼!"陈先生很肯定地对记者讲,"借助它,企业可以大幅降低营运成本,加速信息流、金钱流和物流的周转,提高市场竞争力。"目前,为了能为全球客户提供在线采购和网上包裹跟踪服务,UPS 在信息技术上已投资了数百万美元,现在每天能对 1 200 多万份文件和包裹进行及时的跟踪与查询。只要用户的电脑上安装了 UPS 提供的专用软件,当客户输入运单号后,即可马上通过 UPS 国际快件跟踪系统获得最新的邮件信息。UPS 董事长兼首席执行官吉姆·凯利说:"电子商务不单单是生意上的交流,我们通过电子商务所产生的非包裹运送服务大大拓展了公司的业务。"陈先生告诉记者,传统的包裹运输只占 UPS 业务量的一小部分,更重要的业务是"为企业提供整体服务方案"。UPS 的互联网后勤服务可以帮助许多企业开展互联网 B2B 或 B2C 电子商务,替他们运货、储存、收款和取货,让这些企业集中精力做自己最擅长的事情,这些业务将最大限度地帮助用户取得成功。

例如,在美国,消费者可以从通用汽车公司的网站上挑选自己想要的汽车,在网上下订单后,

第六章 物流运输供给分析

坐在家里，车子就会被如期送上门来。这一切表面上是在通用公司的网络界面上进行，实际上背后都是UPS的电子商务与物流系统在支持，即登记订单、提货、仓储、货运、送货到门和收取货款都是UPS在操作。利用电子商务，UPS可以为其他部门提供强有力的物流支持，使它们受益良多。因为，在现代经济中，仅有5%的时间用于制造，而95%的时间用在储存运输等物流环节上，费用占到了总成本的40%。为企业提供的整体物流服务也为UPS带来了丰厚的利润，去年，不到一年的时间里便获得了逾10亿元的合约。这些都离不开电子商务的成功运用。UPS之所以能借助电子商务提升业绩，是因为经过长期的积累和发展，拥有了坚实强大的硬件设施——600架专业运输飞机、150 000辆运送车辆以及遍布全球的1 700个操作中心，电子商务作为软件只有与可靠的物流硬件相结合，才能在物流业中真正发挥作用。

阅读上面的案例，可以进一步思考：UPS成为世界物流界巨头原因何在？未来国际物流企业的发展前景如何？

(资料来源：佚名. UPS 经典案例. 道客巴巴. https://www.doc88.com/p-695105663351.html. 2011-12-08.)

随着生产力水平的提高，社会生产和人们的生活消费模式也不断地发生变化，这对交通运输提出了新的要求。运输需求方开始更多地关注运输品质、运输水平和运输协调等一系列与运输供给相关的现实问题。这就要求运输供给方根据运输成本、运输价格以及运输能力等要素进行运输供给分析，结合运输市场的整体情况有效地开展运输组织工作，更好地满足运输需求。

第一节 运输供给概述

运输供给是运输市场中与运输需求相对应的重要范畴，也是运输组织工作中必须考虑的重要变量。它影响着运输方式、运输费用以及运输质量等。因此，我们必须准确地理解运输供给这个基本概念。

一、运输供给的含义

供给是指生产者在一定时期和一定价格水平下愿意并且能够提供的某种商品的数量。供给在市场上的实现要同时具备两个条件：一是生产者有出售商品的愿望；二是生产者有生产的能力。

相应地，运输供给是指在一定时间和空间内，在一定运输水平下，运输生产者愿意并能够提供的运输产品或服务。运输供给有两个必备的条件，即运输生产者有提供运输产品或服务的愿望，并且运输生产者有提供这种运输产品和服务的能力，两个条件缺一不可。

二、运输供给的特征

运输业是一种特殊产业，具有不同于其他产业的特点。这使得运输供给与一般商品和服务的供给相比，有很大的差异。运输供给的特征包括以下几个方面。

1. 非贮存性

运输业属于第三产业，即服务业。非贮存性是指生产过程与消费过程相结合，它是各种服务产业的共同特点。运输业的生产活动是通过运输工具使运输对象发生空间位置的变化，运输产品的生产和消费是同时进行的，即运输产品不能脱离生产过程而单独存在。所以，运输产品不能像一般产品一样贮存起来，这就是运输产品的非贮存性。运输产品的非贮存性决定了运输业不能采取运输产品贮备的形式,而只能采取贮备运输能力的形式来适应运输市场的变化。

运输业具有固定设备多、固定资产投资大和投资回收期长等特点,运输能力的设计多按运输高峰的需求设计,具有一定的超前量。运输能力的超前建设与运输能力的贮备对运输供给来说,既可能抓住市场需求增长的机遇,又可能因市场供过于求而遇到风险。因为运力贮备越大,承担的风险越大,适应市场需求的能力也越大;相反,运力贮备小或没有贮备,承担的风险小,那么适应市场需求的能力也小。这一点在国际航运市场上体现得尤其明显并成为企业经营者研究的重要课题。

2. 不平衡性

运输供给的不平衡性既表现在时间上,也表现在空间上。在时间上,运输供给的不平衡性表现在运输供给随运输需求淡旺季的变化而变化。运输旺季时,运输需求增多,运输供给就相应增加;相反,运输淡季时,运输供给就会减少。运输需求的季节性不平衡导致运输供给出现高峰与低谷。在空间上,由于经济和贸易发展的不平衡性以及各地产业的不同特点,运输供给在不同国家(地区)之间也呈现出一定的不平衡性。经济发达国家(地区)的运输供给量比较充分;而经济落后国家(地区)的运输供给量则相对滞后。运输供给的不平衡性还表现在运输方向上,例如,矿区对外运矿(如煤矿)的运力需求要远远大于其他生产及生活资料的向内运输。为实现供需时空结合,企业要经常付出空载行驶的代价等,这种由于供给与需求之间在时间和空间上的差异性所造成的生产与消费的差异,使运输供给必须承担运力损失、空载行驶等经济上的风险。

可见,在现实的运输服务过程中,运输供给同运输需求并不能完全吻合,运输供给或者满足不了运输需求,或者在满足货运需求的同时造成供给过剩。运输供给的这种不平衡是一种长期的、绝对的现象,这是由市场经济本身的供需理论和运输需求的特殊性决定的。所以,为了提高运输活动的经济效果,必须保证供需在时间与空间上的正确结合。这就要求国家做好宏观调控工作,也需要运输企业掌握市场信息,搞好生产的组织与调整,运用科学的管理方法,提高管理水平。

3. 可替代性

运输供给由铁路、公路、水运、航空、管道等多种运输方式和多个运输生产者的生产能力构成。两地间的运输可由多种运输方式完成,并且一次运输也可由多个运输生产者承担,所以运输需求者可以根据实际情况,选择最佳的运输方式和运输供应商,运输生产者也可以在确定运输方案时选择合适的运输方式,这就是运输供给的可替代性。这种可替代性构成了运输业竞争的基础。

同时,由于运输产品在时间和空间上的限制,以及人们对运输服务的经济性、方便性和舒适性的要求等,不同运输方式间或同一运输方式中不同运输企业间运输产品的替代性受到限制,这种限制可能使得某种运输方式或同种运输方式间具有差别的运输服务在某一领域的运输供给上形成一定程度的垄断。但是,因为运输方式间是存在差异的,所以这种可替代性是有条件的。例如,在国际贸易中,大宗货物的远洋运输一般只能选择海路运输方式。因此,运输供给具有部分可替代性,它的替代性和不可替代性是同时存在的,运输市场的供给既存在竞争,也存在垄断。

4. 外部性

外部性是指向市场以外其他人强加的成本和利益,发达的运输可带动周边区域的经济发展。"要想富,先修路"说的就是运输业的正外部性,它能使区域繁荣、商品价格下降、地价上扬,产生巨大的经济效益,以致大多数大城市在沿海沿江等交通便利的地域形成,这是其他商品无法做到的。例如,一条航线的开通会带动当地旅游业的发展,一条运输线路的开通会带动沿线很多产业的发展。再如,北京、上海的轨道交通不仅方便了人们的出行,而且极大地带动了沿线的房地产业。可见,运输基础设施的建成和完善对运输供给水平的发展起到了积极的作用,也会带动许多相关产业的发展。

同时，运输又具有巨大的负外部性。由运输活动带来的噪声污染、环境污染、能源和其他资源的过度消耗以及交通堵塞等的成本消耗均可能给整个社会造成经济损失。运输业在获取利润的同时，将成本部分地转移到运输业的外部，即产生了成本转移。在这方面，运输供给所造成的大气污染、交通噪声、水体污染、交通拥挤和交通事故等都属于外部成本。2021年全国两会期间，政府工作报告中提到的"碳达峰""碳中和"成为热词。可以预见，交通运输部门将在未来承担更大的节能减排责任。

三、运输供给的类型

商品的供给分两种情况，一是单个生产者的供给，二是该商品的市场总供给。与此相对应，运输供给也可分为个别供给和总供给。

1. 个别供给

个别供给是指在一定时期内和一定条件下特定的运输生产者能够并愿意提供的供给。在市场经济条件下，各个运输生产者由于经济成分和运输方式的不同，情况也各不相同，提供的产品或服务也会不同。例如，UPS(联邦快递)主要是满足客户快速、安全和准确的运输需求。

2. 总供给

总供给是从宏观经济角度来分析运输供给，指在一定时期内和一定条件下某一区域所有个别供给的总和，即在该区域范围内可能向运输市场提供的运输产品的总和。它表示在不同的价格下相应运输产品的所有生产者所能供给的总量。运输产品的总供给不仅取决于影响单个生产者供给量的所有因素，还取决于市场中这种商品的生产者的数量。在一定时间内、在一定区域或运输线路的市场上，某些运输方式或某些运输企业占有运输总供给中相对或绝对多数的份额会导致运输市场的垄断。

第二节　运输供给分析

为了更加深入地理解运输供给，必须全面认识它的影响因素，同时也要掌握运输供给以及运输供给量的变化情况。运输供给的函数分析和弹性分析为我们认识运输供给的动态性和复杂性提供了可行的途径。

一、运输供给的影响因素

1. 政治因素

运输业是国家重要的基础产业，不仅关系到一个国家的经济发展，也关系到政治的稳定。因此，各国政府一般都会对运输业实行不同程度的干预，运输政策便是影响运输供给的重要政治因素。运输政策是一个国家的政府为发展运输业而制定的准则，是经济政策的组成部分。运输政策的制定要从经济、政治、军事以及国际社会等许多方面考虑。联合国贸易和发展会议的调查表明，在被调查的主要航运国家中，各国政府无一例外地都对本国的航运业实行了保护和扶持政策，或者给予了财政方面的支持，或者通过行政和法律手段保护本国航运企业的利益。有时，为了抑制某种运输供给的过快增长，政府会采取一定的限制措施。例如，某些城市出租汽车的运输供给增长迅猛，导致城市交通拥堵问题日益严重，地方政府通常会采取一定措施来抑制这种过快的供给增长,以防止道路拥堵情况的进一步恶化。

2. 经济因素

国家或地区的经济状况是影响运输供给的根本因素。一方面,经济发展会增大运输需求,从而拉动运输供给的提高;另一方面,运输基础设施和运输设备都需要大量的资金,因此,经济状况影响着运输供给的增加,增加运输供给能力需要有较强的经济实力做后盾。只有经济水平提高了,才能加快一个国家或地区运输基础设施和设备的建设。从目前中国交通运输基础设施方面的建设状况来看,凡是运输供给条件比较好的地区,经济发展水平都比较高,如之所以出现"山东的路,江苏的桥"的说法与两省的经济发展水平有很大关系。同时,经济体制也影响着运输供给能力。在市场经济条件下,交通运输设施的建设可以采取多元化的筹资方式,以提高运输供给能力。

3. 社会因素

社会因素是指人们独特的生活方式和特定的行为规范,如信仰、准则、生活习惯等。我国人口众多,各个地区的教育状况、价值观念、风俗习惯都不太一样,而且各地的社会发展水平不同,因此各地的运输需求不同,运输供给也因此表现出不同的特点。特别是随着我国经济的持续、快速和健康发展,随着我国居民收入和生活水平的逐步提高,人们的消费结构和消费观念也发生了变化,旅客和货主对运输提出了越来越高的要求,运输供给也因此受到影响。

4. 技术因素

科学技术是推动社会发展的第一生产力,也是影响运输供给的重要因素。随着科技的发展,人类的运输工具总是在不断地发展,从马车到汽车,从蒸汽机到磁悬浮列车,科技不断提高着运输生产效率,也不断提高着运输供给的能力。例如,以蒸汽机的发明引发的第一次科学技术革命使运输业进入了机器运输时代;第二次科学技术革命产生了内燃机火车和轮船,之后出现了汽车、飞机等现代化运输工具;计算机和通信技术的发展使铁路运输实现了信号技术电子化,列车和编组站实现了自动控制,轮船、汽车、飞机实现了卫星导航和无人驾驶,进而运输企业能够为需求者提供更快、更好的服务。可见,新型运输工具的出现和运输工具性能的重大改进都与科技进步密切相关。同时,科学技术对于提高运输生产效率、降低运输成本、提高运输服务质量和生产的组织管理水平等也起着重要作用。

除了以上影响运输供给的宏观因素外,从微观经济角度来看,影响运输供给的因素还有运价和运输成本等。

二、运输供给函数分析

1. 运输供给函数

运输供给函数是运输供给量与影响它的诸多因素之间的函数。运输供给量是指在一定时间内、一定空间内和一定条件下,运输生产者愿意并有能力提供的运输服务量。其中,"一定条件"是指影响运输供给的多种因素。

运输供给量可表示为影响它的诸多因素的函数,即

$$Q_S = f(P, X_1, X_2, X_3, \cdots, X_n) \tag{6-1}$$

式中,Q_S 表示运输供给量;P 表示运输价格;X_1、X_2、X_3、$\cdots$、X_n 表示除运价之外的其他影响因素。

2. 运输供给曲线

在影响供给量的诸多因素中，运输价格是最灵敏、最重要的因素。在其他因素不变的情况下，运价同运输供给量的关系呈正相关。运输供给曲线就是假定其他因素不变，反映供给量同价格之间关系的曲线。此时，运输供给函数可简化为

$$Q_S = f(P) \tag{6-2}$$

一般情况下，Q_S 与 P 同方向变化，即供给量随运价的增加而增加，随运价的下跌而减少，这是运输供给的一般规律，如图 6-1 所示，SS 为运输供给曲线。

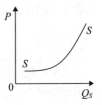

图 6-1 运输供给曲线

运输供给曲线可分为企业供给曲线和行业供给曲线，它们分别表示企业和行业提供运输服务的数量同运输价格之间的关系。从几何角度看，行业供给曲线可由企业供给曲线叠加而成，即将同一价格下的企业供给量相加可以得到该价格下的行业供给量。

3. 运输供给量的变动与供给水平的变动

运输供给量与运输供给是两个不同的概念。运输供给量的变动是指所有非价格因素不变时，只由价格的变动而引起供给量的变动，这种变动表现为在同一条曲线 SS 上各点的上下移动，如图 6-2 所示。当价格为 P_1 时，运输供给量为 Q_1；在其他因素不变时，当运价从 P_1 升为 P_2 时，运输供给量 Q_1 也增加到 Q_2。运输供给的变动则是指假定价格不变，只由各种非价格因素的变动引起运输供给的变动，如图 6-3 所示。假定原供给曲线为 S_1S_1，当价格为 P_1 时，运输供给量为 Q_1；P_1 保持不变，由于其他非经济因素变动对运输供给的影响，运输供给量由 Q_1 增加到 Q_3，使运输供给曲线也由 S_1S_1 平移到 S_2S_2 的位置。

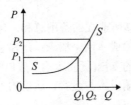

图 6-2 运输供给量的变化曲线

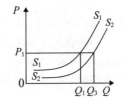

图 6-3 运输供给的变化曲线

三、运输供给弹性分析

1. 运输供给的价格弹性

运输供给的价格弹性是指在其他条件不变的情况下，运价变动所引起的供给量变动的灵敏程度，它等于供给量的相对变化与运价相对变化之间的比值，表示为

$$E_s = \frac{\Delta Q / Q}{\Delta P / P} \tag{6-3}$$

式中，E_s 表示运输供给的价格弹性系数；ΔQ 表示运输供给量的变动；Q 表示原来的供给量；ΔP 表示价格的改变量；P 表示原来的价格。

由于运价同运输供给同方向变动，因此供给弹性为正值，在同一条运输供给曲线上的不同点的价格弹性是不同的。当 $E_s>1$ 时，说明运输供给富有弹性；当 $E_s<1$ 时，说明运输供给缺乏弹性；当 $E_s=1$ 时，说明运输供给是单位弹性；当 $E_s=0$ 时，说明运输供给无弹性，即无论运价怎样变化，供给量都保持不变；当 $E_s=\infty$ 时，说明运输供给无弹性，即对于某一给定的价格，供给量可以任

意增加。

需要强调的是，不同运输供给方式的价格弹性也是不同的。管道运输的供给价格弹性最低，其次是铁路运输的供给价格弹性，然后是水运和空运的供给价格弹性，公路运输的供给价格弹性最高。

2. 运输供给的交叉价格弹性

由于运输企业在不同运输方式之间存在某种程度的可替代性和互补性，因此，有时要研究运输企业各运输方式之间的供给交叉价格弹性，即某种运输产品价格的变动引起的另一种运输产品供给变动的灵敏程度，表示为

$$E_{sij} = \frac{\Delta Q_{si}/Q_{si}}{\Delta P_j/P_j} \tag{6-4}$$

式中，E_{sij} 表示运输服务 j 的价格变化引起运输服务 i 供给变化的交叉价格弹性；Q_{si} 和 ΔQ_{si} 表示运输服务 i 的供给量及供给量变化值；P_j 和 ΔP_j 表示运输服务 j 的价格及价格变化值。

理论上，运输服务 i 与运输服务 j 若供给相互独立，则有 $E_{sij}=0$；若供给可替代，则有 $E_{sij}<0$；若供给可互补，则有 $E_{sij}>0$。

第三节 运输成本

运输成本是运输组织学中一个十分重要的概念。在市场经济条件下，任何运输组织的供给活动都有自己的成本，无论是运输企业还是政府，都必须考虑运输成本问题。

一、运输成本的含义

运输成本是指运输生产者(或供给者)为完成客货位移所造成的费用总和，包括直接运输费用与管理费用两部分。运输成本分为运输总成本和单位运输成本两个概念：运输总成本是一定时期内运输成本支出的总和；单位运输成本是单位运输劳务的支出(货物运输一般以吨千米为单位)。

为了更加准确地理解运输成本的含义，必须区分运输成本与运费、运价的关系。

1. 运输成本和运费

运输成本是运输生产者(或供给者)完成特定条件下的运输所付出的代价，而运费则是运输消费者完成特定条件下的运输所付出的代价。这两者之间的一般关系是：

$$运费 = 运输成本 + 运输生产利润 + 在运期间运输方需支付的资金成本$$
$$= (1+利润率) \times 运输成本 + 运输方需支付的资金成本$$

在以资源密集型产业为主的产业社会中：

$$运费 \approx (1+利润率) \times 运输成本$$

2. 运输成本与运价

运输成本是为完成运输活动所发生的一切费用，主要是从运输供给的角度来考虑的。运价(即运输价格)是运输价值的货币表现，需要从运输供给和运输需求两个方面进行考虑。运输价值量的大小取决于生产运输产品所消耗的劳动量，购买劳动量的支出就是运输生产费用，构成了运输成本。运输劳动创造了新的价值，就是运输盈利。运价由运输成本和运输盈利(利润和税金)这两个部分组成。

二、运输成本的构成

成本可以从不同角度进行分析和研究：根据是否会随产量变化而变化，成本可以分为固定成本和变动成本，其中固定成本是不随产量变化而变化的要素支出，变动成本是随产量变化而变化的要素支出；根据时间的长短，成本也可以划分为短期成本和长期成本。

在运输经济分析中，以上成本分类是必要的，然而对运输业或运输活动来说，成本的分类必须考虑运输活动的特殊性。运输业所使用的资本被分成了固定设施和移动设备两大部分，这对运输成本的类别划分具有关键性的意义。运输业的固定设施一般是指运输基础设施，如铁路、公路、站场和港口等。它们一旦建成，就不能再移动，这些基础设施一般不能直接提供运输服务。运输业的移动设备是指移动性的运输工具，如火车、汽车、船舶和飞机等，这些载运工具一般用来直接提供运输服务。运输业资本的这种特殊性质使得运输成本的分类与其他行业有所不同，运输成本包括固定设施成本、移动设备拥有成本和运营成本三个部分。

1. 固定设施成本

固定设施对于每一种运输方式来说都是必不可少的：铁路运输需要轨道和车站；汽车运输需要公路和停车场地；航空运输离不开机场和空中指挥系统；船舶要在港口停泊和装卸；管道本身就是固定设施。

对固定运输设施的投资被认为是一种沉没成本(sunk cost)，因为这些设施固定在一定的地理区域上，一旦建成就不能再移动，而且在一定程度上不能再被用于其他任何用途。例如，港口和道路被废弃时，原来的码头和路基几乎无法改作他用。也由于这个原因，在运输系统中常常出现一部分固定设施拥挤而另一部分固定设施却被闲置的现象。有学者甚至认为，从这一点来看，已经形成固定运输设施的投资是没有机会成本(opportunity cost)的，原因是该资源已经没有另作他途的机会。

固定运输设施除了起初的投资建设，还涉及在使用寿命期间内所需要的养护及维修，因此固定设施成本还包括养护、维修及其他相关使用成本。与对固定运输设施的投资相比，这些固定设施的养护、维修及使用费用比较少，其中有些费用与运输量关系不大，属于固定成本，另外一些费用则可能与运输量的大小有密切关系，因此被认为是变动成本。

2. 移动设备拥有成本

管道是唯一仅使用固定设施的运输方式，其他各种运输方式都同时包括固定设施和移动设备，可移动的载运工具包括铁路机车车辆、各类卡车、公共汽车、小汽车、各类客货船舶和飞机等。由于这些运输工具可以根据需要在不同运输市场之间甚至不同用途之间转移，因此在移动运输工具上的投资不属于沉没成本。

所有运输工具都有自己的使用寿命，运输工具的价值在其使用期内会逐渐转化为运输成本，因此使用寿命决定着运输工具的折旧过程。有些运输工具的使用寿命是按年限计算的，在这种情况下，运输工具的折旧转移成本似乎与其使用过程中所提供的运输量没有直接关系，是每年或每月固定的成本。还有些运输工具的使用寿命是按行驶里程计算的，在这种情况下，运输工具的折旧转移成本与其使用过程中所提供的运输量直接有关，属于变动成本。

移动设备拥有成本又大体分为三部分，即与车辆、船舶或飞机等的添置投资有关的费用、部分折旧(depreciation)费和载运工具维护费用。对于不同的运输方式，载运工具的这三种拥有成本的比重和计算方法是有差别的，甚至关于运输工具维护费用是应该属于运输工具的拥有成本还是运营成本的标准都没有统一规范。如果载运工具的某些维修费用与它们的使用量无关，那么这些费用就属于载运工具的拥有成本；而那些由载运工具的使用量所决定的维修费用则被认为是变动成本，而且与属于变动成本的折旧费用一样，也可以被看作运营成本。

3. 运营成本

运营成本主要包括两类，一类是直接运营人员的工资；另一类是运输工具消耗的燃料成本。这两类都是与运输量直接相关的变动成本，运输工作量越大，这些直接的运营成本就越大。如果从机会成本的角度来考虑，那么所消耗燃料的价值应该是这些燃料由驱动载运工具转而用于其他用途所能获得的收益，人员费用则应该是这些直接运营人员转而从事其他非运输工作所能得到的收入。

当然，运营成本不仅仅包括直接运营人员的工资和运输工具的燃料消耗成本。载运设备的运行必然会引起磨损，需要对载运设备本身进行修理和维护。因此，运输企业一般还需要配备若干辅助人员和管理人员，这些辅助人员和管理人员的工资以及所涉及的工作开支都属于间接运营成本。间接运营成本的一部分是与运输量有关的变动成本，其他部分则与运输量变动的关系不大。

在不同运输方式的运输成本中，固定设施成本、移动设备拥有成本和运营成本各自所占的比重或涉及的程度是有差别的，其相应部分伴随产量的不变性或可变性也不一样。而且，这种不变性或可变性还要根据使用者的具体角色来确定。例如，车票对于每次上车购票的公共交通乘客来说应该是变动成本，因为如果他不出行，就没有这笔开销，但对于购买月票的乘客来说，这却是每月的固定支出。再如，高速公路的保养和维护对其经营者大体上是一种固定成本，但对使用收费道路的汽车司机来说却是根据行驶里程支付的变动费用。因此，运输业的三种成本划分、不同类型成本与产量变化的关系以及运输经营者和使用者的多样性使得对运输成本进行分析具有很大的难度和挑战性。

三、运输成本的影响因素

1. 距离

距离是影响运输成本的主要因素，因为它直接对劳动力、燃料和维修保养等变动成本发生作用。从经济角度来看，每一种运输方式都有自己经济合理的运距范围。一般而言，航空和海洋运输最适合长距离运输；公路在短途运输中更占优势。在经济合理的运距范围内，各种运输方式的平均吨千米、人千米的运输成本随距离的延长而递减。这是因为总成本中的发到作业与中转作业的费用与运送距离无关，随着距离的延长，分摊到每千米的货物和人身上的这部分成本也愈来愈少。

2. 运量

运量与运输成本间的相关性受其背景影响，背景可以是运输方式、指定地区的运输行业、某运输企业、运输线路或某运输车辆等。一般来说，大多数运输活动中存在着规模经济，运输量的大小也会影响运输成本。在不同的运输方式中，运量的增加可以使运输成本下降，其本质原因是在达到规模经济的规模水平以前，任何规模的增大都将导致成本的下降，这是因为发到作业与中转作业的费用可以随运输量的增加而被分摊。需要指出的是，在达到规模经济之后，再扩大规模就意味着成本的升高。

3. 产品密度

产品密度是指产品的重量和体积之比，它把重量和空间两方面的因素结合起来考虑。运输成本是单位重量所使用的费用。通常情况下，运输车辆受空间的限制比受重量的限制要大。若产品密度小，车辆的容积充分使用后仍达不到车辆装载能力，那么单位重量所分摊的运输成本就高；若产品密度大，能更好地利用装载车辆的容积，使车辆能装载更多数量的货物，使运输成本分摊到更多重量上去，就会降低每单位重量的运输成本。所以，通常密度小的产品每单位重量的运输成本比密度大的产品要高。

4. 运量构成

运输对象有旅客与货物两种，其中旅客与货物的内容又可划分为若干种类。就货运而言，如果运输由不同的、多种类的货物组成，那么其运量也由多种运量构成，这将影响规模效应。因为每类货物的运量都有对应的运输规模，多样化将削弱规模效应，最终将导致运输成本的上升。

5. 搬运难易程度

同质的货物或使用通用装卸搬运设备搬运的货物比较容易搬运，需要使用特别的装卸搬运设备搬运的货物则会增加总的运输成本。此外，货物在运输和储存时所采用的包装方式(如用带子捆起来、装箱或装在托盘上等)也会影响运输成本。

6. 运输能力

运输能力波动的内因，是因为运输工具设计的承运能力存在"过载能力"。虽然我们为运输工具规定了额定的承运能力，但实际上在设计的时候都会留有一定的余量。在运输领域，这个余量便被称为"过载能力"。这个能力使得运输工具的承运能力可在一定范围内变化。同时，承运能力又与运距存在相关性，即承运能力小的运输工具一般适应短运距条件下的运输。因此，只有综合考虑运输对象和运输工具承运能力等特性参数的匹配度，才可以有效降低运输成本。另外，造成运输能力波动的外因是运输中的客、货在去、回两个方向上的运量不对称以及同一方向上运量的不平稳。这种运输能力的波动也将影响运输成本。客、货流在去、回两个方向的不对称必然造成一个方向是重载，一个方向是轻载，而且轻载方向的实载率低。运量不平稳就使得某些时候的运输能力紧张，某些时候运输能力又没有得到充分利用。显然，这些因素都会使得运输成本上升。而且不对称与不平稳的程度越高，成本上升就越多。

7. 装载能力

装载能力是指货物的具体尺寸及其对运输工具空间的利用程度。由于某些货物具有古怪的尺寸和形状、超重或超长等特征，通常不能很好地对其进行装载。例如，谷类、矿石及石油等可以完全地装满容器，能很好地利用空间；而机械设备等的空间利用程度则不高。装载能力还受到装运规模的影响，大批量货物往往能相互嵌套，便于装载。

8. 装载率

装载率也称装载系数，即实际装载量与额定装载量的比值，它对运输成本有重大影响。因为固定成本不会增加，以及运行成本中的人工费和维修费不会(或很少)增加，所以无论是汽车、火车、轮船还是飞机，满载运输总成本相比于半载运输总成本并不会增加多少。在距离和运输密度已定的情况下，运输成本随运输设备的装载率的增加而减小。

9. 运输责任

在运输过程中，有可能出现货物丢失和货物变质的问题，甚至可能出现事故，承运人需要考虑货物的易损坏性、易腐性、易盗性、易自燃性以及自爆性等。承运人的责任关系到货物损坏风险及运输事故导致的索赔。所以承运人承担的责任越大，需要的运输费用也就越高。有时候，承运人必须通过向保险公司投保来应对索赔风险，托运人可以通过改善保护性包装或通过降低货物丢失和损坏的可能性来降低风险，最终降低运输成本。

10. 市场因素

市场因素对运输成本也有重要影响。影响比较大的市场因素有：①竞争因素，即同种运输方式不同产品间的竞争以及不同种运输方式间的竞争；②运输的季节性，旺季和淡季会导致运输费率及运输成本的变化；③运输的方向性，运输流量的不平衡会导致运输成本的变化。

四、运输成本的作用

1. 运输成本是制定和调整运价的重要依据

运价是运输产品的货币表现，而价值量由生产运输产品所消耗的社会必要劳动时间决定，即在现有的社会正常的生产条件下，在社会平均的劳动熟练程度和劳动强度下制造某种使用价值所需要的劳动时间。能全面反映这种消耗的经济指标只有社会平均成本，它是维持企业简单再生产的必要条件，否则企业就会亏损倒闭。企业要进行正常的扩大再生产，其价格必须高于社会平均成本，即企业必须有一定的盈利，因此在制定和调整运价时应以社会成本为基础，恰当考虑运输企业的盈利水平，这是商品经济发展的客观要求。

2. 运输成本是企业进行经济核算的基础

成本核算在企业经济核算中占有重要地位，它可以促进企业降低消耗和提高经济效益。在进行运输生产时的各种消耗最终会反映到成本上来。在一定价格水平下，若成本上升，就会减少企业的盈利，甚至给企业造成亏损。

3. 运输成本是企业经营决策的重要参数

无论是投资决策还是管理决策，企业都是以提高经济效益为中心的。在对各种方案进行经济效益评价时，企业要对其收益和成本进行比较分析，从中选出最佳方案作为实施方案，没有成本这个参数，就无法对其经济效益进行评价。

五、降低运输成本的途径

为了降低运输成本，运输企业可以采取以下措施。

1. 创造良好的外部环境

外部环境与企业之间的关系是，企业必须适应外部环境，同时可以对外部环境施加影响。企业应转变经营观念，主动适应外部环境的变化，努力与各方达成良好的协作关系，使企业与货主、旅客及相关部门建立良好的关系。

2. 提高车辆设备的技术水平

领先的技术水平是企业在市场环境下生存和发展的保证，因此要注意优化车辆设备的构成，使车辆设备适应货源对车辆的需求，做到技术先进和构成合理。同时要注意设备之间的合理配比，使车辆设备的效能得到充分发挥，为企业进一步降低运输成本打好基础。

3. 提高管理水平

管理是一种运筹性的生产力，通过提高管理水平可以提高效率和降低各种消耗，从而达到降低成本的目的。因此，应注意用先进的管理思想和管理技术提高管理效率，实现企业管理的科学化和现代化，从而保证企业的管理水平能够适应企业发展的需要。总之，应全方位地加强企业管理，通过提高管理水平来提高效率和效益。

六、不同运输方式的成本特征

1. 铁路运输

铁路运输的固定成本费用高，变动成本费用相对较低。这是因为铁路线路、车站、机车车辆、通信等基础设施的投资大,提高了固定成本。铁路运输变动成本(工资、燃油、维护成本等)随运距和运输量的变化而成比例变化,一般认为它占总成本的1/2或1/3。这样,当一个系统固定成本费用很高时,应该遵守规模经济和距离经济这两个基本原则。规模经济的特点是随着运量的增长,每单位运量的运输成本呈下降趋势。由于有关的固定费用被分摊在大批量的运量中,所以单位运量运输成本中分摊的相关固定费用就会减少,从而降低运输成本。规模经济使得货物的批量运输显得更加合理。距离经济的特点是每单位距离的运输成本随运输距离的增加而减少。距离经济的合理性类似于规模经济,尤其体现在运输装卸费用的分摊上。同时,距离越长,固定费用分摊后的值就越小。这样就将固定成本均摊到更大的运量和更长的运输距离中去,运输成本就会下降。

2. 公路运输

由于公路运输的承运人没有用于营运的基础设施,因此公路运输的固定成本在所有的运输方式中是最低的,与铁路运输的成本特征形成了鲜明对比。但公路运输的变动成本很高,既包括用于车辆营运的燃料、轮胎、车辆折旧和维修费用等,也包括为了公路建设和公路维护而向车辆征收的燃油税、过路(桥)费和养路费等。变动成本随车辆行驶里程或周转量成正比例变化。在公路货运站进行运输时,固定成本包括车站取货和送货费用、站台装卸费用、制单和收费等发到作业费。公路运输也存在规模经济,当运输批量较大时,由于固定成本费用被分摊到较大的运量上,所以单位运输成本会随运量的增加而降低,但是不如铁路运输下降得那么明显。

3. 水路运输

水路运输除必须投资购造新船、建设港口之外,对航道的投资极少。目前,港口和航道由国家根据管理体制进行管理,船舶所属的航运企业则是水路运输的承运人。大部分港口是服务港,即港务当局不仅提供港口的基础设施,还提供诸如货物装卸服务、货物的港内搬运及处理等服务;不仅从事港政和航政,还从事港内各项业务活动。这样,水运承运人的固定成本除船舶本身的折旧费等相关费用外,还与港口作业有关。但是因为水路的运输能力大,变动成本低,所以水运适合长距离和大批量的运输,是最廉价的大宗货物运输方式之一。

4. 航空运输

航空运输与水运和公路运输的成本特征有很多相同之处。航空运输的机场和空中通道一般不属于拥有飞机的航空公司,航空公司根据需要以燃油、仓储、场地租赁和飞机起降等形式购买机场服务。同时,地面的搬运装卸、取货和送货也是机场提供的航空货运服务的一部分,这些成本就成为使用机场需要支出的固定成本。此外,航空公司还拥有(或租赁)运输设备(如飞机等),在经济寿命周期内对其进行的折旧构成每年的固定费用。航空公司的变动费用主要是燃料和原材料,受运距的影响较大。固定成本和变动成本合在一起通常使航空运输成为最昂贵的运输方式,短途运输情况下尤其如此。但是,随着机场费用和其他固定费用支出分摊在更大的运量上,单位成本会有所降低。如果是长距离运输,那么单位成本还会下降。

5. 管道运输

管道运输与铁路运输的成本特征相同,管道公司拥有这些基础设施或拥有它们的使用权。管道的投资和折旧及其他成本使管道运输的固定成本在总成本中是较高的。为了提高竞争力,管道运输的运量必须非常大,以摊销这么高的固定成本。变动成本主要包括运送原油、成品油或天然气等动力和与泵站经营相关的成本。对动力的需求大小取决于线路的运量和管道的直径。在运输中,摩擦损失和气泵动力随管道周长的增加而增加,运量则随截面积的增大而提高。由于大管道与小管道周长之比不像横截面面积之比那么大,因此,只要有足够大的运量,大管道的每吨千米成本就会迅速下降。在一定的管道规格条件下,如果运送的产品增多,那么管道运输的规模收益就会减少。

第四节 运输价格

运输价格与运输成本密切相关,后者是前者的重要组成部分之一。运输成本的高低与运输价格的高低成正比,在很大程度上反映了运输劳务价值量的大小。

一、运输价格的含义

运输价格是运输产品的价格,是运输产品价值的货币表现,一般简称为运价。它由运输成本和运输盈利(利润和税金)两部分组成。其中,税金是国家财政收入的主要形式和来源,是运输经营者为社会创造的那一部分剩余价值;利润是运输经营者为自己创造的那一部分价值。在税金和运输价格一定的条件下,运输成本越低,利润就越高。

二、运输价格的特点

1. 计算单位的复合性

计算运输价格时需要将货物重量、旅客人数以及运输距离相结合,因此运输价格是一个复合单位,以元/吨千米或元/人千米为计价单位。因为单位运输产品的价值随运输距离的变化而变化,所以运输价格随运输距离的变化而存在差异,不仅运费总额随运距延长而增加,而且在一定距离范围内,不同运距每吨千米或每人千米的运价单位也不相同。

2. 价格形式的单一性

一般来说,工农业产品只有经过生产和流通两个环节,才能形成价格,流通过程的不同,造成了价格形式的多样性。生产形成生产者价格,流通到消费者手中形成消费者价格。例如,工业品有出厂价和销售价之分,农业品有收购价与销售价之分,商业中有批发价与零售价之分。而运输产品的生产和消费是同一个过程,消费不能离开生产过程而独立存在,因此在大多数情况下,运输产品的生产者价格和消费者价格是统一的,运输价格只有消费者价格这一种形式。

3. 价格种类的多样性

运输价格虽然只有销售价格这一种形式,但是其种类繁多。运输方式相同但运输对象不同,就会产生不同的运价;如果运输对象相同但采用的运输方式不同,也会产生不同的运价;如果运输对象和运输方式都相同,但运输距离不同,根据不同的运价率进行计算,还会产生不同的运价。故不同的运输对象、运输方式及运输距离产生的每一种组合都会产生一种运价,从而使运价种类繁多。

4. 价格的区域性

运输成本水平会受到自然条件的影响,在不同的地形和气候条件下,运输成本水平会出现较大的差异,这必然使运输价格出现较大的差异。由于运输产品的不可储存性,不同条件下的运输价格不能互相替代。例如,山区和高原的运输价格明显高于平原地区。基于此,各地区的交通企业会根据本地区的实际情况制定适合本地区的运输价格,从而导致运输价格具有很强的区域性。

三、运输价格的种类

由于物资运输采用的运输工具、运输距离和货物品种等不同,因此货物运价可按不同的标准进行分类。

1. 按适用的范围划分

(1) 普通运价

普通运价适用于一般货物的正常运输,是货物运价的基本形式。

(2) 特定运价

特定运价是运价的一种辅助形式,以补充普通运价。它是指对某种货物、某种流向或某一段线路规定的特殊运价。特定运价是根据运价政策制定的,在某一时间内对某种货物予以鼓励或限制。有时也可以单独制定特定运价。

(3) 地方运价

地方运价适用于某地区或某一条线路的运价。如临管营业的新建铁路或未与铁路网接通的营业铁路规定的临管运价率,交通系统的地方水运运价等。

(4) 国际联运运价

国际联运运价就是国际联运出口或进口过境货物的运价,国内区段按有关规定办理,过境运价根据国际有关规定办理。

2. 按货物发送批量、使用的容器划分

(1) 整车(批)运价

整车运价是指公路和铁路运输中整车货运所适用的运价。在我国,铁路整车货运按整车运价号所规定的运价率计算收费。货物重量除有特殊规定者外(如使用家畜车、敞车、冷藏车),一律按照货车标记载重量(标重)计算,而不管实际所装货物是否达到标重,如果实际重量超过标重,则按货物实际重量计费。整车货运具有作业费用低、运力周转速度快和单位运输成本低等优点。为了从经济上使货物托运者关心合理使用运输工具,改善货物运输和装载方法,充分发挥运输工具的运载能力,整车运价应比零担运价低。整批运价是指按规定满一定重量可作为一张运单或一批托运的,按整批运价计算。

(2) 零担运价

零担运价是指公路和铁路运输中零担货运所适用的运价。零担货运是指托运人委托运输部门运送的货物无须单独使用一辆货车,其特点是零担货物品种繁杂、车辆利用率低、中转次数多、运输组织工作复杂、作业费用高、运力周转速度慢以及单位运输成本高,因此零担运价比整车运价高。铁路零担的计重单位为 10 千克,不足 10 千克仍按 10 千克计费。

(3) 集装箱运价

集装箱运价是针对集装箱运送货物规定的运价。

3. 按计算方式不同划分

(1) 分段里程运价

分段里程运价是指把里程分为若干区段,在不同区段内使用不同的运价。铁路和交通运输部直属运输企业的现行运价采用的就是这种计算方式。

(2) 单一里程运价

单一里程运价是指每千米的运价率不变,运输全程用一个单一的运率。在这种情况下,运价的增加与运输距离成正比。

(3) 航线里程运价

航线里程运价是指在同一航线上使用同一基本运价,航空运输的现行价采用的就是这种计算方式。

四、运输价格的制定依据

1. 运输成本和运输盈利

运输成本是制定运输价格的主要依据,也是制定运输价格的最低临界点。在正常情况下,运输企业为了能抵偿运输成本而不至于亏本并能扩大再生产,要求运输价格不低于运输成本。运输成本可以近似地反映运输价值量的变动趋势。运输盈利是指合理的利润和税金,运输企业在制定运输价格时必须考虑盈利水平。

2. 运输产品的供求关系

运输市场的供求平衡,不仅会因运输市场价格对供给和需求的调节而引起,还会由运输供给和需求对市场价格的调节而产生。运输供求对运输价格的影响主要是指后者。供求关系是价值规律作用的一种表现,运输供求关系的变化必然反映到运输价格上来。运输价格的高低除了取决于运输产品的价值外,还受到运输市场供求关系的影响,当需求大于供给时,运输价格就上升;当需求小于供给时,运输价格就下降。供求关系的变化导致运输价格的涨落,而运输价格的涨落又刺激供求关系的变化。通过供给与需求同运输价格之间有机的联系和运动,供与求趋向一致,价格与价值趋向一致,价值规律的要求得到实现。

3. 运输市场类型

根据市场的竞争程度,运输市场结构大体可分为4种类型,即完全竞争运输市场、垄断竞争运输市场、寡头垄断运输市场和完全垄断运输市场。不同的运输市场类型,会对运输价格产生不同的影响。运输市场在完全竞争的条件下,同类运输产品质量相同、价格相同,并有大量的供给和需求者,运输经营者进入或退出市场完全自由,运输企业和乘客(或货主)都只能是运输价格的接受者;在垄断竞争的条件下,同类运输产品的经营者数量众多,争夺市场的竞争相当激烈,运输企业和乘客(或货主)不是运输价格的接受者,而是具有运价决策权的决策者;在寡头垄断的条件下,由一个或少数几个运输企业提供运输产品,运输价格是由几家大企业根据协议或某种默契规定的;在完全垄断的条件下,运输产品由唯一的经营者提供,运输价格不是由市场供求关系决定的,运输企业有完全自由的定价权,可以通过垄断价格获得高额利润。

4. 各种运输方式的竞争

各种运输方式都是为了实现劳动对象的位移,因此在许多情况下可以互相替代。运输消费者可以从安全性、及时性、经济性和服务质量等不同需要出发,在综合运输市场上,在相近的运输条件下,选择自己认为理想的运输方式。各种运输方式的经营者面临着这种选择的竞争,所以运输企业在确定运输价格方面有了更为灵活的方式。例如,甲、乙两地之间的旅客运输,可供选择的运输方式有铁路和海运,而铁路硬席卧铺的舒适程度与海运三等舱位相仿,但由于前者的运输速度快于后者,因此,在一般情况下铁路票价会高于海运。若相反,则会造成铁路运输紧张而海运空闲,这时若海运因运输成本高而无法降价以争取客源,最终只能退出该航线的运输。

5. 国家经济政策

国家对运输业实行的税收政策、信贷政策和投资政策等均会直接或间接地影响运输价格水平。长期以来，国家为扶持运输业，在以上诸方面均制定了优惠政策。例如，2020年，由于新冠疫情，国家财政部、税务总局出台了一系列针对交通运输服务业相关税收优惠政策。从运输价格的理论构成来看，在运输成本和利润不变的情况下，运输价格可随之降低。因此，目前国家对运输业实现的优惠税率政策有利于稳定运输价格并促进运输业的发展。

五、运输定价的理论

1. 运输价值决定论

运输价值决定论认为，货物运价的形成基础是运输价值，运输价值是凝结在运输服务中的无差别的人类劳动，包括物化劳动(死劳动)和活劳动两部分。价值量就是劳动量，劳动量用社会必要劳动时间来表示。该理论认为运价应取决于运输劳务的价值，即运输价值决定运输价格。实际上，运输价值定价以全社会的平均生产成本(包括平均利润)为定价基础，它主要为政府制定基准运价提供理论依据。显然，这是计划经济或实行运价控制条件时的定价依据。

2. 资源配置论

资源配置论认为，运输定价是一种资源配置的方法，不存在所谓"正确的"价格，只有可以实现预期目标的优化定价策略。从企业角度看，往往要以利润最大化的价格水平作为阶段目标，有时会追求以最大市场份额为目标的价格，有时会追求能保证最大销售收入的价格；但从全社会角度看，人们会更多地要求制定以社会福利(或消费者剩余)最大化为目标的定价方法，要求定价有利于宏观经济发展、有利于大多数人的利益、有利于社会安定和使用者安全等。资源配置论的理论依据是边际成本定价理论，即在充分竞争的市场中采用边际成本定价可以实现资源的有效配置，这时，不仅能实现企业利润最大化，还能实现社会福利的最大化。

六、货物运价的定价规则

相对于客运定价而言，货运定价更加复杂，因此这里仅仅讨论货物运价的定价规则。由于货种、距离、批量以及运输条件的要求不同，各种运输方式均制定了简单易行且合理的有关货物运价问题的规定，如《铁路货物运价规则》《水路货物运输规则》《汽车货物运输规则》《中国民用航空货物国内运输规则》等，各个规则都对运费的计算都做了具体的规定。

1. 货物运价分号表

由于货物的种类繁多，运输条件和运输成本各不相同，不可能为每一种货物确定一个运价率。为了明确对各种货物应该收取的运费，对具有相同性质和特点的货物进行分类，然后把运输条件和运输成本大致相同的划分为一级，构成货物运价分号表，铁路运输称为"运价号"，水运称为"运价等级"。

2. 货物运价率表

货物运价率是确定运价水平的关键，关系到运输企业的收入和发货单位运输费用的支出，影响到企业的利润。货物运价率是由运价基数、各运价号、等级间的增减比例以及整车、零担、集装箱运价的比例等确定的。运价基数是指最低运价号的起码计算里程运价率，是决定总体运价水平的基础。要确定运价基数，首先要确定货物起码计算里程，起码计算里程是根据各种运输方式间运量的分配情况确定的；其次，在运价基数和运价率的基础上，按照运输距离递增递减率求出各区段的递差率；然后计算各运价号、各里程区段的每吨货物运价率，编制成货物运价率表。

3. 货物运价里程表

货物运价里程表是计算货物运费的重要依据，是说明运送距离即货物从发站至到站间的距离的一组文件。铁路运价是按最短线路计算的，所以，铁路货物里程表中各站之间的距离是按最短线路的原则制定的。

七、运输价格管理

所谓运输价格管理，是指根据运输价格本身运动的客观规律和外部环境，基于一定的管理原则，采用一定的管理形式和管理手段对运输价格的运动过程所进行的组织、指挥、监督和调节等各种职能活动的总和，具体包括运输价格的管理原则、管理形式和管理手段等。

1. 运输价格的管理原则

(1) 统一领导、分级管理的原则

运输价格管理的"统一领导"，是指涉及全国性运输价格管理工作的价格方针、价格调控计划、定价原则、调价方案与步骤和价格管理法规等内容应由国务院价格主管部门统一制定、统一部署和全面安排，并借助一定的组织程序和组织机构，采用相应的管理手段，对运输价格管理过程进行组织、监督、调节和协调。运输价格的"分级管理"是指各级政府、运输主管部门基于各自的价格管理权限，对运输价格和收费标准实施的管理。

(2) 直接管理与间接管理相结合的原则

运输价格的直接管理，是指国家直接指定、调整和管理运价的一种行政管理方法。这也是我国20世纪80年代以前对运输价格进行管理时所使用的一种主要方法。它的基本特点是运输价格由国家价格主管部门或业务主管部门直接制定和调整，并采用行政手段强制企业执行。运输价格一经制定就具有相对稳定性。

对运输价格的间接管理，是指国家通过制定与实施经济政策并运用经济手段来影响市场定价环境和诱导企业定价行为的一种价格控制方法。它的基本特点是国家不直接规定和调整运输价格，而主要通过经济政策和经济手段来诱导运输企业进行价格决策。

(3) 保护竞争、禁止垄断的原则

在客货运输质量大体相同的条件下，通过不同运输方式之间、同一运输方式不同企业之间的运价竞争，达到运输资源的合理配置和提高企业的经济效益的目的。保护竞争的实质就是进行公平、公开、公正的市场交易，而地方保护主义、"地下"交易和"黑市"交易等就是不正当的竞争行为。因此，为了保护运输业的正当竞争，国家要建立并完善保护竞争、反对垄断的法规，制止任何企业或任何企业集团利用某些优势搞价格垄断和谋取暴利的行为。

2. 运输价格的管理形式

(1) 国家定价

国家定价是由县级以上各级政府物价部门、交通运输主管部门按照国家规定的权限制定并负责调整的运输价格。

(2) 国家指导价

国家指导价是县级以上各级政府物价部门、交通运输主管部门通过规定基准价、浮动幅度或最高、最低保护价等形式制定的运输价格。

(3) 市场调节价

市场调节价是运输企业根据国家有关政策和规定，主要通过市场供求情况自行确定的运输价格。

3. 运输价格的管理手段

(1) 法律手段

价格管理的法律手段，是指国家通过制定法律、法规对价格进行规范化的管理。就运输价格而言，就是指规范运输价格管理形式和管理权限、制定调价的基本原则和保护措施、禁止运输价格垄断和暴利行为的措施和制裁办法等。

(2) 经济手段

价格管理的经济手段，是指国家利用财政、税收、货币、信贷和投资等经济手段来影响和控制运价水平，变原来的事后价格对资源的调节为事先调整运价机制，从而达到社会资源的合理配置和运输能力最有效使用的目的。

(3) 行政手段

价格管理的行政手段，是指国家交通运输主管机关或部门运用行政命令，下达统一的运价、实施带强制性的措施和监督办法以及管理和协调各种价格关系的一种手段。

第五节 运输能力

运输供给实质上是一种生产能力，为了实现运输的生产过程，完成国家规定的运输任务及满足旅客及货主的运输需求，运输供给方应当具备和保持适度的运输能力。运输能力是一个复杂的体系，它关系到乘客或货物的位移，依靠运输工具的容量和运输组织效率，反映了运输供给的基本能力。

一、运输能力的含义

运输能力是通过能力和输送能力的总称。通过能力是指在一定的运输条件、交通状态和运输组织方法下，单位时间内运输站点、运输线路等能够服务的最大通过量。输送能力是指在没有不合理的延误、危险或限制等的确定运行条件下，运输工具在一个给定的时间里通过一个给定地点所运输的最大客货数量。

就铁路运输能力而言，铁路通过能力是指该铁路线在一定的机车车辆类型和一定的行车组织方法的条件下，根据其现有的固定设备，在单位时间(通常指24小时)内最多能够通过的列车对数或列车数。通过能力也可用车辆数或货物吨数来表示，而客运专线还可用旅客人数来表示。铁路输送能力是指该铁路线在一定的固定设备、机车类型和行车组织方法条件下，根据现有的活动设备数量和职工配备情况，在单位时间内最多能够通过的列车对数、列车数、车辆数、货物吨数或旅客人数。

通过能力和输送能力这两个术语相互之间既有区别又有联系。通过能力着重从现有固定设备方面指明某种运输线路的承载能力，因为它没有考虑现有的活动设备(载运工具)数量和职工配备情况等方面的因素，所以通过能力的实现将不可避免地受这些因素的制约。输送能力着重从现有的活动设备和职工配备情况等方面说明运输线路实际通过的客货数量，它需要以通过能力为依托并受其限制。也就是说，输送能力一般等于或小于通过能力。

二、运输能力的影响因素

影响运输能力的因素很多，包括各种运输方式的技术性能、经济因素、自然因素以及运行组织因素。

1. 技术性能

各种不同的运输方式具有不同的技术性能，也因此具有不同的运输能力。根据运输能力的含义可知，运输方式的技术性能对其通过能力有重要影响，技术性能因素一般从运输固定设施和移动运输设备两个方面考虑。例如，水路运输中，影响航道通过能力的技术性能包括：①天然航道区段的通航尺度(深度、宽度和弯曲半径)、人工运河的尺度和船闸的尺度；②航道通航枯、中、洪水位的水深；③天然航道的航标设置和过滩设备能力；④航道困难地段(如急流、浅滩和单行水道)的长度、数量及分布；⑤船舶尺度(长、宽和吃水)；⑥船舶和船队的速度。

2. 经济因素

经济因素主要指经济条件、客货流结构以及运输工具与运输对象的适应情况等。由于经济条件不同，不同地区和运输企业的运输能力也不同。同时，客货流结构不同、旅客和货主的运输需求不同影响着运输需求，从而对运输供给方的运输能力造成影响。另外，装载能力等经济因素也影响着运输能力。

3. 自然因素

自然因素主要是指风、雨、雪、雾、温度和区位等自然地理条件。对于不同运输方式，其运输能力受自然因素的影响不同，航空运输受自然条件的影响较大。同时，不同地区的地理条件不同，则不同地区的运输能力不同，地区间不同运输方式的运输能力也不同。例如，在青藏铁路开通之前，西藏的铁路运输领域一直发展缓慢。

4. 运行组织因素

运行组织因素包括所采取的运输组织方法，特别是薄弱环节的组织工作。例如，影响航道通过能力的运行组织因素包括所采取的发船方法、船舶(船队)通过困难地段的方法和驾驶人员的技术水平。因此，提高管理人员素质、充分发挥人的积极因素对提高运输能力有重要意义。

上述4个方面的影响因素，前三者属于客观条件，后者主要取决于主观因素。

三、各种运输方式的运输能力

任何一种运输方式的运输能力都可以从其载荷和载体这两种角度去界定和测量，而无论从哪种角度去界定，运输能力都是由运输的硬件和软件的综合实力决定的。一般来说，通过能力的计算一般应以所有技术设备的充分利用为出发点，必要时应进行综合调整，使各项技术设备的能力达到最佳匹配，同时要考虑设备日常保养维修所需的时间及其工作的可靠性和运输工作质量等因素。

当运输能力用载荷能力测度时，以货运为例，我们可以用每小时可完成的净重吨千米数来表示。运输能力的这种表示方法形似统计能力，实为运输工具的一种技术性名义能力，是根据运输工具技术参数推算求得的，而不是由统计平均求得的。

各种运输方式的运输能力的比较如表6-1所示。

表6-1 各种运输方式的运输能力

运输类别	能力单位	数值
铁路	每列车小时净重吨千米	$3.4\times10^4 \sim 5.3\times10^5$
公路(卡车与半拖车)	每车小时净重吨千米	$360 \sim 3\,224$

(续表)

运输类别		能力单位	数　值
水路	江轮	每船小时净重吨千米	$1.8\times10^5 \sim 5.3\times10^5$
	拖轮	每船小时净重吨千米	$1.8\times10^5 \sim 4.8\times10^5$
	海轮	每船小时净重吨千米	$1.8\times10^5 \sim 1.8\times10^6$
航空	大型喷气机	每飞机小时净重吨千米	$8\times10^3 \sim 1.3\times10^3$
	直升机	每飞机小时净重吨千米	350~1 230
管道		每泵送站小时净重吨千米	1 800~55 300

我们对表 6-1 所列的各种运输方式的运输能力数据进行比较。为了得出唯一的比较结论，其中指标变化幅度大的管道运输方式暂不加入比较之列，从而得出除管道运输之外的 4 种运输方式的运输能力大小的排序，依次为水路运输、铁路运输、航空运输、公路运输。也就是说，水路、铁路两种运输方式是大型运输方式；航空运输是中型运输方式；公路运输则是小型运输方式。

思考与练习题

1. 运输供给具有什么特点？
2. 运输供给的影响因素有哪些？
3. 运输成本的构成要素有哪些？
4. 运输成本的影响因素有哪些？
5. 运输价格具有什么特点？
6. 运输价格有哪些类别？
7. 运输价格的影响因素有哪些？
8. 运输价格管理有哪些内容？
9. 运输能力的影响因素有哪些？

拓展阅读

1. 尹传忠，王立坤，武中凯，等. 综合运输学概论[M]. 上海：上海交通大学出版社，2020.
2. 李雪岩，李静，祝歆. 基于复杂性竞争扰动的铁路货运期权定价模型[J]. 系统工程理论与实践，2020，40(10)：2684-2697.
3. 曾庆成，岳安娜，孙赫迎，等. 基于差价补偿策略的集装箱班轮运输定价模型[J]. 系统工程理论与实践，2017，37(9)：2366-2372.
4. 彭志敏，吴群琪，孙瑞芬. 我国综合运输供给与需求失衡度测量[J]. 统计与决策，2018(16)：12.
5. 孙浦阳，张甜甜，姚树洁. 关税传导，国内运输成本与零售价格——基于高铁建设的理论与实证研究[J]. 经济研究，2019(3)：135-147.

第七章

合理化运输

学习目标

合理的运输对提高物流效率、降低物流成本具有举足轻重的作用。因此，在物流运输时需要追求运输的合理化，避免不合理运输的发生。通过本章的学习，你将了解合理化运输的影响要素及意义；掌握不合理运输的类型与合理化运输的措施；理解数学方法在运输组织中的应用。

引导案例

百胜餐饮的合理化运输

百胜餐饮集团是全球大型的餐饮集团，在全球110多个国家和地区拥有超过35 000家连锁餐厅和100多万名员工。在物流运营过程中，尽可能地降低成本是其经营的哲学。对连锁餐饮这个锱铢必较的行业来说，靠物流手段节省成本并不容易，然而，作为肯德基、必胜客等业内巨头指定的物流提供商，百胜餐饮抓住了运输环节大做文章，通过合理地安排运输、降低配送频率，实施歇业时间送货等优化管理方法，有效地使物流成本"缩水"，给业内管理者指出了一条细致而周密的降低物流成本之路。

对于连锁餐饮业来说，由于原料价格相差不大，物流成本始终是企业成本竞争的焦点。有关资料显示，在一家连锁餐饮企业的总体配送成本中，运输成本占到60%左右，而运输成本中的55%～60%又是可以控制的。因此，降低物流成本应当紧密围绕运输这个核心环节。百胜餐饮在运输环节上控制物流成本的措施是围绕以下几个方面展开的。

1. 配送任务部分外包

尽管中国百胜餐饮已有100多辆车，但是仍然无法满足其所有的配送需求，所以他们将一部分配送任务外包。百胜餐饮的外包业务遵循如下原则。

(1) 将路程特别远致车辆无法在一天内返回的任务外包出去。因为百胜餐饮的车辆回程不能载其他公司的货，若配送所花费的时间过长，会提高成本。

(2) 将一些特殊的路线外包出去。例如，百胜餐饮的司机一般不擅长走山路，路线中有山路的部分可以交给别的公司来做。

(3) 对于长途运输，百胜餐饮有时会雇用更熟悉路况的当地运输企业。这种方法能够使公司节省成本，因为它在市场低迷时无须支付卡车及司机方面的成本，而一旦市场反弹，与这类当地企业的长期合作关系则有助于确保有足够的车辆满足公司产品的运输，有助于降低成本。

2. 合理进行运输排程

运输排程的意义在于：在满足载重量要求的前提条件下，应尽量做出调整，使得车辆满载，以减少总行驶里程。

由于连锁餐饮业餐厅的进货时间是事先约定好的，这就需要配送中心就餐厅的要求制定一个类似列车时刻表的排程表，此表是针对连锁餐饮业餐厅的进货时间和路线而详细规划的。众所周知，餐厅的销售存在着季节波动性，因此排程表至少有旺季和淡季两套方案。有必要的话，应该在每次营业季节转换时重新审核运输排程表。安排排程表的基本思路是：计算每家餐厅的平均订货量，设计出若干条送货路线，使之能覆盖所有的连锁餐厅，最终达到总行驶里程最短、所需司机人数和车辆数最少的目的。

3. 案例点评

运输合理化的影响因素很多。综合来说：第一，企业应尽可能就近运输，避免舍近求远；第二，物流部门应尽量减少装卸、搬运和转运等中间环节，使货物不进入中转仓库，而由产地直达运销地或客户，减少运输环节；第三，要根据不同货物的特点，分别利用铁路、水运或汽车运输，选择最佳的运输路线、积极改进车船的装载方法、提高技术装载量和使用最少的运力来运输更多的货物，提高运输生产效率；第四，尽量减少客户等待时间，使物流工作满足客户需要，让其成为赢得客户满意度的一个重要因素，企业要想方设法加快货物运输，尽量压缩待运期，避免大批货物长期徘徊或停留在运输过程中的现象；第五，积极节约运输成本，提高运输效益。

在日常工作决策中，运输的成本、速度和一致性是最有可能影响运输合理化的三个因素。因为最低的运输费用并不意味着最低的运输成本，最低的运输总成本也并不意味着合理化的运输。运输的合理化关系着其他物流环节设计的合理化。因此，应首先站在物流系统一体化的高度，综观全局，再对运输的各个具体环节进行优化，最终实现运输合理化。

阅读上面的案例，你可以进一步思考：百胜餐饮物流运作的成功经验给我们带来了什么启发？你可以通过上面的案例，总结出哪些合理化运输的方法？

(资料来源：佚名. 百胜餐饮集团物流运作成功之路. 道客巴巴. http://www.doc88.com/p-0157870878157.html. 2019-03-25.)

经济合理地组织运输是运输组织工作的一项重要原则，也是产、供、运和销各部门的共同责任。合理运输的目的是，在一定的产销联系条件下，采取有效的运输组织措施，力求运输量、运程、流量和中转环节合理，保证充分、有效和节约地使用运输能力，以最小的运力消耗、最少的费用支出和最快的速度及时、安全地完成各种运输任务。

第一节 合理化运输概述

运输和保管不同，它是在运动中进行的，具有点多、面广、线长、流动和分散等特点。面对运输组织的复杂性，为了满足现代综合运输体系的需要，必须提高运输组织工作的效率，实现合理化运输。所谓合理化运输，就是充分利用各种运输方式的优势，根据交通运输条件、运输合理流向和市场供需情况等，选择合理的运输线路和运输工具，优化运输方案，以最短的路径、最少的环节、最快的速度和最少的劳动消耗，组织好运输活动。

一、合理化运输的影响要素

影响合理化运输的因素很多,其中起决定作用的有运输距离、运输环节、运输工具、运输时间和运输费用 5 个主要因素,称为合理化运输的"五要素"。

1. 运输距离

运输过程中,运输时间、运输损失、运输费用和车(船、飞机)周转等运输的若干技术经济指标,都与运距有一定的比例关系,运距长短是运输是否合理的一个最基本的影响因素。

2. 运输环节

每增加一个运输环节,不仅会增加起运的运费和总运费,而且一定会增加运输的附属活动,装卸、包装等各项技术经济指标也会随之发生变化,因此,减少运输环节,尤其是同类运输工具的环节将对合理运输有一定的促进作用。

3. 运输工具

各种运输工具都有其优势领域,恰当地选择运输工具,最大限度地发挥各种运输工具的特点和作用,是运输合理化的重要一环。

4. 运输时间

运输是物流过程中需要花费较多时间的环节,尤其是远程运输,因此,运输时间的缩短对整个流通时间的缩短起着决定性的作用。此外,运输时间缩短还有利于加速运输工具的周转、充分发挥运力效能、加快货主资金的周转和提高运输线路通过能力,从而不同程度地改善不合理运输的状况。

5. 运输费用

运费在全部物流费用中占很大比例,运费高低在很大程度上决定了整个运输系统的竞争能力。实际上,无论对货主还是对运输企业来说,合理的运费是运输合理化的一个重要标志,也是各种合理化措施是否行之有效的最终判断依据之一。

这 5 个因素既相互联系,又相互影响,有时甚至是相互矛盾的。例如,在一定的条件下,运输速度快了,费用不一定减少,这是因为运输时间与运输成本是一种此消彼长的关系,利用快速的运输方式,就有可能增加运输成本。同样,运输成本下降就有可能导致运输速度的减慢。这就要求进行综合比较分析,得出最佳运输方案。在一般情况下,运输时间快和运输费用省是考虑合理运输的两个主要因素,两者集中体现了运输的经济效益。

二、合理化运输的意义

就货运而言,合理化运输是从物流系统的总体目标出发,运用系统理论及系统工程的原理和方法,充分利用各种运输方式,选择合理的运输路线和运输工具,以最短的路径、最少的环节、最快的速度和最少的劳动消耗,组织好物质产品的运输活动。合理化运输的重要意义主要表现在以下几点。

1. 加速社会再生产进程,促进国民经济发展

按照社会主义市场经济的基本要求,组织物质产品的合理运输可以使物质产品迅速地从生产所在地向消费所在地转移,加速资金的周转,促进社会再生产过程的顺利进行,保持国民经济持续、稳定及协调发展。

2. 节约运输费用，降低物流成本

运输费用是构成物流费用(成本)的主要组成部分。在物流过程中，运输作业所消耗的活劳动和物化劳动占的比例最大。据统计，物流成本中运输费用的支出约占30%，如果加上运输过程中的装卸搬运费，其比例将会更大。因此，降低运输费用是提高物流系统效益、实现物流系统目标的主要途径之一。物品运输合理化必然会缩短运输里程，提高运输工具的运用效率，从而达到节约运输费用、降低物流成本的目的。

3. 缩短运输时间，加快物流速度

运输时间的长短决定着物流速度的快慢，因此，物品运输时间是决定物流速度的重要因素。合理组织物品的运输，可使被运输的物品在途时间尽可能地缩短，能达到及时到货的目的，从而降低库存物品的数量，实现加快物流速度的目标。而且，从宏观的角度讲，物流速度的加快减少了物品的库存量和节约了资金的占用，相应地提高了社会物质产品的使用效率，同时也利于促进社会再生产过程的顺利进行。

4. 节约运力，节约能源

物品运输合理化避免了许多不合理的运输现象，从而节约了运力，提高了货物的通过能力，起到合理利用运输能力的作用。同时，物品运输的合理性降低了交通运输部门的能源消耗，提高了能源利用率。可见，运输合理化对于缓解我国交通运输和能源紧张的情况具有重大的现实意义。

第二节 不合理运输的类型与合理化运输的措施

不合理运输是指未达到在现有条件下可以达到的运输水平，从而造成了运力浪费、运输时间增加和运费超支等问题的运输形式。目前，我国还存在不同类型的不合理运输，因此必须采取有效措施改变这种状况，以实现合理化运输。

一、不合理运输的类型

1. 返程或起程空驶

空车无货载行驶，可以说是多种不合理运输中最严重的形式。在实际运输组织中，有时候必须调运空车，从管理上不能将其看作不合理运输。但是，因调运不当或货源计划不周不采用运输社会化而形成的空驶，是不合理运输的表现。造成空驶这种不合理运输的原因主要有以下几个方面。

① 未利用社会化的运输体系，依靠自备车送货提货，这往往导致单程实车和单程空驶的不合理运输。

② 由于工作失误或计划不周，造成货源不实和车辆空去空回，形成双程空驶。

③ 由于车辆过分专用，无法搭运回程货，只能单程实车，单程回空周转。

2. 对流运输

对流运输也称为"相向运输"和"交错运输"，指同一种货物，或彼此间可以互相代用而又不影响管理、技术及效益的货物，在同一线路上或平行线路上做相对方向的运送，而与对方运程的全部或一部分发生重叠交错的运输。另外，已经制定了合理流向图的产品，一般必须按合理流向的方向运输，如果与合理流向图指定的方向相反，也属于对流运输。对流运输是不合理运输最突出、最普遍的一种，它有两种表现形式：

① 明显对流，即同类的(或可以互相代替的)货物沿着同一线路相向运输。

② 隐蔽对流，即同类的(或可以互相代替的)货物在不同运输方式的平行路线上或在不同时间内进行相反方向的运输。

对流运输还有一种派生形式，即倒流运输。倒流运输是指同一批货物或同批中的一部分货物，由发运站至目的站后又从目的站往发运站方向进行的运输。

在判断对流运输时需要注意的是，有的对流运输是很不明显的隐蔽对流。例如，不同时间的相向运输，从发生运输的那个时间看并无出现对流，因此可能会做出错误的判断，所以要注意隐蔽的对流运输。

3. 迂回运输

迂回运输是舍近取远的一种运输，是放弃短距离运输而选择路程较长路线运输的一种不合理形式。迂回运输有一定的复杂性，不能简单处理，只有因计划不周、地理不熟和组织不当而发生的迂回才属于不合理运输。当最短距离有交通阻塞、道路情况不好或有噪声、排气等特殊限制时发生的迂回不能称为不合理运输。

4. 过远运输

过远运输是指调运物资舍近求远，近处有资源不调而从远处调，这就造成放弃近程运输和拉长货物运距的浪费现象。过远运输占用运力时间长、运输工具周转慢以及物资占压资金时间长；而且，远距离自然条件相差大，易出现货损，从而增加了费用支出。例如，某地所缺的砖甚至在当地简单的土窑中制造也比用铁路从数千千米、汽车从几百千米之外运来更为有利；把装配好的木器和热量低的燃料(如煤)进行长距离的运输也是不合理的；在现实生活中大量的日用工业品(如毛巾、牙膏和肥皂)以及农副产品的远距离调运也是不合理的。

5. 重复运输

不合理的重复运输是指同一批货物由产地运抵目的地，没有经任何加工和必要的作业，也不是为实现联运，又重新装运到别处的现象。它是物资流通过程中多余的中转和倒装，虚耗装卸费用，造成车船非生产性停留，增加了车船和货物作业量，延缓了流通速度，增大了货损，也增加了费用。

6. 无效运输

无效运输是指被运输的货物杂质较多，如煤炭中的矿石和原油中的水分等，使运输能力浪费在不必要的物资运输上。例如，我国每年有大批圆木进行远距离的调运，但圆木材的使用率在70%左右，因此约30%的边角废料的运输基本上是无效的。

7. 运力选择不当

运力选择不当是指在没有考虑各种运输工具的优缺点的情况下，选择了不适当的运输方式，从而导致不合理运输。常见的运力选择不当有以下几种形式。

① 违反水陆分工合作，弃水走陆的运输

弃水走陆是指在同时可以利用水运及陆运时，不利用成本较低的水运或水陆联运，而选择成本较高的铁路运输或汽车运输，使得水运优势不能发挥。

② 铁路、大型船舶的过近运输

过近运输是指在铁路及大型船舶达不到经济运行里程的情况下，却利用这些运力进行运输的不合理做法。它的主要不合理之处在于火车及大型船舶起运及到达目的地的准备、装卸时间长且机动灵活性不足，在过近距离中利用发挥不了其运速快的优势。相反，装卸时间长反而会延长运输时间。另外，与小型运输设备比较，火车及大型船舶装卸难度大，费用也较高。

③ 运输工具承载能力选择不当

这是指不根据承运货物数量及重量来选择，而盲目决定运输工具，造成过分超载、损坏车辆、货物不满载及浪费运力的现象，尤其是"大马拉小车"现象。事实上，装货量小，则单位货物运输成本必然增加。

8. 托运方式选择不当

托运方式选择不当是指货主在可以选择最好的托运方式而未选择，造成运力浪费及费用支出加大的一种不合理运输。例如，应选择整车反而采取零担托运，应当直达而选择了中转运输，应当中转运输而选择了直达运输，等等。这些都属于这一类型的不合理运输。

最后需要指出的是，上述的各种不合理运输形式都是在特定条件下表现出来的，在进行判断时必须注意其不合理的前提条件，否则就容易出现判断失误。例如，如果同一种产品，商标不同，价格不同，所发生的对流不能绝对看成是不合理的，因为这是市场竞争的结果。如果强调因为表面的对流而不允许运输，就会起到保护落后、阻碍竞争甚至助长地区封锁的作用。类似的例子在各种不合理运输形式中也都存在。

同时，以上对不合理运输的描述，主要是基于微观观察得出的结论。在实践中，必须将其放在运输体系中做出综合判断，在不做系统分析和综合判断时很可能出现"效益背反"现象。单从一种情况来考虑虽然避免了不合理，但它的合理却使其他部分出现不合理现象。只有从系统角度出发进行综合判断，才能有效地避免"效益背反"现象，从而优化运输系统。

二、合理化运输的措施

长期以来，人们在运输组织的实践中探索和制定了不少实现运输合理化的措施，在一定时期内和一定条件下取得了理想的效果，这些措施主要有以下几个。

1. 提高运输工具实载率

实载率有两个含义。一是单车实际载重与运距的乘积和标定载重与行驶里程的乘积的比率，在安排单车、单船运输时，它是判断装载合理与否的重要指标；二是车船的统计指标，即一定时期内车船实际完成的货物周转量(以吨千米计)占车船载重吨位与行驶千米的乘积的百分比。在计算时，车船行驶的千米数包括载货行驶和空驶两个方面的行程。提高实载率的意义在于充分利用运输工具的额定能力、减少车船空驶、减少不满载行驶的时间和减少浪费，从而实现运输的合理化。

我国曾在铁路运输上提倡"满载超轴"，其中"满载"的含义就是充分利用货车的容积和载重量，多载货，不空驶，从而达到合理化的目的。这个做法对推动当时运输事业的发展起到了积极的作用。当前，国内外开展的"配送"形式，优势之一就是将多家需要的货和一家需要的多种货实行配装，以达到充分、合理运用容积和载重的目的，比起以往自家提货或一家送货车辆大部分空驶的状况，这是运输合理化的一个进步。在铁路运输中，整车运输、合装整车、整车分卸及整车零卸等都是提高实载率的有效措施。

2. 实现铁路和公路的合理分工

要实现铁路和公路的合理分工，就要进行中短距离铁路公路的分流，开展"以公代铁"的运输。这一措施的要点是，若在公路运输经济里程范围内或者经过论证超出通常平均经济里程范围，则尽量利用公路。这种运输合理化的表现主要有两点：一是对于比较紧张的铁路运输，用公路分流后紧张问题可以得到一定程度的缓解，从而加大这一区段的运输通过能力；二是充分利用公路从门到门和在中途运输中速度快且灵活机动的优势，实现铁路运输服务难以实现的效果。

目前，我国"以公代铁"在杂货、日用百货运输及煤炭运输中开展得较为普遍，一般在200

千米以内，有时可达700～1 000千米。例如，经严谨的技术经济论证，山西煤炭外运证明用公路代替铁路运至河北、天津和北京等地是合理的。

3. 尽量运用直达运输

直达运输是追求运输合理化的重要形式，其对合理化的追求要点是通过减少中转过载换载，提高运输速度、节省装卸费用和降低中转货损。直达的优势在一次运输批量和用户一次需求量达到一整车时表现得最为突出。此外，对于生产资料和生活资料，直达运输可以建立起稳定的产销关系和运输系统，有利于提高运输的计划水平，考虑用最有效的技术来实现这种稳定运输可以大大提高运输效率。

需要注意的是，如同其他合理化措施一样，直达运输的合理性只有在一定条件下才会有所表现，不能绝对认为直达一定优于中转，这要根据用户的要求，从物流总体出发进行综合判断。如果从用户需要量看，批量大到一定程度时直达是合理的，批量较小时中转是合理的。

4. 实现各种运输方式的分工协作

现代化的各种运输方式都有其各自的技术经济特征和适用范围。一般而言，近距离的物资应充分利用汽车或其他短途搬运工具进行运输；石油和天然气等大宗液体和气体物资应优先使用管道运输；沿江、沿海的物资，应充分利用水运或水陆联运；少量紧急和贵重的物资，可利用航空运输；其他运输工具无力承担的陆路中、长距离物资和大宗、笨重物资，则应充分利用铁路运输。

同时，在实现全社会物资的流通中，各种运输方式是彼此联系和相互补充的一个整体。因此，应依据它们各自的特点和优势进行科学合理的分工，使各种运输方式紧密衔接，实现各种运输方式间的联合运输，共同构成四通八达的统一运输网。这对消除不合理运输和完成更多运输任务具有十分重要的作用。

5. 配载运输

配载运输是充分利用运输工具的载重量和容积，运用科学的载运方法合理安排装载的货物以求得合理化的一种运输方式。配载运输也是提高运输工具实载率的一种有效形式。

配载运输往往是轻、重商品的混合配载，在以重质货物运输为主的情况下，同时搭载一些轻泡货物。例如，在运输海运矿石和黄沙等重质货物时，可在舱面捎运木材、毛竹等；在铁路运矿石、钢材等重物上面，可搭运轻泡的农、副产品等。在基本不增加运力投入的情况下，在基本不减少重质货物运输的情况下，配载运输解决了轻泡货的搭运，因而效果显著。

6. 发展社会化的运输体系

运输社会化的含义是发展运输的大生产优势，实行专业分工。当运输生产规模小和运量需求有限时，难以自我调剂，经常出现空驶、运力配置不当和不能满载等浪费现象，同时配套的接发货设施和装卸搬运设施也很难有效运行。实行运输社会化，可以统一安排运输工具，避免对流、空驶和运力不当等多种不合理运输形式，不但可以追求组织效益，还可以追求规模效益，因此，发展社会化的运输体系是促进运输合理化的重要措施。目前，我国铁路运输的社会化运输体系已经比较完善，而在公路运输中，小生产方式非常普遍，是建立社会化运输体系的重点。

在社会化运输体系中，各种联运体系是其中水平较高的方式，联运方式充分利用面向社会的各种运输系统，通过协议进行一票到底的运输，有效地打破了一家一户的小生产模式，受到了欢迎。我国在利用联运这种社会化运输体系时，创造出了"一条龙"的货运方式。对产、销地及产、销量都较稳定的产品，事先通过与铁路、航运等交通运输部门签订协议，规定专门的收发站、航线、运输路线、船舶和泊位等，可以有效地保证许多工业产品的稳定运输。

7. 发展特殊运输技术和运输工具

依靠科技进步是运输合理化的重要途径。例如，专用散装及罐车解决了粉状、液状物运输损耗大和安全性差等问题；袋鼠式车皮和大型半挂车解决了大型设备整体运输问题；"滚装船"解决了车载货的运输问题；集装箱船可比一般船容纳更多的箱体，集装箱高速直达车船可加快运输速度，等等。以上这些是通过采用先进的科学技术实现的。

8. 实现流通加工与运输的协调

有不少产品，因产品本身形态及特性问题很难实现运输的合理化，如果进行适当加工，就能够有效地解决合理运输问题。例如，将造纸材在产地预先加工成干纸浆，压缩体积后再进行运输，就能解决造纸材运输不满载的问题；轻泡产品预先捆紧包装成规定尺寸，装车就容易提高装载量；水产品及肉类预先冷冻就可以降低运输损耗。

第三节 数学方法在运输组织中的应用

合理化运输涉及的因素众多，而实现运输合理化的意义又十分重大。线性规划可以解决诸如资源的合理利用、工作任务的分配以及物流调运等问题，因此在运输组织的过程中得到了广泛的应用。掌握相应的数学方法，将有助于消除或减少不合理运输的现象和解决运输组织的合理化问题。

一、运输问题的数学模型

在日常运输活动中，如何根据已有的交通网制订调运方案，将货物运到各个需求地并使总运费最小，是很关键的问题。这类问题被称为"运输问题"，可用如下数学语言描述。

已知有 m 个生产地点 $A_i(i=1,2,\cdots,m)$，可供应某种物质，其供应量分别为 $a_i(i=1,2,3,\cdots,m)$，有 n 个销地(需要地) $B_j(j=1,2,\cdots,n)$，其需求量分别为 $b_j(j=1,2,\cdots,n)$，从 A_i 到 B_j 运输单位物资的运价为 C_{ij}。这些数据可汇总于产销平衡表和单位运价表中，分别如表7-1和表7-2所示。

表7-1 产销平衡表

项目	1	2	…	n	产量
1			…		a_1
2			…		a_2
…			…		…
m			…		a_m
销量	b_1	b_2		b_n	

表7-2 单位运价表

项目	1	2	…	n
1	C_{11}	C_{12}	…	C_{1n}
2	C_{21}	C_{22}	…	C_{2n}
…	…	…	…	…
…	…	…	…	…
m	C_{m1}	C_{m2}	…	C_{mn}

为了制订使总运费最小的调运方案，我们可以建立如下数学模型。

令 x_{ij} 表示由产地 A_i 供应给销地 B_j 的货物量，那么运输问题的线性规划模型可分为如下三种情况。

① 产销平衡，即在 $\sum_{i=1}^{m}a_i = \sum_{j=1}^{n}b_j$ 的情况下，求 $\min z = \sum_{i=1}^{m}\sum_{j=1}^{n}c_{ij}x_{ij}$（总费用最少）。应满足的约束条件为

$$\begin{cases} \sum_{i=1}^{m}x_{ij} = b_j(j=1,2,\cdots,n) & \text{(满足各销地的需要量)} \\ \sum_{j=1}^{n}x_{ij} = a_i(i=1,2,\cdots,m) & \text{(各产地的发出量等于各地产量)} \\ x_{ij} \geqslant 0(i=1,2,\cdots,m;\ j=1,2,\cdots,n) & \text{(调运量不能为负数)} \end{cases}$$

② 产大于销，即在 $\sum_{i=1}^{m}a_i > \sum_{j=1}^{n}b_j$ 的情况下，求 $\min z = \sum_{i=1}^{m}\sum_{j=1}^{n}c_{ij}x_{ij}$（总费用最少）。应满足的约束条件为

$$\begin{cases} \sum_{i=1}^{m}x_{ij} = b_j(j=1,2,\cdots,n) \\ \sum_{j=1}^{n}x_{ij} \leqslant a_i(i=1,2,\cdots,m) \\ x_{ij} \geqslant 0(i=1,2,\cdots,m;\ j=1,2,\cdots,n) \end{cases}$$

③ 销大于产，即在 $\sum_{i=1}^{m}a_i < \sum_{j=1}^{n}b_j$ 的情况下，求 $\min z = \sum_{i=1}^{m}\sum_{j=1}^{n}c_{ij}x_{ij}$（总费用最少）。应满足的约束条件为

$$\begin{cases} \sum_{i=1}^{m}x_{ij} \leqslant b_j(j=1,2,\cdots,n) \\ \sum_{j=1}^{n}x_{ij} = a_i(i=1,2,\cdots,m) \\ x_{ij} \geqslant 0(i=1,2,\cdots,m;\ j=1,2,\cdots,n) \end{cases}$$

上述问题可采用图上作业法或表上作业法予以求解。

二、运输问题的表上作业法

运输问题的表上作业法，是指在物资调运平衡表上确定物资调运最优方案的一种调运方法。可利用表上作业法，寻求运费最少的运输方案，其步骤可归纳如下。

① 列出运输物资平衡表及运价表；
② 在表上做出初始方案；
③ 检查初始方案是否为最优方案；
④ 调整初始方案，得到最优解。

一般说来，每调整一次，将得到一个新的方案，而这个新方案的运费比前一个方案要少一些，

如此经过几次调整,最后可以得到最优方案。下面举例说明。

某公司有 3 个储存某种物资的仓库,供应 4 个工地的需要。3 个仓库的供应量和 4 个工地的需求量以及由各仓库到各工地调运单位物资的运价(元/吨),如表 7-3 所示,试求运输费用最少的合理运输方案。

表 7-3 供需情况和单位运价

项目	B_1	B_2	B_3	B_4	供应量/t
A_1	3	11	3	10	700
A_2	1	9	2	8	400
A_3	7	4	10	5	900
需求量/t	300	600	500	600	2 000

求解步骤具体如下。

(1) 列出调运物资平衡表(见表 7-4)和运价表(见表 7-5)

表 7-4 物资平衡表

项目	B_1	B_2	B_3	B_4	供应量/t
A_1					700
A_2					400
A_3					900
需求量/t	300	600	500	600	2 000

表 7-5 运价表(1)

项目	B_1	B_2	B_3	B_4
A_1	3	11	3	10
A_2	1	9	2	8
A_3	7	4	10	5

平衡表和运价表是表上作业法的基本资料和运算依据。表上作业法的实质就是利用运价表在平衡表上进行求解。

为了方便叙述和考虑问题,通常把上面的平衡表看作矩阵,并把表中的方格记为(i, j)的形式。如$(2,3)$表示第二列第三行的方格;$(1,4)$表示第一列第四行的方格等。此外,在求解过程中,如果平衡表的$(2,1)$方格中写的是 300,表示 A_2 仓库调运 300 吨物质到 B_1 工地。

(2) 编制初始调运方案

一般最优方案是由初始方案经过反复调整得到的。因此,编制出较好的初始调运方案显得非常重要。确定初始方案通常有两种方法:一是西北角法,二是最小元素法。

① 西北角法。从供需平衡表的西北角第一格开始,按集中供应的原则,依次安排调运量。因为是集中供应,所以未填数值的方格均默认为 0,从而得到一个可行方案。按西北角法,本例的初始运输方案如表 7-6 所示。

表 7-6 初始调运方案(1)

项目	B_1	B_2	B_3	B_4	供应量/t
A_1	300	400			700
A_2		200	200		400
A_3			300	600	900
需求量/t	300	600	500	600	2 000

由 $A_1 \rightarrow B_1$，余 400；$A_1 \rightarrow B_2$，400 缺 200；$A_2 \rightarrow B_2$，200 余 200；$A_2 \rightarrow B_3$，200 缺 300；$A_3 \rightarrow B_3$，300 余 600；$A_3 \rightarrow B_4$，600 余 0。此时运输总成本为：

$$S = 300 \times 3 + 400 \times 11 + 200 \times 9 + 200 \times 2 + 300 \times 10 + 600 \times 5 = 13\ 500(元)$$

② 最小元素法。所谓最小元素法，就是按运价表挑选运费少的供需点，并尽量优先安排其供应的运输方法。首先针对具有最小运输成本的路径，最大限度地予以满足；然后按"最低运输成本优先集中供应"的原则，依次安排其他路径的运输量。仍以该公司为例，具体做法是在表 7-5 上找出最小的数值(当此数值不止一个时，可任意选择一个，方格(2，1)数值是 1，最小。这样，参考 A_2 尽可能满足 B_1 工地的需求，于是在平衡表中有(2，1)=300，即在空格(2，1)中填入数字 300，此时由于工地 B_1 已全部得到满足，不再需求 A_1 和 A_3 仓库的供应，运价表中的第一列数字已不起作用，因此将表 7-5 的第一列画去，并标注①(见表 7-5)。

然后，在运价表未画去的行、列中，再选取一个最小的数值，即(2，3)=2，让 A_2 仓库尽量满足 B_3 工地的需求。由于 A_2 的 400 吨仓储量已供给 B_1 工地 300 吨，所以最多只能供应 B_3 工地 100 吨。于是在平衡表(2，3)左格填入 100。相应地，由于仓库 A_2 所储物资已全部供应完毕，因此，在运价表中与 A_2 同行的运价也已不再起作用，所以也将它们画去，并标注②。

仿照上面的方法，一直做下去，即可得到表 7-7。

表 7-7 供需量的分配

项目	B_1	B_2	B_3	B_4	供应量/t
A_1			400		700
A_2	300		100		400
A_3		600		300	900
需求量/t	300	600	500	600	2 000

此时，在运价表中只有方格(1，4)处的运价表没有画掉，而 B_4 尚有 300 吨的需求，为了满足供需平衡，所以最后在平衡表上应有(1，4)=300，这样就得到表 7-8 的初始调运方案。

表 7-8 初始调运方案(2)

项目	B_1	B_2	B_3	B_4	供应量/t
A_1			400 [3]	300 [10]	700
A_2	300 [1]		100 [2]		400
A_3		600 [4]		300 [5]	900
需求量/t	300	600	500	600	2 000

表 7-8 中填有数字的方格右上角是其相应的运价(元/吨)。根据得到的初始调运方案,可以计算其运输费用:

$$S=1\times300+4\times600+3\times400+2\times100+10\times300+5\times300=8\ 600(元)$$

对于应用最小元素法编制初始方案说明应注意以下几点。

① 应用最小元素法编制初始调运方案,这里的"最小"是针对局部而言的,考虑整体的运费时其不见得一定是最小的。

② 需要特别指出的是,并不是任意一个调运方案都可以作为表上作业法的初始方案。在制订初始方案的调运方案时,填有数字的方格应恰好是行数+列数-1(即 $m+n-1$)个,在本例中为 $6\times(3+4-1)$ 个。因此,其可以作为初始调运方案提出。但是,在制订初始方案时可能会碰到按最小元素所确定的方格中相应的供应点再无物资可供应或需求点已全部得到满足的情况,此时平衡表上填有数字的方格数小于 $(m+n-1)$。我们规定,在未填有数字的方格中必须填上一个 0,并将其和其他发生供需关系的格子同样看待,而不能将其看作空格,其目的是保证使填有数字的方格数等于 $(m+n-1)$。

下面用一个例子来说明上述情况的处理。

表 7-9 和表 7-10 给出了另一个运输问题。经使用最小元素法的三次运算后,进一步得到了下面的表 7-11、表 7-12 和表 7-13。

表 7-9　供需平衡表(1)

项目	B_1	B_2	B_3	供应量/t
A_1				10
A_2				20
A_3				40
需求量/t	10	20	40	70

表 7-10　运价表(2)

项目	B_1	B_2	B_3
A_1	1	2	2
A_2	3	1	3
A_3	2	3	1

可以看出,表 7-13 虽然构成了一个调运方案,但是在运价表中,(1,3)及(2,3)方格尚未被画去,所以在表 7-12 中,在方格(1,3)及(2,3)处各填上一个"0"后得表 7-13,表 7-13 填有数字(包括 0)的方格数恰是 3+3-1=5,如此才可以构成运输问题的初始方案。

表 7-11　运价表(3)

项目	B_1	B_2	B_3
A_1	1	2	2
A_2	3	1	3
A_3	2	3	1

表 7-12 供需平衡表(2)

项目	B_1	B_2	B_3	供应量/t
A_1	10			10
A_2		20		20
A_3			40	40
需求量/t	10	20	40	70

表 7-13 初始调运方案(3)

项目	B_1	B_2	B_3	供应量/t
A_1	10		0	10
A_2		20	0	20
A_3			40	40
需求量/t	10	20	40	70

(3) 初始方案的检验

在制订了初始调运方案之后，需要对它进行检验，如果制订的初始调运方案不是最优方案，需要对其进行调整，直到获得最优调运方案。采用表上作业法判断调运方案是否为最优解，常用的方法为闭合回路法。下面我们具体予以介绍。

对于表上作业法的初始方案来说，从调运方案表上的一个空格出发，存在一条且仅有一条以某空格为起点，以其他填有数字的点为其他顶点的闭合回路，简称闭回路。这个闭回路具有以下性质。

① 每个顶点都是转角点。
② 闭合回路是一条封闭折线，每一条边都是水平或垂直的。
③ 每一行(列)若有闭合回路的顶点，则必有两个。

只有从空格出发，其余各转角点所对应的方格内均填有数字时所构成的闭合回路才是我们所说的闭回路；另外，过任一空格的闭合回路不仅是存在的，而且是唯一的。

下面以表 7-8 给定的初始调运方案为例说明闭合回路的性质，表 7-14 给出了空格,(1，1)和(3，1)所形成的闭合回路为:

(1，1)—(1，3)—(2，3)—(2，1)—(1，1)
(3，1)—(2，1)—(2，3)—(1，3)—(1，4)—(3，4)—(3，1)

表 7-14 初始调运方案(4)

项目	B_1	B_2	B_3	B_4	供应量/t
A_1			400	300	700
A_2	300		100		400
A_3		600		300	900
需求量/t	300	600	500	600	2000

其他空格的闭回路与此同理。

在调运方案内的每个空格所形成的闭回路上,做单位物资的运量调整,可以计算出相应的运费是增加还是减少。我们把计算出来的每条闭回路上调整单位运量而使运输费用发生变化的增减值称为检验数。检验数的求法,就是在闭回路上,从空格(i,j)出发,沿闭合回路将各顶点的运输成本依次设置"+""-",交替正负符号,然后求其代数和,这个代数和数值称为检验数,用λ_{ij}表示。例如,上述表格上的检验数$\lambda_{11}=3-11+9-1=0$。用同样的方法可以求出其他空格的检验数,如表7-15所示。如果检验数小于0,表示在该空格的闭合回路上调整运量会使运费减少;相反,如果检验数大于0,则会使运费增加。因此,调运方案是否为最优方案的判定标准就是:如果初始调运方案所有的检验数都是非负的,那么这个初始调运方案一定最优;否则,这个调运方案不一定是最优的。

表7-15 检验数计算

项目	B_1		B_2		B_3		B_4		供应量/t
A_1	0	3	+2	11	400	3	300	10	700
A_2	300	1	+1	9	100	2	-1	8	400
A_3	+10	7	600	4	+5	10	300	5	900
需求量/t	300		600		500		600		2 000

新方案是否是最优方案,还要对它再进行检验。经计算,该新方案的所有检验数都是非负的,说明这个方案已是最优调运方案了。

(4) 解的改进

若检验时检验数为负,说明该空格的闭合回路上调整运量会使运费减少,因而这个解不是最优解。改进的方法是在运输表中找到这个空格对应的闭回路,在满足所有约束条件的前提下,使空格中的数值尽量增大,并相应调整闭回路上其他顶点的运输量,以得到另一个更好解。解改进的具体步骤如下。

① 找出空格在运输表中的闭回路;

② 以此空格为第一个奇数顶点,沿闭回路的顺(或逆)时针方向前进,对闭回路上的顶点依次编号;

③ 在闭回路上的所有偶数顶点中,找出运输量最小的顶点(格子),以该格中的运输量为换出变量;

④ 以③中的运输量为调整量,将该闭回路上所有奇数顶点处的运输量都增加这一数值,所有偶数顶点处的运输量都减去这一数值,从而得出一个新的运输方案。

⑤ 对得到的新解进行检验,如不是最优解,就重复以上步骤继续进行调整,直到得出最优解为止。

综上所述,采用表上作业法求解运输问题的步骤,如图7-1所示。

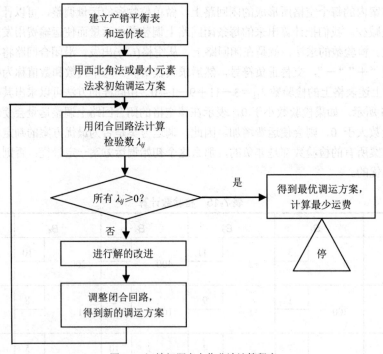

图 7-1 运输问题表上作业法计算程序

三、运输问题的图上作业法

图上作业法是中国物资调运部门在实际工作中创造出来的一种方法,它的原理可以用来解决许多类似的问题,例如可以用它来调度车辆和组织循环运输,还可以用它来帮助解决车辆的空驶、车辆的里程利用率、基建工程中的土方运输和机床负荷安排等问题。下面介绍如何运用图上作业法来解决运输问题。

1. 图上作业法的基本知识

图上作业法就是在一张运输交通图上通过一定步骤的规划和计算来完成物资调运计划的编制工作,以使物资运行的总吨千米数最小,降低物资运费,缩短运输时间。

制订一个物资调运方案时,第一步是编制物资平衡表。在编制物资平衡表时需要做以下三件事:
① 找出需要调出物资的地点(即发点)及发量;
② 找出需要调进物资的地点(即收点)及收量;
③ 求总发量=总收量。

第二步,根据物资平衡表和收点、发点间的相互位置绘制交通图。所谓交通图,就是表明收点和发点间的相互位置以及连接这些点之间的交通线路的简要地图。

在交通图上,为了方便表达,交通网络可使用下列符号来表示:
"○"货物装车点,即空车接受点;
"×"货物卸车点,即空车发出点;
"⊗"货物装卸点,即空车收发点。

第三步,制作物资调运流向图。交通图绘制好后,即可在其上进行物资调运,找出初始调运方案。我们用箭头"→"表示物资调运的方向,即流向,并规定:流向"→"必须画在沿着线路前进的右侧。把运送物资的数量记在流向"→"的上面,以区别两点之间的距离数。另一方面,为了保持图面的整洁,流向最好不要通过收、发点以及交叉路口。如图 7-2 所示,(a)和(b)是正确的,(c)是错误的。

由此可知,当一个交通图成圈时,若运输方向沿逆时针方向,则需将流向"→"画在圈外,称为外圈流向;若运输方向是沿顺时针方向,则将流向"→"画在圈内,称为内圈流向。若在图中每个发点吨数全部运完,每个收点所需吨数均已满足,则称此图为流向图(见图7-3)。

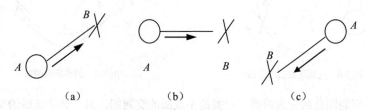

图 7-2　流向的画法

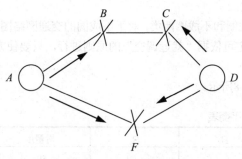

图 7-3　流向图的示意图

在物资运输中,把某种物资从各发点调到各收点的调运方案有很多,但我们的目的是找出吨千米数最小的调运方案。这就提醒我们注意在调运中不要发生对流运输和迂回运输,因此,在制定流向图时要避免这两种情况的出现。

① 对流运输。所谓对流,就是在一段线路上有同一种物资往返运输(同一段线路上,两个方向都有流向),如图 7-4 所示。

将某种 10 吨物资从 A_1 运往 B_2,同时又有同样的 10 吨物资同时从 A_2 运往 B_1,于是在 A_1 和 A_2 之间就出现了对流现象。如果把流向图改成图 7-5,即将 A_1 的 10 吨运往 B_1,而将 A_2 的 10 吨运往 B_2,就避免了 A_1 与 A_2 的对流,从而可以节约 $2\times 10\times 30=600$(吨千米)运输量。

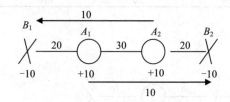

图 7-4　对流现象的示意图

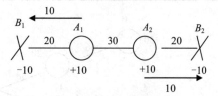

图 7-5　调整后的图形

② 迂回运输。当交通图成圈时,如果流向图中内圈流向的总长(简称内圈长)或外圈流向的总长(简称外圈长)超过整个圈长的一半,就称为迂回运输。例如,图 7-6 所示的某物资流向图就是一个迂回运输流向图,它的内圈长大于整个圈长的一半(即 6>5)。如果把它改成图 7-7,就可避免迂回现象,可节约 $5\times 6 - 5\times 4 = 10$(吨千米)运输量。

线性规划中的图上作业法,可以帮助我们避免物资调动工作中的对流和迂回现象。运用线性规划理论可以证明,如果一个运输方案没有对流和迂回,那么它就是一个运输力最省的最优方案。

从以上讨论可以看到,图上作业法的实质就是在一张交通图上寻找没有对流和迂回的最优流向图。为了贯彻这个原则,需采用逐步逼近法,即我们可以先设法做一个流向图,然后检查它是不是最优的。如果是的话,问题就解决了;如果不是,就把这个流向图稍微变化一下,这样的变化称为调整。调整后的新流向图所花费的吨千米比原流向图的要少一些。然后检查新流向图是不是最优的,如果仍旧不是,就再进行调整,直至找到最优流向图为止。

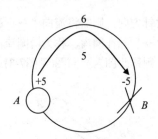

图 7-6　迂回现象的示意图

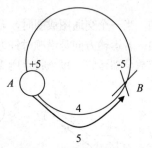

图 7-7　调整后的图形

物资运输的交通图总共分为两类:一类是不成圈的交通图,另一类是成圈的交通图。下面分别举例说明它们的最优流向图的求法。

2. 交通图不含圈的图上作业法

任何一张交通网络图,其路线分布形状可分为成圈和不成圈两类,对于不成圈的交通网络图,根据线性规划原理,物资调拨或空车调运线路的确定可依据"就近调空"的原则进行,只要使方案中不出现对流和迂回情况,即得到最优方案。

例:求表7-16的最优调运方案,其交通图如图7-8所示。

表 7-16　物资平衡表

项目	B_1	B_2	B_3	B_4	发量/t
A_1					50
A_2					20
A_3					30
A_4					70
收量/t	80	10	30	50	170

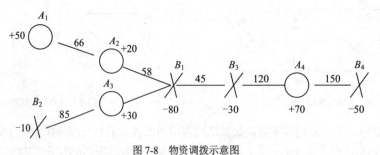

图 7-8　物资调拨示意图

此例道路不成圈,只要按"抓各端,各端供需归邻站"口诀办事,就能找到最优方案。为此,可先在图7-8各个支线上进行平衡,然后在各支线间进行平衡。

首先看 $A_1 \rightarrow A_2 \rightarrow B_1$ 支线,A_1 与 A_2 共 70 吨水泥需要调出。显然在调出时必须先经 B_1,而 B_1 又需调入 80 吨,所以最好将此 70 吨全部给 B_1。如前所述,图中可用沿着线路前进的方向的右侧箭头来表示流向,并将按此流向调运的数量写在箭头的旁边,并把同方向的两个流向合并成一个。

再看 $B_2 \rightarrow A_3 \rightarrow B_1$ 支线，A_3 需调出 30 吨，B_2 需调入 10 吨，本着先平衡支线的原则，从 A_3 调给 B_2 10 吨，余下 20 吨须调给其他地方。由于调出 A_3 时必经过 B_1，而 B_1 还需 10 吨，因此从 A_3 调给 A_1 10 吨，余下 10 吨调给另外的地方。

最后看 $B_4 \rightarrow A_4 \rightarrow B_3 \rightarrow B_1$ 支线。为了避免对流，A_3 调出的 10 吨只能给 B_3，而 B_3 还需 20 吨，则由 A_4 供应，A_4 余下的 50 吨全部给 B_4。这样最后得到的流向图如图 7-9 所示。

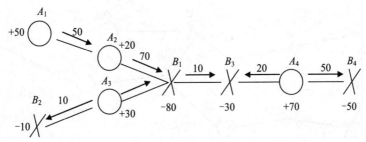

图 7-9　最优流向方案

图 7-9 所示的流向图既无对流，又无迂回，所以它是最优流向图，对应的方案是最好方案。该流向图的调运方案显然不是唯一的，现在给出两个调运方案，如表 7-17 所示。

表 7-17　最优的调运方案

项目	B_1		B_2		B_3		B_4		发量/t
	方案 1	方案 2	方案 1	方案 2	方案 1	方案 2	方案 1	方案 2	
A_1	50	45				5			50
A_2	20	15				5			20
A_3	10	20	10	10	10				30
A_4					20	20	50	50	70
收量/t	80		10		30		50		170

对于第一个方案，运行的总吨千米是：
$F = 50 \times (66+52) + 20 \times 52 + 10 \times 71 + 10 \times 85 + 10 \times (71+45) + 20 \times 120 + 50 \times 150 = 19\,560$(吨千米)

对于第二个方案，运行的总吨千米是：
$F = 45 \times (66+52) + 15 \times 52 + 20 \times 71 + 10 \times 85 + 5 \times (66+52+45) + 5 \times (52+45) + 20 \times 120 + 50 \times 150 = 19\,560$(吨千米)

3. 交通图含圈的图上作业法

对于成圈的交通网络，只要先假设某两点间线路"不通"，将成圈问题简化为不成圈问题考虑，就可得到一个初始的调运方案。这个方案还需进一步进行优化处理，其方法是先检查可行方案里外圈的流向线之和是否超过其周长之一半，如均小于周长一半，则初始方案即为最优方案；如外圈流向线总长超过全圈周长的一半，则应缩短外圈流向；反之，就应缩短里圈流向。具体方法是应该选择该圈流向线中流量最小的进行调整，在超过全圈总长 1/2 的里(或外)圈各段流向线上减去最小的运量，然后在相反方向的外(或里)圈流向线和原来没有流向线的各段，加上同样数量的运量，这样就可得到一个新的调拨方案。然后用上述方法处理，直到里外圈空车流向线之和均小于周长的一半，此时，得到的调运方案即为最优方案。

例如：某地区物资供销情况如图 7-10 所示，现要求物资调运的最优方案，可分为以下几个步骤进行。

(1) 第一步，做出初始方案

本例中假定用掉 $A-B$ 一段，然后，根据"就近调拨"的方法，即可得到如图 7-11 所示的物资调运初始方案。

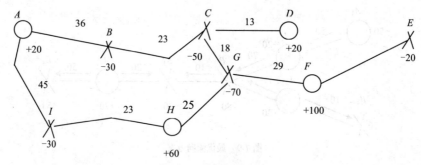

图 7-10 物资调拨示意图

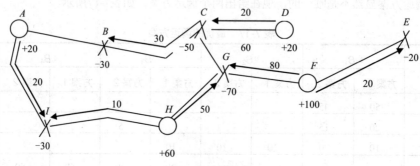

图 7-11 初始方案

(2) 第二步，检查

本例中物资对流情况实际上是不会存在的，关键问题是要检查里、外圈流向线之总长，看其是否超过全圈(即封闭回环线路)长度的 1/2。

本例中全圈长为：45＋23＋25＋18＋23＋36＝170(千米)

半圈长为：170÷2＝85(千米)

外圈流向线总长：45＋25＋18＋23＝111(千米)

里圈流向线总长：23(千米)

由上可知，虽然里圈流向线总长不超过全圈周长的一半，但是外圈流向线总长却超过了(即 111＞85)，可以断定该方案存在迂回调拨现象，初始方案不合理，需要进行优化处理。

(3) 第三步，调整流向

本例中，外圈流向线总长超过了全圈长的一半，应着手缩短外圈。外圈流向线中最小流量 $A-I$ 是 20，所以应在外圈的各段流向线上均减去 20，同时在里圈的各段流向线及原来没有流向线的 AB 段上分别加上 20，这样就得到了图 7-12 和表 7-18 所示新的物资调拨方案。

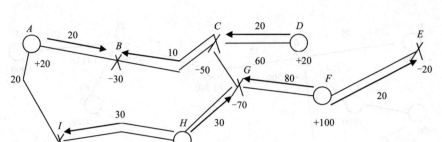

图 7-12 调整后的调拨方案

表 7-18 调整后方案平衡表

项目	B	C	E	G	I	发量/t
A	20					20
D		20				20
F	10		20	70		100
H		30			30	60
收量/t	30	50	20	70	30	200

与初始方案相比,新方案肯定有所改进,但是仍需对它加以检查,直到满足所要求的检查结果,才能得到最优的物资调拨方案。

本例对新方案检查情况如下。

外圈流向线总长:25+18+23=66(千米)

里圈流向线总长:23+36=59(千米)

由上可知,里、外圈流向线总长均没有超过全圈周长的一半,所以调整后的新方案即为最优物资调拨方案。

(4) 第四步,方案比较

前后两个方案中运力消耗情况如下。

第一方案:45×20+23×30+60×18+29×80+127×20+20×13+50×25+23×10=9 270(吨千米)

第二方案:20×36+10×23+20×13+30×23+30×25+20×127+80×29+40×18=8 230(吨千米)

第二方案比第一方案节约:9 270-8 230=1 040(吨千米)

上面的例子只是说明了一个圈的情况,如有几个圈时,则应逐圈检查并调整,直到每一个圈都能符合要求,此时才能得到物资调拨的最优方案。

在日常运输生产活动中,各流向上的物资是不平衡的,有的地区进多出少,另一些地区却进少出多。这样,有些车辆在卸货后就无货可载,车辆必须空放到其他地方,而另一些地方情况正好相反。这些空车如何调运才能使空车行驶里程最少,其实质就是一个与物资调拨相类似的问题,区别在于这里所需调拨的不再是物资,而是空车。所以,图上作业法在此要解决的问题是,在完成既定货物任务的前提下,如何组织循环运输以求得最小的空驶里程。

例如,在给定交通图(见图 7-13)上,要求完成表 7-19 所列的货运任务,根据上述方法求解,最后可得的最优方案,如图 7-14 所示。

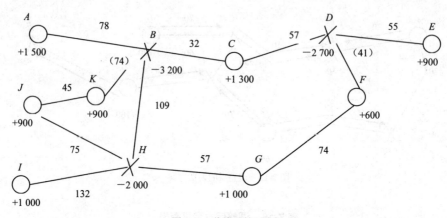

图 7-13 物资调拨示意图

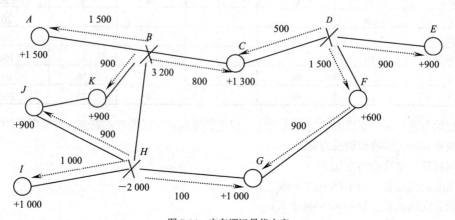

图 7-14 空车调运最优方案

表 7-19 货运任务

货名	发货点	收货点	运距/km	运量/t
××	G	B	166	900
××	G	H	57	100
××	I	H	132	1 000
××	J	H	75	900
××	A	D	167	1 000
××	A	B	78	500
××	K	B	74	900
××	F	D	41	600
××	E	B	144	900
××	C	D	57	1 300

四、配送线路的选取方法

配送是物流活动中一种特殊的、综合的和具有商流特征的形式，它是按用户订货的要求，以现代送货形式，在配送中心或其他物流据点进行货物配备，以合理的方式送交用户，实现资源最终配置的经济活动。

1. 配送路线的确定

配送路线是否合理，直接影响配送效率和配送效益。确定合理的配送路线所涉及的因素较多，是一个较为复杂的问题，包括用户的要求、配送资源状况和道路拥挤情况等。在配送路线选择的各种方法中，要考虑配送要达到的目标，以及实现配送目标的各种限制条件等，即要在一定约束条件下选择最优方案。

(1) 确定配送路线的原则

配送路线应具备成本低、效益高、路线短、吨千米小、准时性高、劳动消耗少和运力运用合理等要求。

(2) 确定配送路线的条件

在实现配送目标时，总会受到许多条件的约束和限制。一般来讲，这些约束和限制包括所有用户对货物品种、规格、数量的要求，用户对货物送达时间的要求，配送的允许通行时间(城市交通拥挤时所做的时间划分)，车辆载重量和容积的限制以及配送能力的约束等。

(3) 确定配送路线的方法

配送路线的确定方法很多，诸如数学模型法、位势法、经验法和节约里程法等，这里主要介绍用位势法来解决物流配送路线的选择问题。

2. 直线式配送运输

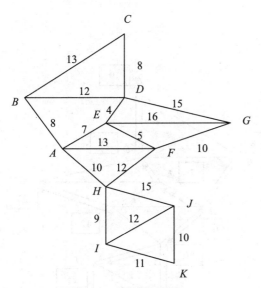

图 7-15 路线网络示意图

直线式配送运输，是指由一个供应点对一个客户的专门送货。从物流优化的角度来看，直线式客户的基本条件是其需求量接近或大于可用车辆的额定载重量，需专门派一辆或多辆车一次或多次送货。因此，在直线情况下，货物的配送追求的是多装快跑，选择最短配送路线以节约时间和费用，提高配送效率。也就是说，直送问题的运输优化，主要是解决运输网络中的最短线路问题。

目前解决最短线路问题的方法有很多，如位势法、"帚"型法和动态法等，现以位势法为例，介绍如何解决运输路线网络中的最短线路问题。

已知路线网络如图 7-15 所示，各节点分别表示为 A、B、C、D、E、F、G、H、I、J 和 K，各节点之间的距离如图 7-15 所示，试确定各节点间的最短线路。

利用位势法寻找最短线路的方法和步骤如下。

第一步：选择货物供应点 I 为初始节点，并取其位势值为 0，即 $V_I=0$。

第二步：考虑与 I 点直接相连的所有线路节点。设其初始节点的位势值为 V_I，则其终止节点 J 的位势值可表示为

$$V_J = V_I + L_{IJ}$$

式中 L_{IJ} 为 I 点与 J 点之间的距离。

第三步：从所得到的所有位势值中选出最小者，此值即为从始点到该点的最短距离，将其标在该节点旁的方框内，并用箭头标出该连线 $I \to J$，以此表示从 I 点到 J 点的最短线路走法。

第四步：重复以上步骤，直到路线网络中所有节点的位势值均达到最小为止。

最终，各节点的位势值表示从初始节点到该点的最短距离。带箭头的各条连线组成了从初始节点到其余节点的最短线路。分别以各点为初始节点，重复上述步骤，即可得到各节点之间的最短距离。

下面我们尝试计算路线网络图(见图7-15)中，从供应点A到客户K的最短线路。根据以上步骤，计算过程如下。

① 取 $V_A=0$。

② 确定与A点直接相连的所有节点的位势值。

$V_B=V_A+L_{AB}=0+8=8$

$V_E=V_A+L_{AE}=0+7=7$

$V_F=V_A+L_{AF}=0+13=13$

$V_H=V_A+L_{AH}=0+10=10$

③ 从所得的所有位势值中选择最小值$V_E=7$，并标注在对应节点E旁边的方框内，并用箭头标出连线$A—E$，即

min $\{V_B, V_E, V_F, V_H\}$ = min $\{8, 7, 13, 10\}$ = $V_E=7$

④ 以E为初始节点，计算与之直接相连的D、G和F的位势值(如果同一节点有多个位势值，则只保留最小者)。

$V_D=V_E+L_{ED}=7+4=11$

$V_G=V_E+L_{EG}=7+16=23$

$V_F=V_E+L_{EF}=7+5=12$

⑤ 从所得的所有剩余位势值中选出最小者 8，并标注在对应的节点B旁，同时用箭头标出连线$A \to B$，即

min $\{V_B, V_H, V_D, V_G, V_F\}$ = min $\{8, 10, 11, 23, 12\}$ = $V_B=8$

⑥ 以B点为初始节点，与直接相连的节点有D、C，它们的位势值分别为20和21。从所得的所有剩余位势值中选最小，即

min $\{10, 11, 20, 23, 21\}$ = $V_D=10$

将最小位势值11标注在与之相应的节点D旁边的方框内，并用箭头标出其连线$E \to D$。如此继续计算，可得最优路线图(见图7-16)，供给点A到客户K的最短距离为30。

依照上述方法，将物流网络中的每一节点当作初始节点，并使其位势值等于0，然后进行计算，可得所有节点之间的最短距离。

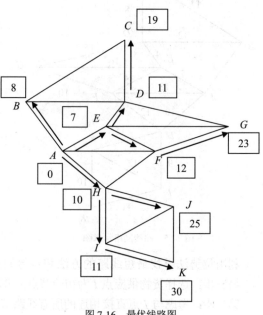

图 7-16 最优线路图

五、几类经典的运输配送问题及数学模型

1. 旅行商问题

旅行商问题(traveling salesman problem，TSP)是一个经典的组合优化问题。经典的 TSP 可以

描述为：一个商品推销员要去若干个城市推销商品，该推销员从一个城市出发，需要经过所有城市后回到出发地，应如何选择行进路线，以使总的行程最短。从运筹学图论的角度来看，该问题实质是在一个带权完全无向图中，找一个权值最小的汉密尔顿(Hamilton)回路。由于该问题的可行解是所有顶点的全排列，随着顶点数的增加，会产生组合爆炸，它是一个 NP 问题。由于其在交通运输、电路板线路设计以及物流配送等领域内有着广泛的应用，国内外学者对其进行了大量的研究。早期的研究者使用精确算法求解该问题，常用的方法包括分支定界法、线性规划法和动态规划法等。但是，随着问题规模的增大，精确算法变得无能为力，因此在后来的研究中，国内外学者重点使用近似算法或启发式算法(主要包括遗传算法、模拟退火算法、蚁群算法、禁忌搜索算法、贪婪算法等)进行求解。

下面我们给出 TSP 的 Miller–Tucker–Zemlin(MTZ)模型，如式(7-1)至式(7-7)所示。模型假定存在 n 个城市 $1, 2, \cdots, n$，当运输路径存在从城市 i 到城市 j 的线路时，(0-1)变量 x_{ij} 取 1，否则取 0。

$$\min z = \sum_{i=1}^{n} \sum_{j \neq i, j=1}^{n} c_{ij} x_{ij} \tag{7-1}$$

$$s.t. \ x_{ij} \in \{0,1\}, \quad i,j = 1,\cdots,n \tag{7-2}$$

$$u_i \in \mathbf{Z}, \quad i = 2,\cdots,n \tag{7-3}$$

$$\sum_{i=1, i \neq j}^{n} x_{ij} = 1, \quad j = 1,\cdots,n \tag{7-4}$$

$$\sum_{j=1, j \neq i}^{n} x_{ij} = 1, \quad i = 1,\cdots,n \tag{7-5}$$

$$u_i - u_j + n x_{ij} \leqslant n-1, \quad 2 \leqslant i \neq j \leqslant n \tag{7-6}$$

$$0 \leqslant u_i \leqslant n-1, \quad 2 \leqslant i \leqslant n \tag{7-7}$$

上述各式中，式(7-1)是目标函数，要求运输成本最低。式(7-2)是对决策变量的 x_{ij} (0-1)的约束。式(7-3)是对决策变量 u_i 的整数约束，在模型中变量 u 无实际意义。式(7-4)要求一条路径必须从城市 1 出发且仅能到达 1 个特定的城市。式(7-5)要求一条路径最终必须从某个城市回到编号为 1 的城市。式(7-6)用来避免这条环形路径的内部进一步产生环状结构。式(7-7)是对决策变量 u_i 取值的约束。

2. 车辆路径问题

车辆路径问题(vehicle routing problem，VRP)是比较经典的运筹学优化问题，在离散组合优化中研究较多，并在物流行业有着很强的应用价值。通过优化车辆行驶路径，能有效节省物流配送成本。车辆路线问题最早是由 Dantzig 和 Ramser 于 1959 年提出的，是一个 NP-hard 问题。VRP 一般可被描述为给定一组有容量限制的车辆的集合、一个物流中心(或供货地)和若干有供货需求的客户，组织适当的行车路线，使车辆有序地通过所有的客户(且每位客户一次配送完成)，在满足一定的约束条件(如需求量、服务时间限制、车辆容量限制和行驶里程限制等)下，达到一定的目标(如路程最短、费用极小、时间尽量少和使用车辆数尽量少等)。由于每位客户一次配送完成，因此假定车辆装载容量大于任意客户的需求量。可以看出，VRP 是 TSP 的扩展形式。

在以上问题的基础上，VRP 进一步延伸出了几个变种。例如，具有容量限制的 VRP(capacitated VRP，CVRP)、带有距离限制的 VRP(distance constrained VRP，DCVRP)、带有时间窗的 VRP(VRP with time windows，VRPTW)以及带有回程的 VRP(VRP with backhauling，VRPB)。

这里，我们仅给出标准 VRP 的数学模型。设 K 辆相同型号的车(k=1，2，3，…，K)负责为 N 个客户(i =1，2，3，…，N)提供货物运输服务。令 0 表示物流中心(供货地)，客户 i 的收货需求量为 q_i，每辆车的核定载重量为 Q，自 i 处至 j 处(i, j 可能为客户所在地或供货地)的运输成本记作 c_{ij}。当客户 i 的需求被车辆 k 满足时，(0–1)变量 y_{ki} 取 1，否则取 0；当车辆 k 需要从客户 i 处行驶至客户 j 处时，(0–1)变量 x_{ijk} 取 1，否则取 0。标准 VRP 的数学模型如式(7-8)至式(7-14)所示

$$\min z = \sum_{i=0}^{N} \sum_{j \neq i, j=0}^{N} \sum_{k=1}^{K} c_{ij} x_{ijk} \tag{7-8}$$

$$s.t. \sum_{i=1}^{N} q_i y_{ki} \leq Q \quad \forall k \tag{7-9}$$

$$\sum_{k=1}^{K} y_{ki} = 1 \quad \forall i, i \neq 0 \tag{7-10}$$

$$\sum_{k=1}^{K} y_{ki} = K \quad i = 0 \tag{7-11}$$

$$\sum_{i=0}^{N} x_{ijk} = y_{kj} \quad \forall k, j, j \neq 0 \tag{7-12}$$

$$\sum_{j=0}^{N} x_{ijk} = y_{kj} \quad \forall k, i, i \neq 0 \tag{7-13}$$

$$y_{ki} \in \{0,1\}, \quad x_{ijk} \in \{0,1\} \quad \forall i, j, k \tag{7-14}$$

上述各式中，式(7-8)是目标函数，要求车队总行驶成本最低。式(7-9)用以要求每辆车载运的货物不超过核定载重。式(7-10)和式(7-11)共同要求运输任务由 K 辆车共同完成，且每个客户均被服务 1 次。式(7-12)和式(7-13)给出决策变量 x_{ijk} 以及 y_{kj} 的关系，并共同要求每辆车在各客户间保持运输的连续性。式(7-14)是对两类决策变量的(0–1)约束。

*3. 库存路径问题

近年来，随着供应商管理库存(vendor managed inventory，VMI)策略逐渐兴起，开始在配送问题中逐步引入客户的库存控制因素。库存路径问题(inventory routing problem，IRP)作为 VRP 的扩展，被学者们提出来。IRP 将创造时间价值的库存控制和创造空间价值的运输活动这两个具备悖反因素的活动整合到一个问题中。通过对这两个影响物流成本的重要因素的协同优化，达到提高整体效益的目的。IRP 可被描述为供货商需要为若干个客户配送一种产品并负责管理库存。产品分布于供货商的若干个配送中心中，需要配送到若干个客户的仓库处。一个同质(即型号相同)或异质的车队负责货物运输。供货商能够了解每个客户在任何时间的仓库库存(即初始库存、库存的变化速度已知)。IRP 需要考虑的问题是在保证每个客户仓库库存水平维持在规定范围内的前提下，决策每个运营周期(简称"计划期")内为每一个客户供货多少以及每一辆车所要行走的路线，使自身花费成本最小。其实质就是整合考虑库存与运输的"多对多"配送问题。

IRP 是一个相当复杂的问题。为构建其数学模型，我们首先引入如下符号。在集合和参数方面，令 $N^P := \{1,2,\cdots,n\}$ 表示由配送中心构成的节点集合，其元素记作 i 或者 j；$N^D := \{n+1, n+2, \cdots, 2n\}$ 表示客户仓库节点构成的集合，其元素同样记作 i 或者 j。令由备选车辆构成的集合记为 V，其元素记为 v。此时，用 $G := (N_v, A_v)$ 表示一个与车辆 v 有关的运输网络。其中，N_v 表示车辆 v 可访问的运输节点集。对于任意 $N_v(v \in V)$ 而言，假定其均包含一个初始节点 $o(v)$ 与一个目的节点元素 $d(v)$。实践中，$o(v)$ 既可以是一个实际的运输节点，也可以是一个虚拟节点；$d(v)$ 则由模型求出。基于上述设定，车辆 v 可以自任意位置 $o(v)$ 开始执行运输任务，完成所有

运输任务后停于 $d(v)$。令 $N_v^P = N^P \cap N_v$，$N_v^D = N^D \cap N_v$，分别表示车辆 v 可以访问的配送中心、客户仓库节点集。令 A_v 表示一个 $N_v \times N_v$ 的集合，其元素记为 (i, j)。它表示车辆 v 可以行驶的路段集合。令 T 表示系统运营期(简称为"规划期"，一般为一周)内所有时刻构成的集合，其元素记为 t(单位一般为天、小时等)；B_{it} 表示运输节点 i 在 t 时刻的访问能力(即停车的最大数量)；$\underline{S}_{it}$ 和 $\overline{S}_{it}$ 分别表示 t 时刻为节点 i 设定的库存上、下界；S_i^0 表示节点 i 的初始库存水平；P_{it} 表示 t 时刻节点 i 的库存变化速度。若 P_{it} 为正，表示该节点在该时刻生产产品，反之则表示该节点正在消耗产品。令 F_i 表示节点的类型，当节点 i 为配送中心节点时 F_i 取 1，当节点 i 为客户节点时取-1，处于其他情况时取 0。令 T_{ijv} 表示车辆 v 从节点 i 行驶到节点 j 所需消耗的时间(不包含装卸时间)；C_{ijv} 表示车辆 v 由节点 i 至节点 j 所需花费的运输成本与在节点 j 处的作业成本之和；C_v^W 表示车辆 v 单位时间的等待成本；K_v 表示车辆 v 的装货能力。

在决策变量方面，令 x_{ijvt} 为(0-1)变量，若 t 时刻车辆 v 由节点 i 驶向节点 j，则 x_{ijvt} 取 1，否则取 0。w_{ivt} 为(0-1)变量，若 t 时刻车辆 v 在节点 i 等待，则 w_{ivt} 取 1，否则取 0。令 I_{vt} 表示车辆 v 在 t 时刻的载货量；q_{ivt} 表示 t 时刻车辆 v 在节点 i 的装(卸)作业量；s_{it} 表示 t 时刻节点 i 的库存水平；I_v^0 表示计划期开始时，车辆 v 的初始装货量。我们规定，车辆 v 在虚拟初始节点 $o(v)$ 不进行装卸作业。

基于上述设定，我们给出 IRP 的基础模型如式(7-15)～式(7-28)所示。

$$\min: \sum_{v \in V} \sum_{(i,j) \in A_v} \sum_{t \in T} C_{ijv} x_{ijvt} + \sum_{v \in V} \sum_{i \in N_v} \sum_{t \in T} C_v^W w_{ivt} \tag{7-15}$$

$$s.t. \sum_{j \in N_v} \sum_{t \in T} x_{o(v)jvt} = 1 \quad \forall v \in V \tag{7-16}$$

$$\sum_{j \in N_v} x_{jiv,t-1} + w_{iv,t-1} - \sum_{j \in N_v} x_{ijvt} - w_{ivt} = 0 \quad \forall i \in N_v \setminus \{o(v), d(v)\}, t \in T \setminus \{1\} \tag{7-17}$$

$$\sum_{i \in N_v} \sum_{t \in T} x_{id(v)vt} = 1 \quad \forall v \in V \tag{7-18}$$

$$\sum_{j \in N_v} \sum_{v \in V} x_{ijvt} \leq B_{it} \quad \forall i \in N, t \in T \tag{7-19}$$

$$0 \leq q_{ivt} \leq \min\{K_v, \overline{S}_{it}\} \sum_{j \in N_v} x_{ijvt} \quad \forall v \in V, i \in N_v \setminus \{o(v), d(v)\}, t \in T \tag{7-20}$$

$$s_{i,t-1} - \sum_{v \in V} F_i q_{ivt} + P_{it} = s_{it} \quad \forall i \in N, t \in T \tag{7-21}$$

$$\underline{S}_{it} \leq s_{it} \leq \overline{S}_{it} \quad \forall i \in N, t \in T \tag{7-22}$$

$$s_{i0} = S_i^0 \quad \forall i \in N \tag{7-23}$$

$$I_{v,t-1} + \sum_{i \in N_v} F_i q_{ivt} = I_{vt} \quad \forall v \in V, t \in T \tag{7-24}$$

$$0 \leq I_{vt} \leq K_v \quad \forall v \in V, t \in T \tag{7-25}$$

$$I_{v0} = I_v^0 \quad \forall v \in V \tag{7-26}$$

$$x_{ijvt}(1-x_{ijvt}) = 0 \quad \forall v \in V, (i,j) \in A_v, t \in T \tag{7-27}$$

$$w_{ivt}(1-w_{ivt}) = 0 \quad \forall v \in V, i \in N_v, t \in T \tag{7-28}$$

式(7-15)为目标函数，要求规划期内车队的行驶成本、作业和等待成本之和最小化。式(7-16)和式(7-18)为流量守恒约束。式(7-19)要求各运输节点处的车辆在任何时刻均不得超过其停泊能力。式(7-20)要求车辆不在运输节点作业时不得装卸货物，同时装卸量不得超出规定的上界。式(7-21)描述了各节点库存水平的连续和守恒。式(7-22)是各节点库存水平的上、下界约束。式(7-23)定义各节点的初始库存水平。式(7-24)和式(7-25)要求车辆装卸货量的连续、守恒。式(7-26)给出 I_{v0} 和 I_v^0 之间的关系。式(7-27)和式(7-28)是关于变量 x_{ijvt} 和 w_{ivt} 的(0-1)约束。

六、运输网络中的货流均衡

在前一节中，我们就企业(微观)的运输配送问题进行了具体的讨论。下面将从更加宏观的角度，站在一个区域(宏观)的视角，对运输配送网络中的货流分布格局进行分析。在一个区域(例如，东北三省、长三角地区)中，某类货物(如集装箱货)运输需求的空间分布表现为多个起、终之间需要完成的货物运输量，我们称之为 OD(起点和终点)流量。当 OD 流量已知时，这个区域内无论是货主还是承运人，都将依照综合运输成本最小的原则来组织货物的运输。换言之，区域内众多的货物运输组织者根据"理性人"假设为各 OD 之间的货物指派运输路径(即在运输市场中购买运输服务)。而当众多 OD 之间的货物通过相同的运输通道时，将产生"拥挤效应"，即通道的通行成本将随流过的货物流量的增加而增大。针对这一现象，1952 年学者 Wardrop 提出了著名的用户均衡(user equilibrium，UE)交通流分配理论，得以成功地将"纳什均衡"的概念引入交通运输领域，并成为交通运输网络优化中最有利的技术方法。下面我们用一个简单的例子对 UE 理论与方法进行介绍。

考虑两个运输节点间存在两条运输路径，出行者(货物)将按照"理性人"假设选择效用更大(出行成本更小)的运输路径，因而被选择的路径上流量将不断增大。随着选择此路径的出行者(货物)数量的不断增加，这条路径便会产生"拥挤效应"，导致该路径全体出行者(货物)的出行时间(运输成本)的增加，因而使得部分出行者(货物)开始选择另外一条路径。这种现象也可以结合微观经济理论中的供求关系定价理论来理解。如果进一步假定运输网络中所有出行者均掌握"完美信息"，即各路径的通行时间、其上的实时流量等网络状态信息均已知，则随着不同出行者(货物)的反复博弈，两条路径的运输成本将相等。如果运输网络中还存在第三条路径未被使用(即无出行者/货物选择)，则此第三条该路径的通行时间(运输成本)必大于或等于被使用的路径的通行时间(运输成本)。该理论便是博弈论中经典的"纳什均衡"在配送网络中的具体表现形式。UE 理论的数学表达式如式(7-29)和式(7-30)所示。

$$f_p^{ij}\left(c_p^{ij} - u_{ij}\right) = 0, \forall p \in P_{ij}, \forall (i,j) \in W \tag{7-29}$$

$$c_p^{ij} - u_{ij} \geqslant 0, \forall p \in P_{ij}, \forall (i,j) \in W \tag{7-30}$$

式中，f_p^{ij} 表示从起点(origin)i 到终点(destination)j 的第 p 条路径的货流量；

c_k^{ij} 表示从 i 到 j 的第 p 条路径的运输成本；

u_{ij} 表示从 i 到 j 的均衡运输成本(即达到博弈稳定状态时的成本)；

P_{ij} 表示由从 i 到 j 之间的所有运输路径构成的集合；

W 表示运输配送网络中 O-D 对构成的集合。

式(7-29)表示，在运输配送系统的供需达到均衡状态(equilibrium)下，有流量的路径 p 上的成

本 c_p^{ij} 都相等于该O-D对间的均衡运输成本 u_{ij}；没有流量的路径的运输成本大于或等于 u_{ij}。式(7-30)用来保证对于那些没有流量通过的路径，其综合运输成本 c_p^{ij} 大于或等于 u_{ij}。

基于 UE 原理，学者 Beckmann 进一步给出了如式(7-31)~式(7-34)所示的数学规划模型(称为UE 的 Beckmann 转换，也叫作 UE 交通流分配模型)。通过计算 Beckmann 转换的"卡罗需一库恩一塔克"(KKT)条件可以验证，式(7-29)和式(7-30)所示的均衡条件与 Beckmann 转换得到的凸规划模型等价。但是在 Beckmann 转换被提出后，学术界在很长一段时间内无法求解该模型，直到1975年 Frank—Wolfe 算法才被成功地应用于求解上述模型，使得 Wardrop 的 UE 理论得以实际应用。为不失一般性，下述模型中假设一条路径由多个路段首尾相接构成。

$$\min_{(x,f)} z = \sum_{a \in A} \int_0^{x_a} p_a(\omega) d\omega \qquad (7\text{-}31)$$

$$s.t. \sum_{p \in P_{ij}} f_p^{ij} = q_{ij} \quad \forall (i,j) \in W \qquad (7\text{-}32)$$

$$f_p^{ij} \geqslant 0 \quad \forall (i,j) \in W, p \in P_{ij} \qquad (7\text{-}33)$$

$$x_a = \sum_{(i,j) \in W} \sum_{p \in P_{ij}} f_p^{ij} \delta_{a,p}^{ij} \quad \forall a \in A, (i,j) \in W \qquad (7\text{-}34)$$

式中，x_a 表示路段 a 上的货流量，且 $x=(x_a)$；

$p_a(x_a)$ 表示路段 a 的运输成本，与该路段货流量 x_a 有关；

q_{ij} 表示从 i 到 j 之间的货流量；

$\delta_{a,p}^{ij}$ 表示"路段—路径"指示变量，当 i 到 j 的路径 p 包含路段 a 时取 1，否则取 0；

A 表示配送网络中路段的集合。

思考与练习题

1. 什么是合理化运输？
2. 合理运输的五要素分别是什么？
3. 合理化运输有什么意义？
4. 不合理运输包括哪几类？
5. 组织合理运输的措施有哪些？
6. 常用的运输优化的数学方法有哪些？
7. TSP、VRP、IRP 之间存在什么关系？
8. 某物资要从产地 A_1、A_2、A_3 运送到销售地点 B_1、B_2、B_3、B_4 和 B_5，产量、销量和单位运价如下表，求总运输费用最省的调运方案。

项目	B_1	B_2	B_3	B_4	B_5	产量
A_1	10	15	20	20	40	50
A_2	20	40	15	30	30	100
A_3	30	35	40	55	25	150
销量	25	115	60	30	70	300

9. 利用位势法求 V_1 到 V_7 的最短距离和路径。

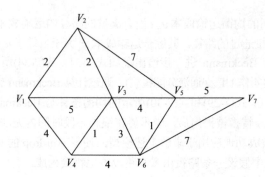

拓展阅读

1. 陆化普. 交通规划理论与方法[M]. 2版. 北京：清华大学出版社，2006.

2. Sheffi Y. Urban transportation networks[M]. Prentice-Hall, Englewood Cliffs, NJ, 1985.(免费下载地址：https://sheffi.mit.edu/sites/sheffi.mit.edu/files/sheffi_urban_trans_networks_0.pdf)

3. Wang Z, Sheu J B. Vehicle routing problem with drones[J]. Transportation research part B: methodological, 2019(122): 350-364.

4. Pelletier S, Jabali O, Laporte G. The electric vehicle routing problem with energy consumption uncertainty[J]. Transportation Research Part B: Methodological, 2019(126): 225-255.

5. 陈康，赵梓州，吴明昊，等. 考虑船舶封存与压港的电煤船舶调度优化模型[J]. 交通运输工程学报，2020，20(3)：178-191.

6. Agra A, Christiansen M, Hvattum L M, et al. Robust optimization for a maritime inventory routing problem[J]. Transportation Science, 2018, 52(3): 509-525.

7. Agra A, Christiansen M, Delgado A, et al. A maritime inventory routing problem with stochastic sailing and port times[J]. Computers & Operations Research, 2015(61): 18-30.

8. Chen K, Xin X, Zhang T, et al. Multiport cooperative location model with a safe-corridors setting in West Africa[J]. International Journal of Logistics Research and Applications, 2020: 1-22.

9. Chen K, Yang Z, Notteboom T. The design of coastal shipping services subject to carbon emission reduction targets and state subsidy levels[J]. Transportation Research Part E: Logistics and Transportation Review, 2014(61): 192-211.

第八章

危险货物集装箱运输

学习目标

随着化学工业的发展，危险品运输行业逐步发展。本章将以集装箱运输为例，对危险品运输进行具体讨论。通过本章的学习，你将掌握危险货物分类、危险货物运输包装及包装标志、危险货物在集装箱内的积载、隔离和配装的相关要求；了解危险货物运输的技术及危险货物集装箱的装卸和保管要求。

装运危险货物的集装箱

在现今的海上运输中，越来越多的货物通过集装箱运输。集装箱内货物的隐蔽性给托运人谎报瞒报危险货物提供了机会，由此引发的安全问题和事故不断出现。近年来，已有数十艘大型集装箱船舶由于谎报瞒报装载的危险货物等问题而导致爆炸和火灾等事故的发生。2020年1月4日，中远海运旗下一艘船名为"COSCO PACIFIC"、运力高达10 062TEU的超大型集装箱船，在由巴生港去往印度那瓦西瓦港的途中，由于瞒报危险品导致7号船舱突然起火，事故集装箱的箱底被烧穿，131个集装箱卸岸。当时，引发"COSCO PACIFIC"轮集装箱意外起火的锂电池，被瞒报为零配件。

2020年6月5日，威海海事局向济宁市××物流有限公司出具了行政处罚决定书，对该公司作为托运人将内贸集装箱危险货物瞒报成普通货物的违法运输行为进行行政处罚。这是威海海事局2020年查处的第三起集装箱危险货物谎报瞒报案件。2020年5月底，威海新港海事处执法人员对内贸集装箱船"润××"轮舱单审核时，发现该轮国内出口舱单中有两箱货物品名为化肥，并未对化肥的具体种类进行说明，而化肥中的部分品种可能涉及危险货物运输。执法人员立即对这两集装箱进行开箱检查，检查中发现两箱化肥的包装显示为"硝酸钾型复合肥料"，由于硝酸钾属于5.1类危险货物，因此执法人员要求托运人进一步提供货物信息。托运人无法提供该货物的理化性质、运输限制条件，只能提供一份硫酸钾型复合肥货物运输条件鉴定书。执法人员以此细节入手，决定对货物进行取样送检。经专业检测机构鉴定，证实该货物的确含有硝酸钾，属于5.1类危险货物，危规编号为UN1477。威海海事局当即对该批货物托运人涉嫌瞒报危险货物违法进行调查处理。

由于瞒报、误报危险品，海运业一直以来都在遭受一系列货物火灾的打击。某些化学品需要特殊的装载和处理以便能够安全运输，误报可能导致它们被置于不利的环境中从而导致灾难的发生(例如，在温度较高或甲板以下的位置存放货物)。危险货物瞒报害人害己，在很多国外港口瞒报属于刑事犯罪，如有人身伤害，后果会更加严重，同时会有弃货和产生巨额滞期费的可能。

阅读上面的案例，你可以进一步思考：如何进一步提升货运安全性？对于危险品运输应提出哪些要求？

(资料来源：①佚名. 中远海运"COSCO PACIFIC"轮起火，锂电池瞒报所致！中国水运网. http://www.zgsyb.com/news.html?aid=534952,2020-01-10.)

② 佚名. 威海海事查处一起内贸集装箱危险货物谎报瞒报案件. 中国水运网. http://www.zgsyb.com/news.html?aid=555973,2020-06-09.)

第一节 危险货物集装箱运输概论

随着科学技术的进步和社会的发展，尤其是化学工业的发展，出现了越来越多新的化学物质。在现已存在和应用的物质中，具有明显或潜在危险的物质有 3 万多种，其中以化学工业品居多。因运输危险品而造成的世界船舶失事率有上升的趋势。

我国对危险品的界定因政策法规制定部门的出发点不同而稍有差异。先后有《危险品安全管理条例》《船舶载运危险品安全监督管理规定》《港口危险品安全管理规定》《危险品分类和品名编号》《重大危险源辨识》等法规、条例给危险品或危险物质做出定义。虽然文字表述不尽相同，但大都包含以下几个层面：首先，危险品具有易燃、易爆、有毒或腐蚀性等物理性质和化学性质，这些特点使其存在生命和财产安全隐患；其次，危险品管理不慎，容易造成重大安全事故，危及生命和环境健康；其三，必须对危险品的生产、包装、运输和使用加以特别重视，应制定严格的规范确保其在安全的前提下发挥作用。

当前，危险货物的运输量约占整个海上货物运输量的一半，船舶和港口担负着重要的任务。危险货物采用集装箱运输有利于提高运输的安全性，因此，目前危险货物集装箱运输正在被各国广泛采用，其运量也在不断地增长。我国是一个海运大国，船舶危险货物运箱量目前已有大幅度的增长，为了有效地防止危险货物造成人员伤亡和财产损毁，保证安全运输，近年来，我国日益重视对危险货物的运输管理工作，并把它放在了重要的位置。

我国政府在 1954 年制订的《船舶装运危险品暂行规则》的基础上，经 1959 年和 1960 年的两度修改后，颁布了《水上危险品货物运输规则》，并于 1962 年 3 月 16 日起实施。后又经修改，将其改名为《危险货物运输规则》(以下简称《国内危规》)，并于 1972 年 1 月 1 日起执行，这是国内最初使用的"危规"。

1973 年，我国加入《国际海上人命安全公约》。为了适应国际惯例和国际贸易运输的需要，使危险货物在分类、标志、包装、单证和运输条件等方面与国际保持一致，我国政府决定 1982 年 10 月 1 日起在国际航线上(包括港口装卸)开始执行《国际海运危险货物运输规则》(以下简称《国际危规》)，并结合我国实际情况做了一些补充规定。

从我国对危险货物水路运输的管理角度来看，在内贸运输中执行《国内危规》和在外贸运输中执行《国际危规》导致了许多人为矛盾。为了使《国内危规》向《国际危规》靠拢，我国于 1996 年 7 月 1 日正式起用新的《水路危险货物运输规则》(以下简称《水路危规》)。

新的《水路危规》是根据我国水路运输危险货物的特点和有关要求，参照《国际危规》中有关危险货物的分类、标志和包装等有关规定,还参考了其他国家航运对危险货物运输的要求和相关规定后制定的。该规则对危险货物运输中的各个环节和所采用的不同运输方式(如集装箱、滚装船等)都做出了比较明确的规定。在执行新的《水路危规》时,还要配套使用《船舶装运危险货物应急措施》和《危险货物医疗急救指南》。

2018年9月15日,为加强船舶载运危险货物监督管理,保障水上人命、财产安全,防治船舶污染环境,《船舶载运危险货物安全监督管理规定》(中华人民共和国交通运输部令2018年第11号)正式施行。《规定》对船舶和人员管理、包装和集装箱管理、申报和报告管理、作业安全管理、监督管理等作出具体规定。1996年第10号发布的《水路危险货物运输规则(第一部分 水路包装危险货物运输规则)》同时废止。

第二节 危险货物的分类

凡具有燃烧、爆炸、腐蚀、毒害以及放射性的性质,如果在运输、装卸和保管过程中处理不当,可能会引起人身伤亡或财产损毁的物质或物品,统称为危险货物。

《国际危规》将危险货物分为9大类,即:①爆炸品;②气体;③易燃液体;④易燃固体、易自燃物品和遇湿自燃物品;⑤氧化剂和有机过氧化物;⑥有毒品(毒性物质)和感染性物品;⑦放射性物质;⑧腐蚀品;⑨杂类危险物质。具体危险货物的标志符号,如图8-1所示。

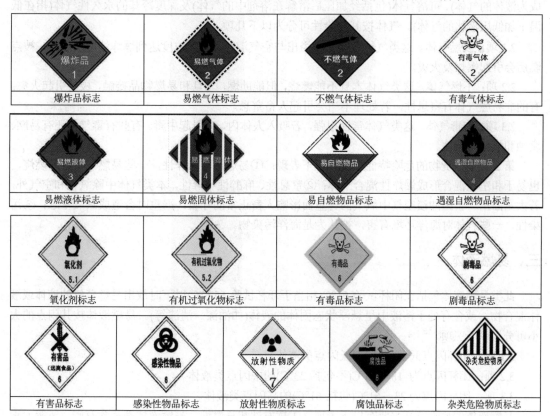

图8-1 危险货物

一、爆炸品

爆炸品包括爆炸性物质、爆炸性物品以及为产生爆炸或烟火效果而制造的物质和物品。爆炸性物质是指通过其本身的化学反应产生气体，其温度、压力和速度能对周围环境造成破坏的某一固态、液态物质或混合物。爆炸品按其危险性，又分为5项。

1.1 项：具有整体爆炸危险(即引起全部货物爆炸)的物质和物品。
1.2 项：具有喷射危险，但无整体爆炸危险的物质和物品。
1.3 项：具有燃烧危险和较小爆炸危险或者兼有此两种危险，但无整体爆炸危险的物质和物品。
1.4 项：无重大危险的物质和物品。
1.5 项：具有整体操作危险但极不敏感的物质。

爆炸品的危险特性主要有爆炸性、燃烧性、毒性和窒息性。如果爆炸品彼此在一起能够安全积载或运输而不会明显增加事故率或在一定量的情况下不会明显增大事故后果，可以认为是"相容的"或"可配装的"。根据这一标准，本类物质又可分成12个配装类，用英文字母A～L(不包括I)和S表示，并有相应的配装类别。

二、气体

本类包括永久性气体(指在环境温度下不能液化的气体)、液化气体(指在环境温度下经加压能成为液体的气体)、可溶气体(包括经加压后溶解在溶剂中的气体)及深度冷却的永久性气体(指在低温下加低压液化的气体)。气体按其危险性可分为以下几项。

2.1 项：易燃气体。这类气体自容器中溢出与空气混合，当其浓度达到爆炸浓度极限时，被点燃后会引起爆炸及火灾。
2.2 项：不燃气体。这类气体本身不能燃烧，但能助燃，一旦和易燃物品接触，极易引起火灾；有的非易燃气体有窒息性，若处理不当会引起人畜窒息。
2.3 项：有毒气体。这类气体毒性很强，若吸入人体内，会引起中毒。有些有毒气体还有易燃、腐蚀和氧化等特性。

第2类危险货物的危险特性主要有以下表现：①易燃性和爆炸性，一些易燃气体容易燃烧，也易于和空气混合形成爆炸性混合气体；②窒息性、麻醉性和毒性，本类气体中除氧气和空气外，若大量溢出，会因冲淡空气中氧气的含量而影响人畜正常的呼吸，严重时会造成缺氧窒息；③污染性，一些气体对海洋环境有害，被认为是海洋污染物。

三、易燃液体

此类易燃液体包括在闭杯试验61℃(相当于开杯试验65.6℃)以下时放出易燃蒸气的液体或液体混合物，或含有处于溶液中呈悬浮状态固体的液体(如油漆、清漆等)。易燃液体按其闪点的大小可分为以下三项。

3.1 项：闭杯闪点低于-18℃的低闪点类液体。
3.2 项：闭杯闪点为-18～23℃(不包括23℃)的中闪点类液体。
3.3 项：闭杯闪点为23～61℃(包括61℃)的高闪点类液体。

易燃液体的危险特性主要有以下表现。①挥发性和易燃性。易燃液体都是含有碳、氢等元素的有机化合物，具有较强的挥发性，在常温下易挥发，形成较高的蒸气压。易燃液体及其挥发出来的蒸气遇明火极易燃烧。易燃液体与强酸或氧化剂接触后反应剧烈，能引起燃烧和爆炸。②爆炸性。当易燃液体挥发出的蒸气与空气混合后达到爆炸极限时，遇明火后会引起爆炸。③麻醉性和毒害性。易燃液体的蒸气大都有麻醉作用，如长时间吸入乙醚蒸气，会导致麻醉，让人失去知觉。深度麻醉或长时间麻醉可能导致死亡。④易积聚静电性。大部分易燃液体的绝缘性能较高，而电阻率大的液体一定会呈现带电现象。⑤污染性。一些易燃液体被认为是对海洋环境有害的海洋污染物。

四、易燃固体、易自燃物品和遇湿自燃物品

本类是指除了划为爆炸品的，在运输情况下易于燃烧或者可能引起火灾的物质。本类在《国际危规》中可分为以下三项。

4.1 项：易燃固体，即易被外部火源(如火星和火焰)点燃的固体和易于燃烧、助燃或通过摩擦引起燃烧的固体以及能自发反应的物质。本类物质包括浸湿的爆炸品。易燃固体的危险特性是燃点低和对热、摩擦、撞击及强氧化剂的作用较为敏感，易于被外部火源点燃且燃烧迅速。

4.2 项：自燃物品，即易于自行发热和燃烧的固体或液体。本类物质包括引火物质(与空气接触小于 5 分钟即可着火)和自然发热物质。易自燃物质的危险特性是无论固体还是液体都具有自燃点低、发热及着火的特征。

4.3 项：遇湿自燃物品，即遇水放出易燃气体的固体或液体，在某些情况下，这些气体易自燃。遇湿自燃物品的特性是遇水发生剧烈的反应、放出易燃气体并产生一定的热量。当热量使该气体的温度达到燃点时或遇到明火时会立即燃烧甚至爆炸。

五、氧化剂和有机过氧化物

本类货物是指处于高氧化态、具有强氧化性、易分解并放出氧和热量的物质，包括含有过氧基的所有有机物。其本身不一定可燃，但能引起可燃物的燃烧；与松软的粉末状可燃物能够组成爆炸性混合物；对热、震动或摩擦较敏感。

本类货物在《国际危规》中可分为以下两项。

5.1 项：氧化剂。氧化剂是一种化学性质比较活泼的、在无机化合物中含有高价态原子结构的物质。其本身未必燃烧，但通常因放出氧气而引起或促使其他物质燃烧。

氧化剂具有以下危险特性：

- 在一定的情况下，直接或间接放出氧气，增加了与其接触的可燃物发生火灾的危险性和剧烈性；
- 氧化剂与可燃物质(诸如糖、面粉、食油、矿物油等)混合后易于点燃，有时甚至因摩擦或碰撞而着火，混合物能剧烈燃烧并导致爆炸；
- 大多数氧化剂和液体酸类会发生剧烈反应，散发有毒气体；
- 有些氧化剂具有毒性或腐蚀性，或被认为是海洋污染物。

5.2 项：有机过氧化物。有机过氧化物是指其物质分子结构极不稳定、易于分解的物质。

有机过氧化物的危险特性包括：具有强氧化性；对摩擦、碰撞或热都极为敏感；易于自行分解并放出易燃气体；受外界作用或反应时释放大量热量并迅速燃烧，燃烧又产生更高的热量，形成爆炸性反应或分解。有机过氧化物还具有腐蚀性和一定的毒性，或能分解放出有毒气体，对人员有毒害作用。

六、有毒品(毒性物质)和感染性物品

本类物质(固体和液体)在吞食、吸入或与皮肤接触后可能造成死亡、严重受伤或损害人类健康。其可分为以下两项：

6.1 项：有毒品(毒性物质)。它是指被吞咽、吸入或与皮肤接触后易造成死亡、重伤害或损害人体健康的物质。有毒品的危险特性为几乎所有的有毒的物质遇火或受热分解时会散发出毒性气体，有些有毒品还具有易燃性。本类中的很多物质被认为是海洋污染物。有毒品毒性大小的衡量指标有：致死剂量，用符号 $LD100$ 或 $LD50$ 表示；致死浓度，用符号 $LC100$ 或 $LC50$ 表示。

根据毒性的危险程度，有毒品的包装可分为以下三个类别：
- 呈现剧毒危险的物质和制剂；
- 呈现严重性危险的物质和制剂；
- 呈现较低毒性危险的物质和制剂。

6.2 项：感染性物品。它是指含有微生物或其毒性会引起或有可能引起人或动物染上疾病的物品。感染性物品的危险特性是对人体和动物都有危害。

七、放射性物质

本类包括自发地放射出大量放射线且其放射性比活度(单位为kBp/kg)大于70kBp/kg的物质。

放射性物质放出的射线有 α 射线、β 射线、γ 射线及中子流 4 种。所有的放射性物质都因其放射出对人体造成伤害的看不见的射线而具有或大或小的危险性。

在《国际危规》中，放射性物质放出射线量的大小用放射性活度、放射性比活度、辐射水平(单位为msv/h)和运输指数(transport index，TI)来衡量。

为了确保运输安全，必须对运输指数进行有效的控制。在常规运输条件下，运输工具外部表面任何一点的辐射水平不得超过2msv/h，并且距其2米处的辐射水平不得超过0.1msv/h。装在单一运输工具上的包件、集合包装、罐柜和货物集装箱的总数在该运输工具上的运输指数总和应不超过《国际危规》给出的《货物集装箱和运输工具的运输指数限值》表中所规定的数值。

八、腐蚀品

本类包括在其原态时就或多或少地具有能严重伤害生物组织特性的固体或液体，如果从其包装中漏出，也会损坏其他货物或运输工具。腐蚀品的化学性质比较活泼，能与很多金属、有机物及动植物等发生化学反应，并使其遭到破坏。腐蚀品的危险特性包括：具有很强的腐蚀性及刺激性，对人体有特别严重的伤害；会对货物、金属、玻璃、陶器、容器、运输工具及其设备造成不同程度的腐蚀。腐蚀品中很多具有不同程度的毒性，有些能产生或挥发有毒气体从而导致中毒。

九、杂类危险物质

杂类危险物质和物品具有多种危险特性，每一杂类危险物质和物品的特性都记载于有关该物质或物品的各个明细表中。

为了更好区分危险货物，人们将其进行编号，编号的组成和表示方法具体如下。

① 编号的组成。危险货物品名编号由 5 位阿拉伯数字组成，表明危险货物所属的类别、项号和顺序号。类别、项号和顺序号根据 GB 6944—2012《危险货物分类和品名编号》以及 GB

12268—2012《危险货物品名表》中的类别项号、品名标号确定。

② 编号的表示方法。危险货物编号的表示方法如图 8-2 所示。每一危险货物指定一个编号，但对具有类似性质的且运输条件、灭火和急救方法相同的危险货物，也可使用同一编号。例如，品名为煤气的编号为 GB No.23023，表明该危险货物为第 2 类第 3 项有毒气体(顺序号为 023)。

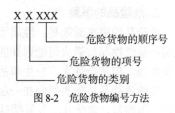

图 8-2　危险货物编号方法

第三节　危险品的安全管理

危险品海运企业的安全管理是对货物、船舶、环境和人员的综合管理。这里的货物即危险品；船舶即载运危险品的船舶及其设备；环境即航线上所有的自然和人为环境；人员即船员和其他操作人员。

一、危险品的包装与标记

1. 危险品的包装

危险品包装是指使危险品能够经受得住各种运输、装卸和保管过程中的风险以确保其高度安全的各种包装和包装方法。海上危险品的运输包装是指由《国际危规》等推荐的各种包装和包装方法。考虑到科学和技术的发展，可以使用与该规则规定的包装不同的包装，但这些包装必须与规范规定的包装具有同等效能，并由主管机关认可的技术检验部门检验，证明其达到等效包装要求后方可使用。

良好的包装可以抑制或钝化货物的危险性，将危险性限制在最小的范围内；可以防止货物接触自然环境而变质或发生剧烈的化学反应而造成事故；可以减少货物在运输中所受的碰撞、震动、摩擦和挤压，从而使其状态相对稳定；可以防止因货物撒漏、挥发而发生事故或污染运输设备及其他货物。危险品的包装的好坏优劣直接关系到危险品的运输安全。为此，国际公约、规则和我国法律法规都针对危险品包装及管理做出了明确的规定。

2. 危险品的标记

危险品包件上显示的正确标记的主要内容为危险品的正确运输名称和联合国编号。示例如下：

腐蚀性液体，酸性，有机的，未另列明的(辛酰氯)，UN 3265

除标记之外，危险品还应张贴标志和标牌。危险品的标志是在包件上使用图案和相应的说明以描述其危险性和危险程度。标志以危险品分类为基础，分为主标志和副标志。标牌应与每一种危险品标志的颜色及符号相匹配。

二、危险品的积载与隔离

1. 危险品的积载

为了确定适当的积载方式，除第 1 类爆炸品外，其他类别危险品依据安全装运所需要的积载位置分为不同的积载类。这些积载类范围是从积载类 A 至 E。对第 1 类危险品共划分了 15 个积载类，分别为积载类 01 至积载类 15。对危险品积载的一般要求，详见《国际危规》及其他法律法规。

2. 危险品的隔离

危险品的隔离原则是：性质不相容的物品应有效隔离；特殊货物与助长其危险性的货物不能配装；易燃物品与遇火可能爆炸的物品不能配装；性质相似，但消防方法不同的货物不能配装；性质相似，但危险性大，发生事故不易扑救的货物不能配装。为了运输安全，把具有某些相似化学性质的危险品按隔离类归在一起，设置相同的隔离要求。隔离类分为 18 类，具体为：酸、铵化合物、溴酸盐、氯酸盐、亚氯酸盐、氰化物、重金属及其盐类、次/亚氯酸盐、铅和铅化合物、液体卤代烃、汞和汞化合物、亚硝酸盐及其混合物、高氯酸盐、高锰酸盐、金属粉末、过氧化物、叠氮化物和碱类。

需要注意的是，有些物质按照"未另列明的(N.O.S.)"条目运输。属于"未另列明的"条目的具体货物名称并未列在上述隔离类清单中，托运人应根据具体的物质组成和性质来确定相应的隔离类。

三、危险品的运输与装卸

1. 危险品的运输

船舶载运危险品的基本要求主要有：装运危险品的船舶技术条件应良好；船舶的舱室应为钢质结构；设备技术条件应符合要求并具有有效的船舶检验证书。

船舶装运危险品前，承运人或其代理人向托运人收取有关单证。经海事管理机构批准后，载运危险品的船舶方可进、出港口。除客货船外，装运危险品的船舶不准搭乘旅客和无关人员。船舶装载危险品应严格按照规定正确合理地积载与隔离。应编制危险品清单，并在货物积载图上标明所装危险品的品名、编号、分类、数量和位置。出现危险品落入水中或包装破损溢漏等事故时，船舶应立即采取有效措施并向附近的海事管理机构报告详情并做好记录。

2. 危险品的装卸

危险品的装卸过程主要是在码头上实现的。对承担危险品装卸任务的码头，有如下基本要求。

(1) 从事危险品作业的场所(码头、库场、储罐、锚地等)应当依法取得行政许可证。

(2) 从事危险品港口作业的港口经营人，应当向港口行政管理部门申请危险品港口作业资质认定。

(3) 危险品作业场所应远离人口密集区、大型公共设施、水源保护区及法律法规规定的其他区域。

(4) 在防火设计方面应按照国家及行业标准，配备必要的应急处理器材和防护用品；制订好码头污染应急计划和事故应急救援预案。

四、水路运输安全监管

随着国内经济持续快速发展和海外贸易量的稳步提高，我国水运行业正处于快速发展期，在可预计的未来还将继续壮大。21 世纪是海洋世纪，人类更加深度地开发海洋资源，必将带来水路运输行业突飞猛进的发展。随之而来的是水运安全事故发生概率的增加，这对水运安全管理提出了更高的要求。

水路危险品运输安全监管包括监督和管理两个层面的含义。监督主要是对行为的合法性、合理性和有效性进行一般性指导和规范。管理指按照法律法规和行政指令对具体的行为过程进行控制，调整不适行为、制止违法违规行为以及维护正常的经济和社会秩序，以确保全部活动都在制度范围内实施。监督和管理相结合构成完整的危险品运输安全体制。据此，水路危险品运输的安全监管是指一定的管理机构和政府部门根据相关法律法规，对危险品水运流通的秩序和程序进行指导和控制。作为规范国际水运行业的专业组织，国际海事组织(international maritime organization，IMO)负有编制、发布和宣传水运安全规范的责任。20世纪90年代初，该组织发布了《国际油污防备、反应和合作公约》(OPRC公约)，规定所有与水运相关的运载工具、装卸设施、存储设施和港口码头等需要具备油污事故处理能力，尤其针对船舶制定详细的事故处理规范。国际海事组织也为水域和陆域分别制定了详细的规范，前者适用OPRC公约，后者则适用《地区级紧急事故意识和准备》计划(awareness and preparedness for emergencies at local level，简称APELL计划)。如果出现港口危险品泄露污染事故，要根据水域和陆域的不同特点，依照不同的标准要求进行针对性的事故处理。

第四节　危险货物运输的技术条件

一、装运危险货物的基本要求

装运危险货物时，只要符合一定的技术条件并辅以谨慎操作，就可以达到安全运输的目的。

如果危险货物的包装、标志、积载和隔离均符合要求，那么运输工具本身的构造达到装运危险货物的要求，就会成为确保运输安全的必要条件。运输工具既需要满足运输安全的基本条件，又必须符合装载危险货物的特殊要求。例如，船舶要符合建造规范、稳性规范和抗沉性规范等的要求。

二、危险货物的承运及其装运与积载要求

1. 装运危险货物的运输工具条件

装运危险货物应采用优质运输工具；应有可靠的电器连接装置或避雷装置；同时具备相应的设备条件，如防火和救灾的设备。装运爆炸品、易燃气体、易燃液体、易燃固体及遇湿危险物质的运输工具都应符合相应的运输要求。

2. 危险货物的承运要求

(1) 具有合格的包装。包装的材质、形式、包装方法及包装封口等应与所装危险货物的性质相适应，包装制作恰当且状况良好；包装的内表面与被运输内装物质接触时，应具有不致发生危险事故的特性；包装应坚固，具有一定的强度，能经受得住装卸及运输方式的一般风险；液体包装容器内要有适当的衬垫，在布置上应能防止货物移动；所采用的吸收材料，在数量上应足够吸收液体，防止容器破裂时造成货物外漏。

危险货物的包装应符合要求，并由主管部门确认，取得"包装适用证书"后方可使用。装有危险货物的包装应经有关检验机关检验合格，取得"包装检验证明书"。

(2) 具有正确的标记、标志及标牌。每个装有危险货物的包件上都应标有其内装物的正确运输名称的耐久标记。其标注方法应符合运输与包装的要求。要求标记在海水中至少浸泡3个月后仍然清晰。含有海洋污染物的包件还应标有耐久的海洋污染物标记。

除另有规定者(第9类杂类危险物质，没有特殊的标志要求)外，一切装有危险货物的包件应有适当的识别标志、图案标志或标牌，以表明货物的危险性质。同时具有两种以上危险货物的包件，应贴主标志和副标志。副标志下角无类别号，以示主、副区别。一般在物质明细表中都应注明主、副标志。

(3) 具有正常完备的托运单证。托运人提交的危险货物申报单内必须填写危险货物的正确运输名称、数量、货物的类别及细分类(对第1~4类物质和物品还应说明配装类及积载需求)、联合国编号(托运"限量内危险货物"无此要求)以及"国际危规"页码；并需要出具危险货物包装审核单位签署的"包装适用证书"及危险货包装检验机构签署的"包装检验证明书"。在危险货物申报单中应附有说明该交付托运的危险货物业已妥善包装和妥善地加上了标记、标志和标牌以及合适的装运状态的证明书或声明书。

如危险货物系海洋污染物(凡含有10%或以上的一种或几种对海洋会造成污染的以及含有1%以上对海洋会造成非常严重的潜在污染的溶液或混合物)，应标明"海洋污染物"。

托运《国际危规》中未列名的危险货物时，应填报"危险货物技术证明书"。对放射性物品还应提交有关核查单位签发的"放射性货物剂量检查证明书"。采用集装箱运输的危险货物，必须在运输前取得装箱部门提供的、经有关法定机关或监装机关签发的"危险货物装箱证明"。采用水运方式，则装运危险货物的船舶应具有一份列明船上所装危险货物及其位置的特殊清单或舱单。上述清单或舱单也可用一份注明危险货物类别及其在船上详细位置的积载图代替。

三、装运危险货物的隔离要求

各类危险货物相互之间的隔离，按照危险货物隔离表的要求，分为4个级：隔离1至隔离4，即"远离""隔离""用一整个舱室或货舱隔离"和"用整个舱室或货舱作纵向隔离"。隔离表中列出的是危险货物各类别之间的一般隔离要求，但鉴于每一类别中的物质或物品的特性差别很大，因此，应随时查阅明细表中对隔离的具体要求。

- 隔离1指"远离"。
- 隔离2指"隔离"。舱内积载时，应装在不同的货舱内。
- 隔离3指"用一整个舱室或货舱隔离"。
- 隔离4指"用一个介于中间的整舱室或货舱作纵向隔离"。

危险货物与食品的隔离应做到腐蚀性物质与食品应"远离"；有毒物质及放射性物品与食品及其原料应"隔离"；所有感染性物质的积载应与食品"用一整个舱或货舱隔离"。

四、装运危险货物集装箱的隔离要求

装运危险货物集装箱的隔离原则是严格按配装要求和隔离要求进行配箱；严格按隔离要求和积载类要求进行积载。集装箱还应按下列要求进行积载。

1. 装运危险货物集装箱在"隔离1"条件下的积载

① 封闭式集装箱的垂直积载。
② 封闭式集装箱的水平积载。
③ 开敞式集装箱的水平积载。

2. 装运危险货物集装箱在"隔离2"条件下的积载

① 封闭式集装箱的水平积载。
② 开敞式集装箱的水平积载。开敞式集装箱不应装在同一个舱室内，隔离舱壁应为钢质舱面，积载应按封闭式集装箱的要求进行处理。

3. 装运危险货物集装箱在"隔离3"条件下的积载(垂直方向原则上不积载)

① 封闭式集装箱不应装在同一舱室内，且两个舱室之间的舱壁应符合质量要求。

② 开敞式集装箱应隔开一个整舱,中间应隔离两个钢质舱壁或甲板。
③ 可舱面积载。

4. 装运危险货物集装箱在"隔离 4"条件下的积载(垂直方向不能积载)

① 封闭式集装箱应隔开两个钢质舱壁或隔开一个钢质墙壁,但间隔至少为 24 米,且距舱壁最近处的距离不少于 6 米。
② 开敞式集装箱至少隔两个钢质舱壁。

五、危险货物在集装箱内积载的一般要求

1. 适箱货物

适箱货物是指适合装箱的危险货物。一般是指包装完好、符合运输条件的危险货物。

2. 配装要求

相容货物允许在同一箱内装配,危险货物的箱内配装应按配装表的要求进行配装。

3. 隔离要求

按隔离要求,将危险货物用不容易与其发生反应的货物(危险货物、普通货物)进行有效隔离。

4. 安放与固定

箱内货物之间或货物与箱壁之间有空隙,在运输和航行途中会造成货物的移动或碰撞,这样不但会引起箱内货物和箱体的损坏,还具有一定的危险性。为避免事故的发生,必须对箱内的危险货物进行固定。

六、箱内危险货物的配装

1. 第 1 类(爆炸品)货物的配装

(1) 爆炸品之间的配装

《国际危规》将爆炸品分成 12 个配装类。爆炸品之间的配装,应严格按爆炸品配装类的规定进行配装。

爆炸品之间的配装,一般将性质相似的一类划分为同一配装类,并根据不同的配装类提出相应的隔离要求,属于同一配装类组的爆炸品可以放在一起运输,属于不同配装组的爆炸品原则上不能放在一起运输。

例 1:1.1A 与 1.1B 的配装。

1.1A 为起爆物质,1.1B 为含起爆药且不含两种有效保险装置的物品。

根据爆炸品之间的配装要求,1.1A 与 1.1B 不能配装,即不能同箱运输。

例 2:1.1B 与 1.2B 的配装。

1.1B 是具有整体爆炸危险的物品。1.2B 是具有抛射危险,但无整体爆炸危险的物品。

根据爆炸品之间的要求,1.1B 与 1.2B 可以配装,即能同箱运输。

(2) 爆炸品与压缩气体和液化气体的配装

爆炸品发生爆炸或燃烧后,极易引起气体钢瓶的爆炸,故一般不得与第 2 类(气体)配装。并且,易燃气体与爆炸品应按"隔离 4"的要求进行隔离,不易燃气体与爆炸品应按 "隔离 1 或 2"的要求进行隔离(但可同舱)。

(3) 爆炸品与第 3 类(易燃液体)、第 4 类(易燃固体)的配装

爆炸品与第 3 类、第 4 类均不能配装,第 3 类与第 1 类应按"隔离 4"的要求进行隔离。

(4) 爆炸品与第 5 类(氧化物质和有机过氧化物)的配装

第 5 类除具有较强的氧化性外，很多还具有易燃易爆的特性，故不能与第 1 类配装。

(5) 爆炸品与第 6 类(有毒物质和感染性物质)的配装

第 6 类具有较强的毒性和感染性，一旦发生事故，会使损害扩大，施救困难，故不能与第 1 类配装。

(6) 爆炸品与第 8 类(腐蚀品)配装

很多腐蚀品易与爆炸品发生化学反应，很多还具有易燃性，故不能与爆炸品配装。

2. 第 2 类的配装

(1) 第 2 类与第 3 类

第 2 类 2.1 项(易燃气体)与第 3 类、第 4 类不得配装；2.2 项(非易燃气体)与自燃物品可同舱积载，但需要按"隔离 1"的要求进行隔离。

(2) 第 2 类与第 5 类

2.1 项与 5.1 项(氧化物质)不得配装；5.2 项(有机过氧化物)与第 2 类不得配装。

3. 第 3 类的配装

第 3 类与第 4 类不得配装；第 3 类与第 5 类按隔离表进行配装。

4. 4.3 项(遇湿危险物质)的配装

4.3 项不得与酸性腐蚀品配装。

5. 第 5 类的配装

5.1 项与 5.2 项不得配装；第 5 类与第 8 类不得配装。

6. 第 7 类(放射性物质)的配装

不得与除第 6 类以外的其他各类同舱积载。

七、各类危险货物在箱内的积载与固定

装箱人员装载、系固危险货物时，应在装箱检查人员的直接监督下进行。装箱人员在作业时应穿戴相应的防护用品，作业完毕后应及时清洗，作业中不得饮食。

1. 装载要求

① 按积载计划装箱。

② 装载过程中应轻拿轻放，禁止肩扛、背负、冲撞、摔碰、翻滚，防止包装破损。

③ 装载包装的桶盖、瓶盖应朝上，不准倒置；包装通气孔向上，不被堵塞。

④ 应符合所装载物质的其他特殊要求。

⑤ 禁止装运破漏的包装件。装载时危险货物包装发生损坏、渗漏，应在装箱检查人员的监督下，立即按货物特性进行有效的处置。

⑥ 渗漏的危险货物会造成爆炸、自燃、毒害或类似重大危险的，应立即将人员撤离到安全地带，并通知有关应急部门。

⑦ 装载有温控要求的危险货物，货物冷藏箱应经过足够的预冷，保证装载温度符合要求。

2. 衬垫要求

① 箱内不同货物或采用不同包装形式时，货物之间应用有效衬垫材料作为间壁。

② 桶装危险货物上下层间应使用有效衬垫材料衬垫，以分散上层货物负荷。

③ 装载货物与箱壁之间可用有效衬垫材料塞紧，防止货物发生移动。

④ 衬垫应有足够的防护强度,其使用应能有效避免货物在运输过程中在集装箱内发生垂直或水平方向上的位移而引起损坏。

⑤ 衬垫的类型包括托盘、胶合板、木条和木板等。使用时应尽量支撑在角柱、角件、端柱和侧柱上,要避免侧壁板、箱门板损坏。

3. 危险货物在集装箱内的系固

充分考虑海上运输过程中造成箱内货物移动的因素,应对集装箱内的货物加以系固,防止移动。同时,货物系固方法本身也不应导致货物或集装箱的损坏或变坏。用于系固的材料应有足够的强度,能消解由于运输加速度的变化而产生的各种应力,并且不至于在运输中给箱内危险货物带来安全隐患。系固的材料主要有钢丝绳、纤维索、钢带、尼龙带、气袋等。

必要时,应使用集装箱内的系固设备来防止货物发生移动。用于集装箱内系固的紧固件应具有紧固后的固定装置,系固完毕后,所有紧固件都应处于固定位置,或能起到同样的效果,以防在运输途中因车、船的振动和摇摆等因素的影响,使紧固件松动而降低系固效果。气袋的使用应符合下列要求:使用空气袋时应认真遵守制造商关于冲灌压力的指导;考虑到集装箱内部温度升高的可能性,装货时应留有余量;空气袋在集装箱门口处使用时,应采取相应的防护措施。

4. 特殊装箱要求

(1) 爆炸品装箱

爆炸品应按配装类的要求进行装箱,配装类相抵触的爆炸品不得同箱装载;雷管及引信等极敏感的物质应装于货物的表面;箱壁四周应用木板衬垫使货物与金属部位隔离;进行箱内固定工作时,应使用不致产生火花的工具,用力不要过猛,严防撞击、震动,同时注意所使用的钉子不能撒落在箱内。

(2) 气体装箱

箱内沾有油污的集装箱不能使用,严禁穿沾有油污的工作服和使用沾有油污的手套;作业时不能用手持钢瓶的安全帽,严禁抛掷、碰撞、滚滑,检查钢瓶。对于钢瓶的使用,应符合下列要求:安全帽应拧紧,无异味,防止气体冒出;瓶帽如有松动,应采取有效的紧固措施;瓶壁无腐蚀、无凹陷及损坏现象;其他附件(如阀门、瓶体、漆色)应符合产品标准;钢瓶的保护皮圈应齐全;钢瓶应以成组或托盘的形式装箱,要防止钢瓶在箱内滚动;箱壁和两端应用木板隔离,堆放时,箱内钢瓶的安全帽应朝同一方向,货物固定后钉子或钉帽不能外露。

(3) 易燃液体装箱

检查包装桶,应符合下列要求:桶盖无松动,桶的焊缝无渗漏的痕迹,严禁焊缝有渗漏的桶装货装入箱内;桶端无膨胀或外裂现象;应使用铜质工具紧固,低闪点危险货物装箱时,集装箱箱壁四周应用木板衬垫,桶装货装箱后留出的空隙余位;应进行有效的加固,防止货物移动,货物加固时,不应使用易产生火星的工具,固定后钉子不能外露。

(4) 易燃固体、易于自燃的物质、遇水放出易燃气体的物质装箱

装有电石、黄磷等的桶包装两端膨胀时,不得装入箱内;湿包或有水渍、油污现象的包件,不可装入箱内。箱内潮湿的集装箱严禁装载遇水放出易燃气体的物质。

(5) 氧化性物质和有机过氧化物装箱

忌高温,作业时应有遮阳设施,防止阳光直晒。集装箱内部应清洁、干燥、没有油污,不得留有任何酸类、煤炭、木屑、硫化物及粉状可燃物等。

(6) 毒性物质和感染性物质装箱

夏季装载易燃性毒品时,应防止日晒,作业时应穿工作服、戴口罩、手套等,撒落在地面上

的毒害品，应用潮湿锯末等物及时打扫干净，并按规定妥善处理。

(7) 放射性物质装箱

人工搬运时，操作人员应按规定的作业时间进行轮换，放射性强度大的应装于箱子中部，放射性强度小的装于箱子周围。货物较少，不能装满箱时，应置于箱子中部，四周用填料顶紧，摆放在箱内要平稳、牢靠，以防在运输途中滑动倒塌。对于放射性物质，应当优先装运，做到及时进货、装箱、搬运。

(8) 腐蚀性物质装箱

作为包装的塑料桶在冬季较脆，不应摔碰；夏季变软怕压，应用木板衬垫减压，装箱时应检查包装的桶盖是否松动，包件是否渗漏或裂变。玻璃和陶瓷容器盛装腐蚀品时，应检查封口是否完好、向上、有无渗漏，装箱时应采取有效的紧固措施和固定方法。

5. 封箱操作要求

装箱完毕后，应进行清理。例如，清除多余的系固材料、工具、废弃的包装材料等，然后关闭箱门，确认箱门的关闭装置锁闭牢靠，在施封装置上加以封志。

6. 装箱后要求

应巡视装箱后集装箱的外观情况，并确认正常，在集装箱箱体两端、两侧张贴该危险货物的标牌。如适用，还应张贴"海洋污染物"标记和其他标识。有联合国编号显示要求的危险货物，应显示相应的联合国编号，具有副危险性质的危险货物，还应在主危险性标牌的旁边张贴副危险性标牌。使用固体二氧化碳或其他膨胀或制冷剂时，应按规定在箱外做出标识。装载熏蒸货物或在熏蒸条件下运输的封闭集装箱，箱门外应张贴警告牌。装载有温控要求的危险货物冷藏箱，应开启制冷系统，保持相应的运输温度，并采取监控措施。对固定物体用的结构、装置、用具及材料等应符合危险货物运输的要求，箱内固定的方法要合适恰当。各类危险货物在箱内积载均应有效地固定。

八、危险货物集装箱的装卸与保管

1. 装卸危险货物集装箱前的准备工作

① 明确危险货物的性质、积载位置及应采取的安全措施，并申请监装，取得适装证书。

② 应将审签的货物积载图交当地法定机关进行审定。

③ 保证舱室清洁、干燥和水密。

④ 在装卸货现场，备妥相应的消防设备，并使其处于随时可用的状态。

⑤ 夜间作业应备好足够的照明设备，装卸易燃、易爆危险货物时必须使用防爆式或封闭式安全照明设备，严禁使用其他不安全灯具。

⑥ 起卸放射性物品或能放出易燃、易爆、有毒气体的危险货物前，应进行充分的通风。应有防止摩擦产生火花的措施，须经有关部门检测后才能开始卸货作业。

2. 装卸危险货物的注意事项

危险货物的装卸工作尽可能安排在专用作业场地，严格按货物积载图装货，遵守装卸货注意事项，加强监装监卸，注意装卸货安全。

① 装卸作业时，要悬挂显示规定的灯号或标志。

② 装卸危险品时，应有专人值班，并进行监装监卸工作，坚守岗位，落实各项安全措施。

③ 装货时监装人员应逐件检查货物包装及标志，破、漏、渗的包装件应拒装。

④ 严格按积载图装卸，遵守危险货物分装卸货的注意事项。

⑤ 装卸危险货物时应使用适当的机器。在装卸易燃、易爆、剧毒、腐蚀及放射性危险货物时，装卸机具应按额定负荷降低25%使用，在装卸易燃或爆炸品时禁止使用易产生火花的工具。

⑥ 装卸危险货物时应采取正确的作业方法，小心谨慎地操作，平稳吊落货物，轻拿轻放。严禁撞击、摩擦、拖拉、滑跌、抛丢、坠落、翻滚、挖井等野蛮作业。保持包装完好，严禁超高堆装，堆码整齐牢固。桶盖、瓶口应朝上，禁止倒置、倒放。

⑦ 根据危险货物不同的性质，活用相应的铺垫隔衬材料进行衬垫、遮盖、绑扎和加固。

⑧ 起卸包装破漏的危险品时，现场严禁明火，有关人员应站在上风处，对包装破损严重的，要进行必要的修理和清洁工作，以避免危险品渗漏，但必须注意安全，并根据"应急措施表"及"医疗急救指南"采取相应的措施。

⑨ 在装卸爆炸品或烈性易燃品时，不得进行能产生火花的检修工作和拷铲及油漆作业。

⑩ 装卸危险货物过程中，遇有闪电、雷击、雨雪天或附近发生火警时，应立即停止装卸货作业。

⑪ 停装停卸时，应关闭照明及电源。

⑫ 装完货后应进行全面检查，做好监装管理。危险货物集装箱的保管应符合有关堆放、储存、转运的法令、法规以及企业的规章制度。

思考与练习题

1. 简述《国际海运危险货物运输规则》对危险货物的分类。
2. 简述危险货物编号的组成和表示方法。
3. 简述危险货物隔离的等级和具体要求。
4. 简述危险货物集装箱装卸前的准备工作。

拓展阅读

1. 冯檬莹，曾文杰，许茂增. 危险货物物流管理[M]. 北京：人民交通出版社，2018.
2. 钱大琳，吕莹，张玉玲，等. 危险货物道路运输[M]. 北京：人民交通出版社，2020.
3. 强永，牟瑞芳. 考虑车辆限载的危险品运输车辆调度模型[J]. 系统工程理论与实践，2017，37(1): 212-218.
4. 袁文燕，彭云，杨丰梅. 基于危险化学品事故的双层次应急中心选址模型[J]. 系统工程理论与实践，2015，35(3): 728-735.
5. 种鹏云，帅斌. 连环恐怖袭击下危险品运输网络级联失效建模[J]. 系统工程理论与实践，2014，34(4): 1059-1065.
6. 王伟，张宏刚，丁黎黎，等. 考虑车辆限速和风险公平性的危险品运输网络双目标优化模型[J]. 系统工程，2018，36(7): 91-104.
7. 杜天松，郭海湘，潘雯雯，等. 基于多目标演化算法的油田危险品物流系统选址——路径问题[J]. 系统管理学报，2018，27(4): 739-752.
8. 张冠湘，邓思琪，付余，等. 风险控制视角下的危险品物流管理策略研究[J]. 软科学，2017，31(8): 91-94.

第九章

物流配送与配送中心

学习目标

配送是物流系统具备的基本能力之一。本章主要介绍配送、配送中心的含义、特点、功能以及作用。通过本章的学习,你将认识配送合理化的判断方法以及为了做到配送合理化应该采取的做法;理解不同的配送的类型;掌握配送的基本环节、功能和配送的业务程序;了解配送中心的概念、分类和发展现状;掌握配送中心选址的数学方法。

方太厨具智能物流配送中心

方太集团(以下简称"方太")创建于1996年,作为国内厨电知名品牌,始终专注于高端厨电领域,致力于为追求高品质生活的人们提供优质的产品和服务。方太100亩智能物流中心项目是北自所(北京)科技发展有限公司(简称北自科技)依据高端厨电生产、销售的特点,在方案设计、流程规划和生产管理方面采用了大量创新手段,形成"1+5+N"的智能制造新模式。2020年5月8日和6月22日,由北自科技承建的宁波方太厨具有限公司(以下简称方太)100亩智能物流中心项目分别顺利通过国家和企业验收。作为工信部智能制造的项目,该项目的投入使用为方太日益扩大的市场需求提供了有力的物流保障,不仅提高了供应链生产能力,也增强了物流配送的及时发货能力,树立了高端厨电行业生产物流的新标杆。

该项目占地约66 667平方米,拥有箱式输送线5 000多米,贯穿南北厂区4个工厂、9座厂房、8条通廊、过街天桥及大型自动化立体仓库(包括拆码垛出入库系统、分拣系统和电商拣选系统三层区域),打造了一个全方位、智能化、立体化的物流中心。该系统服务于方太厨具供应链,智能化物流中心存储规模将达到25万台,发货50 000件/天,入库35 000件/天,充分满足方太日益增长和不断扩大的产能需求。

交付完成的物流系统具备成品装箱后的件箱长距离输送、机器人自动码垛、托盘自动入库、堆垛自动入出库、托盘自动出库、机器人自动拆垛、件箱高速分拣等功能,实现了"生产—码垛—仓储—拆垛—分拣—配送"的全自动化流程。

阅读上面的案例，思考以下问题：方太的100亩智能配送中心具有哪些功能？应用了哪些新技术？给方太带来了哪些好处？智能体现在哪些方面？

(资料来源：佚名. 坚守初心，交付美好——宁波方太厨具有限公司100亩智能物流中心项目通过验收. 北自科技. https://www.bzkj.cn/news/140.html, 2020-07-07.)

第一节　物流配送概述

一、配送的含义与特征

1. 配送的含义

配送是按照用户的订货要求和配送计划，在物流据点(仓库、商店、货运站、物流中心等)进行分拣、加工和配货等作业后，将配好的货物送交收货人的过程。从货物的位移特点来看，配送多表现为短距离、多品种、小批量的货物位移，因此，也可以将配送理解为描述运输中某一指定部分的专用术语。

2. 配送的特征

配送是从物流据点到用户之间一种特殊送货形式，这种特殊形式表现在配送的主体是专门经营物流的企业；配送是中转环节的送货，与通常的直达运输有所不同；配送是连接了物流其他功能的物流服务形式；在配送(分拣、加工、配货、送货)中所包含的那种部分运输(送货)作业在整个运送的过程中处于"二次运送""终端运送"的地位；配送体现了配货与送货过程的有机结合，极大地方便了用户，体现了较高的物流服务水准，完全按用户对货物种类、品种、数量、时间等方面的要求而进行运送作业。

配送是复杂的作业体系，它通常伴随着较高的作业成本。配送成本较高，就既要提高物流服务质量，又要采用降低配送成本的措施，因此，提高配送作业设计等组织管理水平就显得十分重要。在配送中心大量采用各种传输设备、分拣设备，可以实现一些环节的专业分拣或流水作业方式，降低有关成本费用。配送在固定设施、移动设备、专用工具和组织形式等方面都可形成系统化的运作体系。

二、配送的功能和作用

1. 配送的功能

(1) 备货

备货是配送的准备工作或基础工作，包括筹集货源、订货或购货、集货、进货及有关的质量检查、结算、交接等。配送的优势之一，就是可以集中用户的需求进行一定规模的备货。备货是决定配送成败的初期工作，如果备货成本太高，会大大降低配送的效益。

(2) 储存

配送中的储存有储备和暂存两种形态。储备是按一定时期的配送经营要求形成的对配送的资源保证。这种类型的储备数量较大，储备结构也比较完善，视货源及到货情况，可以有计划地确定周转储备及保险储备的结构和数量。配送的储备保证有时在配送中心附近单独设库解决。另一种储存形态是暂存,是具体执行配送时,按分拣配货要求,在理货场地所做的少量储存准备。由于总体储存效益取决于储存总量,所以这部分暂存数量只会对工作方便与否造成影响,而不会影响储存的总效益,因而在数量上控制并不严格。还有一种暂存,是分拣、配货之后形成的发送货载的暂存,这种暂存主要是调节配货与送货的节奏,暂存时间不长。

(3) 分拣及配货

分拣及配货是配送不同于其他物流形式的功能要素,也是配送成败的一项重要支持性工作。分拣及配货是完善送货、支持送货的准备性工作,是不同配送企业在送货时进行竞争和提高自身经济效益的必然延伸。可以说,其是送货向高级形式发展的必然要求。有了分拣及配货,就会大大提高送货服务水平,所以分拣及配货是决定整个配送系统水平的关键要素。

(4) 配装

在单个用户配送数量不能达到车辆的有效载运负荷时,就存在如何集中不同用户的配送货物,进行搭配装载,以充分利用运能、运力的问题,这就需要配装。和一般送货的不同之处在于,通过配装,可以大大提高送货水平及降低送货成本。所以,配装是配送系统中有现代特点的功能要素,也是现代配送不同于以往送货的重要区别之处。

(5) 配送运输

配送运输属于运输中的末端运输、支线运输。它和一般运输形态的主要区别在于:配送运输是较短距离、较小规模、额度较高的运输形式,一般使用汽车作为运输工具。与干线运输的区别是,配送运输的路线选择问题是一般干线运输所没有的,干线运输的干线是唯一的运输路线,而配送运输由于配送用户多,而一般城市交通路线又较复杂,如何组合成最佳路线、如何使配装和路线有效搭配等,是配送运输的特点,也是难点。

(6) 送达服务

配好的货物运输到用户还不算配送工作的完结,这是因为送达货物和用户接货往往还会出现不协调的问题,从而使配送前功尽弃。因此,要圆满地实现运到之货的移交,有效、方便地处理相关手续并完成结算,还应讲究卸货地点、卸货方式等。送达服务也是配送具有的特殊性。

(7) 配送加工

在配送中,配送加工这一功能要素不具有普遍性,但往往是有重要作用的功能要素。主要原因是,通过配送加工,可以大大提高用户的满意程度。配送加工是流通加工的一种,但配送加工有不同于一般流通加工的特点,配送加工一般只取决于用户要求,其加工的目的较为单一。

2. 配送的作用

通过集中仓储与配送,可以实现企业组织的低库存或零库存的设想,并提高社会物流经济效益。配送服务水准的提高,尤其是采用定时配送或准时配送方式,可以满足企业准时生产制的需要,生产企业依靠配送中心的准时配送,就可以减少库存或只保持少量保险库存。这样,有助于实现"库存向零进军"的目标。

通过配送也可将因减少库存而解脱出的大量储备资金用来拓展新业务、改善财务状况。配送总是和集中库存相联系的,集中库存的总量远远低于各企业分散的总量。可以从整个社会角度出发,提高市场调节物资的能力,增强社会物流效益。采用集中库存还可以使仓储与配送环节建立和运用规模经济优势,使单位存货配送成本下降。

配送提高了物流服务水准,简化了手续,方便了用户,并相应提高了货物供应的保证程度。使用配送服务方式,用户简化订货手续,节约了有关时间。同时,由于配送中心物资品种多、储备量大,在一定时间内,可以巧妙利用企业供需时间差,提高供货保证程度,也可以相应减少各企业单位由于缺货而影响正常生产的风险。

完善了干线运输中的社会物流功能体系。配送活动与干线运输相比较有许多自身的特点，配送活动可以将灵活性、适应性、服务水准高等优势充分利用，从而使运行成本过高的问题得以解决。采用配送作业方式，可以在一定范围内，将干线、支线运输与仓储等环节统一起来，使干线输送过程及功能体系得以优化和完善。

三、配送合理化

1. 配送合理化的判断标志

对于配送合理化的判断，目前国内外尚无一定的技术经济指标体系和判断方法，按一般认识，应当包括以下标志。

(1) 库存标志

库存是判断配送合理与否的重要标志，具体指标有以下两方面。

① 库存总量。在一个配送系统中，库存总量从分散的各个用户转移给配送中心，配送中心库存数量加上各用户在实行配送后库存量之和应低于实行配送前各用户库存量之和。从各个用户角度判断，比较各个用户在实行配送前后的库存量，也是判断配送合理与否的标准，某个用户库存量上升而库存总量下降，也属于一种不合理。库存总量是一个动态的量，上述比较应当是在一定经营量的前提下进行的。在用户生产有所发展之后，库存总量的上升还反映了经营发展的变化，必须扣除这一因素，才能对总量是否下降做出正确判断。

② 库存周转。由于配送企业的调剂作用，低库存可以保持高的供应能力，库存周转一般总是快于原来各企业的库存周转。此外，从各个用户的角度进行判断，比较各个用户在实行配送前后的库存周转，也是判断配送合理与否的标志。为了取得共同的比较基准，以上库存标志都以库存储备资金计算，而不以实际物资数量计算。

(2) 资金标志

总的来讲，实行配送应有利于资金占用降低及资金运用的科学化。具体判断标志如下。

① 资金总量。随储备总量的下降及供应方式的改变，资源筹措所占用的流动资金总量必然会大幅降低。

② 资金周转。从资金运用来讲，由于整个节奏加快，资金充分发挥作用，同样数量的资金，过去需要较长时期才能满足一定的供应要求。配送之后，其在较短时期内就能达此目的。因此，资金周转是否加快，是衡量配送合理与否的标志。

③ 资金投向的改变。资金是分散投入还是集中投入，是资金调控能力强弱的重要反映。实行配送后，资金必然应当从分散投入改为集中投入，以便增加调控作用。

(3) 成本和效益

总效益、宏观效益、微观效益和资源筹措成本都是判断配送合理化的重要标志。对于不同的配送方式，可以有不同的判断侧重点。例如，配送企业、用户都是各自独立的以利润为中心的企业，不但要看配送的总效益，还要看对社会的宏观效益及两个企业的微观效益，不顾及其中一方，都必然导致不合理。又如，如果配送是由用户自己组织的，配送主要强调保证配送能力和服务性，那么效益主要从总效益、宏观效益和用户集团企业的微观效益来判断，不必过多顾及配送企业的微观效益。

由于总效益及宏观效益难以计量，在实际判断时，常以按国家政策进行经营、完成国家税收的配送企业及用户的微观效益来判断。对于配送企业而言(投入确定的情况下)，企业利润反映了配送的合理化程度。对于用户企业而言，在保证供应水平或提高供应水平(产出一定)的前提下，供应成本的降低反映了配送的合理化程度。成本及效益对合理化的衡量，还可以细化到储存、运输的具体配送环节中。这样的判断更为精确。

(4) 供应保证标志

实行配送，各用户的最大担心是害怕供应保证程度降低，这是个心态问题，也是承担风险的实际问题。配送的重要一点是必须提高至少不能降低对用户的供应保证能力，才算合理。供应保证能力可以从以下方面进行判断。

① 缺货次数。实行配送后，对各个用户来讲，该到货而未到货以致影响用户生产及经营的次数，必须下降才算合理。

② 配送企业集中库存量。对每一个企业来讲，其库存数量所形成的保证供应能力高于配送前单个企业的保证程度，从供应保证来看才算合理。

③ 即时配送的能力及速度。用户出现特殊情况时的特殊供应保障这一能力及速度必须高于未实行配送前用户紧急进货能力及速度，才算合理。特别需要强调一点，配送企业的供应保障能力是一个科学的合理的概念，而不是无限的概念。具体来讲，如果供应保障能力过高，超过了实际的需要，占用了过多的资金，就属于不合理。因此，追求供应保障能力的合理化是有限度的。

(5) 社会运力节约标志

末端运输是目前运能、运力使用不合理，浪费较大的领域，因而人们寄希望于配送来解决这个问题。这也成了配送合理化的重要标志。

运力使用的合理化是依靠送货运力的规划和整个配送系统的合理流程及与社会运输系统合理衔接实现的。送货运力的规划是任何配送中心都需要花力气解决的问题，而其他问题牵涉配送及物流系统的合理化，判断起来比较复杂。可以简化判断如下。

① 社会车辆总数减少，而承运量增加为合理；

② 社会车辆空驶减少为合理；

③ 一家一户自提自运减少，社会化运输增加为合理。

(6) 企业用户的人力和物力节约标志

配送的重要观念是以配送代劳用户。因此，实行配送后，各个企业用户库存量、仓库面积、仓库管理人员减少，才算合理；用于订货、接货、搞供应的人员应减少，才算合理。真正解除了企业用户的后顾之忧，就达到了高水平的配送的合理化。

(7) 物流合理化标志

配送必须有利于物流合理化，这可以从以下几方面进行判断：是否降低了物流费用；是否减少了物流损失；是否加快了物流速度；是否发挥了各种物流方式的最优效果；是否有效地衔接了干线运输和末端运输；是否不增加实际的物流中转次数；是否采用了先进的技术手段。

物流合理化的问题是配送要解决的大问题，也是衡量配送本身是否合理化的重要标志。

2. 配送合理化可采取的做法

国内外推行配送合理化，有一些可供借鉴的办法，具体如下。

(1) 推行具有一定综合程度的专业化配送

通过采用专业设备、设施及操作程序，取得较好的配送效果，并降低配送的复杂程度及难度，从而追求配送合理化。

(2) 推行加工配送

通过加工和配送结合，充分利用本来应有的中转环节，而不增加新的中转环节，寻求配送合理化。同时，配送加工目的更明确，和用户联系更紧密，避免了盲目性。两者的有机结合，可以在投入不增加太多的情况下追求两个优势、两个效益，这是配送合理化的重要经验。

(3) 推行共同配送

通过共同配送，可以以最近的路程、最低的配送成本完成配送，从而追求配送合理化。

(4) 实行送取结合

配送企业与用户建立稳定、密切的协作关系。配送企业不仅成了用户的供应代理人，而且承担用户储存据点，甚至成为产品代销人。在配送时，将用户所需的物资送到，再将该用户生产的产品用同一车运回，这种产品也成了配送中心的配送产品之一，或者作为代存代储产品，免去了生产企业库存包袱。这种送取结合，使运力充分利用，也使配送企业能够发挥更大的功能，从而追求配送合理化。

(5) 推行准时配送系统

准时配送是配送合理化的重要内容。配送做到了准时，用户才可以放心地实施低库存或零库存，才可以有效地安排接货的人力、物力，以追求更高效率的工作。另外，保证供应能力，也取决于准时供应。从国外的经验看，准时供应配送系统是现在许多配送企业追求配送合理化的重要手段。

(6) 推行即时配送

即时配送是解决企业用户担心断供之忧、大幅度提高供应保证能力的重要手段。即时配送是配送企业快速反应能力的具体化，是配送企业能力的体现。即时配送成本较高，但它是整个配送合理化的重要保证手段。此外，用户实行零库存，即时配送也是重要保证手段。

四、配送的类型

在不同的市场环境下，为了适应不同的生产和消费需要，配送表现出多种形式。这些配送形式各有优势，同时也有各自的适应条件。

1. 按配送服务的范围划分

(1) 城市物流配送

城市物流配送即向城市范围内的众多用户提供配送服务。其辐射距离较短，多使用载货汽车配送，机动性强、供应快、调度灵活，能实现少批量、多批次、多用户的"门到门"配送。

(2) 区域物流配送

区域物流配送是一种辐射能力较强、活动范围较大、可以跨省、市的物流配送活动。它具有以下特征：经营规模较大，设施齐全，活动能力强；货物批量较大，而批次较少；区域配送中心是配送网络或配送体系的支柱。

2. 按配送主体不同划分

(1) 配送中心配送

配送中心配送是指配送的组织者是专职从事配送业务的配送中心。配送中心配送的数量大、品种多、半径大、能力强，可以承担企业生产所需要的主要物资的配送及向商店进行补充性的配送等。它是配送的主体形式，但由于需要大规模的配套设施，投资较大，且一旦建成，则机动性较差，因此也有一定的局限性。

(2) 商店配送

商店配送是指配送的组织者是商铺或物资经营网店，主要承担零售业务，规模一般不大，但经营品种齐全，容易组织配送。尽管实力有限，但网点多，配送半径小，比较机动灵活，可承担生产企业生产非主要所需物资的配送，是配送中心配送的辅助及补充形式。

(3) 仓库配送

仓库配送是指一般以仓库为据点进行配送的形式，在仓库保持原有功能前提下，增加配送功能。仓库配送规模较小，专业化程度低，但可以利用仓库的原有资源而不需要大量投资，这是其独特的优势。

(4) 生产企业配送

生产企业配送是指配送的组织者是生产企业，尤其是进行多品种生产的企业，可以直接由企业进行配送，无须再将产品发运到配送中心进行中转配送。由于避免了一次物流的中转，因此具有一定的优势，但无法像配送中心那样依靠产品凑整运输来达到节约成本的目的。

3. 按配送时间及数量划分

(1) 定时配送

定时配送指按规定时间或规定的时间间隔进行配送。每次配送的品种及数量可按计划进行，也可在配送前由供需双方商定。定时配送有以下几种具体形式。

① 小时配，即接到配送订货要求1小时内将货物送达，适用于一般消费者突发的个性化配送需求，也经常用作应急的配送方式。

② 日配，即接到订货要求24小时内将货物送达。日配是定时配送中较为广泛采用的方式，可保障用户获得在实际需要的前半天收到货物，基本上无须保持库存。

③ 准时配送方式(just in time, JIT)，即按照双方协议时间，准时将货物配送到用户的一种方式。这种方式比日配方式更为精密，可实现零库存，适用于装配型、重复、大量生产的企业用户，往往是一对一的配送。

④ 快递方式。快递是一种在较短时间内实现货物的送达，但不明确送达具体时间的快速配送方式。一般而言，其覆盖地区较为广泛，服务承诺期限按不同地域会有所变化。快递配送面向整个社会的企业型和个人型用户，美国的联邦快递、我国邮政系统的EMS快递都是运作得非常成功的快递配送企业。

(2) 定量配送

定量配送即按事先协议规定的数量进行配送。这种方式货物数量固定，备货工作有较强的计划性，容易管理。

(3) 定时定量配送

定时定量配送即按规定的配送时间和配送数量进行配送，兼有定时、定量两种方式的优点，是一种精密的配送服务方式。

(4) 定时定路线配送

定时定路线配送即在规定的运行路线上，按配送车辆运行时间表进行配送，用户在指定时间到指定位置接货。

(5) 即时配送

即时配送即完全按用户突发的配送要求随即进行配送的应急方式，是对各种配送服务的补充和完善，虽灵活但配送成本很高。

4. 按配送品种和数量不同划分

(1) 单(少)品种大批量配送

配送的商品品种少、批量大，不需要与其他商品搭配，即可使车辆满载。

(2) 多品种少批量配送

按用户要求将所需的各种物资配备齐全，凑整装车后由配送据点送达用户。

(3) 配套成套配送

按生产企业的需要,将生产每台产品所需的全部零部件配齐,按生产节奏定时送到生产线装配产品。

5. 按配送企业业务关系划分

(1) 综合配送

综合配送是指配送商品种类较多,在一个配送网点中组织不同专业领域的产品向用户配送的配送方式。

(2) 专业配送

专业配送是指按产品性质、形状的不同适当划分专业领域的配送方式。其重要优势在于可以根据专业的共同要求来优化配送设施,优选配送机械及配送车辆,制定适用性强的工艺流程等,从而提高配送各环节的工作效率。

(3) 共同配送

共同配送是指在一定区域内为了提高物流效率,对许多企业一起进行配送。共同配送的主要追求目标,是使配送合理化。共同配送可以分为以货主为主体的共同配送和以物流企业为主体的共同配送两种类型。

(4) 协同配送

协同配送是为提高物流效率,由多个企业联合组织实施的配送活动。主要形式包括:由一个配送企业综合各用户要求,在配送时间、数量、次数、路线等方面安排上,做出全面规划;由配送车混载多货主货物的配送;在用户集中地区,由于交通拥挤,各用户单独接收有困难,因而设置多用户联合配送接收点或处置点;在同一城市或同一地区中有数个不同的配送企业,各配送企业可共同利用配送中心、机械装备或设施,对不同配送企业的用户共同实行配送。

6. 按加工程度划分

(1) 加工配送

加工配送是指在配送据点中设置流通加工环节,当社会上现成的产品不能满足用户需要,或用户提出特殊的工艺要求时,可以经过加工后进行分拣、配货再送货到户。流通加工与配送的结合,使流通加工更有针对性,可取得加工增值收益。

(2) 集疏配送

集疏配送是只改变产品数量组成形态而不改变产品本身的物理、化学形态,与干线运输相配合的一种配送方式。比如,大批量进货后小批量、多批次发货,零星集货后以一定批量送货等。

7. 按配送的方式划分

(1) 直送

直送指生产厂商或供应商根据订货要求,直接将商品运送给客户的配送方式。特点是需求量大,每次订货往往大于或接近一整车,且品种类型单一。

(2) 集取配送

集取配送即往复配送,指与用户建立稳定的协作关系,在将用户所需的生产物资送到的同时,将该用户生产的产品用同一车运回。这不仅充分利用了运力,也降低了生产企业的库存。

(3) 交叉配送

交叉配送是指在配送据点将来自各供应商的货物按客户订货的需求进行分拣装车,并按客户规定的数量与时间要求进行送货。其有利于减少库存、缩短周期、节约成本。

五、配送的基本环节

如图 9-1 所示,配送是由备货、储存、理货、配装和送货 5 个基本环节组成的,而每个环节又包括若干项具体的作业活动。备货是配送的准备工作和基础环节,其目的在于把用户的分散需求集合成规模需求,通过大规模的采购来降低进货成本,在满足用户要求的同时提高配送的效益;储存是进货的延续,是维系配送活动连续运行的资源保证;理货是区别于一般送货的重要标志,是配送活动中必不可少的重要内容;配装是送货的前奏,是根据运载工具的运能,合理配载的作业活动;送货则是配送活动的核心,也是配送的最终环节,要确保在恰当的时间,将恰当数量的恰当的货物,以恰当的成本送达给恰当的用户。

图 9-1 配装的基本环节

1. 备货

备货是配送的准备工作,或者说是基础工作。备货包括筹集货源、定购以及相关的质量检查、结算、交接等子功能。第三方共同配送的优势之一,就是可以集中用户的需求进行一定规模的备货。备货是决定配送成败的基础工作,备货成本对整个配送系统的运作成本有极大的影响,过高的备货成本必然导致配送效率的降低。

2. 储存

配送中的储存有储备和暂存两种形态。配送储备是为一定时期的客户的经营要求而存储的,其主要是消费者对客户的商品资源需求,这种类型的储备数量大,储备结构也比较完善,视货源及到货情况,可以有计划地确定周转储备及保险储备的结构及数量。为应对突发配送任务的储备,可以在区域配送中心外另立仓库。另一种储存形态是暂时存放,是具体执行短期配送计划时,按配送要求在理货场地所做的少量储存准备。由于总体储存效益取决于储存总量,因此,这部分暂存数量仅对配送效率产生影响,而不会影响储存的总效益,因而在数量上不必过于严格控制。还有一种形式的暂存,是在出库指令已经下达,而且经过分拣、配货之后,装车之前所形成的发送货载的暂存,其目的主要是调节配送与送货的时间节奏,暂存时间不长。

3. 分拣及配货

分拣及配货是配送有别于其他物流形式的独特的功能要素,也是配送成败的一项重要支持性工作。分拣及配货是完善送货、支持送货的准备性工作,是不同配送企业在送货时进行竞争和提高自身经济效益的重要环节。所以,提升分拣与配送效率也可以说是送货向高级形式发展的必然要求。有了分拣及配货,配送就会大大提高送货服务水平,尤其对于面对非单一客户且货物种类繁多的共同配送模式更是如此。所以,分拣及配货是决定整个配送系统水平的关键要素。

4. 配装

在单个用户配送数量不能达到车辆最优的载运负荷时,就存在如何集中不同用户的货物进行搭配装载以充分利用运能、运力的问题,这就需要配装。和一般送货的不同之处在于,通过配装送货可以大大提高送货水平,更重要的是对于为多个客户提供配送服务的配送企业来说,这极大地降低了送货成本。因此,配装不仅是配送系统中有现代特点的功能要素,也是共同配送区别于一般配送、单一送货的具有现代物流特点的功能要素。

5. 配送运输(送货)

配送运输属于运输中的末端运输，是与干线运输完全不同的概念。配送和一般运输的区别就在于：配送是较短距离、较小规模、频率较高的运输形式，一般选择汽车、电动快递车作为运输工具；配送与干线运输的另一个区别是配送运输的路线选择问题及时间窗口问题是一般干线运输所没有或无须重视的，干线运输的干线是唯一的运输线，而配送运输由于配送用户多，一般城市交通路线复杂，而且由于配送终端的资源配置问题所决定的时间窗口的单一性，就出现了如何组合最佳配送路线，如何使配装和路线与配送终端客户进行有效衔接等问题，这也是配送中难度最大的工作，对配送效率及配送成本会产生直接影响。

第二节　配送业务程序

一、配送的工作程序

配送的对象、品种、数量等较为复杂，为了有条不紊地组织配送活动，应当遵照一定的工作程序来开展配送活动。一般情况下，组织配送工作的基本程序和内容如下。

1. 拟订配送计划

拟订配送计划，供调度部门执行。若无计算机作为编制配送计划的主要手段，可按手工操作方式完成，配送计划的主要内容包括以下几方面。

(1) 拟订配送计划

参照订货合同副本，可以通过订货合同确定用户订货的品种、规格、数量、送货时间、送达地点、接货人、接送货方式等；参考仓储配送合同，仓储配送合同记录了用户在配送中心存储的货品情况及用户对配送服务的要求，包括配货的品种、规格和其他服务要求；重视电话预约合同，资信好的长期客户可以采用电话与计算机联合作业的固定程序，在计算机系统中录入用户配送的品种、规格、配送方式及其他要求；确定配送车辆、装卸设备、相关专用工具等情况；拟定好运输条件，包括与道路运输有关的要求、运达地点、作业环境、气候等内容；最后，列清各配送据点的货物品种、规格、数量及分布情况等。

(2) 确定并落实计划的主要内容

充分掌握上述必要信息之后，可将物流配送计划送至总调度部门进行审核落实。按日排定各用户所需物资的品种、规格、数量、送货时间、送达地点、接货人等；按用户需要的时间，确定配送作业准备的提前期；确定每天从各配送点发运的物资品种、规格、数量；按计划中的要求选择配送服务的具体组织方式；列出详细配送计划表以供审批、备案和执行。

2. 下达配送计划

配送计划确定之后，就要向各配送据点下达配送任务，依此调度运输车辆、装卸及安排各相关作业班组与人员，并将货物送达的时间、品种、规格、数量等要求通知用户，使用户按计划准备好接货工作。

3. 做好配货和进货组织工作

按配送计划做好配送工作，并及时做好补充进货的组织工作。

4. 配送发运

理货部门按计划将各种所需的货物进行分类,标明到达地点、用户名称、配送时间、货物明细等,并根据流向、距离将各类货物进行配载,并将发货明细表交给驾驶员或随车送货人员。

5. 费用结算

车辆将货物按指定的计划送到用户,由用户在回执上签字,完成配送工作后,财务部门即可结算。

二、配送线路的选择

配送线路合理与否,对配送效率、成本、效益影响很大,采用科学的方法确定配送线路是配送活动中非常重要的一项工作。确定配送方案涉及车辆、货物、线路等多种因素,因而要设计合理的配送方案,首先要确定试图达到的目标,根据特定目标下的约束条件,利用数学模型或结合定性分析来确定配送方案。

1. 配送方案目标的选择

配送方案目标的选择可从以下几个方面考虑。

(1) 配送效率最高或配送成本最低。

效益是企业追求的主要的综合性目标,可以简化为用利润来表示,或以利润最大化作为目标值;成本对企业效益有直接的影响,选择成本最低化作为目标值,与前者有直接的联系;在具体操作中,内容的简化也可以作为设计方案的一种目标选择。

(2) 配送里程最短

如果配送成本与配送里程相关性较强,而和其他因素相关性较弱时,配送里程最短的实质就是配送成本最低。此时,可考虑用配送里程最短作为目标值,这样可以大大简化线路选择方法。当配送成本不能通过里程来反映时,如道路收费、道路运行条件严重地影响成本,单以最短路程为目标就不适宜。

(3) 配送服务水准最优

当服务水准,如准时配送要求成为第一位时,可能需要牺牲成本来确保服务水准,则应该在成本不失控的情况下,以服务水准为首选目标。这种成本的增加可以从其他方面弥补回来,如优质服务可采用较高的价格策略。

(4) 配送消耗的资源最少

配送消耗的资源最少,即以物化劳动和劳动消耗最少为目标,在许多情况下,劳动力紧张、燃料紧张、车辆及设备紧张,限制了配送作业的选择范围,就可以考虑以配送所需的劳力、车辆或其他有关资源作为目标值。

虽然,配送方案目标实际上是多元的,但是,考虑到制订方案所选择的目标值应当是容易计算的。所以,要尽可能选择单一化的目标值,这样容易求解,实用性较强。

2. 配送方案的约束条件

配送目标的实现过程受很多约束条件的限制。因而,必须在满足约束条件的情况下取得成本最低、路线最短或消耗最少等目标。在一般的配送情况下,常见的约束条件主要有:

① 收货人对货物品种、规格和数量的要求。

② 收货人对货物送达时间或时间范围的要求。

③ 道路运行条件对配送的要求,如城区的部分道路不允许货车或中型以上货车通行。

④ 配送车辆容量的限制。
⑤ 其他的制约条件。

3. 配送方案的形成

配送方案的形成可采用多种方法分析求得。常用的方法有线性规划法、车辆运行计划法(节约里程法)等。下面主要介绍车辆运行计划法(节约里程法)。

车辆运行计划法(vehicles scheduling program，VSP)，又称节约里程法，适用于实际工作中需求得较优解或最优的近似解，而不一定需要求得最优解的情况。它的基本原理是三角形的一边之长必定小于另外两边之和。在图9-2中，当配送中心与用户呈三角形关系时，由配送中心P单独向两个用户A和B往返配货的车辆运行距离必然大于以配送中心P巡回向两用户发货的距离。那么，所计算的结果为

$$2L_{PA}+2L_{PB}-(L_{PA}+L_{PB}+L_{AB})=L_{PA}+L_{PB}-L_{AB}$$

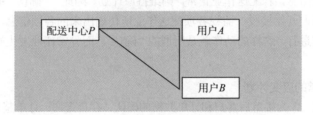

图9-2　配送方案

等式右边为巡回发货比往返发货的节约里程。可根据用户要求、道路条件等设计几种巡回配送方案，再计算节约里程，以其中节约里程最大者为优选的配送方案。可见，VSP方法可对所有发送地点计算其节约里程，按节约量的大小顺序，优选并确定配送路线。

第三节　配送的基本方式及应变计划

一、配送的基本方式

1. 定时配送方式

以规定的时间间隔进行物品配送，每次配送的品种和数量可按计划执行，也可通过事先商定的联络方式下达配送通知，按用户要求的品种、数量和时间进行配送。这种配送方式在配货作业时往往具有一定的难度。例如，定时配送就是其中的一种形式，它可以使所服务的生产企业实现"零库存"的设想，达到多品种、少数量、准时配送的效果。

2. 定量配送方式

定量配送是指按客户规定的数量在指定的时间范围内配送物品。这种配送方式每次配送的品种、数量基本固定，备货作业也较为简单，可以按托盘、集装箱等方式或按车辆的装载能力规定配送的数量。这种配送方式的工作方式比较接近于干线批量运输，因此也相对比较简单。

3. 定时定量配送方式

定时定量配送是指按客户规定的时间、品种数量进行配送作业，这种方式结合了定时配送和定量配送的特点，服务质量水平较高，同时也使配送组织工作难度提高。通常这种模式

的配送终端客户相对比较稳定，因此配送路线的设定也相对比较固定，但是这种配送方式的使用范围有限。

4. 集中共同配送方式

集中共同配送是由几个配送起始点共同协作制订配送计划，共同组织配送车辆，对某一区域用户进行配送。因为这种配送方式更多地呈现动态性和不稳定性，所以这种配送方式对配送计划、提前期以及配送路线规划都提出了更高的要求，也是难度最大的一种配送形式。

二、物流配送的应变计划

在物流配送过程中发生异常情况时，我们除了启动控制系统外，还必须有相应的应变措施，即应变计划。应变计划是控制系统下的产物，严格地说，它是监控计划执行后，确认行动计划发生异常时的各项应变措施，若配送作业正常，则维持原计划。因此，"确认"的动作就变得格外重要。监控计划制订后便开始接收、监视各项配送作业所传递出来的各项信息，决策者根据这些信息判断作业是否正常进行，这样的动作就是所谓的"确认"。而异常作业发生时的作业应变计划应包含下列几项。

1. 订单处理异常的应变计划

订单处理的主要工作为接单后客户和订单数据的确认、存货查询、订单整理与编号等，其作业异常状况包括客户订单的突然取消或变更。由于不正确的订单数据会造成后续配送作业计划的不正常，因此应尽快将正确的订单数据传送给下游部门，若下游已进行不正确的配送计划，就必须加以修正，并将修正后预估的作业进度回报给决策中心进行监控、确定，直至作业正常。例如，因订单信息传达错误所造成的拣货作业异常，企业确认异常后必须将正确的货物加入拣货作业中，并加派人员或机具进行拣货作业，期望能符合原定的拣货作业进度，并将落后的作业时间控制于最小的范围。也就是说，若拣货作业的进度势必将无法达成时，企业必须通过各种手段将落后的进度控制在尚能通过下游的作业改善来完成任务的程度。因此，愈是上游的配送作业计划发生异常，就有愈多的机会来进行改善，但也因此使得上游配送作业计划的监控格外重要。

此外，订单处理发生异常除了订单信息的不正确的情况外，还包含存货的不足。当发生此种状况时，决策者就必须考虑若要在可接受的时间范围内补足存货会造成多少额外的支出，考虑客户对于公司的贡献，有时企业虽然支出更多的作业成本，但却保住了公司的服务品质和形象。

2. 拣(分)货异常的应变计划

拣(分)货作业产生异常的原因大致可分为两点：一是拣(分)货作业时间落后，原因可能是由于机具或人员的疏失，而所谓的作业时间落后，指的是与监控计划比较下的结果；二是造成作业异常的原因为拣(分)货状态、数量的不正确，可能是接单部门传递了错误的信息或者机具或人员在执行任务时造成一定的疏忽。拣(分)货异常所需进行的应变措施也可依照不同的发生原因有不同的处理方式，若异常是由进度落后所造成的，企业应加派人员拣(分)货或调整拣(分)货的顺序，将配送时间限制较宽松的订单货物的拣货作业顺序延后，或额外安排新的拣(分)货作业任务，以插单处理的方式与原计划同步进行拣(分)货作业。若异常是由于货物状态、数量与原计划不同所造成的，企业就必须紧急查询配送中心的存货。若尚有存货，则应将数量不足或状态不正确的货物补足；倘若存货不足，就必须向其他单位或相关企业紧急调度，最后若仍无法解决，就必须尽早通知客户，并洽谈补救方法与赔偿事宜。若计划已无法补救，企业可考虑删除或延后异常的拣(分)计划。此时，下游的相关配送计划也应随之改变。总而言之，与客户良好的沟通与谈判技巧，也是决策者应考虑的应变计划之一。

3. 配送异常的应变计划

配送异常的原因通常较为复杂，主要是由于在进行货物实体配送时无法控制外在环境，如配送路线有事故发生、交通状况恶劣、气候或路面状况不佳等。配送车辆已离开配送中心，若存在无法掌握驾驶的行踪或驾驶员本身品性不良、工作时数过长等人为因素，也会造成配送异常。配送异常在此是指配送的货物无法在客户订单上注明的交货时窗、以约定的交货方式完成交货任务。另外，企业本身所提供的车辆不足以应付订单的要求时也会造成作业的异常，因此企业在制订配送计划时应尽量将各种因素纳入其中，除了考虑成本外，交通特性与驾驶员的品性、驾驶纪录也是应考虑的因素。

配送异常的应变计划大致可分为两项，一项是运输计划的变更，内容包括配送顺序、配送路径与配送车辆选择的改变。以变更配送顺序而言，若决策者获知配送目标将无法达成，但仍照原计划进行，将造成其他订单应交付的货物部分或全部延迟，因此应将所有的配送顺序重新制定，使受到延误的客户数量减至最小。值得注意的是，由于运输计划的执行必须由驾驶人员来进行，依靠的是驾驶人员的经验与对路况的熟悉，因此在改变相关应变措施时除需及早通知驾驶人员外，也应重新考虑适合的驾驶人员。另一项应变计划则属于事后补救，若配送车辆在进行配送时遇到不可抗力的因素，造成无法补救的延误，监控部门就应该及早与驾驶人员确认并通知客户，让客户提早获得延误的信息以及合理的赔偿。此外，若作业异常发生的原因为配送车辆的不足，就必须考虑向其他企业或是相关的货运公司调派、租赁车辆。

下面将控制理论应用于物流配送作业时的意义和内涵整理如下。

① 任务，即将货物交付给客户。

② 控制目标，即依照客户订单需求，将货物准时、正确地交付行动计划，包括订单处理计划、拣(分)货计划、配送计划。

③ 监控计划，即各项作业计划的监控。

④ 应变计划，包括订单处理异常的应变，如更新订单数据并及时通知相关作业部门；拣(分)货异常的应变，如加派人员、由机具进行作业、变更作业顺序以及发布延误通知与提出事后赔偿；配送异常的应变，如改变配送顺序、更改路径、变更车辆以及发布延误通知与提出事后赔偿。

第四节　配送中心的概念

一、配送中心的形成及发展

1. 配送中心的形成

产品的流通过程必须要经过原材料采购、生产及销售三个紧密相连的阶段。

在原材料采购阶段，生产企业面对的是一个广阔的市场，它会在众多的供应商中寻求合作伙伴，尤其是跨国公司，它的原材料供应商甚至会分布在世界各地，在此过程中会不断地经过装卸搬运、入库保管、分拣包装和运输送货等环节。

在产品销售阶段，生产企业需要将所生产的产品分销往分布于世界各地的批发商、零售商或最终客户，在此过程中发生的作业包括：产品在进入企业成品库的过程中所发生的搬运装卸、入库保管、流通加工、出库装车等作业；产品在送往分销商的过程中的运输作业；在分销过程中发生的再次储存保管、最终送往末端客户的运输或配送作业等。在实际的运作过程中，产品发生的相关物流作业次数会更多。

生产企业为了发挥其核心竞争力,同时也为了降低物流成本,必然会寻找进行流通业务的专门组织——配送中心来进行物流中的相关业务操作。因此,配送中心是社会生产发展和社会分工专业化及现代化的必然结果。

2. 配送中心的发展

配送中心的发展大体上经历了以下三个阶段。

(1) 形成阶段(第二次世界大战后到20世纪60年代末)

在第二次世界大战中,美军凭借高效、快捷的"军事后勤"物流作业,有效地支援了盟军的作战,同时促进了物流的形成。据当时美国"20世纪财团"的调查表明,"以商品零售价格为技术进行计算,流通费用所占的比例多达59%,其中大部分为物流费"。分散的流通结构和不断上升的物流费用严重阻碍了生产的发展和企业利润率的提高。因此,美国和日本企业把第二次世界大战中的"军事后勤"引入到企业管理中,不少公司(政府部门)投资组织设立了新的流通机构,将独立、分散的物流统一、集中,推出了新型的送货方式,成立了配送中心。此时的配送制是一种粗放型、单一性的活动,规模小,活动范围小,配送货物的种类少,主要作为促销的手段。据介绍,20世纪60年代美国的许多公司将原来的老式仓库改造成了配送中心,使老式仓库减少了90%以上,这不仅减少了流通费用,而且节约了劳动成本。

(2) 发展阶段(20世纪60年代末至20世纪80年代初)

20世纪60年代末至20世纪80年代初,随着工业全球化的发展,企业在世界范围内的贸易往来日益增多,企业间的供应链变得更长、更复杂、更昂贵。特别是世界第一次能源危机后,能源价格飞涨,使得物流成本急剧增加。这就迫使生产制造企业开始致力于寻求节省物流费用的方法,以提高自身产品的竞争力。因此,物流进一步成为人们关注的焦点,这也推进了物流中心合理化进程的发展。这一时期配送的货物种类日渐增多,不仅包括种类繁多的产成品,也包括不少的生产原材料,而且配送服务的范围在不断扩大。同时,不少公司还开展了城际间和市内的集中配送,优化了配送路线,大大提高了物流的服务水平。这一期间企业曾经试行过一段时间的"共同配送"模式,并且建立了相应的配送体系。

(3) 成熟阶段(20世纪80年代至今)

20世纪80年代后期至今,受经济、环境、社会、科技水平等因素的影响,配送中心开始有了巨大的发展,配送逐步演化成了以高新技术为支持的系列化、多功能的供货活动。这主要表现在以下几点。

① 配送区域进一步扩大。例如,荷兰的货物的配送区域范围已扩大到了当时的欧共体各国。

② 作业手段日益先进,普遍采用了自动分拣、光电识别等先进技术和手段,极大地提高了作业效率。

③ 配送集约化程度逐渐提高。例如,京东物流在北京、上海、广州、沈阳、武汉、成都、西安这7个中心城市建立了物流中心并设立中心仓;顺丰速运也在全国各大城市建立分拨中心,形成了规模经济优势。

④ 配送方式、配送手段日趋多样化。我国配送中心的发展,是随着我国市场经济的发展和加入世界贸易组织后面临的激烈竞争发生的,它在客观上要求人们用科学的方式和方法组织各种经营活动。在此过程中出现了配送中的直送化、机械化、自动化、信息化等趋势,或者是将上述各种配送方式进行最优化的组合,以求有效地解决配送过程中配送对象、配送手段的复杂化的问题,从而寻求配送活动的最大利益和最高效率。小批量速递配送、准时配送、分包配送、托盘配送、分销配送、柔性配送、往复式配送、巡回服务式配送、按日(时)配送、定时定路线配送、厂家到

家门的配送、产地直送等配送方式正随着现代物流的发展在实践中不断优化。

二、配送中心的概念

配送中心主要是为了实现物流中的配送作业而设立的一个专门从事配送作业中一系列操作的场所。目前，国内外学者对配送中心的界定不尽相同。配送活动是在物流发展的客观过程中产生并不断发展的，这一活动过程伴随着物流活动的深入和物流服务社会化程度的提高，在实践中不断演绎和完善其经济机构。配送中心具有集货、分货、送货等基本职能，配送中心是物流中心的一种主要形式，是在实践中产生并发展的。其功能基本涵盖了所有物流的功能要素。它是以组织配送进行销售或供应，实行实物配送为主要职能的流通型物流节点。在配送中心，为了能做好送货的编组准备，需要进行零星售货、批量进货等种种资源搜集工作和备货等工作，因此配送中心也有销售中心、分货中心的职能。为了更有效、更高水平地送货，配送中心还有较强的流通加工能力。此外，配送中心还必须执行备好货后送达客户的工作，这是与分货中心只管分货的重要区别。由此可见，配送中心的功能是比较全面的和完整的，或者说配送中心是销售中心、分货中心、加工中心功能的总和，兼有"配"与"送"的功能。

对"配送中心"的定义，国内外学者有着不同的解释，日本《物流手册》将配送中心定义为："从供应者手中接收多种大量的货物进行倒装、分类、保管、流通加工和情报处理等作业，然后按照众多需求者的要求备齐货物，以令人满意的服务水平进行配送的设施。"

而我国的国家标准 GB/T 18354—2006《物流术语》对配送中心的定义是："从事配送业务具有完善的信息网络的场所或组织，应基本符合下列要求：主要为特定用户或末端客户提供服务；配送功能健全；辐射范围小；提供高频率、小批量、多批次配送服务。"

三、配送中心定位

配送中心的经营定位一般应包括如下几个方面的内容。

1. 配送中心的功能定位

一般来说，配送中心的功能定位是根据其开展的配送服务的内容和相应配送环节为基础来进行的。由配送中心的基本作业流程和环节可知，配送中心一般有采购、储存、加工、分拣、配货、配送运输等诸多功能。但是，不同类型的配送中心，其主要功能的定位不同，不同功能的配送中心在建设规划时，从设施选用到平面布局，再到组织管理方面都有不同。

例如，仓储型配送中心的功能主要是货物的储存，其主要服务目的是尽可能地降低服务对象的库存，因此，仓储型配送中心必须有较强的库存调节能力，在进行建设规划时应规划较大规模的储存空间及相应的设施。流通型配送中心则以快速转运为核心，大批量进货，快速分装或组配，并及时地配送到客户要求的地点。因此，在进行规划建设时，应该以配备快速分货、备货的设施为主；专业型配送中心主要针对特殊商品的特性，满足特殊商品在进行流通加工及配送中的特殊要求，配备对特定商品的处理设施，开发适应特殊商品作业的物流技术；而综合性的配送中心必须配备适应多种商品处理的通用性设施与设备，或者较全面的专门化设施与设备。对于城市配送中心，商品的配送一般需要"门到门"配送，因此需要有反应迅速、配送灵活的配送设施与设备；大多数城市都有已经成形的城市道路网，因此需要配送中心根据以上要求合理地规划配送运输网络，并加强运输车辆和运输组织方面的管理，以适应这种快捷运输的要求。对于区域性配送中心，其辐射范围广，配送规模大，会开展全国、甚至是跨国的配送业务，这类配送中心通常以销售功能为主，通过配送功能促进商品销售，因此，其设施和建设通常要考虑具备多种物流功能，特别是要具备高效的信息传输网络，既适应商流的需求，也适应物流的需求。

2. 配送中心经营商品的定位

配送中心经营商品的定位主要是根据市场需求与其服务对象来确定的。对于一般的商业连锁体系来说，通常配备经营一般消费品的配送中心，负责连锁体系内大部分商品的配送，并以统一采购、统一库存、统一配送来形成规模效应，以获得规模效益；一些传统批发机构改组而形成的专业化配送中心，通常是以其经营的商品为主，开展配送业务，其品种较为单一、批量较大，因此，现在一般的配送中心所能处理商品的种类是有一定限制的。如现在专门的服装配送中心、电器配送中心、食品配送中心、干货配送中心、生鲜配送中心、图书配送中心等，有时甚至是专门处理某一种更小类别商品的配送中心。由于不同的商品配送所需的配送作业场地、设施设备不同，作业流程也有很大区别。因此，试图建立一个能够适应所有商品流通配送需求的配送中心是不切实际的。另外，一个配送中心没有必要也不可能配备能够处理所有商品的物流设施与设备。因此，配送中心需要确定自己所处理的商品，以对以后的配送中心的设计、商品配送流程的规划有一定的针对性。因此，配送中心配送商品的类型通常是在配送中心规划时与配送中心的功能结合在一起考虑的。

3. 配送区域的定位

配送区域是指配送中心辐射范围的大小，以某一点为核心建立配送中心，配送区域为配送中心的车辆等运输工具在经济合理的范围内所能配送的区域范围。配送中心的辐射范围和区域的大小不仅关系到配送中心的投资规模，也影响到配送中心的运作方式。配送区域越大，配送中心的规模就越大，运送距离越长，对其运输设备的要求就越高，相应的运作方式和管理组织程序也会有所不同。

通常对于连锁商业体系来说，配送中心的辐射区域和配送能力取决于其零售店铺的分布范围和数量多少。连锁商业体系组建配送中心的方法，可以按照适当的比例，根据商圈范围内的顾客分布、分店数量与配送中心的适当比例，来确定配送中心的位置、规模与数量。对于生产企业的自营供应配送，配送中心数量往往有限，一般配送区域也主要在生产厂区，生产企业的销售配送首先要根据客户分布的远近、销售量的大小及其运行的成本来综合考虑是自营还是外包，如果是自营性配送中心，还要考虑配送服务区域的大小，来决策配送中心的级别与规模。

无论是何种形式的配送中心，其位置的确定都是以其服务对象所形成的区域为基本前提，在一定商圈范围内选址的。建设规模越大，经营能力越强，其辐射范围越广，服务的商圈就越大。反之，服务商圈越大，配送中心在投资建设和经营组织方面，就必须考虑具有足够的配送能力，以满足市场需求。

四、配送中心的类型

1. 按配送中心的配送对象分类

(1) 生产资料配送中心

这种配送中心主要负责向生产企业配送能源、原材料、零部件等物品，是专门为生产企业组织供应的配送中心。这种类型的配送中心多设在交通比较便利的地区，如重要的交通枢纽、铁路的沿线或沿海地区，或者距离原材料产地或者是距离需求企业较近的地区，如我国的煤炭配送就属于上述类型。

(2) 生活资料配送中心

这种配送中心所采用的配送模式属于配销模式，其配送功能是作为促进产品销售的主要手段而存在的。例如，生产企业为本身产品的直接销售而建立的配送中心，商品批发企业为促进商品的分销而建立的配送中心，其目的都是扩大市场的销售能力。

(3) 特殊商品销售中心

这种配送中心主要功能是配送特种商品，如易燃、易爆、有毒、生鲜易腐、贵重物品等。这种配送中心在设施与设备的设计上，为了保护特种商品，通常采用较特殊的设计，因此其初期建设费用较高。在商品的储存及进出库作业上，也要采用特殊商品所要求的作业方法。因此，其配送成本较高。另外，对于配送剧毒、易燃、易爆等商品的配送中心，选址时应该将其选在远离人群的地区。

2. 按配送中心的经济功能分类

(1) 供应型配送中心

供应型配送中心是以向客户供应商品，提供后勤保障为主要特点的配送中心。这种配送中心大多是为大型生产企业或者大型连锁制零售企业供应原材料、零配件和其他商品，并与这些生产企业或者零售企业建立紧密稳定的合作关系。由于供应型的配送中心需要向多用户供应商品，为了保证生产和经营的正常运行，这类配送中心一般都建有大型现代化仓库并储备一定数量的商品，占地面积一般也较大。

(2) 销售型配送中心

这种配送中心主要以销售商品为目的，借助配送这一手段来开展经营活动。这类配送中心多是商品生产者或销售者为促进商品销售、降低物流成本、以高效甚至是免费的物流配送服务吸引客户，由此而采用的各种物流技术，装备各种物流设施，运用现代配送理念来组织配送活动而形成的配送中心。这种配送中心是典型的配销经营模式，在国外以销售配送中心为主要的发展方向。在具体实践中，销售型配送中心具体分为三类：生产企业为了直接销售自己的产品以及扩大自己的市场份额而设立的销售型配送中心；专门从事商品销售活动的流通企业为了扩大销售而自己或合作建立起来的销售型配送中心；流通企业和生产企业联合建立的销售型配送中心。

(3) 储存型配送中心

储存型配送中心是充分强化商品的储备和储存功能，在充分发挥储存作用的基础上开展配送活动的配送中心。在买方市场下，生产企业的配送中心通常需要有较强的储存功能，以支持企业的产成品销售的供应；在卖方市场环境下，企业的原材料和零部件供应需要有较大的库存支持，这种配送中心也可称为是储存型的配送中心。配送服务范围较大的区域型配送中心，为了保证库存物资的及时供应，也需要具备较强的存储功能，这也可称为储存型配送中心。这种配送中心通常需要有较大规模的仓库和储存场地，在资源紧缺条件下，能形成储备丰富的资源优势。例如，美国赫马克配送中心的储存区具有16.3万个储存货位，瑞士Giba-Gelgy公司的配送中心拥有世界上规模居于前列的储存仓库，可储存4万个托盘，可见其储存能力之大。

(4) 流通型配送中心

流通型配送中心包括通过型或转运型配送中心，这种配送中心基本上没有长期储存的功能，仅以暂存或随进随出的方式进行配货、送货，通常用来向客户提供库存补充。其典型方式为：大量货物整批进入，按一定批量零出；一般采用大型分货机，其进货直接进入分货机传送带，分送到各用户货位或直接分送到配送车辆上，货物在配送中心里仅作短暂停滞。因此，流通型配送中心应充分考虑市场因素，在地理上定位于接近主要客户的地点，可获得从制造点到物流中心货物集中运输的最大距离，而向客户的第二程零货运输则相对较短，从而方便以低成本的方法迅速补充库存，其规模大小取决于被要求的送货速度、平均订货量以及单位用地成本。例如，日本阪神配送中心只有暂存库，大量储存则依靠一个大型补给仓库。

(5) 加工型配送中心

加工型配送中心是以配送加工为主要业务的配送中心，其主要功能是对商品进行清洗、下料、分解、集装等加工活动，以流通加工为核心展开配送活动。因此，在其配送作业流程中，储存作业和加工作业居主导地位。由于流通加工多为单品种、大批量的加工作业，并切实按照用户的要求加工，因此对于加工型配送中心，虽然进货量比较大，但是分类、分拣工作量并不太大。此外，因为加工的产品品种较少，一般都不单独设立拣选、配货等环节。通常，加工好的产品(特别是生产资料产品)可直接运到按用户户头划定的货位区内，并且要进行包装、配货。在我国生产和生活资料配送活动中有许多加工型配送中心，如深圳市菜篮子配送中心，就是以加工肉类为核心开展配送业务的加工型配送中心。另外，如水泥等建筑材料以及煤炭等商品的加工配送也属于加工型配送中心。

3. 按配送中心的辐射范围分类

(1) 城市配送中心

城市配送中心是只向城市范围内众多用户提供配送服务的物流组织。城市范围内货物的配送距离较短，运输距离一般都处在汽车的经济里程内，因此配送中心在送货时，一般用汽车送货。这样可以充分发挥汽车机动性强、供应快、门到门运输等特点。这种配送中心往往和零售经营相结合，由于运送距离短、反应能力强，因而从事多品种、少批量、多用户的配送较有优势。城市配送中心还可以开展门到门的送货业务。其服务对象多为城市范围内的零售商、连锁店或生产企业，所以一般其辐射能力不是很强，在实践中多与区域性配送中心相连。目前，我国一些城市所建立或正在建立的配送中心绝大多数属于城市配送中心。

(2) 区域配送中心

这是一种辐射能力强、活动范围大，可以跨省市、全国乃至在国际范围内对用户进行配送的配送中心，其经营规模较大、配送批量也较大，其服务对象往往是下一级的城市配送中心、零售商或生产企业用户。虽然其也进行零星的配送，但这不是主体形式。这种配送中心的形式在国外已经非常普遍，一般表现为大型连锁集团建设区域配送中心，负责某一区域范围内部分商品的集中采购，再配送给下一级配送中心。例如，美国沃尔玛的配送中心建筑面积12万平方米，投资7 000万美元，每天可为分布在6个州的100多家连锁店配货，经营的商品种类有4万多种。

第五节　物流配送中心的发展

一、我国物流配送中心现状

近年来，我国物流行业发展迅速，根据中国物流与采购联合会发布的《2020年物流运行情况分析》，2020年我国社会物流总额达300.1万亿元，物流业总收入达10.5万亿元。物流行业的迅猛发展，离不开物流配送中心的支持。

2017年，商务部联合各部门联合印发《城乡高效配送专项行动计划(2017—2020年)》(以下简称《计划》)。《计划》指出，要"优化城市配送网络，加快构建以综合物流中心(物流园区)、公共配送(分拨)中心、末端配送网点为支撑的城市配送网络；完善农村配送网络，健全以县域物流配送中心、乡(镇)配送节点、村级公共服务点为支撑的农村配送网络，鼓励有条件的地区构建公共配送中心和末端网点直通快捷的农村配送网络"。2019年，国家发改委进一步印发《发展改革委等关于推动物流高质量发展促进形成强大国内市场的意见》(以下简称《意见》)，明确要"推动物流高质量发展是推进物流业发展方式转变、结构优化和动力转换，实现物流业自身转型升级的必由之路；是降低实体经济特别是制造企业物流成本水平，增强实体经济活力的必然选择"。《意见》要求，要围绕"一带一路"建设、京津冀协同发展、长江经济带发展、粤港澳大湾区建设、长三角一体化发展等重大战略实施，在国家物流骨干网络的关键节点，选择部分基础条件成熟的承载城市，启动第一批 15 个左右国家物流枢纽布局建设。建设物流配送中心是物流业供给侧改革，降本增效的关键举措。2021 年 5 月，商务部副部长王炳南在国务院政策例行吹风会中指出，要将物流配送中心普及到基层县域，力争到 2025 年，在具备条件的地区，基本实现县县有物流配送中心，改善民生、促进农民收入和农村消费双提升。

改革开放以来，我国的商业和零售业迅猛发展，特别是随着电子商务的崛起，物流配送业得到飞速成长。在过去的 10 多年里，电子商务以燎原之势在中国发展得如火如荼。除淘宝、京东等传统电商巨头，美团、苏宁易购、小红书等在线服务商也在"跑马圈地"。在一批电商巨头的推动下，为了更好地服务客户，物流配送中心也获得了前所未有的发展。

目前，我国各行业的配送中心已经遍布全国大中小城市，一些品类的配送中心甚至已深入基层。

二、现阶段我国商业物流配送中心发展的主要问题

近几年来，我国的零售业连锁经营在部分城市发展较快，多数连锁企业在设零售店的同时也建立了自己的配送中心。国内一些大型零售企业也已经开始建立自己的配送中心，虽然目前已取得了良好的经济效益，如形成规模效益，有效控制商品质量，发挥专业分工优势，及时进货配送，减少库存商品量，降低了商品流通费用等，但与国外发达国家物流配送相比，还存在着很大的差距，这是我们应该注意的。其主要问题如下所示。

1. 配送规模不够大

目前，我国连锁企业的规模一般较小，且没有形成自己的配送中心。对于一般只拥有几家或十余家小型门店的中、小型商业零售企业来说，各门店的商品总体采购量并不大，因此即使不同的门店统一采购，供应商给予的"价格折扣"也不会太大。此时，建立一个配送中心来发展连锁经营，其投入的资金与享受的连锁成本优势并不会成正比。正是基于这一原因，目前国内的大多数中、小型零售企业并没有建立自己的配送中心，也就不能形成规模采购，不能形成规模经营，从而降低成本，在价格上的优势也就体现不出来，这样就严重影响了配送中心优势的发挥。

2. 配送设施落后，物流信息技术有待提高

随着信息技术的快速发展，国际、国内各种商业物流配送中心利用信息技术提升管理水平的企业已经越来越多。国外连锁商业配送中心普遍采用了机械化和自动化作业，而我国许多连锁企业物流缺乏规范，各种编码缺乏标准，配送中心内部基本上是手工辅以叉车和托盘作业，装卸单元化程度低，托盘的利用也仅限于企业内部，作业无电子扫描装置，配送中心内部的数据采集、配送中心与外部的接口系统(如 EOS、EOI、EFT 等)在大多数企业还没有建立起来。配送中心对半程序化问题的决策更是没有建立，使连锁企业 MIS 系统不完整，反过来又使配送功能低下。

3. 管理思想落后，需要创新

配送中心是社会化大生产专业分工的产物，专业化很强。管理配送中心更要用科学系统的管理思想来指导才能使它真正发挥出效用。目前，我国大多数配送中心仍沿袭传统的部门之间各行

其是的管理方法。配送中心的购、运、存、配各系统相互独立，各自追求自身效率的提高，最终造成相互之间利益冲突。这样一来，不但难以发挥配送中心的应有的配送服务功能，而且直接影响到企业的销售活动的正常进行，进而制约连锁企业的健康发展。连锁商业设立配送中心的目的就是要通过提高服务水平、降低整个连锁企业的物流总成本，实现销售利润的最大化，这不是传统的仓储和运输所能实现的。其中有很多技巧，比如实施共同配送和准时制配送，从供应链的角度组织物流配送等。

4. 缺乏优秀管理人才

我国配送中心长期以来从事收、发货及装卸等简单劳动，从业人员素质低，没有为零售业服务的现代理念。从国外物流和配送的发展经验来看，企业要求物流和配送方面的从业人员应当具有一定物流知识水平和实践经验。相比较而言，我国在物流和配送方面的人才培养和教育还相对落后，尽管开设物流专业的高校或高职、高专院校超过900所，招生数量比其他所有国家的物流专业在校生的总和还要多。但严格来说，我国95%以上的大学不具备开设物流专业的条件，大多学校设立物流专业是扩招后的盲目跟风行为，并不能真正培养出足够优秀的物流与配送行业的专业化人才。

5. 相关制度不配套

物流与配送发展所需的环境，包括企业开展正常经营活动的制度环境或市场环境，主要是指融资制度、产权转让制度、人才使用制度、市场准入或退出制度、社会保障制度等。这些制度方面的改革，目前还远远不能适应企业经营的需要，也不能适应市场经济体制改革的要求。企业在改善自身物流效率时，必然要涉及各种物流资源在企业内部和企业与市场之间重新配置。而由于上述制度改革尚未到位，企业根据经济合理原则对物流资源的再配置就会受到阻碍。例如，当企业特别是国有企业在选择外部物流服务时，由于企业处置原有的仓储、运输等设施和人员时遇到障碍，必然会影响企业物流效率的改善。因此，进一步深化制度改革，是当前中国经济改革与发展面临的紧迫任务，也是物流和配送发展的必要条件。

三、我国商业物流配送中心发展的基本对策

1. 兴建共同配送中心，大力推动共同配送的发展

目前，我国商业物流配送中心的发展多集中在百货公司、超级市场、大型卖场、折扣店等领域。每个商业连锁企业由于各自的主营状况差异较大，因此他们建设配送中心的思路也不完全相同。一般而言，百货公司由于自营商品比重较低，采用第三方物流的可能性较大；企业以经销或供销商品为主，因此它们选择自建配送中心的可能性较大。当然，每种情况的物流配送模式都会有一定的差异，但不管是何种零售业态，随着企业门店的不断增加，仓储必须考虑是建立自己的物流配送中心、利用第三方物流，还是与其他零售企业共建配送中心。在规划配送中心配送模式时，由于企业的连锁门店数量较少，如果自建配送中心，则投资成本太大；如果利用第三方物流，从企业长期发展来看这也并非一种特别有效的战略，而且会分流企业的利润。从这两个层面进行分析，共建配送中心便是一种既经济又能实现利润共享的思路。共同配送中心不仅能有效解决企业资金不足的问题，同时能通过不同零售企业之间的联合，增强企业联盟的集团竞争力，对于中、小型投资主体而言，这是非常有利的一种物流配送模式。

2. 鼓励大型商业企业进行资产重组，推动自建配送中心的发展

像沃尔玛、家乐福这样的国际零售企业，之所以能提供"质优价廉"的商品来不断地挤占国

内零售企业的市场份额,其中最关键的因素就是这些企业具有超大规模的采购能力,能够使优质的商品供应商愿意与它们进行合作,并提供最大的价格折扣。这样,这些国际零售企业配送中心的作用就能得到充分有效的发挥,资源能够充分利用。从长远来看,国有大型零售企业可以在政府的引导下,实行强强联合,进行资产重组,提高企业集团的业务规模,进而推动配送中心的建设和发展。配送中心的发展在一定程度上受到企业规模的制约,当企业的规模不断做大时,配送中心的建设就必然随之得到发展。

3. 加快现代物流基础设施建设,提高整体物流配送能力

我国的物流基础设施得到快速发展,如政府对铁路、公路建设投资力度的加强,各地物流园区建设数量和规模的增加,重型卡车产销量的上升,现代化物流营运设备的使用,等等。这些都标志着我国的物流配送行业进入了快速发展期,但相对于我国商业物流配送中心的发展要求来说,这些基础设施建设还显得相对滞后。其主要表现为区域物流基础设施建设的不平衡,如我国进行西部大开发,这对于国内以及外资商业零售企业来说是一个发展契机,而西部地区目前的物流基础设施显然不能满足连锁企业在当地的物流配送,因此从完善物流基础设施、提高物流配送能力的角度出发,当前需要进一步加快发展西部地区以及其他物流业发展相对缓慢地区的高速公路建设、高速铁路建设;提高城市内部交通的通畅性,减少交通"堵塞"现象;同时,加快开发和引进高科技的物流设备,如集装箱、散装专用船、各种装卸器具、移动运输器具等装备的进口或生产,提高商业企业本身物流一体化管理水平,进而从外部发展环境和内部运营硬件方面为我国商业物流配送中心的发展创造条件。

4. 更新传统观念,为我国商业物流配送中心发展提供人才保障

发展知识经济,人才是关键。对于处于知识经济浪潮日盛的中国商业物流业,人才的培养同样是关键。在推动我国商业物流配送中心的发展方面,由于受传统观念的影响,人们对于商业物流不够重视,因此,多年来我国物流,尤其是商业物流的理论研究、实践和探索都发展较慢。为改变这种现状,我们首先要树立新的思想观念,同时通过具体的行动来引起社会各界对商业物流的重视。例如,科研院所要加强对物流专业的资源投入;鼓励社会化物流管理培训工作的开展和推进,学习国际先进的物流管理经验和管理方法;组织国内中、大型物流配送企业、连锁企业的有关人员进行集中培训和实地考察等,通过高素质物流人才的培养,加快对我国整体商业物流深入研究和实践经验的探索,从而为我国商业物流配送中心的发展奠定基础。

5. 在商业物流领域加大外资引进力度,提升商业物流配送的国际化水平

改革开放以来,大量外资进入我国各个产业领域,对我国经济建设与发展起到了不可忽视的作用。但相对而言,商业领域,尤其是物流领域的对外开放与招商则略显落后。对于目前的情况来说,可以在商业物流配送方面加快国内与外商的合资合作,借鉴国际制造商业企业或物流配送企业的物流技术和管理经验,提升我国商业物流行业的技术和管理水平。为了加快物流业国际化的发展步伐,国家除了在财政、税收等方面为商业物流的合资合作企业制定一些鼓励性优惠政策之外,还应尽快将"物流业"作为一项重点发展的产业。2019年8月15日,国家发展改革委印发《西部陆海新通道总体规划》,明确到2025年将基本建成西部陆海新通道。2020年5月17日,《中共中央、国务院关于新时代推进西部大开发形成新格局的指导意见》印发,要求加强综合客运枢纽、货运枢纽(物流园区)建设,完善国家物流枢纽布局,提高物流运行效率,加强航空口岸和枢纽建设,扩大枢纽机场航权,积极发展通用航空。因此,国家应予以重点扶持和推进,以适应国家"西部大开发"战略的需要,在西部地区以物流配送为载体之一,通过各种优惠政策吸引外

商的投资和发展。

6. 在大力发展第三方物流的同时，积极推动第四方物流的发展

随着电子商务以及信息技术的迅速发展，一种基于提供综合供应链解决方案的第四方物流正悄然出现。第四方物流不仅有效地适应物品流动过程中各成员的多样性和复杂化的需求，同时为所有客户提供相对完善的解决问题的途径。因此从这一点来看，第四方物流的发展对于推动商业物流配送的社会化、现代化将提供十分有力的支持。第四方物流可以通过影响整个供应链的能力，提供全面的供应链解决方案，为商业连锁企业提供基于供应链管理的新型社会物流配送中心的发展思路。随着未来中国商业企业的快速成长，除了自建配送中心的发展路径以外，第四方物流的发展必将给整个商业物流配送中心的发展带来新的市场机会。

四、配送中心的地位和作用

配送中心是连接生产与生产、生产与消费的流通场所或组织，在现代物流活动中的地位和作用是十分明显的，从社会角度看，其地位和作用可以总结为以下几方面。

1. 使供货适应市场需求变化

配送中心不以储存为目的，但是配送中心保持一定的库存，起到了一定的调节市场需求的作用。各种商品的市场需求在时间、季节、需求量上都存在大量的随机性，而现代生产、加工无法完全在工厂、车间来满足和适应这种情况，必须依靠配送中心来调节生产与消费之间的矛盾，适应其中的变化。例如，在节假日时商品的销售及需求量会比平时有成倍的增加，配送中心的库存对确保销售起到了有力的调节作用。

2. 实现储存的经济和高效

从原材料供应企业到生产企业，或者从生产企业到销售市场之间存在着复杂的储运环节，要依靠多种交通、运输、库存手段才能满足需求。由于传统的以产品或部门为单位的储运体系明显存在不经济和低效率的问题，而区域和城市配送中通过批量进发货物，组织成组、成批、成列直达运输和集中储运，可以提高商品流通的社会化水平，获得规模经济所带来的规模效益。例如，大型连锁制超市通过电子订货系统汇总下属各个门店的订单，统一向供应商订货，再统一配送到配送中心，然后集中配送到各门店，这样可以实现从订货到配送的全过程的规模效应。

3. 实现物流的系统化和专业化

由于物流系统在企业的生产和销售经营中发挥的作用越来越大，当今世界上的企业要想取得低成本、高效益、较高的顾客满意度，就必须具有一个高效率的物流系统。而配送中心在物流系统中占有重要的地位，它能够提供专业化的储存、包装、加工、配送、信息等系统服务。由于现代物流活动中物质的物理性质、化学性质的复杂多样化，交通运输的多方式、长距离、长时间、多起点、多终点以及地理气候的多样性，对货物的保管、包装、加工和配送都提出了更高的要求。因此，只有建立配送中心，才可能提供更加专业化、系统化的服务。

4. 促进地区经济的快速增长

配送连接了国民经济的各个部门和各项经济功能，使整个国民经济能够顺利快速的发展。所以配送中心连接了国民经济各地区，沟通生产和消费、供给与需求，保障了经济的发展和经济的快速增长，同时也是吸引投资的外部条件之一。因此，配送中心的建设可以带动经济的健康快速发展。

5. 完善连锁经营体系

配送中心对于连锁制经营的作用巨大。连锁制企业可以通过配送及配送中心实现配送作业的经济规模，降低流通费用，降低分店的库存，加快商品周转，促进业务的发展和扩散。有了配送中心，零售商可以省去亲自去批发商处采购物资的麻烦，而将这些业务完全委托于配送中心，自己可以专心致力于店铺的销售和利润的增长等核心业务，不断开发外部市场，拓展新的业务领域。例如，配送中心的流通加工作业可减轻门店的工作量；拆零作业有利于商场增加销售产品的品种数，给顾客以足够挑选产品的选择余地。此外，还应加强连锁店与供货商的联系。

五、配送中心的功能

配送是一种特殊的综合的物流活动形式，是商流与物流紧密结合，包含了商流活动的物流活动，也包含了物流中的若干功能要素，因此配送中心是一种多功能、集约化的物流节点。作为现代物流方式和优化销售体制手段的配送中心，它把接货验收、储存保管、装卸搬运、拣选、分拣、流通加工、配送、结算和信息处理，甚至订货等作业，有机地结合起来，形成多功能、全方位、集约化的供货枢纽。作为一个多功能、集约化的配送中心，通常应具备以下功能。

1. 备货功能

备货式配送中心根据客户的需要，为了保证配送业务的顺利进行而从事组织货源的活动。它是配送的准备工作或基础性工作。备货工作包括订货、集货进货、合理配货及有关的质量检查、结算、交接等活动。配送的优势之一就是可以集中多个用户的需求进行大规模的订货等备货作业，以取得规模经济效应。备货是决定配送成败的初期工作，如果备货成本太高，就会大大降低配送的效益。

2. 储存功能

配送中心的主要职能是按照用户的要求及时将各种配装好的货物在规定的时间送到指定的地点，以满足生产和消费的需求。因此，为了顺利有序地完成向用户配送商品的任务，更好地发挥保障生产和消费的作用，配送中心通常建有现代化的仓储设施，如仓库、堆场等，以储存一定数量的商品，形成对配送的资源保证。同时，配送中心还可以按照网点反馈的信息，及时组织货源，始终保持最经济的库存量，从而既保证生产和消费的需求，将缺货率降到最低点，又减少流动资金的占用和利息的支付。

3. 组配功能

由于每个用户(企业)对商品的品种、规格、型号、数量、质量、送达时间和地点等有不同的要求，配送中心必须按用户的要求对商品进行分拣和组配。配送中心的这一功能是其与传统仓储企业的明显区别之一。可以说没有组配功能，就没有所谓的"配送中心"。

4. 分拣功能

分拣是一个在获得订货要求或配送中心的送货计划之后，迅速、准确地将商品从起储位或其他区域拣取出来，并按照一定的方式进行分类、集中，等待配装送货的作业过程。作为物流节点的配送中心，其为数众多的客户彼此之间存在着很大的差别，不仅各自的性质不同，其经营规模也大相径庭。在订货或进货时，不同的用户对货物的种类、规格、数量有不同的要求，为了满足不同客户的不同要求，配送中心必须组织对货物进行分拣。因此，分拣作业是配送作业的各环节中非常重要的一环，是完善送货、支持送货的准备性工作。

5. 集散功能

配送中心是重要的物流节点，它可以凭借其特殊的地位和拥有的各种先进的设备、完善的物流管理系统,将分散在各个企业的产品集中起来,在通过分拣、配货、配装等环节向多家用户进行配送。同时,配送中心也可以把各个用户所需要的多种货物有效地组合或配装在一起,形成经济、合理的批量,来实现高效率、低成本的商品流通。另外,配送中心在选址时也应该考虑其集散功能,将地址选在商品流通发达、交通便利的中心城市或地区,以便发挥其集散功能。

6. 衔接功能

通过开展货物配送活动,配送中心能够把各种生产资料和生活资料直接送到用户手中,从而起到了衔接生产和消费的作用。另外,配送中心通过储存、配送货物起到调节市场需求、平衡供求关系的作用。配送中心不断地通过进货、送货、快速周转,有效地解决了产销不平衡的问题,缓解了供需矛盾。配送中心通过发挥储存和配送货物的功能,实现了供需、产销双方的衔接。

7. 流通加工功能

配送中心应该注意提高其配送加工能力,保证有能力按照客户的要求进行配送加工,这可以大大提高顾客的满意度。配送中的流通加工除了满足客户要求外,有时还要便于配送,以提高物流效率。销售型配送中心有时也会根据市场需求来进行简单的流通加工。

8. 信息处理功能

配送中心作为衔接供应和需求的纽带,需要同供、需双方保持信息上的及时沟通。随着现代物流对配送的效率及实效性要求的提升和库存产品资金占用的提高,配送对信息处理的速度和传输的效率的要求也越来越高,为此配送中心必须有高效的信息处理和传递系统。另外,配送中心内部作业的高效率也离不开信息系统的支持。

第六节 配送中心的设立

一、物流需求分析

需求分析的目的在于为配送中心提供物流能力供给,满足物流需求的依据,以保证物流服务的供给与需求之间的相对平衡,使社会物流活动保持较高的效率与效益。物流需求是物流能力供给的基础,配送中心需求分析的社会经济意义亦在于此。有效的需求分析,将有利于合理规划、有效引导投资、避免重复建设、减少浪费,使配送中心的建设能多一份收益,少一份失误。

1. 配送中心需求规模分析

在确定配送中心的数量布局和规模标准时,应对当地各种物流需求量数据,如运输量、仓储量、配送量、流通加工量等进行系统的分析,主要考虑以下几方面现实的和潜在的物流需求量。

(1) 工业企业在供销环节对物流服务的需求量

随着市场需求环境的变化,工业企业的生产经营方式也发生了相应的改变。生产主导型的推动式生产经营方式将会被市场主导型的拉动式生产经营方式所取代。在物流外包成为有利于企业集中资源投入核心事业,提高核心竞争力的有效手段的认识下,工业企业将产生越来越多的第三方物流服务需求。这种需求首先会在汽车、电子等加工组装企业和外资企业中产生。

(2) 连锁商业企业对配送服务的需求量

连锁商业的发展是流通行业的发展方向,大力推动连锁经营的发展已列入国家发展规划。连锁经营的重要目的是要通过集中进货、集中配送形成规模效益,以降低流通费用,提高竞争力。

连锁经营会对配送中心和配送服务产生旺盛的需求。

(3) 一般消费者的物流服务需求量

随着居民生活水平的提高，消费者对物流服务需求的比重也将增大。这一需求的内容主要是搬家服务、包裹速递、商品配送、个人物品储存等。

(4) 区域间货物中转运输的需求量

首先是制造企业和流通企业将本区域作为商品的分拨中心所产生的运输需求量；其次是国内大型物流企业将本区域作为物流网络的节点所产生的运输需求量；再次是国际物流公司将本区域作为物流基地所产生的运输需求量；最后是货主利用本区域的运输基础设施，实现货物的快速配送和接收所产生的运输需求量。

2. 配送中心需求类型分析

在对配送中心进行类型定位时(综合/专业、国际性/区域性/市域性等)，应结合城市地理位置、城市经济情况等对当地物流需求结构进行全面分析，主要分析以下指标：区域内城市居民的社会化物流需求占全社会区域的物流需求的比率；区域内各类批发市场的运行产生的物流需求量占全社会区域物流需求量的比率；区域内生产企业对社会物流需求量占全社会区域物流需求量的比率；区域内各类商业企业的运行产生的物流需求量占全社会区域的物流需求量的比率。其中，区域内与区域外的物流需求比率，指区域内物流需求总量与区域外的物流需求总量的比率，主要指物流需求源与物流产生源均在区域之外，在区域内要进行中转的物流需求量的比率。通过分析这些指标来确定物流园区类型定位。

3. 配送中心需求层次分析

物流需求的层次按其提供的服务可以分为三个层次：第一层次，也就是初级层次，只向需求方提供仓储、存货管理、发送、运输和分拨；第二层次，除提供第一层次的服务外，还可以参与订货处理、采购和生产计划；第三层次，除提供第一层次和第二层次的服务外，还可以帮助实现生产控制、质量控制和信息通信系统。在规划物流园区提供物流服务的质量时，不能盲目"求新、求全"，而应充分考虑当地经济发展水平及对社会物流需求的层次，循序渐进。

二、设立配送中心的决策准备

1. 提出项目建议书

项目建议书是在配送中心建立前有关部门对整个项目的轮廓设想与构思的重要体现形式，主要从全局上来衡量项目的必要性，看其是否符合市场需求及行业规划和地区规划等方面的要求，同时初步分析配送中心建立的可能性。

2. 市场调研

市场调研的主要任务是应用科学的方法和手段，系统地搜集、整理有关的市场情报资料，对市场现象进行深刻分析，了解现有的市场和未来市场的发展趋势，为配送系统的建设规划和经营决策提供科学依据。

3. 进行可行性研究

聘请物流咨询专家以及物流策划人员，根据调研人员所收集到的资料和信息，以及企业的发展规划与目标，对投资项目在技术、工程、经济、社会和外部协作条件等方面的可行性和合理性进行全面分析论证，通过多方案比较选择，推荐最佳方案，为项目决策提供可靠的依据。

三、配送中心的设立时机

配送中心设立与否是由配送业务量的大小决定的。若配送业务量相对较少,却盲目建立配送中心,将难以达到规模效应,势必会带来一定的浪费。对于单个企业而言,何时为建立配送中心的最佳时机,需要根据各自的实际情况来进行决策,并需要积极借鉴国外的经验,构建符合我国国情的物流配送体系。从国外的实际经验来看,一个连锁制零售企业,分店如果达到 20 家,总面积达到 4 000 平方米时;或是分店达到 10 家,总面积达到 5 000 平方米时,就可以考虑建立配送中心。连锁制零售企业,在开店的同时就应考虑建立与自己的经营体制相配套的配送体系。日本物流专家的研究表明,连锁制零售企业应该在其业务发展到一定规模时再考虑建立配送中心。1 万平方米左右的综合商店在拥有 10 个相同分店时,可考虑建立分货配送(TC)、流通库存(DC)、流通加工(PC)等三大功能齐全的配送中心。这种商店位于覆盖 10 万人左右的商圈,销售额比例为:服装、日用品占 40%,居住品占 15%,食品占 45%。1 000 平方米左右的连锁制零售企业,在拥有 10 家店铺时,可考虑建立具有分货配送、流通库存等功能的配送中心,并可将鲜活商品的加工移至超市内。300~500 平方米的食品型超市发展到 30 家时,可考虑建立分货配送、流通库存型配送中心。但店铺数量达到 100 家时,加工量与配送数量趋于稳定,可考虑建立以加工功能为主的配送中心。对于新建的连锁组织来说,更适宜先采取共建以及社会化配送中心的方式,当连锁店的规模和货物数量扩大到一定规模时,再独立建立配送中心。

四、配送中心的类型选择

前面已介绍过配送中心的各种类型,为了使兴建的配送中心能够更好地为用户服务,需要根据各个配送中心的特点和服务对象的类型选择合适类型的配送中心。一般来说,配送中心的类型决策包括以下步骤:第一步,确定是哪种功能的配送中心(如供应型、销售型、储存型、加工型等);第二步,确定配送何种商品(如食品、果蔬、日用品等);第三步,确定辐射的范围与区域(如城市、区域等)。下面以连锁制零售企业配送中心的类型选择为例来说明其过程。

1. 配送中心的功能选择

作为零售企业自用的配送中心来说,其功能主要是为本公司的经营服务,因此,公司的经营战略、经营商品的结构、经营网点的布局、客户群的定位等各方面都会影响到配送中心功能类型的选择。因此,应该根据不同企业的不同特点,选择具备不同功能的配送中心。

(1) 配送中心是否应具有采购功能

我国许多连锁企业,往往将统一的集中采购和配送功能都交给配送中心来完成,但是实际上按照专业化分工的原则来说,配送中心只具有配送功能会更好,因为采购功能更多的是体现的是商流活动,而配送属于一种物流功能,两者的业务性质和操作流程差异较大,采用业务分工的原则会使效率更高。因此,在进行这两种业务的分工及安排时,最好将采购功能放在连锁企业的总部,将物流配送功能放在配送中心中来进行,以达到专业细分、提高工作效率的目的。

(2) 配送中心是否应具有加工功能

流通加工具有增加商品价值的功能,但是并不是所有连锁企业都应该具备流通加工功能。配送中心是否应具备流通加工功能,应该视成本核算而定。如果将流通加工功能外包,可以节省资金和费用,就采用外包的形式。如果投资于流通加工的资金无法很快从经营中收回,也只能采用外包的形式。但是如果自己进行流通加工会更加节省资金并且可以为客户提供更好的服务,就可以考虑自己进行流通加工。

(3) 仓储式配送中心和转运式配送中心的选择

从商品在空间位置的移动时间来看，商品绝大部分时间停留在工厂的成品库、在途运输车辆和连锁店的货架上，而在配送中心所停留的时间极少。配送中心应该留有一定的仓储能力，以保证商品的及时供应，保证按照用户的要求及时准确地向用户供应商品，防止用户由于配送中心货物缺乏而造成缺货。但配送中心货物的储存量不宜过大，否则会客观地增大库存量和延长商品周转时间，造成规模不经济。

2. 配送中心的商品选择

配送中心的商品选择主要是根据市场需求来确定的。小型的连锁企业常常配备综合型的配送中心，来完成连锁店的绝大多数商品的配送，以形成规模效应。我国的配送中心大多带有综合型的性质，不仅负责食品配送，还负责日用工业品配送，只是储存在不同的仓库，运用不同的运输工具。这种配送中心具有小而全的特征，能够满足小规模连锁企业的需求，但不适用于大规模连锁企业。大规模的连锁企业应该选择专业型的配送中心，将配送中心按照商品标志分为若干个专业配送中心，如食品配送中心、果蔬配送中心和日用品配送中心等。当然，大规模的连锁企业对于其下属较大规模的店铺，难以实现百分之百规模的配送，也就不可能设立各种类型的专业配送中心，因此有时也会使用他人所有的专业型配送中心。

3. 配送中心范围的选择

配送中心的辐射范围主要由两个因素决定：一是连锁企业或店铺的辐射范围；二是每个配送中心要辐射的范围。从连锁企业角度来说，店铺布局决定着配送中心的辐射区域，配送中心必须保证每一个店铺都能及时、准确地得到商品。店铺分布的区域越大，配送中心辐射的区域越大，配送中心的位置选择就越要综合考虑。同时，对于大的连锁企业来说，店铺数量大，分布分散，需要建立不止一家配送中心，要确定每一个配送中心承担的配送任务，从而为选择配送中心的地点和规模奠定基础。从我国目前的情况来看，配送中心辐射范围的选择异常简单，许多连锁企业仅在一个城市，甚至一个城市的某个区域发展连锁分店，有一两个配送中心就可以了。但是随着连锁企业的规范化和连锁企业辐射范围的扩大，配送中心辐射范围决策就变得非常重要了。

五、配送中心的所有者决策

在确立了配送中心的建立时机与类型之后，第三个要进行决策的问题就是自建还是与他人共建。按照所有者的不同，配送中心分为自有型、他有型、共有型三种类型。因此，配送中心的所有者决策的实质便是对上述三种类型配送中心的选择。

对于连锁企业来说，选择何种类型的配送中心，需要依据配送环境和自身条件进行考虑，他有型配送中心的选择需要对现有配送中心进行评估，对于共有型配送中心和自有型配送中心的选择需要对企业自身财力进行策划，然后进行效益比较分析，以决定是否共建配送中心。

1. 自有型配送中心

自有型配送中心在前面已经有所论述，这种配送中心的优点是可以使连锁制企业"万事不求人"，从自身需要的角度筹划配送商品及时间等。但是，自建配送中心需要满足很多条件，最重要的是资金、规模和专用化程度。连锁制企业在投资兴建配送中心后，并不能保证配送中心能够使资金很快回收。这就制约了店铺数量的增加，从而难以实现理想规模。盲目地建立配送中心很可能造成资源的浪费，同时，自建配送中心难以达到共有配送中心那样的专业化程度。

以城市为例，如果中、小型配送中心的服务范围往往局限于一个商业发达的城市及其郊区的小范围内，分店数较少，规模较小，商圈的范围半径为几千米至十几千米。只有加盟店的个数达到一定数量时，才有必要设立配送中心。加盟店的数目越多，供应商品的要求量越大，配送中心趋于大型化的合理性就越显著，经济性也就越明显。因此，在连锁规模很小的阶段，中、小型的配送中心足以支持连锁经营的正常运作。

当连锁企业的市场空间范围突破一个城市而扩大到商圈半径为数百千米的范围内时，集团的财力就能够建立一个大、中型的配送中心，并且商品的流转量能够使配送中心启用大型、专业分拣机械和科技含量高的运输工具、与之相适应的信息处理系统和计算机网络及商用 POS 系统。

如果配送中心的服务范围达到了全国范围，这时配送中心的连锁经营已达到成熟阶段，其商圈半径范围可能达到或超过 1 000 千米。为了能够适应跨地区、跨不同气候区的配送作业，配送中心必须配备对气温、地貌、社会等因素有较强适应性的专业运输和仓储设备。为了能够协调不同配送中心之间的需要，要求连锁企业的决策层能够适时协调各配送中心之间的关系，能够及时、准确地把握相关信息并能够使信息及时传递。

2. 他有型配送中心

他有型配送中心是指连锁企业不设自身所有的配送中心，企业内的配送功能委托或外包给专门的物流公司，其实质是一种社会化配送中心。在这种模式下，专门的配送中心通过与商品供应商建立广泛的代理或买断关系，与零售店铺形成较稳定的合作关系，从而将生产、加工企业的商品或信息统一进行组合、处理后，按客户订单要求配送到各个店铺。从理论上来说，利用专业化的配送中心，可以使连锁企业得到高效的服务，节省大量建设资金；可以使连锁企业集中精力来进行店铺的管理，更好地为顾客服务；将库存积压与缺货的风险转嫁到专业化的配送中心，并可享受配送中心所提供的咨询服务及营销建议。

另外，企业在选择专业化配送中心时要进行具体分析，如费用、提供配送服务的效率以及与自己的业务关系的关联性等。如果连锁企业没有能力建立配送中心，又无法寻找到更为理想的专业化配送中心，连锁企业的前景就会令人担忧。在没有足够的资金来兴建自有型配送中心的前提之下，共有型的配送中心是一个不错的选择。

3. 共有型配送中心

共有型配送中心是指连锁企业与其他企业共同出资兴建、共享业务的配送中心。共有型配送中心的最大特点就是共同配货，通过一个共有的配送体系，将各个企业的配送需求集中起来，在配送时间、数量、次数等方面做出最佳的选择，进行合理有效的配送。

按照日本工业标准的解释，共同配送是"为了提高物流效率，向许多企业一起配送"。共同配送的高效率是相对于厂商送货与自我配送而言的，它不仅配送速度快，而且配送频次少，既保证了个店铺经营商品的稳定，又减少了因配送频次多而引起的交通阻塞，进而提升店面形象、客流量及店面的经营业绩。

六、配送中心规模和数量的确定

1. 配送中心的规模确定

配送中心的规模选择包括三个方面的含义：与店铺规模相适应的总规模，即需要总量为多少平方米的配送中心；建立几个配送中心，这些配送中心如何布局；每个配送中心的规模。

配送中心总规模确定的基本原则是在服务和成本之间找到最佳平衡点。通常配送规模越大，其服务能力越强，而规模越大，投资成本也将会增加。

配送规模与单位配送成本之间的关系是：在一定配送规模范围内，随着投资建设规模的不断扩大，单位配送成本随之不断降低；而当规模扩大到一定程度时，单位配送成本会随规模的扩大而上升，规模不经济开始发挥作用。"配送规模"与"服务能力"之间的关系为：随着配送规模的扩大，配送中心的服务能力不断增强，但当规模扩大到一定程度时，其服务能力受规模的影响不断减小，因此配送中心的建设和经营规模不是越大越好。理论上来说，其规模最好在"服务能力曲线"与"单位配送成本曲线"的两个交点内决策，这样才能在最佳规模范围内获得较低的配送成本和较高的服务能力和服务水平。

确定配送中心总体规模的方法，具体步骤如下。

(1) 测定配送及商品储存总量

配送中心的配送量和商品储存量直接受连锁企业各店铺商品经营总量的影响。商品经营量越大，所需要的配送中心规模就越大。而商品经营量又与店铺面积有着正相关的关系，所以连锁店铺总面积与配送中心总规模也成正相关关系。连锁店铺总面积与配送中心规模的比例，因业态、流转速度的不同而不同。因而，必须充分考虑企业自身的特征，以确保决策无误。另外，在测定商品配送及商品储存总量的同时，还要掌握储存配送的具体品种及相应的数量情况和包装等。

(2) 推算平均配送量

这个配送量既包括平均周转量，也包括平均储存量，前者决定运输规模，后者决定仓储规模。由于商品周转速度直接影响商品在配送中心的停留时间，配送速度慢，则产品在配送中心停留的时间就越长，需要配送中心的规模也就越大；反之，则需要规模相对较小的配送中心。同时，直送的货物越多，需要的配送中心的仓储面积就越少。所以在推算平均配送量时，应考虑商品的平均周转速度。商品平均储存量等于商品总储存量除平均周转次数。对于季节性的商品，其储存量在各个时期的分布将有很大的差异，因此不能考虑其平均储存量，而应该进一步考虑商品储存量在全年某个时期的平均分布情况，特别是高峰时期对商品空间的需求情况。

(3) 计算储存空间需要量

不同商品的容量及包装不同，因此在储存时所占的空间就不相同，这样储存的商品和其所占的储存空间就会存在一种关系，可用"仓容占用系数"表示。仓容占用系数是指单位重量或金额商品所占空间的大小。

(4) 计算仓库的储存面积

在储存空间一定的条件下，所需储存面积的大小取决于仓库允许商品的堆码高度。影响允许堆码高度的因素有商品性能、包装、仓库建筑构造和设备的配备等。根据仓库所存放商品的特点和仓库的建筑设计等方面的条件，应合理地确定商品的堆码高度和仓库的储存面积。

(5) 计算仓库的实际面积

仓库的实际面积要大于储存面积，因为仓库储存商品外还要留出一定的空间留作他用。例如，为了保证商品储存的安全和适应库内作业的要求，需要留有一定的作业通道、作业区域等。在确定仓库的实际面积时，要根据新建仓库的具体条件，确定仓库的面积利用系数，并以此为根据对仓库面积做最后的调整。

(6) 确定仓库的全部面积

仓库的全部面积为仓库的实际面积与辅助面积之和。根据仓库本身的性质以及实际需要，确定辅助面积所占的比重，进而确定仓库的全部面积。

2. 配送中心数量的决策

一般来说，配送中心的数量取决于经营商品的类别和连锁店的分布状态，因此确定配送中心数量有两种方法：商品功能法和适当比例法。

(1) 商品功能法

这种方法按照商品类别来设立配送中心,有利于根据商品的自然属性来安排储存和运输。例如,日本的大荣公司按照这种方法,分别建立了衣料和杂货中心、电器和家具中心、食品中心等。

(2) 适当比例法

这种方法是按照连锁店铺分布状态或空间特征设立配送中心,其优点是利于配送距离及效益达到理想状态。日本的家庭市场连锁店物流半径为 30 千米,在半径为 30 千米的面积内设有 70 家店铺,有一个配送中心负责配货,一个中心拥有四五辆货车,按照总部送货单送货,一辆车一次送货 10～15 家店铺,先装配距离最远店铺的货物,送货时先送最近店铺的货物,后送最远店铺的货物。

事实上,许多连锁企业通常综合上述两种方法进行配送中心的设置,既按商品分类划分配送中心,又按店铺分布来安排位置。配送中心要求连锁店铺分布相对集中,一个配送中心至少能满足几家店铺的需要。因此,如果连锁制企业建立的分店过于分散,配送中心的效果就很难体现。

七、配送中心的投资决策

配送中心的投资决策是通过可行性研究与分析,计算出投资多少、效益怎样,从而对配送中心的建设提供科学依据。

1. 配送中心投资额的确定

(1) 预备性投资

由于配送中心占地较大,且应处于与用户或市场接近的最优位置,因此在基本建设主体投资之前,需要有征地、拆迁、市政、交通等投资。这笔费用投资相对较大,尤其是在准黄金地段,这项投资可能超过总投资的50%。

(2) 直接投资

用于建设配送中心主体项目的费用,如配送中心各项主要建筑物的建设费用,配送中心的货架、叉车、分拣设备的购置及安装费,信息系统的购置安装费,配送中心自有车辆购置费等。

(3) 相关投资

与基本建设及未来经营活动有关的一些活动都需要有一定的投资,如燃料、水、电、环境保护等,这些项目投资在某些地区,可能费用会较高,因此在考虑投资情况时还应该考虑相关投资。

(4) 运营费用

这包括配送过程中所发生的人力、物力费用。配送中心的投资不仅要受前期投资的影响,还受运营过程中运营费用的影响。如果是前期投资费用很低,但后期的运营费用较高,如远离市区的配送中心,配送效率就会很低,因此在建设配送中心时对此也应该有一个充分的估计。

2. 投资效果分析

投资效果分析就是对投资收益进行估算,由于配送中心是向各个店铺提供配送服务,这是一种无形产品,因此其收益的计算较模糊。同时,由于配送中心的各个作业环节也较模糊,因此对配送中心的分环节收益分析也较困难。较为合适的方法是:比较与没有配送中心、自建与租赁配送中心所产生的利益差,这个利益差是通过店铺效益反映出来的,如统一配送进货价格降低了多少,增加了多少销售额,取得了多少利润,或者说多少利润是由于自建配送中心取得的。

3. 投资与效益的比较

如果效益较理想,就可进行投资,否则只有放弃。而理想效益的界定与企业的整体发展战略有关,如目标是取得怎样的效果,多少年能够收回投资等。

效益是投资与效果的差额，在实际工作中，不能够仅仅使用以上 4 项的投资进行分析，因为那仅仅是投资配送中心的会计成本。在衡量效益时，应使用完全成本，即在会计成本之上再加上因之而发生的机会成本。只有这样，才能真正计算出效益的大小。

八、配送中心决策的数学方法

配送中心的选址问题是运筹学领域中非常经典的问题。选址问题是指在确定选址对象、选址目标区、成本函数以及存在某种约束条件的前提下，以总物流成本最低或总服务最优或社会效益最大化为总目标，以确定物流配送系统中物流节点的数量、位置，从而实现配送网络结构的合理规划。由于配送中心的选址决策一般是"离散"的，即从有限多个备选地址中选择一些进行配送中心建设。因此，它又可被理解为一类离散选址问题。下面，我们简要介绍选址决策中的集覆盖问题。

集覆盖问题研究在满足覆盖所有需求点的前提下，配送中心总的建设费用最小(最小成本问题)；或在建设数量存在约束的情况下，配送中心覆盖范围最大的问题(最大覆盖问题)。这类问题最早由 Roth 和 Toregas 等提出的，用于解决消防中心和救护车等应急服务设施的选址问题。下面我们给出常见的两类问题的数学模型。

令 N 表示由备选配送中心建设地点构成的集合，其元素记为 i；M 为客户构成的集合，其元素记为 j；c_i 表示在地址 i 处建设配送中心所需投入的成本；a_{ij} 为 $(0-1)$ 变量，当在地址 i 处建设决策中心可以覆盖(服务)客户 j 时取 1，否则取 0；决策变量 x_i 为 $(0-1)$ 变量，当地址 i 处建设配送中心时取 1，否则取 0。

(1) 最小成本模型

它要求以最低的成本完成对所有客户的覆盖。模型的具体形式如式(9-1)至式(9-4)所示。

$$\min \sum_{i \in N} c_i x_i \tag{9-1}$$

$$s.t. \quad \sum_{i \in N} a_{ij} x_i \geqslant 1 \quad \forall j \in M \tag{9-2}$$

$$x_i \in \{0,1\} \quad \forall i \in N \tag{9-3}$$

$$a_{ij} = \begin{cases} 1, & \text{if } i \text{ can cover } j \\ 0, & \text{otherwise} \end{cases} \tag{9-4}$$

在上述各式中，式(9-1)是目标函数，要求建立配送中心的成本最小化；式(9-2)要求每个客户至少被 1 个配送中心所覆盖；式(9-3)是对决策变量 x_i 的 $(0-1)$ 约束；式(9-4)给出 a_{ij} 的定义。

(2) 最大覆盖模型

它要求在建设配送中心数量有限的前提下，实现最多客户配送需求量的覆盖。在下面的模型中，我们进一步引入参数 b_j，表示客户 j 处需要完成的配送需求数量；决策变量 y_j 为 $(0-1)$ 变量，当需求点 j 被配送中心覆盖(即其配送需求可被满足)时取 1，否则取 0；P 表示允许建设的配送中心数量上限；其余符号同前。

$$\max \sum_{j \in M} b_j y_j \tag{9-5}$$

$$\text{s.t.} \sum_{i \in N} x_i \leq P \tag{9-6}$$

$$\sum_{i \in N} a_{ij} x_i \geq y_j \quad \forall j \in M \tag{9-7}$$

$$x_i \in \{0,1\} \quad \forall i \in N \tag{9-8}$$

$$y_j \in \{0,1\} \quad \forall j \in M \tag{9-9}$$

$$a_{ij} = \begin{cases} 1, & \text{if } i \text{ can cover } j \\ 0, & \text{otherwise} \end{cases} \tag{9-10}$$

在上述各式中，式(9-5)是模型的目标函数，要求建立配送中心后可服务的客户配送需求最大；式(9-6)是对配送中心建设数量的约束；式(9-7)要求至少存在1个建成配送中心覆盖客户j时，决策变量y_j方可取1；式(9-8)和式(9-9)是对决策变量x_i和y_j的(0-1)约束；式(9-10)给出变量a_{ij}的定义。

思考与练习题

1. 简述配送的含义和特点。
2. 简述配送的功能和作用。
3. 配送合理化的判断标志是什么？
4. 简述配送合理化可采取的做法。
5. 配送有哪些类型？
6. 配送的基本环节和功能是什么？
7. 简述配送的业务程序。
8. 简述配送的基本方式。
9. 对比发达国家及我国物流配送的发展现状，对我国物流配送行业的发展有什么启发和建议？
10. 电子商务对传统物流配送有哪些冲击和影响？
11. 简述电子商务下的物流配送的趋势。
12. 国家物流标准术语对配送中心是怎样定义的？
13. 我国商业物流中心发展的基本对策有哪些？
14. 配送中心的功能有哪些？
15. 配送中心设立的内容有哪些？
16. 为什么说配送中心是连锁经营发展的关键？
17. 企业如何建设配送中心使之成为连锁经营的供货枢纽？
18. 在配送中心选址模型中，一般以什么作为目标？约束条件包含哪些？

拓展阅读

1. 傅莉萍，姜斌远. 配送管理[M]. 北京：北京大学出版社，2014.
2. 郑海鳌，陈智民，尤建新. 基于仿真技术的连锁零售企业配送中心布局决策模型[J]. 系统工程理论与实践，2009，29(5): 17-26.
3. 梁海红. "互联网+"时代物流配送中心选址优化模型构建[J]. 统计与决策，2016(22): 51-53.
4. 李珍萍，刘洪伟，周文峰，等. 带装卸顺序约束的装载配送联合优化算法研究[J]. 系统工程理论与实践，2019，39(12): 3097-3110.
5. 张杏雯，倪静. 公平约束下的应急物资配送模型及算法[J]. 统计与决策，2020，36(7): 179-182.
6. 王旭坪，张珺，易彩玉. 在线订餐生产配送联合调度模型及算法[J]. 系统管理学报，2020，29(1): 159-167.

第十章

配送中心的运作模式分析

学习目标

通过本章的学习,你将了解配送服务的概念,认识到企业通过选择适当的配送服务形式,或者进行配送服务创新,可以达到提高供应水平和促进销售、占领市场的目的。根据本章的内容,查阅相关资料,你可以进一步思考:在配送服务中应该注意什么问题?在实际运作过程中如何避免出现这些问题?

上海国美电器物流配送中心运作模式的改进

国美电器集团成立于 1978 年 1 月 1 日,是中国最大的以家电及电子产品零售为主的全国性连锁企业。国美电器集团在全国 280 多个城市拥有直营门店 1 200 多家,年销售能力 1 000 亿元。上海国美电器成立于 1997 年 6 月 1 日,是一家以经营各类家用电器为主的家电零售连锁公司。上海国美不仅以低价格吸引消费者,服务质量也堪称周到。上海国美实行上海市内免费送货,免费抬上楼,免费安装调试,极大地方便了客户。

上海国美采用的是自营配送与第三方配送相结合的方式。即大家电,如冰箱、洗衣机、空调、彩电储存在配送中心,所售商品由配送中心送到顾客手中。配送中心是由上海国美自建的,而配送车辆绝大部分是属于第三方物流公司的。自营车辆与第三方物流车辆的比例为 2∶8,具体表现为以下几个方面。

1. 自建物流配送中心

国美在库存上分为大库与中转仓,此外还有一些辅助性的库房以及店中库。上海国美在浦东区、闵行区、青浦区都有大库,各区都设有物流基地或者中转站。

2. 委托第三方物流配送

每到一个城市检点,上海国美都会非常严格地选择承运商。在选择第三方承运商时,不只选择一个承运商,这样就可以利用各承运商之间的竞争保证上海国美的服务质量;与第三方承运商签订排他协议,使承运商一心一意地为上海国美提供最优质的服务;同时,还对顾客进行100%回访。通过回访,了解自身在服务过程中的不足,以及顾客不断变化的需求,从而不断提高服务质量。

但是,上海国美物流配送模式还存在以下问题。

1. 淡旺季运力筹备缺乏计划性

上海国美在销售方面存在着淡旺季,以一年为周期,其中2月、3月、4月、9月、11月销售量最低,1月、10月销售量一般,5月、6月、7月、8月、12月为全年销售高峰。为保证货物的顺利配送,现在上海国美都按旺季所需的运力进行筹备,而实际上真正的黄金周全年只有三个,就是"五一""十一"及"春节",每个黄金周只有三天销售高峰,也就是说全年黄金周销售高峰只有9天。为了这9天销售高峰货物的顺利配送,而超常量筹备车辆,其结果就是:平时的车辆利用率极其低下,配送效率极其低下。据统计,为了确保销售高峰时期的货物顺利配送,平时车辆保持45%的闲置状态。

2. 配送中心建设不规范,物流设备陈旧

上海国美在浦东新区设有仓库,这也是上海最大的配送中心,另外在青浦、闵行等地方也有物流基地,并且在各个区都设有中转站。除了浦东的仓库外,其余的配送中心没有适量的固定车位和标准的装卸平台,导致随意停车、到处装卸。这样不利于提高出入库效率,同时容易造成货损货差。在进出货高峰时,极易造成混乱,甚至整个装卸场地都会造成阻塞。如果配送中心处在销售旺季,物流配送中心的业务将急剧增长,若配送中心建设得不规范,没有标准的装卸平台,将导致整个配送中心的混乱,造成许多家电配送不及时、客户投诉等问题。这样不仅会流失许多顾客,还会影响公司的信誉。在配送中心的内部布局上,并未最大化利用储存空间。就存放物品方面,只是简单地进行堆垛,没有采用立体化存放的方式。

货物进入配送中心后,对货物的验收入库、库内保管、备货、配送安排、送货等都应该是自动化、合理化、高效率的。上海国美配送中心的装卸搬运操作基本是人工完成的,装卸工具仅限于简易的手推车、老虎车等,机械化、自动化程度低,信息化程度低。同时,物流设施的技术和设备比较陈旧,与国外以机电一体化、无纸化为特征的物流配送体系相比,差距很大。

3. 配送管理粗放,对物流工作重视不够

上海国美物流配送体系尚未完善,暂没有规范的操作流程,没有行之有效的绩效考核管理制度。外部承运车辆的管理仅限于双方的承运合同,没有专门的培训教材,没有一套科学完整的外部车辆招募与使用的方案。

上海国美并没有成立独立的物流部门,而是由配送中心负责整个区的配送业务,对物流工作重视的程度还很不够。在企业内部没有对物流、采购、销售与售后进行流程重组与统筹安排,在企业外部没有对供应商、终端用户、物流资源进行有效的资源整合。由上述分析可以看出,建立一套规范化、现代化的配送制度对上海国美来说已势在必行。

鉴于上海国美电器以上的不足,我们提出以下对应的物流配送解决方案。

1. 对运力进行优化和调整

(1) 改进常运方的结构,调整常务运力

上海国美在常务运力方面,要以2月、3月、4月、9月、11月周末日均销售货物的配送量为依据进行车辆筹备,并确保常备车辆全部到位,保证周末销售货物的顺利配送。在新店开业、黄金周销售高峰到来前,提前通知各承运方,要求承运商以"一带一"方式提供临时运力,鼓励个体服务车以"一拖一"的方式提供临时运力。应制订应急方案,在临时支援车辆到位情况不太好,或者销售超出预计时,上海国美应该适当提高报酬来临时雇用更多的车辆。在5月、6月、7月、8月销售旺季来临前,要求其按签约常备车辆至少1:1的比例提供临时运力,以确保货物的及时送达。在具体特定的时段，比如为迎接五一销售黄金周，可在4月底根据销售预测多签约一家承运商，作为临时运力储备，如与德邦物流公司合作，因为德邦物流公司拥有比较完善的车辆调度管理体系，而且运力充足，信誉度较高。

上海国美采用的是配送中心自建、配送车辆外包的配送模式。所以从承运方的选择角度来说，要想保证运力筹备的伸缩性，就必须与一些有实力的承运商进行合作。在上海，可以与德邦物流合作，利用其在上海市的优势，分散旺季的配送压力。与此同时，考虑到实际运作过程中管理的需要，可保持20%左右的个体服务车，前提是这些服务车要有临时整合车辆的能力。

(2) 采用按区域承包的方式力保临时运力的送货量

比如，在上海市，有虹口区、浦东新区、青浦区、黄浦区等。上海国美可以采用区域承包的方式将各个区的配送任务分给不同的第三方物流公司，利用不同的公司在不同区域的优势，保证临时运力。加强培训，合理安排，提高临时支援车辆的送货能力。

2. 标准化进行配送中心的建设

在整个物流配送环节，装卸搬运活动是最繁忙的，装卸搬运活动大多是在配送中心进行的，是不断出现和反复进行的，它出现的频率高于其他各项物流活动，每一次装卸搬运活动都要花费很长时间，往往成为提高物流速度的关键，装卸搬运所消耗的人力也很多，装卸搬运费用在物流成本中所占的比例也很高，所以对配送中心的建设有较高的要求。上海国美应该对现在的配送中心平台进行整改，整改应该做到以下两点。

① 配送中心要有宽大的操作平台，建设足够的停车位，"分门进出，单道行驶"，配送中心四周的交通状况要有较为严格的要求。具体到上海各配送中心，应该参照广州大库配送中心的标准，两侧要建有4米宽的装卸平台，站台高出室外道路1米，当厢式卡车尾部靠站台时，抱垫板与站台面基本上处于同一平面。装卸平台将商品的装卸作业变成水平移动，这将大大减少装卸作业的环节和劳动强度，提高装卸的速度。

② 在配送中心的站台上方要装有悬挑8米以上的钢结构顶棚，保证配送中心可以在下雨天进行配送作业。考虑装卸作业场地时，不仅要考虑满足日常装卸的要求，还要考虑汽车进出高峰时的装卸作业，并能适应未来物流的发展及机械化装卸对装卸场地的要求。在进出货场地，进出车辆的停靠和装卸应有指定的地点和固定的车位。

3. 加强对物流配送的科学化管理

目前，上海国美在物流配送的管理方面较为粗放，对物流管理重要性还没有很深的认识。要对其物流配送进行科学化管理，首先，要规范配送操作流程，制定行之有效的绩效考核管理制度。其次，在与第三方物流公司进行合作时，应制订一套科学完整的外部车辆招募与使用的方案与专门的培训教材。加强对外部车辆运力的管理，提高外部配送人员的专业水准。在派工方式的监控上，应本着"效率优先、兼顾公平"的原则，做到公开、公正、公平，科学合理。

阅读上述案例后，可以进一步思考：上海国美现有的配送中心拥有哪些职能？它的配送模式是什么样的？存在哪些问题？材料中提供的解决方案是怎样解决这些问题的？此外，上海国美是否有必要专门成立物流部门？你还能为上海国美提出哪些建议？

(资料来源：佚名. 国美电器物流分析. 百度文库. https://wenku.baidu.com/view/5544e090b52acfc788ebc911.1.html. 2015-08-09.)

第一节 配送中心模式的类型

配送模式是企业对配送所采取的基本战略和方法,根据我国目前各产业部门、各地区开展配送的实际情况,配送可以概括成以下 4 种模式:企业自营物流配送模式,第三方物流配送模式,共同配送模式,互用配送模式。

一、自营物流配送模式

企业自营物流配送模式是指企业物流配送的各个环节由企业自行组织筹建并管理,企业自身投资购进和建设物流配送所需的运输工具、储存仓库,是一种企业自行承担配送过程中全部费用的物流配送模式。

1. 企业自营物流配送模式的优点

① 企业对供应链中各环节有较强的控制能力,易与生产和其他业务环节密切配合,全力服务于本企业的经营管理,确保企业能够获得长期稳定的利润。对于竞争激烈的产业,企业自营物流配送模式有利于企业对供应和分销渠道的控制。

② 可以合理地规划管理流程,提高物流作业效率,减少流通费用。对于规模较大、产品单一的企业而言,自营物流可以使物流与资金流、信息流、商流结合得更加紧密,从而大大提高物流作业乃至全方位的工作效率。

③ 可以从战略上支持原材料和零配件采购、配送以及生产的一体化,实现准时采购,增加批次,减少批量,调控库存,减少资金占用,降低成本,从而实现零库存、零距离和零营运资本。

④ 反应快速、灵活。由于整个物流体系属于企业内部的一个组成部分,与企业经营部门关系密切,以服务本企业的生产经营为主要目标,能够更好地满足企业在物流业务上的时间、空间要求,特别是要求物流配送较为频繁的企业,自建物流能更快速、灵活地满足企业要求。

2. 企业自营物流的缺点

(1) 一次性投资大,成本较高

虽然企业自营物流配送模式具有自身的优势,但由于物流体系涉及运输、仓储、包装等多个环节,建立物流系统的一次性投资较大,占用资金较多,因此对于资金有限的企业来说,投资建设物流系统是一个很大的负担。企业自营物流配送模式一般只服务于自身,依据企业自身的物流量而建立。而单个企业的物流量一般较小,企业物流系统的规模也较小,这就导致物流成本较高。

(2) 规模较小的企业所开展的自营物流规模有限,物流配送的专业化程度较低

对于规模不大的企业而言,其产品数量有限,采用自营物流,不能形成规模效应,一方面导致物流成本过高,产品在市场上的竞争能力下降;另一方面,由于规模有限,物流配送的专业化程度低,不能满足企业的需要。

(3) 企业配送效率低下,管理难于控制

对于绝大多数企业而言,物流部门只是企业的一个后勤部门,物流活动也并非为企业所擅长的业务活动。在这种情况下,企业自营物流就等于迫使企业从事不擅长的业务活动,企业的管理人员往往需要花费过多的时间、精力和资源去从事辅助性的工作,结果是辅助性的工作没有抓起来,关键性业务也无法发挥出其核心作用。

例如,沃尔玛是世界上具有高效益物流配送体系的零售商,其 84%的货物是使用自己的物流体系去配送的,其物流体系被众多的零售商家所效仿。2005 年 5 月 2 日,沃尔玛宣布将旗下的配送子

公司——麦莱恩公司(McLane Company)以 14.5 亿美元卖给巴菲特的波克夏·哈萨维公司(Berkshire Haltaway)。其理由是"将力量进一步集中到核心的零售业务上"。据了解，麦莱恩公司低薄的利润率是沃尔玛决定出售的原因之一。麦莱恩公司是一家第三方物流公司，后被沃尔玛收至麾下。然而，随着沃尔玛零售王国的不断扩大，当初被沃尔玛看好的麦莱恩公司对沃尔玛的贡献却没有同步增加，反而在整个集团中的贡献是最低的。

二、第三方物流配送模式

第三方物流配送模式是指由物流劳务的供方、需方之外的第三方去完成物流服务的物流运作方式。第三方通过与第一方或第二方的合作来为其提供专业化的物流服务，它不拥有商品，不参与商品买卖，而是为顾客提供以合同约束、结盟为基础的、系列化、个性化、信息化的物流代理服务。

1. 第三方物流配送模式给企业来的好处

(1) 使企业核心功能集中于主业

任何企业的资源都是有限的，很难成为业务上面面俱到的专家，采用第三方物流配送模式的企业能实现资源的优化配置，将有限的人力、物力、财力集中于核心业务。

(2) 减少库存

库存量的增大、周转时间的延长都将增加企业成本，第三方物流可借助其高效的适时适用的物流手段减少企业库存。

(3) 提升企业形象

第三方物流企业的专业特性使其有能力制订以顾客为导向，低成本、高效率的物流方案，为顾客带来更多的附加价值，使顾客满意度提升，进而改进企业服务、树立企业形象。

2. 第三方物流配送模式给企业来的不利影响

与自建物流相比较，第三方物流在为企业提供上述便利的同时，也会给企业带来诸多的不利。其主要有：企业不能直接控制物流职能；不能保证供货的准确和及时；不能保证顾客服务的质量和维护与顾客的长期关系；企业将放弃对物流专业技术的开发，等等。

3. 第三方物流企业与客户的关系

(1) 第三方物流是客户的战略同盟者，而非一般的买卖对象

第三方物流企业为客户提供的是长期的综合服务，随着服务领域的扩展，将涉及整个生产经营过程，物流企业好似客户的一个专职部门，这使得他们的业务紧密地联系在一起，同时将其生存和发展紧密地联系在一起。

(2) 第三方物流企业是客户的战略投资人，也是风险承担者

随着现代市场结构的变化，第三方物流公司不能追求短期的经济效益，为了适应客户的需求，往往自行投资或合资购入新设备、建立新项目，而这些投资的收益很大程度上取决于客户业务量的增长，因而第三方物流企业也是投资的风险承担者。

(3) 利益一体化是第三方物流企业的利润基础

物流成本的降低、费用的节约是物流科学化所创造的新价值，这一价值由第三方物流企业与客户共同分享，这就是其利润的一体化。物流公司与客户的利润不是矛盾的，并不是若一方多赚一分，另一方就多付一分。第三方物流企业的利润不是来自运费、仓储费用等直接收入，而是源于与客户一同在物流领域创造出的新价值，为客户节约的物流成本越多，其利润就越多。

需要指出的是，由于我国传统物流基本上都以自营物流为主，而第三方物流又是现代物流的

主体内容，因此在物流行业存在一个误解，认为自建物流是落后的，先进的物流都是第三方物流。这种观点事实上是对自营物流的一种偏见，是不符合实际情况的。

三、协同物流配送模式

1. 协同配送模式的含义

协同配送是为提高物流效率，由多个企业联合组织实施的配送活动。它是物流配送企业之间为了提高配送效率以及实现配送合理化所建立的一种功能互补的配送联合体。进行协同配送的核心在于充实和强化配送的功能，协同配送的优势在于有利于实现配送资源的有效配置，弥补配送企业能力的不足，促使企业配送能力的提高和配送规模的扩大，更好地满足客户需求，提高配送效率，降低配送成本。

2. 协同配送模式的优点

① 达到配送作业的经济规模，提高物流作业的效率，降低企业营运成本。
② 不需要投入大量资金、设备、土地、人力等，可以节省企业的资源。
③ 扩大市场范围，消除原有的封闭性销售网络，建立利益共同体。
④ 可以做到最小风险，最大柔性。

3. 协同配送的缺点

① 同产业协同配送的缺点在于容易造成商业信息的泄露。
② 不同产业协同配送的缺点在于配送商品物理化学特性不同，不易组织混载配送，很难进行配送成本核算。
③ 各企业的规模、商圈、客户、经营意识等方面也存在差距，很难进行管理、控制和协调。

四、互用配送模式

1. 互用配送模式的含义

互用配送模式是几个企业为了各自利益，以契约的方式达成某种协议，互用对方配送系统而进行的配送模式。其优点在于企业不需要投入较大的资金和人力，就可以扩大自身的配送规模和范围，但需要企业有较高的管理水平以及与相关企业的组织协调能力。

2. 互用配送模式的特点

① 协同配送模式旨在建立配送联合体，以强化配送功能为核心，为社会服务；而互用配送模式旨在提高自己的配送功能，以企业自身服务为核心。
② 协同配送模式的合作对象是经营配送业务的企业，而互用配送模式的合作对象既可以是经营配送业务的企业，也可以是非经营业务的企业。
③ 由于合作形式的不同，协同配送模式的稳定性较强，而互用配送模式的稳定性较差。

第二节 配送的服务策略

一、配送服务的含义及其内容

配送是物流的功能之一，既是大物流系统的一个组成部分，也是物流活动在小范围内的整合，如图10-1所示。

从物流来讲，配送的距离较短，位于物流系统的最末端，处于支线运输、二次运输和末端运输的位置，是配送到最终消费者的物流。对于一个大的物流系统，需要经过一系列的运输、储存、包装、装卸搬运和流通加工，最终到达配送环节，面向客户。因此，配送只是物流环节的终端。对于一次配送活动，在订单处理、集货、配货、送货等作业中，物流的功能要素(如装卸、包装、保管、运输、流通加工、物流信息等)都能得以体现，并通过这一系列的物流活动使现货物快速、安全、可靠、准确地送达客户。因此，配送的实质是一个局部物流，是物流活动在小范围内的整合与集成。

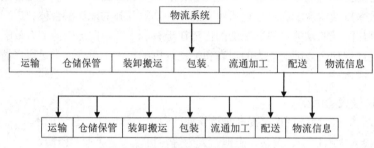

图 10-1 配送与物流系统

服务的目的在于满足客户的需要，帮助客户解决问题。

配送服务就是对客户商品的物流保证，它包含三个要素：

① 备货保证，即拥有客户所期望的商品；

② 品质保证，即符合客户所期望的质量；

③ 输送保证，即在客户希望的时间内配送商品。

配送服务主要围绕上述三个要素开展。

二、配送的具体服务策略

对配送服务的了解，有助于企业通过选择适当的配送服务形式，或者进行配送服务创新，以达到提高供应水平和促进销售、占领市场的目的。

1. 配送供给与需求

配送供给与需求的双方是由实行配送的企业和接受配送服务的用户(企业或消费者)所构成的，有以下几种情况。

(1) 企业对企业的配送

这发生在完全独立的企业与企业之间，或者发生在企业集团的企业与企业之间。作为配送需求方，基本上有两种情况：一种是企业作为最终的需求方；第二种是企业在接受配送服务之后，还要对产品进行销售，这种配送一般称为"分销配送"。

(2) 企业内部配送

企业内部配送大多发生在巨型企业之中，这一般有以下两种情况。

① 如果企业是属于连锁型企业，各连锁商店的经营物品、经营方式、服务水平、价格水平相同，配送的作用是支持连锁商店经营，这种配送称为连锁型配送。连锁配送的主要优势是：在一个封闭系统中运行，随机因素的影响比较小，计划性比较强，因此容易实现低成本的、精细的配送。

② 巨型企业的内部配送。巨型企业成本控制的一个重要方法是，由高层主管统一进行采购，实行集中库存，按车间或者分厂的生产计划组织配送，这种方式是现在许多企业采用的"供应配送"。

(3) 企业对消费者配送

这是在一个大的社会开放系统中所运行的配送，虽然企业可以通过会员制、贵宾制等方式锁定一部分消费者，从而可以采用比较容易实施的近似于连锁配送的方式，但是，在多数情况下，消费者是一个经常变换的群体，需求的随机性非常强，对服务水平的要求又很高，所以这是配送供给与配送需求之间最难以弥合的一种类型。最典型的是和B2C型电子商务相配套的配送服务。

2. 配送服务策略
(1) 定时配送

定时配送的时间，由配送的供给方与需求方双方通过协议确认。每次配送的品种及数量可预先在协议中确定，实行计划配送。也可以在配送之前以商定的联络方式(如电话、传真、计算机网络等)通知配送品种及数量。

定时配送这种服务方式，由于时间确定，对于用户而言，易于根据自己的经营情况，按照最理想的时间进货，也易于安排接货力量(如人员、设备等)。对于配送供给企业而言，这种服务方式易于安排工作计划，有利于对多个用户实行共同配送以降低成本，易于计划使用车辆和规划路线。对于这种配送服务方式，如果配送物品种类、数量有比较大的变化，配货及车辆配装的难度则较大，会使配送运力的安排出现困难。

定时配送有以下几种具体形式。

① 小时配。这种方式适用于一般消费者突发的个性化需求所产生的配送要求，也经常用作配送系统中应急的配送方式。在一个城市范围内，B2C型的电子商务经常采用小时配的配送服务方式。

② 日配。一般而言，日配的时间要求大体上是上午订货，下午送达；下午订货，第二天早上送达。

日配方式广泛而稳定地开展，就可使用户基本上无须保持库存，也就实现了用户的"零库存"。

③ 准时配送方式。这种方式和时配、日配的主要区别在于：时配、日配是向社会普遍承诺的配送服务方式，针对社会上不确定的、随机性的需求。准时方式则是两方面协议，往往根据用户的生产节奏，按指定的时间将货送达。这种方式比日配方式更为精密，利用这种方式，连"暂存"的微量库存也可以取消，绝对地实现"零库存"。准时配送的服务方式可以通过协议计划来确定，也可以通过"看板方式"来实现。准时配送方式要靠高水平的配送系统来实施。由于用户的要求独特，因此不大可能对多用户进行周密的共同配送计划。这种方式适合于装配型、重复、大量生产的企业用户，这种用户所需的配送物资是重复、大量而且没有太大变化的，因此往往是一对一的配送。

④ 快递方式。一般而言快递服务的覆盖地区较为广泛，服务承诺期限按不同地域会有所变化。这种快递方式，综合利用"小时配""日配"等在较短时间实现送达，但不明确送达的具体时间，所以一般用作向社会广泛服务的配送方式，而很少用作生产企业"零库存"的配送方式。

(2) 定量配送

定量配送是按事先协议规定的数量进行配送。可以按托盘、集装箱及车辆的装载能力选择配送的数量，这样能够有效地利用托盘、集装箱等集装方式，也可做到整车配送，其配送的效率较高。

对于定量配送服务方式，由于不严格规定时间，因此可以将不同用户所需物品拼凑起来进行合理的配装配送，运力利用得较好。

定量配送不仅有利于配送服务供给企业的科学管理，对用户来讲，每次接货都是同等数量的货物，这有利于人力、装卸机具、储存设施的配备。

定量配送适用于下述领域。

① 用户对于库存的控制不是十分严格，有一定的仓储能力。

② 从配送中心到用户的配送路线比较复杂，意外情况较多，难以实现准时送达。

③ 难以对多个用户实行共同配送。只有达到一定配送批量，才能使配送成本降低到供、需双方都能接受的水平。

(3) 定时定量配送

这种方式计划难度较大，由于适合采用的对象不多，很难实行共同配送等配送方式，因而成本较高，在用户有特殊要求时采用，不是一种普遍适用的方式。

定时定量配送方式主要应用于大量而且稳定生产的汽车、家用电器、机电产品的供应链物流。这种方式的管理和运作依靠配送双方事先约定的协议执行，也常采用"看板方式"来决定配送的时间和数量。

(4) 定时定路线配送

在规定的运行路线上，制定配送车辆到达的时间表，按运行时间表进行配送。用户可以按照配送企业规定的路线及规定的时间选择这种配送服务，并在指定时间到指定位置接货。

采用这种方式有利于配送企业计划安排车辆及驾驶人员，可以依次对多个用户实行共同配送，无须每次决定货物配装、配送路线、配车计划等，因此比较易于管理，配送成本较低。对于用户而言，可以在确定的路线、确定的时间表上进行选择，又可以有计划地安排接货力量。虽然配送路线可能与用户还有一段距离，但由于成本低，用户乐于接受这种服务方式。

这种方式特别适合对小商业集中区的商业企业的配送。商业集中区域交通较为拥挤，且街道比较狭窄，难以实现配送车辆"门到门"的配送。如果在某一站点将相当多商家的货物送达，然后用小型人力车辆将货物运回，这项操作往往在非营业时间内完成，可以避免上述矛盾对配送造成影响。

(5) 即时、应急配送

这是对各种配送服务进行补充和完善的一种配送方式，这种配送方式主要用于应对用户由于事故、灾害、生产计划的突然变化等因素所产生的突发性需求，也可以应对一般消费者经常出现的突发性需求。这是有很高灵活性的一种应急方式，也是大型配送企业应当具备的应急能力。有了这种应急能力，就能够支持和保障配送企业的经营活动。需要提出的是，这种配送服务实际成本很高，难以用作经常性的服务方式。

(6) 共同配送

按照日本工业标准(japanese industrial standards，JIS)的解释，共同配送是"为提高物流效率，由许多企业联合进行的配送"。

① 共同配送优势

共同配送的主要追求目标是使配送合理化。这包含以下几方面的考虑：第一，通过共同配送降低配送成本；第二，通过共同配送使车辆满载，减少上路车辆，改善交通及环境；第三，通过共同配送取得就近的优势，减少车辆行驶里程；第四，通过共同配送减少配送网点及设施，节约社会财富。

② 共同配送的具体形式

共同配送有以下几种具体形式：第一，由一个配送企业综合若干家用户的要求，对各个用户统筹安排，在配送时间、数量、次数、路线等方面做出系统的、最优的安排，在用户可以接受的前提下，全面规划，进行合理、有计划的配送；第二，由若干家用户联合组织配送系统，对这些用户进行配送，这种形式将分散的配送需求集中起来，将分散的资源集中，就可以达到一定规模，从而提高配送效率并且降低成本；第三，多家配送企业联合，共同划分配送区域，共同利用配送设施(如配送中心)，进行一定程度的配送分工。

(7) 加工配送

流通加工和配送结合，使流通加工更有针对性，减少盲目性。配送企业不但可以依靠送货服务和经营销售取得收益，还可以通过流通加工取得增值收益。

对于用户而言，按用户要求，通过流通加工进行配送，使配送更能贴近用户的实际需求，这种配送方式大大提高了配送的服务水平，不但使用户获得了配送的好处，也获得了流通加工的好处。

第三节 订单处理与备货作业

配送是现代物流体系中的重要环节之一，对于企业物流和物流企业而言，如何提高仓储工作效率，降低仓储和配送成本，如何从根本上提高物流管理水平，是每个企业都必须面对和解决的问题。

一、订单处理

1. 订单处理的含义

订单是配送中心开展业务的依据。从接到客户订单开始到着手准备拣货之间的作业阶段，称为订单处理。它是配送中心顺利实施业务活动的第一步，也是配送中心的核心业务。其通常包括订单资料确认、存货查询、单据处理等内容。

2. 订单处理的基本内容及步骤

订单处理分人工和计算机两种形式。人工处理具有较大的弹性，但只适合少量的订单处理。计算机处理则速度快、效率高、成本低，适合大量的订单处理。因此，目前主要采取后一种形式。订单处理的基本内容及步骤，如图10-2所示。

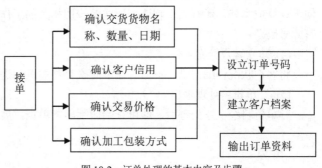

图10-2 订单处理的基本内容及步骤

(1) 接受订货

接单作业是订单处理的第一步。随着流通环境的变化和现代科技的发展，现在客户更趋向于高频度的订货，且要求快速配送。因此，接受客户订货的方式也渐渐由传统的人工下单、接单，演变为计算机间直接送收订货资料的电子订货方式。电子订货即采用电子传运方式取代传统人工书写、输入、传送的订货方式，它将订货资料由书面资料转为电子资料，通过通信网络进行传送。

(2) 订单的确认

接单之后，必须对相关事项进行确认，主要包括以下几方面。

① 货物数量及日期的确认。检查货品名称、数量、送货日期等是否有遗漏、笔误或不符合公司要求的情形。尤其当送货时间有问题或出货时间已延迟时，更需要与客户再次确认订单内容或更正运送时间。

② 客户信用的确认。不论订单是由何种方式传至公司，配送系统都要核查客户的财务状况，以确定其是否有能力支付该订单的账款。通常的做法是检查客户的应收账款是否已超过其信用额度。

③ 订单形态确认。订单形态确认一般分为一般交易订单、间接交易订单、现销式交易订单和合约式交易订单等。

一般交易订单，是指一般的交易订单，接单后按正常的作业程序拣货、出货、发送、收款的订单。处理方式是指接单后，将资料输入订单处理系统，按正常的订单处理程序处理，资料处理完后再进行拣货、出货、发送、收款等作业。

间接交易订单，是指客户向配送中心订货，直接由供应商配送给客户的交易订单。处理方式是指接单后，将客户的出货资料传给供应商由其代配。此方式需注意的是客户的送货单是自行制作的，还是委托供应商制作的，应对出货资料加以核对确认。

现销式交易订单，是指与客户当场交易、直接给货的交易订单。处理方式是订单资料输入后，因货物此时已交给客户，故订单资料不再参与拣货、出货、发送等作业，只记录交易资料即可。

合约式交易订单。交易形态是与客户签订配送契约的交易，如签订在某段时间内定时配送某数量的商品。处理方式是在约定的送货日，将配送资料输入系统处理，以便出货配送；或一开始便输入合约内容的订货资料，并设定各批次的送货时间，以便在约定日期系统自动产生所需的订单资料。

④订单价格确认。不同的客户(批发商、零售商)、不同的订购批量，可能对应不同的售价，因而输入价格时系统应加以检核。若输入的价格不符(输入错误或业务员降价接受订单等)，系统应加以锁定，以便主管审核。

⑤加工包装确认。客户订购的商品若有特殊的包装、分装或贴标等要求，或者包含有关赠品的包装等资料，系统需加以专门的确认并记录。

(3) 设定订单号码

每一份订单都要有单独的订单号码，此号码一般是由控制单位或成本单位来指定的，它除了便于计算成本外，还有利于制造、配送等一切相关的工作。所有工作的说明单及进度报告都应附有此号码。

(4) 建立客户档案

将客户状况详细记录，不但有益于此次交易的顺利进行，且有益于增加以后的合作机会。

(5) 订单资料处理输出

订单资料经上述处理后，即可开始印制出货单据，展开后续的物流作业。

二、备货

备货是配送的基本环节。处理完客户的订单后，接下来配送企业就要组织货源。配送企业可以集中不同用户的需求进行一定规模的备货。配送企业通过集中采购，扩大进货批量，从而降低商品交易价格，同时分摊进货运输装卸成本，减少备货费用，取得集中备货的规模优势。因此，做好备货管理工作也是企业提高服务水平、降低服务成本的有效保障。

1. 备货的含义及作用

备货是配送的基础工作，是配送中心根据客户的需要，为配送业务的顺利实施而从事的组织商品货源和进行商品储存的一系列活动。备货的作用：备货可使配送中心的配送活动得以顺利开展；备货可使社会库存结构合理，降低社会总成本；备货可使配送中心降低配送成本，提高经济效益。

2. 备货的内容

作为配送活动的准备环节，备货业务包括两个基础基本内容：筹集货物和储存货物。

(1) 筹集货物

在不同的经济体制下，筹集货物或者说组织货源，是由不同的行为主体去完成的。若生产企业直接进行配送，筹集货物的工作则会出现两种情况：其一，由提供配送服务的配送企业直接承担，一般是通过向生产企业订货或购货完成此项工作；其二，选择商流、物流分开的模式进行配送，订货、购货等筹集货物的工作通常是由货主(如生产企业)自己去做，配送组织只负责进货和集货(集中货物)等工作，货物所有权属于事主(接受配送服务的需求者)。然而，不管具体做法怎样不同，就总体活动而言，筹集货物都是由订货(或购货)、进货、集货及相关的验货、结算等一系列活动组成的。

(2) 储存货物

储存货物是购货、进货活动的延续。在配送活动中，货物储存有两种表现形态：一种是暂存形态；另一种是储备(包括保险储备和周转储备)形态。暂存形态的储存是按照分拣、配货工序要求，在理货场地储存少量货物。这种形态的货物储存是为了适应"日配""即时配送"的需要而设置的，其数量的多少对下一个环节的工作方便与否会产生很大的影响，但不会影响储存活动的总体效益。

储备形态的货物是按照一定时期配送活动要求和根据货源的到货情况(到货周期)有计划地确定的，它是配送持续运作的资源保证。如上所述，用于支持配送的货物储备有两种具体形态：周转储备和保险储备。然而，不管是哪一种形态的储备，相对来说数量都比较多。据此，货物储备合理与否，会直接影响配送的整体效益。

以上所讲的备货是决定配送成功与否、规模大小的最基础的环节。同时，它也是决定配送效益高低的关键环节。如果备货不及时或不合理，成本高，就会大大降低配送的整体效益。

三、配货管理

1. 配货管理概念

配送中心为了顺利、有序、方便地向众多客户发送商品，对组织进来的各种货物进行整理，并依据订单要求进行组织的过程称为配货。

2. 配货的任务

配货工作的基本任务是保证配送任务中所需的商品品种、规格、数量在指定的时间内组配齐全并装载完毕。

配送中心存放的商品数量大、品种杂、规格多，每日发送商品的次数和装配配送车辆的趟次比较多。若没有有效的计划管理，极易出现各种疏漏，影响后续业务的正常进行。因此，配送中心编制配货计划，保证客户需求能在最短的时间内以最合理的方式完好无损地配齐、经济合理地配载，是使配送业务顺利实施的前提条件。

3. 配货计划的编制

配货计划的科学性及合理性直接影响配送中心配送业务的绩效。

(1) 配货计划编制的依据

根据订货合同确定客户的送达地、接货人、接货方式以及客户订货的品种、规格、数量及送货时间等；根据配送商品的性能、状态和运输要求，决定运输工具及装卸搬运的方法；根据分日、分时的运力配置情况，决定是否临时增减配送业务；充分考虑配送中心到送达地之间的道路水平和交通条件。

(2) 编制配货计划的步骤

分为进行市场调查、确定配货顺序、确定配货作业指标和进行指标控制。

4. 配货管理方式

配货是很复杂、工作量很大的配送业务，选择合理的配货方式高效地完成配货工作，在某种程度上决定着配送中心的服务质量和经济效益。配送中心常用的配货方式有以下几种。

(1) 拣选式配货

拣选式配货是由负责理货的工厂或理货机械，巡回于货物的各个储存点，按理货单指令，取出所需求货物，巡回一遍，则为一个客户配齐的货物。配齐后的货物立即配装。拣选式配货可采取单一拣选和摘果式拣选两种方法。

拣选式配货的特点表现在采取按单拣选工艺，一单一拣方式，这和目前仓库的出货方式是很类似的。由于采用按单拣选工艺，因此这种配货工艺准确程度较高，不容易发生货差等错误。这种工艺还有机动、灵活的特点，表现在：由于一单一拣，各用户的拣选互相没有牵制，因此可以根据用户要求调整配货先后次序；对于紧急需求，可以采取集中力量快速拣选方式，有利于配送中心开展即时配送，增强对用户紧急需求的保证能力；拣选完一个货单，货物便配齐。因此，货物可不再落地暂存而直接放到配送车辆上，有利于简化工序，提高效率。其灵活性还表现在对机械化没有严格要求，无论配送中心设备数量的多少，技术水平的高低都可以采取这种工艺，用户的数量不受工艺的限制，可在很大范围内波动。

(2) 分货式配货

分货式配货又称播种式配送，是由负责理货的工人或理货机械每次集中取出货物，然后巡回于客户的指定货位之间，到达一个货位将客户所需的数量分出，每巡回一次，将若干客户所需的货物分放完毕。如此反复进行，最后，将各客户所需货物全部配齐，一轮的配货任务即告完成。

分货式配货的特点表现在采用分货式工艺先集中取出共同需要的货物，再按货物货位分放，这就需要在收到若干个用户的配送请求之后，在可以形成共同的批量之后，对用户共同需求做出统计，同时要安排好各用户的分货货位，做好这些工作，才能开始陆续集中取出再进行反复的分货操作。所以，这种工艺难度较高，计划性较强，容易在分货时发生错误。

这种工艺计划性较强表现在：若干用户的需求集中后才可以开始分货，直至最后一种共同需要的货物分放完毕，各用户需求的配货工作才可以同时完成。之后，可同时开始对各用户的配送送达工作，这也有利于考虑车辆的合理调配、合理使用和规划配送路线。和拣选式工艺相比，分货式工艺可综合考虑、统筹安排、利用规模效益，这也是其重要特点。

(3) 直起式配货

直起式配货是拣选式配货的一种特殊形式。当客户所需商品种类很少，且商品数量又很大时，送货车辆可以直接开抵储存场所装车，随时送货，这种方式将配货和送货合为一体，减少了工序，增加了效率，特别适于大宗生产资料的配送。

第四节　进货作业

进货作业包括实体上接收货品，从货车上将货物卸下，并核对货品的数量及状态(数量检查、品质检查、开箱等)，然后将必要资讯书面化等。

1. 进货流程

在物流中心的基本作业流程中进货作业是其他作业环节的开始，主要内容包括核验单据、装卸、搬运、分类、验收，以及在确认商品后将商品按预定的货位存储入库。进货作业的主要流程有以下几种。

(1) 进货作业计划

进货作业计划的制订必须根据订单反映的信息，掌握商品到达的时间、品类、数量及到货方式和安排。

(2) 进货前的准备

准备工作的主要内容包括以下几点。

① 储位准备。应根据到位商品的性能及包装、单位重量、单位体积、到位数量等信息提前计划好储位。

② 人员准备和搬运工具准备。预先安排接运、装卸、检验、搬运货物的作业人员以及搬运工具。
③ 文件准备。准备到货的单证，核查相关文件，准备相关验收标准。

(3) 接运与卸货

对直接到达物流中心的商品，必须及时组织卸货入库。

(4) 分类与标示

在对商品进行初步清点的基础上，需按储放地点、唛头标志进行分类并做出标记。

(5) 核对单据

核对单据包括送货单、采货订单、采购订单、采购进货通知、供应方开具的出仓单、发票、磅码单、发货明细表等，还包括部分商品的质量保证说明书、检疫合格证、装箱单等。

(6) 入库验收

商品的检验方式有全检和抽检两种。全检的侧重点在于数量检验；对于大批量到货的商品或规格尺寸和包装整齐的商品，多采用抽检的方法。

(7) 进货信息的处理

首先必须将所有进货入库单据进行归纳整理，并详细记录验收情况，登记入库商品的储位；然后依据验收记录和其他到货信息，对库存商品保管账目进行账务处理。商品验收入库后，库存账面数量与库存实物数量应同时增加。

2. 进货系统设计原则和考虑的因素

(1) 进货系统设计原则

多利用配送司机来卸货，以减轻公司作业员的负担及避免卸货作业的拖延；尽可能将多样活动集中在一个工作站以节省必要空间；尽可能平衡停泊码头的配车；使月台(码头)到储备区的活动尽量保持直线流动；依据活动安排，使距离最小化或减少步行；安排人力在高峰时间使货品维持正常迅速的转移；考虑使用可流通的容器，以减少更换容器的动作；为方便后续存取及查询的需要，应详细记录进货资料；为小批量进货准备小车；在进出货期间尽可能省略不必要的货品搬运及储存。

(2) 进货时考虑的因素

进货时应考虑的因素有：进货对象及供应厂商总数(即一日内的供应厂商数目)，商品种类与数量(即一日内的进货项数)，进货车种与车辆台数，每天可以使用的车辆数，每辆车的卸(进)货时间，商品的形状、特性，进货场地人员数，配合储存作业的处理方式，每一时刻的进货车数等。

3. 卸货

卸货是将货品由车辆(轮船)搬至月台(码头)的作业，在这个过程中要注意车辆(轮船)与月台(码头)间的间隙。为了作业安全与方便，一般常采用下列 4 种设施：①可移动楔块；②升降平台；③车尾附升降台；④吊钩卸货。

4. 货品的编号

货品编号的原则具体如下。
① 简易性。应将货品化繁为简，便于货品活动的处理。
② 完全性。每一项货品都有一种编码代码。
③ 单一性。每一个编号只能代表一项货品。
④ 一贯性。要统一而连贯。
⑤ 充足性。所采用的文字、记号或数字，必须有足够的数量来编号。
⑥ 扩充弹性。为未来货品的扩展及产品规格的增加预留编号，使编号能按照需要自由延伸，

或随时从中插入。

⑦ 组织性。编号应具有组织性，以便存档或查询相关资料。

⑧ 易记性。应选择易于记忆的文字、符号或数字作为货品编号，或编号富于暗示性及联想性。

⑨ 分类展开性。若货品过于复杂而使编号庞大，则应采用渐进分类的方式做层次式的编号。

⑩ 应用机械性。应考虑与事务性机器或电脑的配合。

5. 货物入库的验收

商品验收是按照验收业务作业流程，核对凭证等规定的程序和手段，对入库商品进行数量和质量检验的经济技术活动的总称。凡商品进入仓库储存，必须经过验收，只有验收后的货物，方可入库保管。

(1) 验收的作用

商品验收方式分为全验和抽验，其作用主要表现在以下几个方面。

① 验收是做好商品保管、保养的基础。商品入库时，必须将商品的实际情况搞清楚，判明商品的品种、规格、质量等是否符合国家标准或供货合同的规定，数量上是否与供货单位所附凭证相符，这样才能按品种、规格进行分类堆码存放，并针对商品的实际情况，采取相应的措施对商品进行保管保养。

② 验收记录是仓库提出退货、换货和索赔的依据。若在商品验收过程中未进行严格的验收，或没有做出详细的验收记录，而在保管过程中，甚至在发货时才发现问题，就会造成责任难分，从而丧失理赔权，带来不必要的经济损失。

③ 验收是避免商品积压，减少经济损失的重要手段。保管不合格的商品是一种无益的劳动。

④ 验收有利于维护货主利益。把好商品"验收关"是十分重要的，任何疏忽大意都会造成保管工作的混乱，给国家和企业造成经济损失。

(2) 验收的作业流程及其作业内容

① 验收准备，包括人员准备、资料准备、器具准备、货位准备、设备准备。

② 核对凭证，包括入库通知单、订货合同副本、供货单位材质证明书、装箱单、磅码单、发货明细表、承运单位提供的运单、核对凭证等。

③ 实物检验，包括数量检验(包括计件、检斤、检尺寸积)、质量检验(包括外观检验、尺寸检验、理性检验)。

(3) 商品入库中的问题处理

验收中发现问题需等待处理的商品，应单独存放，妥善保管，防止混杂、丢失、损坏。在磅差规定范围内数量短缺的，可按原数入账，凡超磅差规定范围的，应查对核实，做好验收记录和磅码单，交主管部门，主管部门会同货主向供货单位办理交涉。质量不符合规定时，应及时向供货单位办理退、换货，或征得供货单位代为修理，或在不影响使用的前提下降价处理。证件未到或不齐时，应及时向供货单位索取，到库商品应作为待检验商品堆放在待验区，待证件齐全后再验收。属承运部门造成的商品数量短少或外包装严重残损等，应凭借接运提货时索取的"货运记录"向承运部门索赔。如果价格不符，那么供方多收部分应拒付，少收部分经过检查核对后，应主动联系，及时补齐。单据或者证件已到，但在规定时间内商品未到库，应及时向有关部门反映，以便查询处理。

第五节　装卸搬运作业

装卸搬运合理化是指以尽可能少的人力和物力消耗，高质量、高效率地完成仓库的装卸搬运任务，保证供应任务的完成。装卸搬运合理化是针对装卸不合理而言的。合理与不合理是相对的，由于各方面客观条件的限制，不可能达到绝对合理。装卸搬运的原则包括：省力化原则，即消除无效搬运化、提高搬运活性、合理选用机械；连续化原则，即保持物流的均衡顺畅；顺畅化原则；短距化原则；单元化原则；人格化原则；集中化原则；活性化原则；提高综合效果的原则。

一、装卸搬运概述

装卸搬运与运输、储存不同，运输是解决物品空间距离的，储存是解决时间距离的，装卸搬运没有改变物品的时间或空间价值，因此往往不会引起人们的重视，可是一旦忽略了配送中的装卸搬运，生产和流通领域轻则发生混乱，重则造成生产活动停顿。

1. 装卸搬运的概念

在同一地域范围内(如车站、工厂、仓库内部等)，改变"物"的存放、支承状态的活动称为装卸，改变"物"的空间位置的活动称为搬运，两者合称装卸搬运。有时候在特定场合，单称"装卸"或"搬运"，也包含了"装卸搬运"的完整含义。

装卸搬运是指同一地域范围内进行的、以改变物的存在状态和空间位置为主要内容和目的的活动，具体地说，包括装上、卸下、移送、拣选、分类等活动。

在习惯使用中，物流领域(如铁路运输)常将装卸搬运这一整体活动称作"货物装卸"；在生产领域中常将这一整体活动称作"物料搬运"。实际上，活动内容都是一样的，只是领域不同而已。

在实际操作中，装卸与搬运是密不可分的，两者是伴随在一起发生的。因此，在物流科学中并不过分强调两者的差别，而是将其作为一种活动来对待。

搬运的"运"与运输的"运"的区别之处在于，搬运是在同一地域的小范围内发生的，而运输是在较大范围内发生的，两者是量变的关系，中间并无一个绝对的界限。

2. 装卸搬运的特点

① 装卸搬运是附属性、伴生性的活动。装卸搬运是物流每一项活动开始及结束时必然发生的活动，因而有时常被人忽视，有时被看作其他操作中不可缺少的组成部分。例如，"汽车运输"包含了相随的装卸搬运，仓库中泛指的保管活动，也含有装卸搬运活动。

② 装卸搬运是支持性、保障性活动。装卸搬运的附属性不能理解成被动的，实际上，装卸搬运对其他物流活动有一定的决定性。装卸搬运会影响其他物流活动的质量和速度。例如，装车不当会引起运输过程中货物的损失；卸放不当，会引起货物下一步转换的困难。许多物流活动只有在有效的装卸搬运支持下，才能实现高水平。

③ 装卸搬运是衔接性的活动。任何物流活动互相过渡时，都是以装卸搬运来衔接的，因而，装卸搬运往往成为整个物流活动的"瓶颈"，是物流各功能之间形成有机联系和紧密衔接的关键，而这又是一个系统的关键。能否建立一个有效的物流系统，关键看这一衔接是否有效。比较先进的系统物流方式——联合运输方式就是着眼解决这种衔接问题而兴起的。

④ 装卸搬运是增加物流成本的活动。传统物流装卸搬运，既会导致物流时间的延长，又要投入大量不带来附加值的活劳动和物化劳动，增大物流成本。因此，应重视反复装卸搬运的累计成本。

3. 配送中心装卸搬运的发展过程

从技术发展的角度来看，配送中心物品装卸搬运的发展过程，主要经历了以下阶段。

① 手工物品搬运。早期的物流中心由于包装形式和机械手段的缺乏，多数以手工搬运的形式进行车辆的装卸货物作业。

② 机械化物品搬运。随着搬运设备技术的发展，物流中心开始采用机械设备代替人工搬运，从而节省了大量的人工。

③ 自动化物品搬运。计算机技术的发展为物流中心实现自动化装卸及搬运提供了可能，如自动化仓库或自动存取系统(automated storage and retrieval system，AS/RS)、自动导向小车(automated guided vehicle，AGV)、电眼以及条形码和机器人的使用，大大加快了物流中心的货品装卸速度。

④ 集成化物品搬运系统。单件分拣集成化物品搬运系统通过计算机使若干自动化搬运设备协调起来组成一个集成系统，并能与生产系统协调运转，可以取得更好的效益。

⑤ 智能型物品搬运系统。结合与物流中心相关联的信息来源，将计划自动分解成人员计划、物品需求计划，并对物品搬运进行优化，从而实现物流中心的智能化管理。

二、现代装卸搬运的作业方式

1. 决定装卸方法的条件

决定装卸方法的条件可以分为两大类：一类是由运输(配送)、保管、装卸三者相互关系决定的外部条件；一类是由装卸本身所决定的内在条件。此外，在装卸作业组织工作中还要考虑货车装卸的一般条件。

(1) 决定装卸方法的外在条件

① 货物特征。货物经由包装、集装形成的质量、尺寸(如件装、集装、散装货物)等，对装卸作业方法的选择有至关重要的影响。

② 作业内容。装卸作业中的重点是堆码、装车、拆垛、分拣、配载、搬运等作业，其中以哪一种作业为主或哪几种作业组合，也会影响装卸作业方法的选择。

③ 运输设备。不同的运输设备，如汽车、轮船、火车、飞机等的装卸与运输能力和装运设备尺寸都会影响装卸作业方法的选择。

④ 运输、仓储设施。运输、仓储设施的配置情况、规模、尺寸大小会影响作业场地、作业设备以及作业方法的选择。

(2) 决定装卸方法的内在条件

① 货物状态。主要指货物在装卸前后的状态。

② 装卸动作。指在货物装卸各项具体作业中的单个动作及组合。

③ 装卸机械。装卸机械所能实现的动作方式、能力大小、状态尺寸、使用条件、配套工具等以及与其他机械组合也成为影响装卸方法选择的因素。

④ 作业组织。参加装卸作业的人员素质、工作负荷、时间要求、技能要求对装卸作业方法的选择有重要的影响作用。

(3) 货车装卸一般条件

① 零担货物装卸。较多地使用人力和手推车、台车、输送机等作业工具，也可使用笼式托盘(托盘笼)、箱式托盘(托盘箱)，以提高货车装卸、分拣及配货等作业的效率。

② 整车货物装卸。较多采用托盘系列及叉车进行装卸作业。

③ 专业货车装卸。往往需要适合不同货物的固定设施、装卸设备，以满足装卸时需要的特殊

技术要求。

以上所述的决定装卸作业方法的外在条件，同时也是决定其内在条件的因素，而内在条件受外部条件影响，所采取的货物状态、作业动作、装卸机械、工作环境和方式方法，成为直接决定装卸方法的因素。

2. 单件作业法

装卸一般单件货物，通常是逐件由人力作业完成的，对于一些零散货物，诸如搬家货物等也常采用这种方法。笨重货物、不宜集装的危险货物以及行包等仍然采用单件作业法。单件作业依作业环境和工作条件可以采用人工作业法、机械化作业法、半机械化作业法和半自动化作业法。

3. 集装作业法

集装作业法是将货物集装化后再进行装卸作业的方法。集装作业法包括托盘作业法、集装箱作业法、框架作业法、货捆作业法、滑板作业法、网袋作业法、挂车作业法等。

(1) 托盘作业法

① 定义。托盘作业法是用托盘系列集装工具将货物形成成组货物单元，以便于采用叉车等设备实现装卸作业机械化的装卸作业方法。

② 常见设备。一些不宜采用平托盘的散件货物可采用笼式托盘形成成组货物单元。

一些批量不是很大的散装货物，如粮食、食糖、啤酒等可采用专用箱式托盘形成成组货物单元，再辅之以相应的装载机械、泵压设备等配套设备，实现托盘作业法。

(2) 集装箱作业法

① 垂直装卸法。垂直装卸法在港口可采用集装箱起重设备机，目前以集装箱跨运车应用为最广，但龙门起重机最有发展前途。在车站以轨式龙门起重机方式为主，配以叉车较为经济合理，轮胎式龙门起重机、跨运车、动臂起重机、侧面装卸机也有较多应用。

② 水平装卸法。水平装卸法在港口是以挂车和叉车为主要装卸设备。在车站主要采用叉车或平移装卸机的方式，在车辆与挂车间或车辆与平移装卸机间进行换装。

③ 集装箱装卸作业的配套设施。集装箱装卸作业的配套设施有维修、清洗、动力、照明、监控、计量、信息和管理等方面的设施。

(3) 框架作业法

① 定义。框架通常采用木制或金属材料制作，要求有一定的刚度、韧性，质量较轻，以保护商品、方便装卸、有利运输作业。

② 适用范围。管件以及各种易碎建材，如玻璃产品等，一般使用各种不同的集装框架实现装卸机械化。

(4) 货捆作业法

① 定义。货捆作业法是用捆装工具将散件货物组成一个货物单元，使其在物流过程中保持不变，从而能与其他机械设备配合，实现装卸作业机械化。

② 适用范围。木材、建材、金属之类的货物最适于采用货捆作业法。

③ 常见机械。带有与各种货捆配套的专用吊具的门式起重机和悬臂式起重机是货捆作业法的主要装卸机械，叉车、侧叉车、跨车等是配套的搬运机械。

(5) 滑板作业法

① 定义。滑板是用纸板、纤维板、塑料板或金属板制成的，与托盘尺寸一致的、带有翼板的平板，用以承放货物组成的搬运单元。

② 匹配的装卸作业机械。与其匹配的装卸作业机械是带推拉器的叉车。在叉货时推拉器的钳口夹住滑板的翼板，将货物支上货叉，卸货时先对好位，然后叉车后退、推拉器前推，货物放置就位。

③ 特点。滑板作业法虽具有托盘作业法的优点且占用作业场地少,但带推拉器的叉车较重、机动性较差,对货物包装与规格化的要求很高,否则不易顺利作业。

(6) 网袋作业法

① 定义。将粉粒状货物装入多种合成纤维和人造纤维编织成的集装袋;将各种袋装货物装入多种合成纤维或人造纤维编织成的网;将各种块状货物装入用钢丝绳编织成的网。这种先集装再进行装卸作业的方法称为网袋作业法。

② 适用范围。适宜于粉粒状货物、各种袋装货物、块状货物、粗杂物品的装卸作业。

③ 特点。网袋集装工具体积小、自重轻、回送方便,可一次或多次使用。

(7) 挂车作业法

挂车作业法是先将货物装到挂车里,然后将空车拖上或吊到铁路平板车上的装卸作业方法。通常将此作业完成后形成的运输组织方式称背负式运输,挂车作业法是公铁联运的常用组织方式。

4. 散装作业法

散装货物装卸方法包括重力法、倾翻法、机械法等。

(1) 重力法

① 定义。重力法是利用货物的势能来完成装卸作业的方法。

② 适用范围。主要适用于铁路运输,汽车运输也可利用这种装卸作业法。

③ 设备。重力法装车设备有筒仓、溜槽、隧洞等几类。重力法卸车主要指底门开车或漏斗车在高架线或卸车坑道上自动开启车门,煤或矿石依靠重力自行流出的卸车方法。

(2) 倾翻法

① 定义。倾翻法是将运载工具的载货部分倾翻从而将货物卸出的方法。

② 适用范围。主要用于铁路敞车和自卸汽车的卸载方法,汽车一般依靠液压机械装置顶起货厢实现卸载。

(3) 机械法

① 定义。机械法是采用各种机械,使工作机构直接作用于货物,如通过舀、抓、铲等作业方式达到装卸目的的方法。

② 设备。常用的机械有带式输送机、堆取料机、装船机、链斗装车机、单斗和多斗装载机、挖掘机及各种抓斗等。

三、装卸搬运的作业准则

1. 防止无效装卸

无效装卸是指消耗在有用货物必要装卸劳动之外的多余装卸劳动,具体反映在以下几个方面。

(1) 过多的装卸次数

从发生的费用来看,一次装卸的费用相当于几十千米的运输费用,因此,每增加一次装卸,费用就会有较大比例的增加。此外,装卸又会大大阻碍整个物流的速度,装卸是降低物流速度的重要因素。

采用集装方式进行多式联运能够有效地避免对单件货物的反复装卸和搬运处理,是有效防止无效装卸的办法。

(2) 过大的包装装卸

若包装过大过重,则在装卸时会消耗较大,这一消耗不是必须的,因而形成无效劳动。

(3) 无效物质的装卸

进入物流过程的货物，有时混杂着没有使用价值或对用户来讲使用价值不对路的各种掺杂物，如煤炭中的矸石、矿石中的水分、石灰中的木烧熟石灰及过烧石灰等，在反复装卸时，若将装卸带动消耗在这些无效物质上，将形成无效装卸。

2. 充分利用重力和消除重力影响，减少装卸的消耗

(1) 利用重力的合理化装卸

在装卸时考虑重力因素，可以利用货物本身的重量，进行有一定落差的装卸，以减少或根本不消耗装卸的动力，这是合理化装卸的重要方式。例如，从卡车、铁路货车卸物时，利用卡车与地面或小搬运车之间的高度差，使用溜槽之类的简单工具，可以依靠货物本身重量，从高处自动滑到低处，这就无须消耗动力。

(2) 尽量消除或削弱重力的合理化装卸

在装卸时尽量消除或削弱重力的影响，也能减轻体力劳动及其他劳动消耗。使货物平移，从甲工具转移到乙工具上，这就能有效地消除重力影响，实现合理化。

3. 充分利用机械，实现"规模装卸"

追求规模效益的方法，旨在通过各种集中装卸实现间断装卸时一次操作的最合理装卸量，从而使单位装卸成本降低，这样也可以通过散装实现连续装卸的规模效益。

4. 提高"物"的装卸搬运活性

(1) 装卸搬运活性的含义

装卸搬运活性是指从物的静止状态转变为装卸搬运运动状态的难易程度。如果很容易转变为下一步的装卸搬运而不需要过多的装卸搬运前的准备工作，活性就高；如果难于转变为下一步的装卸搬运，活性就低。

(2) "活性指数"的含义

为了对活性有所区别，并能有计划地提出活性要求，使每一步装卸搬运都能按一定活性要求进行操作，对于不同放置状态的货物做了不同的活性规定，"活性指数"就是将活性标准化的一种方法。

(3) "活性指数"等级

活性指数分为0～4共5个等级，如表10-1所示。

表10-1 活性指数等级

放置状态	需要进行的作业				活性指数
	整理	架箱	提起	拖运	
散放地上	需要	需要	需要	需要	0
置于一般容器	0	需要	需要	需要	1
集装化	0	0	需要	需要	2
无动力车	0	0	0	需要	3
动力车辆或传送带	0	0	0	0	4

第六节 配载与送货作业

配载又称配装，是指为具体的搬运选配货载，承运人根据货物托运人提出的托运计划，对所

属运输工具的具体搬运确定应装运的货物品种、数量及体积。配载的结果是编制搬运装货清单。装货清单通常包括卸货港站、装货单号、货名、件数、包装、重量、体积及积载因子等，还要注明特殊货物的装载要求。送货作业是指利用配送车辆把用户订购的物品从制造厂、生产基地、批发商、经销商或配送中心送到用户手中的过程。

一、配载业务

如何获取利润最大化，商家各有各的办法，有的通过降低采购成本，有的通过降低生产成本，有的通过降低管理费用等。这在物流活动中也不例外，也是通过加强内部管理、减少环节等来降低运作成本，提高效益。但物流运作中有一个最关键、最重要的环节——配载。控制好配载不仅能够提高运输工具的利用率、降低成本，而且能够创造利润，是物流生产活动中的一个利润源。

在物流作业过程中，一般来说，配载业务包括集货、存储、流通加工、拣货、分拣、配货、装卸、运输等环节。其中，配货也就是我们通常所说的配载。配载的定义是将发往同一个客户或者同一个地方的货物分拣在一起，用指定的运输工具送达目的地。

物流行业一般按货物的密度将货物分为轻泡货、重货、重泡货等。1 吨货物的体积大于 3 立方米的称为轻泡货，1 吨货物的体积小于 2 立方米的称为重货，1 吨货物的体积大于 2.5 立方米小于 3.5 立方米之间的一般称为重泡货。

我们知道，无论对于哪种运输工具来说，其载货量是一定的，不是无限的，其载重量、可用体积都是有限的。因此，对于一个有限的运输工具，最大限度地达到其限定的载重量，以及充分利用其体积容量，这是物流活动中既能提高运输工具的利用率、又能提高经济效益的一个关键环节。

二、配载的原则

一般来说，轻重搭配是配载的最简单的原则。也就是说，用重货铺底，以充分利用运输工具的载重量；搭配轻泡货，以充分利用其可用空间(体积)。最后的结果是，轻重货的总重量加起来能无限接近于限定载重量的最大值，轻重货的总体积加起来能无限接近限定体积数的最大值。但轻重货的搭配并不是随意的，而是要达到上面所说的目的，无论是重量还是体积都要无限接近最大化，同时还要产生最佳的经济效益，这就需要有科学的依据、科学的比例，以保证达成上述目的。那么什么样的比例才是最科学、最适当的呢？

长期以来，物流公司的员工都是凭经验来给运输工具进行配载的。尽管也能获取一定的效益，但这只是凭经验而已。是否已经达到运输工具使用率的最大化、配载效益的最大化，也从未有人去评估过。同时，新员工是不具备这种经验的。能否有个公式化的计算办法来让大家都能给运输工具进行配载呢？其实很简单，我们在集货时一般都是以重量或体积来计量货物的，这样就可以知道所装载货物密度的近似值，从而推出轻重货的配载比例。

1. 配载时应注意的几点原则

① 根据运输工具的内径尺寸，计算出最大容积量。

② 测量所载货物的尺寸重量，结合运输工具的尺寸，初步算出装载轻重货物的比例。

③ 装车时注意货物摆放的顺序，决定堆码时的方向，是横摆还是竖放，要最大限度地利用车厢的空间。

④ 配载时不仅要考虑最大限度地利用车载量，还要具体情况具体分析，根据货物的价值来进行价值的搭配。

⑤ 以单位运输工具能获取最大利润为配载总原则。

2. 配载时应注意的事项
① 重货不能压轻货，大件货物不能压小件货物。
② 注意运输工具的承重位置，不能偏重，或者重心偏向。
③ 注意附加值高的货物的装载位置，要相对保护起来。
④ 注意食品不能和有异味的、有毒的货物混装。
⑤ 液态物质要注意其包装的密封性并采取隔离措施。
⑥ 怕压、易碎、易变形的产品，在装载时要采取防护措施。

三、配送运输

1. 配送运输的概念与特点

配送运输是指将被订购的货物使用汽车或其他运输工具从供应点送至客户手中的活动。配送运输通常是一种短距离、小批量、高频率的运输形式，它以服务为目标，尽可能满足客户要求。如果单从运输的角度看，它是对干线运输的一种补充和完善，属于末端运输、支线运输，主要由汽车进行运输，具有城市轨道货运条件的可以采用轨道运输，对于跨城市的地区配送可以采用铁路运输进行，或者在河道水域通过船舶进行运输。在配送运输过程中，货物可能是从工厂等生产地仓库直接送至客户，也可能通过批发商、经销商或由配送中心、物流中心转送至客户手中。

(1) 配送运输的概念

配送运输是指将节点中已按用户需求配好的货物分别送达各个用户的运输活动，一般是短距离、小批量的运输，从运输的角度讲，这是对干线运输的一种补充和完善。它具有时效性、安全性、沟通性、方便性和经济性。配送运输也是指物流过程中的中转型送货，也称二次运输、支线运输、终端运输。

配送是在经济合理的区域范围内，根据客户要求，对物品进行拣选、加工、包装、分割、组配等作业，并按时送达指定地点的物流活动。

(2) 配送运输的特点

① 配送是按用户的要求进行的。用户的要求是配货和送货的依据，包括货物的品种、规格、数量、质量、送货时间、送货地点等。实现用户的要求是衡量配送质量高低的最终标准。

② 配送是由物流据点完成的。物流据点可以是物流配送中心、物资仓库，也可以是商店或其他物资集散地。

③ 物资配送是流通加工、整理、拣选、分类、组配、配装、末端运输等一系列物流活动的集合。

(3) 配送在货物送到收货人后即告完成。

2. 配送运输效果的影响因素和形成原因

影响配送运输效果的因素很多。动态因素如车流量变化、道路施工、配送客户的变动、可供调动的车辆变动等；静态因素包括配送客户的分布区域、道路交通网络、车辆运行限制等。各种因素互相影响，很容易造成配送路径选择不当、送货不及时、贻误交货时间等问题。因此，对配送运输的有效管理极为重要，否则不仅影响配送效率和信誉，还将直接导致配送成本的上升。

配送运输的形成是一个自然而然的发展过程，其产生原因如下。

① 消费者消费行为的变化。消费者消费行为具有个性化和多样化的特点，企业有少批量、多品种、快速化、柔性化的生产要求。

② 生产商生产策略的转变及其对物流管理的强化。

③ 零售商向连锁经营发展的趋势。
④ 信息技术的革新与电子商务的兴起。

3. 配送运输的作用和作业流程

(1) 配送运输的作用

配送运输的作用包括：实现低库存或零库存，解放大量储备基金用来拓展新业务；提高物流服务水平、简化手续、方便用户；完善干线运输的社会物流功能体系和扩大企业的产品市场占有率。

(2) 配送运输的作业流程

配送运输的流程包括：拟定配送计划、确定配送计划和执行配送计划。

4. 配送运输方法

影响配送运输的因素较多，为了在运输方法的选择上既能为客户提供便捷性、经济性的服务，又能保证货物的安全性，应尽量避免不合理的运输。配送运输方法主要有：汽车整车运输、多点分运及快运等。

(1) 汽车整车运输

整车运输是指托运人一次托运的货物在 3 吨(含 3 吨)以上，或不足 3 吨但性质、体积、形状需要一辆 3 吨以上公路货物运输的形式。这种运输方式适合配送装运 3 吨以上的货物运输；或者货物重量在 3 吨以下，但其性质、体积、形状需要 3 吨以上载重量的车辆。

① 特点。整车货物运输一般中间环节较少，送达速度快，运输成本较低。通常以整车为基本单位订立运输合同，以便充分体现整车配送运输的可靠、快速、方便、经济等特性。

② 基本程序。其基本程序为按客户需求订单备货→验货→配车→配装→装车→发车→运送→卸车交付→运杂费结算(→货运事故处理)。

③ 作业过程。整车货物运输作业过程是一个多工种的联合作业系统，是社会物流中必不可少的重要过程。这一过程是货物运输的劳动者借助运输线路、运输车辆、装卸设备、站场等设施，通过各个作业环节，将货物从配送地点运送到客户地点的全局活动。它由 4 个相互关联又相互区别的过程构成：运输准备过程、基本运输过程、辅助运输过程和运输服务过程。

(2) 多点分运

多点分运是在保证满足客户要求的前提下，将多个客户的配送货物集中起来进行搭配装载，以充分利用运能、运力，降低配送成本，提高配送效率。

① 往复式行驶线路。一般是指由一个供应点对一个客户的专门送货。从物流优化的角度看，其基本条件是客户的需求量接近或大于可用车辆的核定载重量，需专门派一辆或多辆车一次或多次送货。可以说，往复式行驶线路是指配送车辆在两个物流节点间往复行驶的路线类型。根据运载情况，具体可分为三种形式：单程有载往复式线路，回程部分有载往复式线路，双程有载往复式线路。

② 环形行驶线路。环形行驶线路是指在若干物流节点组成的封闭回路上，配送车辆所做的连续单向运行的行驶路线。车辆在环形行驶路线上行驶一周时，至少应完成两个运次的货物运送任务。由于运送任务不同，其装卸作业点的位置分布也不同，环形式行驶线路可分为 4 种形式：简单环形式、交叉环形式、三角环形式和复合环形式。

③ 汇集式行驶线路。汇集式行驶线路是指配送车辆沿分布于运行线路上各物流节点，依次完成相应的装卸任务，而且每一运次的货物装卸量均小于该车核定载重量，沿线路装或卸，直到整辆车装满或卸空，然后返回出发点的行驶线路。汇集式行驶线路可分为直线形和环形两类，其中汇集式直线形线路实质是往复式行驶线路的变形。这两种类型的线路都包含分送式、聚集式、分送—聚集式。

④ 星形行驶线路。星形行驶线路是指车辆以一个物流节点为中心，向其周围多个方向上的一

个或多个节点行驶而形成的辐射状行驶线路。

(3) 快运

货物快运是相对一般货物运输时间比较短的一种运输服务，包括门到门服务和站到站服务，运输价格高于一般货物运输，低于快递服务价格。

① 快运的特点包括：送达速度快，配装手续简捷，实行承诺制服务，可随时进行信息查询。

② 快运业务操作流程包括：通过电话、传真、电子邮件接受客户的委托→快速通道备货→分拣→包装→发货→装车→快速运送→货到分发→送货上门→费用结算。

③ 快运的基本形式包括：定点运输、定时运输、特快运输和联合快运。

5. 配送运输的形式

(1) 按物流配送运输调度形式分类

物流配送运输调度形式分类，配送运输可分为定时配送方式、定量配送方式、定时定量配送方式和定时定线配送方式。

(2) 按物流配送经营形式分类

按物流配送经营形式分类，配送运输可分为直送、分送、集取、集取配送、交叉配送、多配送中心集中配送方式等。

(3) 按配送运输路线的类型分类

按配送运输路线的类型分类，配送运输可分为往复式行驶线路、单程往复式行驶线路、回程部分有载往复式行驶线路和双程有载往复式行驶线路。按环形行驶路线分类，配送运输可分为单环式、交叉环式、三角环式和复合环式。按汇集式行驶路线分类，配送运输可分为分送式、聚集式和分送—聚集式。

(4) 配送运输的基本作业流程

① 划分基本配送区域

为了使整个配送有一个可循的基本依据，物流配送方应首先根据客户所在地的具体位置进行统计，并对其作业区域进行整体划分，将每一客户囊括在不同的基本配送区域之中，以作为下一步决策的基本参考。例如，按行政区域或依交通条件划分不同的配送区域，在这一区域划分的基础上再做弹性调整来安排配送。

② 车辆配载

由于配送货物品种、特性各异，为提高配送效率，确保货物质量，在接到订单后，必须首先将货物依特性进行分类，然后分别选取不同的配送方式和运输工具，如按冷冻食品、速食品、散装货物、箱装货物等分类配载；其次，配送货物也有轻重缓急之分，必须按照先急后缓的原则，合理组织运输配送。

③ 暂定配送先后顺序

在考虑其他影响因素，做出确定的配送方案前，应先根据客户订单要求的送货时间拟定配送的先后作业次序，为车辆积载做好准备工作。计划工作的目的是保证达到既定的目标。所以，预先确定基本配送顺序既可以有效地保证送货时间，又可以尽可能地提高运作效率。

④ 车辆安排

车辆安排要解决的问题是安排什么类型、吨位的配送车辆来进行最后的送货。一般企业拥有的车辆类型有限，车辆数量亦有限，当本公司车辆无法满足要求时，可使用外雇车辆。在保证配送运输质量的前提下，是组建自营车队，还是以外雇车辆为主，必须视经营成本而定。但无论是自有车辆还是外雇车辆，都必须事先掌握有哪些车辆可供调派，这些车辆的容量和额定载重是否满足要求；其次，安排车辆之前，还必须分析订单上的货物信息，如体积、重量、数量等对装卸作业的特别要求。企业要综合考虑各方面因素的影响，做出最合适的车辆安排。

⑤ 选择配送线路

知道了每辆车负责配送的具体客户后，如何以最快的速度完成对这些货物的配送，如何选择配送距离短、配送时间短、配送成本低的线路，这需要根据客户的具体位置、沿途的交通情况等做出选择和判断。除此之外，还必须考虑有些客户或其所在地的交通环境对送货时间、车型等方面的特殊要求，如有些客户不在中午或晚上收货，有些道路在高峰期实行特别的交通管制等。

⑥ 确定最终的配送顺序

做好车辆安排及选择好配送线路后，依据各车负责配送的客户的地理位置和特定要求，即可确定客户的最终派送顺序。

⑦ 完成车辆积载

明确了客户的配送顺序后，接下来就是如何将货物装车，以什么次序装车的问题，也就是车辆的积载问题。原则上，确定了客户的配送顺序后，只要将货物依"后送先装"的顺序装车即可。但有时为了有效地利用空间，可能还要根据货物的性质(怕震、怕压、怕撞、怕湿)、形状、体积及重量等做出弹性调整。此外，对于货物的装卸方法也必须依照货物的性质、形状、重量、体积等来做具体决定。

在以上各阶段操作过程中，需要注意的要点有：明确订单内容，掌握货物的性质，明确具体配送地点，适当选择配送车辆，选择最优的派送线路，充分考虑各作业点装、卸货时间，等等。

6. 配送运输合理化分析

(1) 不合理配送运输的表现形式

不合理的配送运输的表现为：资源筹措不合理，库存决策不合理，价格不合理，配送与直达的决策不合理和送货中的不合理运输行为。

(2) 配送合理化的表现形式

① 库存标志(库存总量、库存周转)。

② 资金标志(资金总量、资金周转和资金投向的改变)。

③ 成本和效益。

④ 供应保证标志(缺货次数、配送企业集中库存量和即时配送的能力及速度)。

⑤ 社会运力节约标志，表现为：社会车辆总数减少，承运量增加；社会车辆空驶减少；自提自运减少，社会化运输增加。

⑥ 客户的仓库、供应、送货等人力、物力节约标志。

⑦ 物流合理化标志。

(3) 配送合理化措施

配送合理化一般措施为：推行一定综合程度的专业化配送，推行加工配送，推行共同配送、协同配送，实行送取结合，执行准时配送系统和推行即时配送。

7. 配送线路的优化

(1) 配送线路优化的意义

优化配送线路是现代物流业的一种经营方式。物流是指物品从供应地向接收地实体流动的过程。在物的流动过程中，根据实际需要，它包括运输、储存、装卸、包装、流通加工、配送、信息处理等基本功能活动。配送指在经济合理区域范围内，根据客户要求，对物品进行拣选、加工、包装、分割、组配等作业，并按时送达指定地点的物流活动。其意义表现为可以节省时间、缩短运输距离和降低运费。为了缩短运输距离，需要设计出最短的配送路径。最短路径设计一般采用标号法。

(2) 节约里程的线路设计

为了说明节约里程法，现假设如下：配送的是同一种货物；各用户的坐标(x, y)及需求量已知；配送中心有足够的运输能力；利用节约法制订出的配送方案除了使配送总的吨·千米最小外，还满足：①方案能满足所有用户的要求；②不允许任何一辆车超载；③每辆车每天总运行时间或行驶里程不超过规定的上限；④能满足用户到货时间的要求。

节约法的基本思想如图 10-3 所示，设 P_0 为配送中心，它分别向用户 P_i 和 P_j 送货。设 P_0 到 P_i 和 P_j 的距离分别为 d_{0i} 和 d_{0j}，两用户 P_i 和 P_j 之间的距离为 d_{ij}，送货方案只有两种，如图 10-3 中 A 方案和 B 方案所示。

$$P_0 \longrightarrow P_i \longrightarrow P_0 \longrightarrow P_j \longrightarrow P_0$$

A方案

$$P_0 \longrightarrow P_i \longrightarrow P_j \longrightarrow P_0 \quad 或 \quad P_0 \longrightarrow P_j \longrightarrow P_i \longrightarrow P_0$$

B方案

图 10-3 节约法的基本思想图

图 10-3 所示的 A 方案是从配送中心 P_0 向用户 P_i 和 P_j 分别送货，总的配送距离为

$$D_a = 2d_{0i} + 2d_{0j} \tag{10-1}$$

图 10-3 所示的 B 方案是从配送中心 P_0 向用户 P_i 和 P_j 同时送货，总的配送距离为

$$D_b = d_{0i} + d_{ij} + d_{0j} \tag{10-2}$$

对比这两个方案，哪一个更合理呢？这就要看D_a和D_b哪一个小。配送距离越小，则说明配送方案越合理，由公式(10-1)减公式(10-2)可得

$$D_a - D_b = d_{0i} + d_{0j} - d_{ij} \tag{10-3}$$

如果把图 10-3 看成一个三角形的三个顶点，那么 d_{0i}、d_{ij} 和 d_{0j} 是这个三角形三条边的长度。由三角形的几何性质可知，任意两条边之和大于第三边，因此可认定式(10-3)的结果大于零，即：$D_a - D_b > 0$。

由式可知，方案 B 优于方案 A，这种分析方案优劣的思想就是节约法的基本思想。

根据节约法的基本思想，如果有一个配送中心分别向N个用户配送货物，在汽车载重能力允许的前提下，每辆汽车的配送线路上经过的用户个数越多，配送路线越合理，总配送距离越小，具体如图10-4所示。

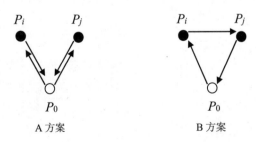

图 10-4 配送路线图

思考与练习题

1. 简述配送中心模式的类型。
2. 简述第三方配送模式的定义。
3. 简述共同配送模式的含义及其优缺点。
4. 叙述配送服务的含义及其内容以及配送的具体服务策略。
5. 简述订单处理的含义、基本内容及步骤。
6. 简述配货管理的概念、任务和配货计划的编制程序。
7. 简述进货作业的进货流程。
8. 试述装卸搬运的概念以及装卸搬运的特点。
9. 简述现代装卸搬运的作业方式、作业准则。
10. 简述配载的原则及配载时应注意的事项。
11. 简述配送运输的概念、特点和运输形式。
12. 试述优化企业配送线路的意义。

拓展阅读

1. 威廉·J. 史蒂文森. 运营管理(英文版)[M]. 11版. 马风才, 译. 北京: 机械工业出版社, 2012.
2. 徐贤浩. 物流配送中心规划与运作管理[M]. 武汉: 华中科技大学出版社, 2014.
3. 李晓春, 王国庆, 钟雪灵, 等. 双旋转货架拣货路径优化策略[J]. 系统管理学报, 2012(01):79-85.
4. 张源凯, 胡祥培, 黄敏芳, 等. 网上超市拆分订单合并打包策略经济决策模型[J]. 管理科学学报, 2019, 22(10): 24-36+100.
5. 王毓彬, 雷怀英. 基于 AnyLogic 的果蔬冷链系统配送中心物流仿真[J]. 东南大学学报(哲学社会科学版), 2018, 20(S2): 21-23+36.
6. 赵泉午, 赵军平, 林娅. 基于O2O的大型零售企业城市配送网络优化研究[J]. 中国管理科学, 2017(9): 163-171.
7. 靳志宏, 兰辉, 郭贝贝. 基于现实约束的集装箱配载优化及可视化[J]. 系统工程理论与实践, 2010(9): 188-194.

第十一章

配送成本管理

学习目标

配送中心承担了连锁企业绝大部分乃至全部的物流任务，因此其物流成本管理实际上是把连锁企业的利润目标具体化。这便要求推行以预算管理为核心的物流成本计划和统筹管理，通过成本差异分析发现问题，并进一步提出解决问题的方法。通过本章的学习，你将理解物流成本的概念、分类和特点；了解影响企业物流成本的因素和降低物流成本的途径；掌握物流成本、配送成本的核算方法；理解配送服务与配送成本之间的关系。

专注提高物流供应链效率：禧玛诺的新配送中心

禧玛诺作为世界领先的高品质自行车零部件和捕鱼装备及配件制造商与经销商，建立第一家自动化仓储配送中心。其目的是在同一个厂区内完成这两项业务的配送能力，使两者均能提高服务质量，从规模经济中受益并降低配送成本。

禧玛诺澳大利亚渔具总经理 Colin Tannahil 说："新的配送中心不仅整合了我们的配送需求，还整合了两家企业的管理、采购、财务、人力资源和管理职能，这一切使禧玛诺在经济上投资一个最先进的新型配送中心具有了可行性。"

具体来说，禧玛诺配送中心自动化物流仓储系统在降低成本方面具有以下优点。

(1) 货到人(GTP)订单履行系统

新配送中心的一个重要特点是配备了德马泰克建立的 GTP 订单履行系统。双深巷道缓存区占地仅为 200 平方米，GTP 工作台和输送系统占地面积也只有大约 200 平方米，共容纳超过 16 层总计 5 168 个料箱，每层由多层穿梭车提供服务。采用的第二代多层穿梭车的运行速度达到了第一代多层穿梭车的两倍，显著地提高了生产效率和吞吐量。

(2) 灵活的料箱自动化立库

该系统使用拆装方便的货架，每个料箱可以存储 1 个、2 个、4 个或 8 个库存持有单元(SKU)，多层穿梭车系统可以容纳海量 SKU。德马泰克的 IQ 软件具有自我学习功能，可以动态控制库存货位，检查存取 SKU 的频率。

(3) 多层穿梭车系统

为满足客户需求，多层穿梭车系统向 GTP 工作台供应 208 个料箱/时。多层穿梭车系统由两台升降机提供支持，一台将料箱送入巷道，另一台将其取回，每台升降机一次可以处理两个料箱，加快了货物的处理效率。

(4) GTP 工作站

"该系统使我们获得了很大的灵活性。我们可以根据我们不同时段的需求，使用 GTP 进行拣选，同时其他 GTP 进行补货。"禧玛诺物流经理 Maea Sio 说，"该系统的设计要求是实现 220～350 次拣选/工作台/时，但我们在实际运行中可以实现更高的吞吐量，超过 600 次拣选/工作台/时。"

(5) 系统集成软件

禧玛诺的 Pronto 仓库管理系统(WMS)是整个仓库的大脑，不但控制总体库存和库存变化、订单管理和对 GTP 系统的补货请求，还负责 SKU 管理，包括 SKU 的重量、尺寸和照片采集等。在 GTP 工作站，这些信息都被显示出来，以验证是否正在拣选正确的产品。德马泰克 IQ 软件系统控制配送中心整个订单履约流程，包括多层穿梭车物料存取、补货、库存控制，货位管理，语音拣选，以及订单的实时进展。该系统提升了物流供应链的效率，大大降低了配送成本。

阅读上面的案例，你可以进一步思考：禧玛诺的新配送中心具备哪些方面的功能？它为何能实现配送成本的降低？这对我国配送中心的建设有什么启示？

(资料来源：郭浩. 德马泰克：专注提高物流供应链效率——禧玛诺的新配送中心. 中国储运网. http://www.chinachuyun.com/yuedu/zhuangbei/150052958723881.html. 2017-07-20.)

第一节 物流成本概述

物流成本是指伴随着企业的物流活动而发生的各种费用，是物流活动中所消耗的物化劳动和活劳动的货币表现，其由三部分构成：①伴随着物资的物理性活动发生的费用以及从事这些活动所必需的设备、设施的费用；②物流信息的传送和处理活动发生的费用以及从事这些活动所必需的设备和设施的费用；③对上述活动进行综合管理的费用。

一、物流成本的概念

物流成本是指产品空间位移(包括静止)过程中所耗费的各种劳动的货币表现。它是产品在实物运动过程中，如包装、装卸、搬运、运输、储存、流通加工、物流信息等各个环节所支出的人力、财力、物力的总和，即物流成本就是完成各种物流活动所需的费用。物流成本的范围由物流成本的计算范围、对象范围和涵盖范围三方面因素决定。物流成本主要由以下 7 个部分构成。

① 物流过程的研究设计、重构和优化等费用。
② 物流过程中的物质消耗，如固定资产的磨损，包装材料、电力、燃料消耗等。
③ 物品在保管、运输等过程中的合理损耗。
④ 用于保证物流顺畅的资金成本，如支付银行贷款的利息等。
⑤ 在组织物流的过程中发生的其他费用，如与物流活动进行有关的差旅费、办公费等。
⑥ 从事物流工作人员的工资、资金及各种形式的补贴支出等。
⑦ 在生产过程中，一切由物品空间运动(包括静止)引起的费用支出，如原材料、燃料、半成品、在制品、产成品等的运输、装卸、搬运、储存等费用。

配送的主体活动是配送运输、分拣、配货及配载。分拣和配货是配送的独特要求，也是配送中有特点的活动。以送货为目的的配送运输是最后实现配送的主要手段，从这一点出发，常常将配送简化看作运输中的一种，其成本应由以下费用构成。

(1) 配送运输费用

配送运输费用指从事配送运输生产而发生的各项费用，以及营运过程中发生的不能直接计入各成本计算对象的站、队经费。

(2) 分拣费用

分拣费用指从事分拣工作的作业人员及有关人员工资、奖金、补贴等费用的总和，以及分拣机械设备的折旧费用及修理费用。

(3) 配装费用

配装费用包括配装材料费用、配装辅助费用和配装人工费用。

(4) 流通加工费用

流通加工费用包括流通加工设备费用、流通加工材料费用，以及在流通加工过程中从事加工活动的管理人员、工人等有关人员工资、奖金等费用的总和。

在实际应用中，应该根据配送的具体流程归集成本。不同的配送模式，其成本构成差异较大。相同的配送模式下，由于配送物品的性质不同，其成本构成差异也很大。

二、物流成本的分类

1. 按物流活动发生的范围分类

这是以物流特性划分的范围进行成本分类的方法，具体包括以下几种费用。

(1) 供应物流费(采购物流费)。是指原材料(包括容器、包装材料)采购这一物流过程中所需的费用。

(2) 企业内物流费。是指从产成品运输、包装开始，到最终确定向顾客销售这一物流过程中所需的费用。

(3) 销售物流费。是指从确定向顾客销售到向顾客交货这一物流过程所需要的费用。

(4) 退货物流费。是指随售出产品的退货而发生的物流活动过程中所需要的费用。

(5) 废弃物流费。是指由于产品、包装或运输容器材料等的废弃而发生的物流活动过程中所需要的费用。

(6) 生产物流费。包含在制造成本中，很难单独计算。

2. 按物流费用支付形态分类

按物流费用支出形式分类，分为直接物流成本和间接物流成本。直接物流成本由企业直接支付；间接物流成本是企业把物流活动委托给其他组织或个人而支付的物流费用。这两项又可细分为以下几点。

(1) 委托物流费。包括运费、包装费、保管费、出入库装卸费、手续费、仓库保管费等以及委托外部企业承担物流业务而支付的费用。

(2) 材料费。包括包装材料、燃料、工具材料等消耗所形成的费用。

(3) 人工费。包括工资、福利、奖金、退休金等。

(4) 燃料动力费。包括水费、电费、燃气费等。

(5) 一般经费。包括差旅费、交际费、教育费、会务费等。

(6) 经营管理费。包括保养费、保险费、折旧等。

3. 按物流功能类别进行分类

按照运输、储存、包装等物流功能进行分类，物流成本大体上分为物资流通费(物流环节成本)、情报流通费(信息流通成本)、物流管理费(物流管理成本)三类。也有人主张把物资流通费(物流环节成本)细分为包装费、输送费、保管费、装卸费、流通加工费、情报流通费(信息流通成本)和物流管理费(物流管理成本)。

三、物流成本的特点

1. 物流成本的隐含性

在传统上，物流成本的计算总是被分解得支离破碎、难辨虚实。由于物流成本没有被列入企业的财务会计制度，制造企业习惯将物流费用计入产品成本；流通企业则将物流费用包括在商品流通费用中。因此，无论是制造企业还是流通企业，不仅难以按照物流成本的内涵完整地计算出物流成本，而且连已经被生产领域或流通领域分割开来的物流成本，也不能单独、真实地计算并反映出来。任何人都无法看到物流成本真实的全貌，了解其实际的支出。

2. 物流成本削减的乘法效应

物流成本削减的乘法效应类似于物理学中的杠杆原理，物流成本的下降通过一定的支点，可以使销售额获得成倍的增长。而其上升一点，也可使销售额成倍的削减。假定销售额为100万元，利润为10万元，物流成本为10万元。如物流成本下降1万元，就可多得到1万元的收益，相当于销售额又增加10万元。物流成本的下降会产生极大的效益。

3. 物流成本的效益背反

"背反"(也作"悖反")现象，常被称之为"交替损益"现象，即改变系统中任何一个要素，也会引起其他要素的改变，系统中任何一个要素的增益，必将对系统中另一个或几个要素产生减损作用。系统中的每个功能要素此涨彼消，此盈彼亏。通常，对物流数量，人们希望最大；对物流时间，希望最短；对服务质量，希望最好；对物流成本，希望最低。显然，要满足上述所有要求是很难办到的，这些要素中任何一项的增益都会导致其他要素的效益损失。例如，在储存子系统中，站在保证供应、方便生产的角度，人们会提出加大存储物资的数量、丰富品种等建议；而站在加速资金周转、减少资金占用的角度，人们则会提出减少库存的建议。

四、影响企业物流成本的因素

1. 控制物流成本的必要性

控制物流成本，构建"高效率、低成本"的现代物流系统，已成为行业上下关注的焦点。要真正控制物流成本，必须认真分析影响物流成本的主要因素。应该看到，尽管随着行业网络水平的进一步提高，现代物流的规模效益已显现出来，但在整体流通环节中，物流运行成本较高、效率较低的现象仍然存在，物流发展仍受一些因素的制约。

2. 制约物流发展的因素

(1) 物流管理模式粗放

部分企业的物流仍处于以"高投入、高消耗、高费用、低效率"为特征的粗放型发展阶段，各环节的衔接较差，运行效率不高，供应链管理能力不强，具体表现为货物的在途时间、储存时间长，物流成本在企业总成本中所占比例仍然较高。

(2) 基础设施配套性差

物流基础设施的统一规划起步较晚，装备水平参差不齐，基础设施的配套性能差，智能化的仓储设施与系统功能得不到充分利用。

(3) 物流管理规划不足

部分企业缺乏物流发展规划，运营过程存在"重建设、轻管理"的现象，造成了物流管理资源的浪费。所以，商业企业要通过制定一系列政策，加强物流管理体系建设。

(4) 专业物流人才匮乏

在相当多的企业中，专业物流管理人才较少，特别是缺少能规划、设计物流体系，从而有效控制物流成本的高素质人才。

(5) 企业之间竞争性强

物流市场企业之间竞争激烈，而企业间的差距除了由产品的价格、性能、质量决定外，从某种意义上来讲，优质的顾客服务是决定竞争成败的关键，而物流系统的运行效率与顾客感知到的企业物流服务水平紧密相关，影响物流系统运行效率的因素主要有以下几个。

① 订货周期。企业物流系统的高效必然可以缩短企业的订货周期，从而降低货物的库存成本，提高企业的服务水平，从而提高企业的竞争力。

② 库存水平。企业的库存水平提高，可以减少缺货成本；减少企业的存货成本，必然会导致缺货成本上升，即缺货成本与存货成本成反比。因此，合理的库存必须保持在使总成本最小的水平上。

③ 运输。企业采取更快捷的运输方式，虽然会增加运输成本，却可以缩短运输时间，降低库存成本，提高企业快速反应能力，从而提高企业的竞争力。

(6) 产品因素

产品的特性也会影响物流成本，如产品价值、产品密度、易损性和是否需要特殊搬运等。

(7) 空间因素

空间因素是指物流系统中企业制造中心或仓库，相对目标市场或供货点的位置关系，若企业距离目标市场太远，则必然会增加运输和包装等成本，若在目标市场建立或租用仓库，也许会增加库存成本。因此，空间因素对物流成本的影响是巨大的。

五、降低物流成本的途径

在企业经营活动中，物流是渗透到各项经营活动之中的，物流成本就是表示用金额评价物流活动的实际情况。降低物流成本是企业的"第三利润源"，也是企业可以挖掘利润的一片新的绿地。通过对企业物流总成本的分析，从长远的角度看，在企业具体操作中，可通过以下几种途径来降低物流成本。

1. 制定标准化的物流管理体系

构建标准化物流体系是以物流作为一个大系统，制定系统内部设施、机械设备、专用工具等各个分系统的技术标准，制定系统内各个分领域(如包装、装卸、运输等方面)的工作标准，以系统为出发点，研究各个分系统与分领域中技术标准与工作标准的适配性，统一整个物流系统标准的工作。物流体系的标准化使得货物在运输过程中的基本设备统一规范。例如，现有托盘标准可以与各种运输装备、装卸设备标准之间有效衔接，从而大大提高托盘在整个物流过程中的通用性，也在一定程度上促进货物运输、储存、搬运等过程的机械化和自动化水平的提高，有利于提升物流配送系统的运作效率，从而降低物流成本。

2. 加强供应链管理

通过供应链管理可以实现企业物流体系高效率运行，使部门之间的合作更加紧密，从而降低各个部门间的沟通成本，尤其需要重视物流部门、生产部门和采购部门的成本控制，以达到降低物流服务成本的最终目标。而且在此基础上加强上下游企业之间的互动，更能促进整个产业供应链的高效率运行。

3. 充分利用现代信息系统

现代信息系统是实现企业之间进行高效率对接交易的关键，以互联网为依托，运用高新技术来完成物流全过程的协调、控制和管理，实现从网络前端到最终端客户过程中的所有服务。通过由此构建出的物流系统，一方面可以保证各种物流作业或业务正确、迅速地进行；另一方面，对企业的发展具有一定的战略意义。

4. 重视配车计划管理，提高车辆运行效率

一般来讲，企业要实现高效率的配送，就必须重视配车计划管理，提高装载率、降低空载率。而且现在的物流配送具有多频度、小单位等特点，对企业的物流配送效率要求更高。通过构筑有效的配送计划信息系统，可以将配车计划与生产计划紧密联系起来。通过与批发商分享该系统的信息，就能实现两个企业间商品的高效流通，从而提高配送效率，降低运输和进货成本，降低该阶段供应链的物流成本。

5. 降低产品的次品率和运输过程中的受损率

退货成本也是企业物流成本中一项重要的组成部分，而它往往占据了某些物流成本管理较差企业中物流成本的大部分。顾客的退货行为会产生一系列的物流费用，包括退货商品损伤或滞销而产生的经济费用以及处理退货商品所需的人员费用和各种事务性费用。由于退货发生的各种费用往往都由产品供应者一方承担，产品本身的任何小瑕疵或者运输途中产生的问题，都会成为消费者选择退货的导火索，从而导致物流成本的增加。对于生产规模较小、仓库分布较为分散的企业来说，退货产生的商品入库、账单处理等业务更为复杂。由此，企业应提升产品的品质，降低产品次品率；注重产品包装和仔细运输，降低产品运输受损率，从而降低物流成本。

6. 物流外包

企业把物流外包给专业化的第三方物流公司，可以缩短商品在途时间，减少商品周转过程的费用和损失。有条件的企业可以采用第三方物流公司直供上线，从而实现零库存、降低成本的目标。

7. 加强企业职工的成本管理意识

把降低成本的工作从物流管理部门扩展到企业的各个部门，从产品的全生命周期出发，加强产品开发、生产、销售等所有部门的成本管理，培养企业员工形成良好的成本管理意识。

8. 从商品流通的全渠道角度出发，控制把握好资金流向

从企业的长远发展来看，管理者不仅应该管理好现有的物流系统，努力降低物流成本，更应该具有战略眼光。例如，任何物流设施的投资或扩建要与整个流通渠道未来的发展方向相符合，投资必须和时代的发展相结合等。

第二节 物流成本的核算

物流成本核算是根据企业确定的成本计算对象，采用相适应的成本计算方法，按照规定的成本项目，通过一系列的物流费用汇集与分配，从而计算出各物流环节成本计算对象的实际总成本和单位成本。通过物流成本计算，可以如实地反映物流经营过程中的实际耗费，同时控制各种物流费用的实际支出。

一、物流成本核算的意义

物流成本核算是成本管理中的重要环节，通过对各项物流活动进行成本核算，可以提高成本信息的准确性，提升企业的经营管理水平和企业的竞争力。

1. 为评价物流成本控制效果提供依据，从而帮助企业提高资源利用率

在进行企业物流成本核算时，利用资源动因将作业消耗的资源价值合理地分配到各作业成本库中去，这为比较各种资源的利用率和比较企业之间的成本控制提供了依据。通过比较，可以帮助企业更好地评价资源利用效果，了解资金的去向，并及时调整成本控制方案，从而提高企业的资源利用率。企业还可以使用物流成本核算产生的数据建立数据库，利用模型提升物流成本的控制效率。

2. 协助企业决策物流活动是否需要外包

企业外包物流，首先是为了降低物流成本，其次是为了强化核心业务，再次是为了改善与提高物流服务水平与质量。物流成本的核算，可以帮助企业通过比较本企业发生的某项较大额物流支出与该项物流作业外包给第三方物流服务商时将要发生的成本，来选择自营还是外包该项物流作业。

二、影响物流成本核算的因素

物流成本核算结果的大小，取决于被核算对象、物流活动的范围和采用的核算方法等。而核算范围不同，得出的物流成本结果也各不相同。

1. 物流成本的计算对象

物流成本的计算对象是指企业或成本管理部门，为归集或分配各项成本费用而确定的、以一定时间和空间范围为条件而存在的成本计算实体。物流成本对象的选取主要取决于物流范围、物流功能范围、物流成本费用范围和物流成本控制的重点。企业的任何生产经营活动都是在一定的时空范围内进行的，从各个生产经营过程来看，时间上具有连续性，空间上具有并存性。因此，各项成本费用的发生，需要从其发生期间、发生地点和承担实体三个方面合理划分。这就形成了物流成本计算对象的三个基本构成要素：成本承担实体、成本计算期间和成本计算空间。

(1) 成本费用承担实体

成本费用承担实体是指发生并应承担各项费用的特定经营成果的体现形式，包括有形的各种产品和无形的各种劳务作业等。就物流企业来讲，其成本费用承担实体，主要是指各种不同类型的物流活动和物流作业。

(2) 成本计算期间

成本计算期间是指汇集生产经营费用、计算生产经营成本的时间范围。如制造业是按产品的生产周期或公历月份；种植业按一个轮作周期；服务业一般按公历月份等作为成本核算期。企业物流成本计算期间视其物流作业性质不同，有不同的确定方法。

(3) 成本计算空间

成本计算空间，是指成本费用发生并能组织企业成本计算的地点和区域(部门、单位、生产或劳动环节等)。物流企业成本计算空间的划分一般是以物流活动范围、物流功能范围以及物流成本控制的重点进行选取。

2. 物流活动范围

物流活动范围构成成本的计算范围，是指物流的起点和终点的长短。通常所说的物流活动范围一般包括：原材料物流，即原材料从供应商转移到仓库的物流；工厂内物流，即原材料、半成品、产成品在企业的不同工序、不同环节的转移和储存；从工厂到仓库的物流；从仓库到客户的物流，这个范围相当宽广。所以，确认从哪里开始到哪里为止，对物流成本核算结果存在相当大的影响。物流活动范围包括以下三种。

(1) 物流范围

以生产企业为例，可把物流范围划分为供应物流、企业内物流、销售物流、退货物流、废弃物流等。

(2) 物流功能范围

物流功能可分为包装、运输、保管、装卸、流通加工、情报信息流通、物流管理这 7 种，而物流功能范围是指被作为计算对象的物流功能。作为会计计算项目，这些物流功能产生的费用又可被划分为运输开支、保管费开支等委托费和本企业物流活动中支付的内部物流费；内部物流费进而又可分为材料费、人工费、加工费、管理费和特许经费等，这些项目代表了物流成本的全部内容。

(3) 计算科目的范围

计算科目的范围是指在计算物流成本时，把计算科目中的哪些项列入计算对象的问题。在计算科目中，既有运费开支、保管费开支等企业外部开支，也有人工费、折旧费、修理费、燃料费等企业内部开支。很明显，这些开支项目把哪些列入成本计算科目，对物流成本的大小是有显著影响的。企业在计算某部分物流成本时，既可实行部分科目计算，也可实行全部科目(总额)成本计算。另外，还可按费用发生的地点计算外部费用和内部费用，其中内部费用存在一个费用分解问题，即把物流费用从其他有关费用中分解出来。

3. 物流成本核算方法

物流成本核算方法将直接影响物流成本的高低。

三、物流成本核算的基本方法

1. 美国物流成本核算方法

历年来，美国权威物流成本核算机构在计算物流成本时都采用下述公式，该公式也是其在多年的实践中不断改进的结果，具有普遍性。

$$物流总成本＝存货持有成本＋运输成本＋物流行政管理成本$$

其中：

$$存货持有成本＝利息＋税、折旧、贬值、保险＋仓储成本$$
$$运输成本＝公路运输＋铁路运输＋水路运输＋油料管道运输＋航空运输＋货运代理相关费用$$
$$物流行政管理成本＝订单处理及IT成本＋市场预测、计划制订及相关财务人员发生的管理费用$$

2. 日本物流成本核算方法

在估算物流总成本时，公式中的某些比率需要通过专家进行估计。

$$物流总成本＝运送费＋保管费＋物流管理费$$

其中：

$$运送费＝营业运送费＋企业内部运送费$$
$$营业运送费＝卡车货运费＋铁路货运费＋内海航运货运费＋国内航空货运费＋货运站收入$$
$$保管费＝(原材料库存余额＋产品库存余额＋流通库存余额)×原价率×库存费用比率$$
$$物流管理费＝(制造业产出额＋批发、零售业产出额)×物流管理费用比例$$

3. 我国国内一些学者根据我国成本资料的现状提出的公式

$$物流成本＝运输成本＋库存成本＋管理成本$$

其中：

$$运输成本＝\Sigma 货运量×运价$$
$$库存成本＝\Sigma 库存量×各项费率$$
$$管理成本＝(运输成本＋库存成本)×管理费率$$

由于该公式中的运价、各项费率、管理费率均是估计出来的，偏差率较大，需要在参考国外物流成本核算方法的基础上不断改进。

4. 一般的物流成本核算方法

(1) 按支付形态划分并核算物流成本

把物流成本分别按运费、保管费、包装材料费、自家配送费(企业内部配送费)、人事费、物流管理费、物流利息等支付形态记账，从中可以了解物流成本总额，也可以了解什么经费项目花费最多。其还可以十分有效地帮助企业意识到物流成本构成是否科学合理，以及帮助企业知晓在之后的物流成本管理过程中应该以什么为重点。表11-1为A公司按支付形态划分的物流成本计算表。

表11-1 A公司按形态划分的物流成本计算表

费用项目	销售、管理费(元)	物流费(元)	计算基准(%)	
1. 车辆租赁费	200 160	200 160	100	金额
2. 包装材料费	60 368	60 368	100	金额
3. 工资津贴	1 261 670	357 336	26.3	人数比率
4. 燃料、动力费	25 290	10 800	69.6	面积比率
5. 保险费	20 494	13 328	69.6	面积比率
6. 修缮费	39 192	29 632	69.6	面积比率
7. 折旧费用	79 608	41 954	69.6	面积比率
8. 削价损失费	56 228	26 230	69.6	面积比率
9. 通信费	38 552	17 948	42.4	物流费比率
10. 消耗物品	42 632	17 253	42.4	物流费比率
11. 软件租赁费	19 590	8 548	42.4	物流费比率

续表

费用项目	销售、管理费(元)	物流费(元)	计算基准(%)	
12. 支付利息	47 722	26 045	42.4	物流费比率
13. 杂费	66 212	37 874	42.4	物流费比率
14. 广告宣传费	61 614		0	
15. 招待费	53 850		0	
16. 旅费交通费	48 280		0	
合 计	2 122 462	847 476	39.93	占销售管理费比率
销售、物流费合计	13 658 980	847 476	6.20	物流费占销售总额比率

注：计算基准的计算公式如下：
① 人数比率＝物流工作人员数/全公司人数×100%＝41/156×100%＝26.3%
② 面积比率＝物流设施面积/全公司面积×100%＝48 500/6 970×100%＝69.6%
③ 物流费用比率＝项目1至8的物流费/项目1至8的销售管理费×100%
　　　　　　　＝739 808/1 744 010×100%＝42.4%。

(2) 按功能划分并核算物流成本

按功能划分并核算物流成本，即分别按包装、配送、保管、搬运、信息、物流信息管理等物流的基本功能来核算物流费用。按照功能划分进行的成本核算可以很容易地看出哪种功能更耗费成本，比按支付形态核算成本的方法能更进一步找出实现物流合理化的症结，而且可以计算出标准物流成本(单位个数、质量、容器的成本)，进而帮助企业进行作业管理，设定合理化目标。表11-2为A公司按功能划分进行核算的物流成本计算表。

表11-2　A公司按功能计算的物流成本计算表(单位：元)

费用项目		物流费	功能					
			包装费	配送费	保管费	搬运费	信息流通费	物流管理费
车辆租赁费		200 160		200 160				
包装材料费		60 368	60 368					
工资津贴		357 336			78 971	241 202		37 163
水电、煤气费		10 800			5 400	5 400		
保险费		13 328			7 330	59 918		
修缮费		29 632		16 297	13 335			
纳税及公用费用		41 954						41 954
削价损失费		26 230			14 426	11 804		
通信费		17 948					17 948	
消耗物品		17 253			5 715	5 174		6 364
软件租赁费		8 548			131 727		8 548	
支付利息		26 045			26 045			
杂费		37 874			11 362	11 362		15 150
合计	金额	847 476	60 368	165 546	294 275	26 496	100 631	
	构成比率	100%	7.1%	23.6%	19.5%	34.7%	3.1%	11.9%

(3) 按适用对象划分并核算物流成本的方法

按适用对象核算物流成本，可以分析出物流成本的产生来自哪些对象，如可以分别把产品、地域、顾客等作为对象来进行成本核算。

按营业单位(例如集团企业中的各分店、营业所)核算物流成本，就是要算出各营业单位物流成本与销售金额或毛收入的对比，用来了解各营业单位物流成本中存在的问题，以加强管理。

按顾客核算物流成本，又可分按标准单价计算和按实际单价计算两种计算方式。按顾客计算物流成本，可为制定顾客战略提供参考。

按商品核算物流成本是指通过把按功能计算出来的物流费，按不同的比例分配到各类商品，计算得出物流成本。这种方法可以用来分析各类商品的盈亏，在实际运用时，要考虑进货和出货差额的毛收入与商品周转率之积的交叉比率。

(4) 采用 ABC 成本法核算物流成本

物流 ABC(activity based costing, ABC)成本法是一种新型的物流成本计算方法，也称作活动基准成本计算法。

ABC 物流成本计算法的运用程序如下。

① 设定作业成本法实施的目标、范围，组成实施小组。作业成本的实施必须目标明确，即决策者如何利用作业成本计算提供的信息。实施范围包括：可以在全企业实施，也可以在独立核算的部门实施，作业成本的实施主体必须明确。为实施作业成本，必须组建作业成本实施小组，小组由企业的领导牵头，包括企业的会计负责人以及相关的人员。国外作业成本实施时一般由企业内部的人员和外部的专业咨询人员组成专门实施小组，外部专业的咨询人员具有作业成本的实施经验，使得实施可以借鉴相关的经验。

② 了解企业的运作流程，收集相关信息。此步的目的是详细了解企业的经营过程，厘清企业的成本流动过程，明确导致成本发生的因素和各个部门对相应成本的责任，便于设计作业以及构建责任控制体系。

③ 建立企业的作业成本核算模型。在对企业的运作进行充分了解与分析的基础上，设计企业的作业成本核算模型，主要确定以下内容：企业资源、作业和成本对象的确定，包括它们的分类，与各个组织层级的关系，各个计算对象的责任主体等。

④ 选择或者开发作业成本实施工具系统。作业成本法是建立在大量的计算上的，因此能够提供比传统成本更丰富的信息。作业成本的实施离不开软件工具的支持，软件工具有助于完成复杂的核算任务，有助于对信息进行分析。作业成本软件系统提供了作业成本核算体系构造工具，可以帮助建立和管理作业成本核算体系，并完成作业成本核算。

⑤ 作业成本运行。在建立作业成本核算体系的基础上，输入具体的数据，运行作业成本法。

⑥ 分析解释作业成本运行结果。对作业成本的计算结果进行分析与解释，如成本偏高的原因，成本构成的变化等。

⑦ 采取行动。针对成本核算反映的问题采取行动，如提高作业效率，考核组织和员工，改变作业的执行方式，消除无价值的作业等。

四、物流成本核算存在的难点

1. 物流成本核算对象难以确立、物流成本计算内容难以归集

在运输、保管、包装、装卸以及搬运等各物流环节中，以哪些环节作为物流成本的计算对象成为一个较难回答的问题。而计算对象的轻微差别也许就会带来很大的费用差值，因此企业的成本核算需要先明确成本核算对象，否则成本计算就毫无意义。如企业每一会计期间，要发

生几十乃至成千上万笔费用，如果把这些发生的费用堆积在一起，只能表示企业的耗费，费用信息的有用性受到限制。因此，确定成本对象的目的是要以成本对象来归集费用，而用于归集费用的成本对象要有归集费用的"容器"，否则费用就无处可归。有形成本对象，其自身就是归集费用的天然"容器"，费用能够明确地、可辨认地归集到这个"容器"中。而物流服务这种无形成本对象与有形成本对象相比，具有无实体性（是指人们无法直接感觉到该对象的存在）和瞬时性（是指该对象不能存储到未来），这两种特性意味着无形成本对象无处归集其费用，而企业的物流服务正是一种无形的成本对象，只能人为安装一个"容器"以归集费用，这是物流企业进行成本核算必须解决的问题。

2. 成本核算计量单位多，难以统一

由于物流成本核算的对象涉及的业务功能属性差异大，导致很难找到一个统一的业务数量标准。以物流业务功能中的运输业务为例，单一的运输环节一般以运输周转量为计量单位，而仓储业务环节以仓储面积为计量单位，所以对于整个服务合同很难找到统一的计量标准。

3. 现行会计核算制度对物流成本归类不清晰

由于现行的财务会计制度、准则等对物流成本未予以单独反映，物流成本被列入不同的成本费用项目中，如在"材料采购""管理费用""销售费用"及"财务费用"等账户中进行核算，无法掌握物流成本费用的实际情况。按照现行会计核算制度，购买原材料所支付的物流费用归集在原材料成本中，生产的产品从工厂运到商业部门的物流成本归集在主营业务成本，自运运输费用和自用保管费归入营业费用，与物流有关的利息计入财务费用……传统的会计体系不能提供足够的物流成本数据，如果要把这些由"原材料""主营业务成本""营业费用""财务费用"等科目核算的与物流有关的费用划分出来，并单独汇总核算，在实际操作上，难度很大。

第三节　配送成本的核算

配送是与市场经济相适应的一种先进的物流方式，是物流企业按用户订单或配送协议进行配货，经过科学统筹规划，在用户指定的时间，将货物送达用户指定地点的一种供应方式。从整个物流系统来讲，配送几乎包括了所有的物流功能要素，是物流活动的一个缩影或在某小范围中物流全部活动的体现。一般的配送集装卸搬运、包装、保管、运输于一体，通过一系列物流活动将货物送达目的地。特殊的配送则还要以流通加工活动为支撑。但是，配送的主体活动与一般物流却不同。一般物流是运输及保管，而配送则是运输及分拣配货，分拣配货是配送的独特要求，也是配送中有特点的活动，以送货为目的的运输则是最后实现配送的主要手段。通过配送，物流活动才得以最终实现，但完成配送活动是需要付出代价的，即配送成本。

一、配送成本的含义

配送成本是配送过程中所支付的费用总和。根据配送流程及配送环节，配送成本实际上是含配送运输费用、分拣费用、配装及流通加工费用等全过程。配送成本费用的核算是多环节的核算，是各个配送环节或活动的集成。配送各个环节的成本费用核算都具有各自的特点，如流通加工的费用核算与配送运输费用的核算具有明显的区别，其成本计算的对象及计算单位都不同。

二、配送成本的计算步骤

1. 配送成本计算的一般步骤

配送成本费用核算是多环节的核算，是各个配送环节或活动的集成。在实际核算时，涉及哪个活动，就应当对哪个配送活动进行核算。

配送成本费用的计算由于涉及多个环节的成本计算，对每个环节应当计算各成本计算对象的总成本。总成本是指成本计算期内成本计算对象的成本总额，即各个成本项目金额之和。配送成本费用总额是由各个环节的成本组成。其计算公式为

$$配送成本 = 配送运输成本 + 分拣成本 + 配装成本 + 流通加工成本$$

需要指出的是，在进行配送成本费用核算时要避免配送成本费用重复交叉。

2. 各种类别配送费用的计算

(1) 配送运输成本的核算

配送运输成本的核算，是指将配送车辆在配送生产过程中所发生的费用，按照规定的配送对象和成本项目，计入到配送对象的运输成本项目中的方法。

① 配送运输成本的构成。配送运输成本由两大部分构成：车辆费用和营运间接费用，而车辆费用又基本由 8 个部分构成。

第一，工资及职工福利费。根据"工资分配汇总表"和"职工福利费计算表"中各车型分配的金额计入成本。

第二，燃料。根据"燃料发出凭证汇总表"中各车型耗用的燃料金额计入成本。配送车辆在本企业以外的油库加油，其领发数量不作为企业购入和发出处理的，应在发生时按照配送车辆领用数量和金额计入成本。

第三，轮胎。轮胎外胎采用一次摊销法的，根据"轮胎发出凭证汇总表"中各车型领用的金额计入成本；采用按行驶胎千米提取法的，根据"轮胎摊提费计算表"中各车型应负担的摊提额计入成本。发生轮胎翻新费时，根据付款凭证直接计入各车型成本或通过待摊费用分期摊销。内胎、垫带根据"材料发出凭证汇总表"中各车型成本领用金额计入成本。

第四，修理费。辅助生产部门对配送车辆进行保养和修理的费用，根据"辅助营运费用分配表"分配各车型的金额计入成本。

第五，折旧费。根据"固定资产折旧计算表"中按照车辆种类提取的折旧金额计入各分类成本。

第六，养路费及运输管理费。配送车辆应缴纳的养路费和运输管理费，应在月终计算成本时，编制"配送营运车辆应缴纳养路费及管理费计算表"，据此计入配送成本。

第七，车船使用税、行车事故损失和其他费用。如果是通过银行转账、应付票据、现金支付的，根据付款凭证等直接计入有关的车辆成本；如果是在企业仓库内领用的材料物资，根据"材料发出凭证汇总表""低值易耗品发出凭证汇总表"中各车型领用的金额计入成本。

第八，营运间接费用。其是指营运过程中发生的不能直接计入各成本计算对象的站、队经费。根据"营运间接费用分配表"计入有关配送车辆成本。

② 配送运输成本计算表。物流配送企业月末应编制配送运输成本计算表，以反映配送总成本和单位成本。配送运输总成本是指成本计算期内成本计算对象的成本总额，即各个成本项目金额之和。单位成本是指成本计算期内各成本计算对象完成单位周转量的成本额。

各成本计算对象计算的成本降低额，是指用该配送成本的上年度实际单位成本乘以本期实际

周转量计算的总成本,减去本期实际总成本的差额。它是反映该配送运输成本由于成本降低所产生的节约金额的一项指标。按各成本计算对象计算的成本降低率,是指该配送运输成本的降低额与上年度实际单位成本乘以本期实际周转量计算的总成本比较的百分比。它是反映该配送运输成本降低幅度的一项指标。各成本计算对象的降低额和降低率的计算公式为

$$成本降低额 = 上年度实际单位成本 \times 本期实际周转量 - 本期实际总成本$$

$$成本降低率 = 成本降低额 / (上年度实际单位成本 \times 本期实际周转量) \times 100\%$$

配送运输成本计算表的格式如表 11-3 所示。

表 11-3　配送运输成本计算表

编制单位：　　　　　　　　　　　　　年　　月　　　　　　　　　　　　　(单位：元)

项目	计算依据	配送车辆合计	配送营运车辆	
			解放牌	东风牌
一、车辆费用				
工资				
职工福利				
燃料				
轮胎				
修理费				
折旧				
养路费				
车船使用税				
运输管理费				
行车事故损失				
其他				
二、营运间接费用				
三、配送运输总成本				
四、周转量/千吨千米				
五、单位成本/(元)				
六、成本降低率				

(2) 分拣成本核算

① 分拣成本的构成。配送环节分拣成本,是指将分拣过程中所发生的费用,按照规定的成本计算对象和成本项目,计入分拣成本。它包括以下 5 点。

第一,工资与职工福利费。根据"工资分配汇总表"和"职工福利费计算表"中分配的金额计入分拣成本。

第二,修理费。辅助生产部门对分拣机械进行保养和修理的费用,根据"辅助生产费用分配表"分配的金额计入分拣成本。

第三,折旧。根据"固定资产折旧计算表",按照分拣机械分别提取折旧金额计入分拣成本。

第四,其他。根据"低值易耗品发出凭证汇总表"中分拣成本领用的金额计入分拣成本。

第五,分拣间接费用。根据"配送管理费用分配表"计入分拣成本。

② 分拣成本计算表。物流配送企业月末应编制配送分拣成本计算表(如表 11-4 所示),反映配送分拣总成本。

表 11-4 分拣成本计算表

编制单位：　　　　　　　　　　　　　　　　年　　月　　　　　　　　　　　　　　　　（单位：元）

项　目	计算依据	合　计	分拣品种				
			货物甲	货物乙	货物丙	货物丁	货物戊
一、分拣直接费用							
工资							
福利							
修理费							
折旧							
其他							
二、分拣间接费用							
三、分拣总成本							

(3) 配装成本的计算

配装成本是指完成配装货物过程中所发生的各种费用。配送环节的配装活动是配送的独特要求。其成本的计算方法，是指配装过程中所发生的费用按照规定的成本计算对象和成本项目进行计算的方法。

① 配装成本的构成。配装成本由以下几个部分构成。

第一，工资及福利费。根据"工资分配汇总表"和"职工福利费计算表"中分配的配装成本的金额计入成本。"职工福利费计算表"是依据"工资结算汇总表"确定的各类人员工资总额，按照规定的提取比例计算后确定的。

第二，材料费用。根据"材料发出凭证汇总表""领料单"及"领料登记表"等原始凭证，将配装成本耗用的金额计入成本。

第三，辅助材料费用。根据"材料发出凭证汇总表""领料单"中的金额计入成本。

第四，其他费用。根据"材料发出凭证汇总表""低值易耗品发出凭证"中配装成本领用的金额计入成本。

第五，配装间接费用。根据"配送间接费用分配表"计入配装成本。

② 配装成本计算表。物流配送企业月末应编制配送环节配装成本计算表(见表 11-5)，以反映配装过程发生的成本费用总额。配装作业是配送的独特要求，只有进行有效的配装，才能提高送货水平，降低送货成本。

表 11-5 配装成本计算表

编制单位：　　　　　　　　　　　　　　　　年　　月　　　　　　　　　　　　　　　　（单位：元）

项　目	计算依据	合　计	配装品种				
			货物甲	货物乙	货物丙	货物丁	货物戊
一、配装直接费用							
工资							
职工福利费							
材料费							
辅助材料费							
其他							
二、配装间接费用							
三、配装总成本							

(4) 流通加工成本的核算

① 流通加工成本的构成。流通加工成本由以下几个部分构成。

第一，直接材料费。流通加工的直接材料费用是指对流通加工产品加工过程中直接消耗的材料、辅助材料、包装材料以及燃料和动力等费用。直接材料费用中，材料和燃料费用数额是根据全部领料凭证汇总编制"耗用材料汇总表"确定的；而外购的动力费用是根据有关凭证确定的。在归集直接材料费用时，凡能分清某一成本计算对象的费用，应单独列出，以便直接计入该配装对象的成本计算单中；属于几个配装成本对象共同耗用的直接材料费用，应当选择适当的方法，分配计入各配装成本计算对象的成本计算单中。

第二，直接人工费用。计入成本中的直接人工费用的数额，是根据当期"工资结算汇总表"和"职工福利费计算表"来确定的。"工资结算汇总表"是进行工资结算和分配的原始依据。它是根据"工资结算单"按人员类别(工资用途)汇总编制的。"工资结算单"应当依据职工工作卡片、考勤记录、工作量记录等工资计算的原始记录编制。"职工福利费计算表"是依据"工资结算汇总表"确定的各类人员工资总额，按照规定的提取比例计算后编制的。

第三，制造费用。制造费用是通过设置制造费用明细账，按照费用发生的地点来归集的。制造费用明细账按照加工生产单位开设，并按费用明细账项目设专栏组织核算。流通加工制造费用表的格式可以参考工业企业的制造费用表的一般格式。由于流通加工环节的折旧费用、固定资产修理费用等占成本比例较大，其费用归集尤其重要。

② 流通加工成本计算表。物流配送企业月末应编制流通加工成本计算表(见表11-6)，以反映配送总成本和单位成本。配送环节的流通加工成本是指成本计算期内成本计算对象的成本总额，即各个成本项目金额的总和。

表11-6 流通加工成本计算表

编制单位：　　　　　　　　　　　　　　年　月　　　　　　　　　　　　　　(单位：元)

项目	计算依据	合计	流通加工品种				
			产品甲	产品乙	产品丙	产品丁	产品戊
直接材料							
直接人工							
制造费用							
合计							

三、降低配送成本的策略

1. 混合策略

混合策略是指配送业务一部分由企业自身完成。这种策略的基本思想是，尽管采用纯策略(即配送活动要么全部由企业自身完成，要么完全外包给第三方物流完成)易形成一定的规模经济，并使管理简化，但由于产品品种多变、规格不一、销量不等等情况，过多地采用纯策略的配送方式，不仅不能取得规模效益，反而会造成规模不经济。采用混合策略，可以合理地安排企业自身完成的配送和外包给第三方物流完成的配送，能使配送成本最低。例如，美国一家干货生产企业为满足遍及全美的1 000家连锁店的配送需要，建造了6座仓库，并拥有自己的车队。随着经营的发展，企业决定扩大配送系统，计划在芝加哥投资7 000万美元，新建一座仓库，并配以新型的物料处理系统。该计划提交董事会讨论时，却发现这样不仅成本较高，而且就算仓库建起来仍满足不了需要。于是，企业把目光投向租赁公共仓库。结果发现，如果企业在附近租用公共仓库，增加一些必要的设备，再加上原有的仓储设施，即可满足市场需要。这样一来，企业只需投资 20 万元的设备购置费、10 万元的外包运费以及租金，投资额低了不少。

2. 差异化策略

差异化策略的指导思想是产品特征不同，顾客服务水平也不同。当企业拥有多种产品线时，不能对所有产品都按同一标准的顾客服务水平来配送，而应按产品的特点、销售水平，来设置不同的库存、不同的运输方式以及不同的储存地点。忽视产品的差异性会增加不必要的配送成本。例如，一家生产化学品添加剂的公司，为降低成本，按各种产品的销售量比重进行分类：A 类产品的销售量占总销售量的 70%以上，B 类产品占 20%左右，C 类产品则为 10%左右。对于 A 类产品，公司在各销售网点都备有库存。B 类产品只在地区分销中心备有库存，而在各销售网点不备有库存。C 类产品连地区分销中心都不设库存，仅在工厂的仓库才有存货。经过一段时间的运行，事实证明这种方法是成功的，企业总的配送成本下降了约 20%。

3. 合并策略

合并策略包含两个层次，一是配送方法上的合并，另一个则是共同配送。

① 配送方法上的合并。企业在安排车辆完成配送任务时，充分利用车辆的容积和载重量，做到满载满装，这是降低成本的重要途径。由于产品品种繁多，不仅包装形态、储运性能不一，在容重方面，也往往相差甚远。一车上如果只装容重大的货物，则往往达到了车辆载重量，但容积空余很多；如果只装容重小的货物，则看起来车装得满，实际上未达到车辆载重量。这两种情况实际上都造成了浪费。实行合理的轻重配装、容积大小不同的货物搭配装车，就可以既在载重方面达到满载，又充分利用车辆的有效容积，取得最优效果。

② 共同配送。共同配送是一种产权层次上的共享，也称集中协作配送。它是几个企业联合，集小量为大量，共同利用同一配送设施的配送方式。其标准运作形式是：在中心机构的统一指挥和调度下，各配送主体以经营活动(或以资产为纽带)联合行动，在较大的地域内协调运作，共同对某一个或某几个客户提供系列化的配送服务。这种配送有两种情况：一是中小生产、零售企业之间分工合作实行共同配送，即同一行业或在同一地区的中小型生产、零售企业单独进行配送时，若运输量少、效率低，可进行联合配送，不仅可以减少企业的配送费用，配送能力得到互补，而且有利于缓和城市交通拥挤，提高配送车辆的利用率；第二种是几个中小型配送中心进行联合，在各配送中心所配物资数量少、车辆利用率低等情况下，几个配送中心将用户所需物资集中起来，共同配送。

4. 延迟策略

传统的配送计划安排中，大多数的库存是按照对未来市场需求的预测量设置的。这样就存在着预测风险。当预测量与实际需求量不符时，就会出现库存过多或过少的情况，从而增加配送成本。延迟策略的基本思想就是对产品的外观、形状及其生产、组装、配送应尽可能推迟到接到顾客订单后再确定。一旦接到订单，就要快速反应，因此采用延迟策略的一个基本前提是信息传递要非常快。一般来说，实施延迟策略的企业应具备以下几个基本条件。

① 产品特征：模块化程度高，产品价值密度大，有特定的外形，产品特征易于表述，定制后可改变产品的容积或重量。

② 生产技术特征：模块化产品设计，设备智能化程度高，定制工艺与基本工艺差别不大。

③ 市场特征：产品生命周期短，销售波动性大，价格竞争激烈，市场变化大，产品的提前期短。

实施延迟策略常采用两种方式：生产延迟(或称形成延迟)和物流延迟(或称时间延迟)。配送中往往存在着加工活动，所以实施配送延迟策略既可采用形成延迟方式，也可采用时间延迟方式。

具体操作时,其常常发生在诸如贴标签(形成延迟)、包装(形成延迟)、装配(形成延迟)和发送(时间延迟)等领域。美国一家生产金枪鱼罐头的企业就通过采用延迟策略改变配送方式,降低了库存水平。历史上这家企业为提高市场占有率,曾针对不同的市场设计了几种标签,产品生产出来后运到各地的分销仓库储存起来。由于顾客偏好不一,几种品牌的同一产品经常出现某种品牌的产品因畅销而缺货,而另一些品牌却滞销压仓。为了解这个问题,该企业改变以往的做法,在产品出厂时不贴标签,直接运到各分销中心储存,当接到各销售网点的具体订货要求后,才按各网点指定的品牌标志贴上相应的标签,这样就有效地解决了"此缺彼涨"的矛盾,从而降低了库存。

5. 标准化策略

标准化策略就是尽量减少因品种多变而产生的附加配送成本,尽可能多地采用标准零部件、模块化产品。如服装制造商按统一规格生产服装,直到顾客购买时才按顾客的身材调整尺寸。采用标准化策略要求厂家从产品设计开始就站在消费者的立场去考虑怎样节省配送成本,而不要等到产品定型生产出来后才考虑采用什么技巧来降低配送成本。

四、配送活动中的控制

1. 加强计划性

在配送活动中,临时配送、紧急配送或无计划的随时配送都会大幅度增加配送成本。临时配送由于事先计划不善,未能考虑正确的装配方式和恰当的运输路线,到了临近配送截止时期时,不得不安排专车,单线进行配送,造成车辆不满载,里程多。紧急配送往往只要求按时送货,来不及认真安排车辆配装及配送路线,从而造成载重和里程的浪费。而为了保持服务水平,又不能拒绝紧急配送。但是如果认真核查并做好调剂准备,紧急配送也可纳入计划。随时配送对订货要求不做计划安排,有一笔送一次。这样虽然能保证服务质量,但是不能保证配装与路线的合理性,也会造成很大的浪费。

为了加强配送的计划性,需要制定配送申报制度。所谓配送申报制度,就是零售商店订货申请制度。解决这个问题的基本原则是:在尽量减少零售店存货、尽量减少缺货损失的前提下,集中各零售店的订货申请。应针对商品的特性,制定相应的配送申报制度。

① 对于鲜活商品,应实行定时定量申报、定时定量配送,以保证商品的鲜活,零售店一般一天申报一次,商品的量应控制在当天全部销售完为宜。实行定时定量申报的商品,在商品量确定以后,分店除特殊情况外,不必再进行申报。由配送中心根据零售店的定量,每天送货。

② 对于普通商品,应实行定期申报。定期配送、定期申报是指零售店定期向配送中心订货,订货量为两次订货之间的预计需求量。实行定期申报的优点是:各零售店的要货相对集中,零售店同时发出订货申请,配送中心将订货单按商品分类、汇总,统一完成配送;零售店不必经常清点每种产品的盘存量,减少了工作量;零售店是向众多单个消费者销售商品,不确定因素多。实行定期申报,零售店只需预测订货周期较短时间内的需求量,降低了经营风险。零售店定期发出订货申请,配送中心定期送货。送货的时间间隔与订货的时间间隔一致,例如,每7天订一次,每7天送一次货。问题的关键是如何确定合理的时间间隔。时间太长,每次的发货量必定很多;时间太短,每次发的货过于零星,既增加了配送难度,也增加了配送次数。一个合理的时间间隔应该使零售店在保持较少的库存而又不缺货的前提下,集中零售店的订货申请。在实际操作中应通过数据来分析和经验来确定。

2. 确定路线

配送路线合理与否对配送速度、成本、效益影响很大，因此，采用科学方法确定合理的配送路线是配送的一项重要工作。确定配送路线可以采用各种数学方法和在数学方法基础上发展和演变出来的经验方法。无论采用何种方法，都必须满足一定的约束条件。

一般的配送，约束条件包括如下几项。
① 满足所有零售店对商品品种、规格、数量的要求。
② 满足零售店对货物到达时间范围的要求。
③ 在交通运输管理部门允许通行的时间内进行配送。
④ 各配送路线的商品量不超过车辆容积及载重量的限制。
⑤ 要在配送中心现有的运力允许的范围之内配送。

第四节　配送服务与配送成本的关系

一、配送服务与配送成本的关系

配送服务的目标是以尽可能低的配送成本来实现高质量的配送服务。一般来说，配送成本与配送服务的关系有以下 4 种形式。

(1) 保持配送服务不变前提下，考虑降低配送成本

它通过改变配送系统的方法，在保持既定的服务水平下，寻求降低成本的途径，即追求效益的提高。

(2) 在配送成本不变的前提下提高配送服务水平

这是在现有的成本水平下，通过有效地利用投入的成本来改善配送的诸多功能，提高服务水平，追求成本绩效的做法。

(3) 配送服务水平提高和成本增加，即为了提高服务水平不惜增加成本

这是大多数企业在提高服务水平时的状态，也是企业在特定的顾客或特定的商品面临竞争时所采取的战略措施，它主要通过增值物流服务来实现。

(4) 配送成本降低，而配送服务水平提高

这是一种双赢的措施。通过对企业物流系统的流程再造，实现一种新的企业物流模式，达到降低成本、提高服务水平的目的。

二、配送服务与配送成本之间的二律背反

(1) 配送成本与配送服务之间的二律背反问题

配送各项活动如运输、保管、搬运、包装、流通加工之间存在二律背反。所谓二律背反是指"同一资源"(例如成本)的两个方面处于相互矛盾的关系之中，要达到一个目的，必然要损失另一个目的。一般来说，提高配送服务水平，配送成本即上升(受到收益递减法则的支配)；处于高水平的配送服务时，成本增加，而配送服务水平不能按比例相应提高。

例如，尽量减少库存据点以及库存，必然引起库存补充频繁，从而增加运输次数。简化包装，则包装作业强度降低，包装成本降低，但却会导致仓库里的货物不能堆放过高，加大了货物存储的难度和成本，而且在装卸和运输过程中容易出现包装破裂，导致搬运效率降低，破损率增加。

再比如，航空运输取代了铁路运输，虽然运费增加，但是运输速度却大大提高，因此不仅减少了各物流据点的库存量，也使得仓储费大大降低。

(2) 二律背反使得配送系统化成为必要

由于各个配送活动之间存在二律背反关系，因此各个子系统，包括运输子系统、保管子系统，不能以其自身成本最低为目标，必须要从总体效益出发(整体的眼光看问题)，考虑提升整个配送系统的运行效率。

思考与练习题

1. 简述影响企业物流成本的因素。
2. 简述降低物流成本的途径。
3. 简述物流成本核算的基本方法。
4. 简述物流成本核算存在的难点问题。
5. 简述配送成本计算步骤。
6. 简述配送成本的控制。
7. 简述配送服务与配送成本之间的关系。

拓展阅读

1. 易华，李伊松. 物流成本管理[M]. 3版. 北京：机械工业出版社，2017.
2. 董永茂. 物流成本管理[M]. 杭州：浙江大学出版社，2011.
3. 张莉莉，陆凤彬. 物流成本对产出和价格水平的影响——基于FAVAR模型[J]. 系统工程理论与实践，2014，34(8): 2025-2033.
4. 戴钰慧，张学慧. 基于供应链视角的制造企业物流成本核算与控制[J]. 山西财经大学学报，2017，39(S2): 24-25.
5. 袁水林. 企业物流成本对企业效益影响的多元线性回归分析[J]. 统计与决策，2019，35(4): 188-190.
6. 王可山，张丽彤，刘彦奇. 生鲜电商配送成本影响因素及控制优化研究[J]. 经济问题，2019，473(1): 114-121.
7. 饶卫振，张云东，刘从虎，等. 一种求解协作配送成本分摊问题核仁解的近似迭代算法[J]. 系统工程理论与实践，2019，39(6): 1517-1534.

第十二章

配送中心管理

学习目标

配送中心是物流供应链系统中非常重要的一类物流节点。通过本章的学习,你将掌握配送中心的作业流程;了解进货作业、装卸搬运作业、储存作业、盘点作业、订单作业、拣货作业、配送运输作业和退货作业等作业环节的内涵与基本程序;认识配送中心的各类信息管理系统的构成和功能。

沃尔玛的配送中心管理

配送中心的概念最早由沃尔玛公司提出,这一新的零售业理论开创了零售业工业化运作的新阶段。其独特的配送体系,不仅大大降低了成本,而且加速了存货周转,形成了沃尔玛的核心竞争力。

如今,沃尔玛在美国本土已建立了 62 个配送中心,整个公司销售商品总量的 85%由这些配送中心供应,而其竞争对手只有 50%~60%的商品集中配送量。沃尔玛完整的物流系统号称"第二方物流",相对独立运作,不仅包括配送中心,还有更为复杂的输入采购系统、自动补货系统等。其配送中心的平均面积约 10 万平方米,相当于 23 个足球场,全部自动化作业,现场作业场面就像大型工厂一样蔚为壮观。

沃尔玛公司有 6 种形式的配送中心:一种是"干货"配送中心;第二种是食品中心(相当于我们的"生鲜");第三种是山姆会员店配送中心;第四种是服装配送中心;第五种是进口商品配送中心;第六种是退货配送中心(其收益主要来自出售包装箱的收入和供应商支付的手续费)。

其配送中心的基本运作流程是:供应商将商品送到配送中心后,经过核对采购计划进行商品检验等程序,分别送到货架的不同位置存放。门店提出要货计划后,电脑系统将所需商品的存放位置查出,并打印有商店代号的标签。整包装的商品直接在货架上送往传送带,零散的商品由工作台人员取出后也送到传送带上。一般情况下,商店要货的当天就可以将商品送出。

沃尔玛要求所购买的商品必须带有 UPC 条形码,从工厂运货回来,卡车可以停在配送中心收货处的数十个门口处，把货箱放在高速运转的传送带上，在传送过程中经过一系列的激光扫描，读取货箱上的条形码信息。而门店需要的商品被传送到配送中心的另一端，那里有几十辆货车在等着送货。其通过十多千米长的传送带作业，完成复杂的商品组合。高效的电脑控制系统使整个配送中心用人极少。数据的收集、存储和处理系统成为沃尔玛控制商品及其物流的强大武器。

通过构建开放式的平台，沃尔玛每个星期可以处理120万箱的产品。由于沃尔玛公司的商店众多，每个商店的需求各不相同，沃尔玛的配送中心能够根据商店的需要，自动把产品分类放入不同的箱子当中。沃尔玛所有的系统都是基于UNIX系统的配送，这是一个非常大的开放式平台，不但采用传送带，还采用产品代码，以及自动补货系统和激光识别系统。如此一来，员工可以在传送带上就取到自己所负责的商店所需要的商品。由于供应链中的各个环节都可以使用这个平台，因此节省了拣选成本。

为了满足美国国内3 500多个连锁店的配送需要，沃尔玛在国内配备近3万个大型集装箱挂车，5 500辆大型货车卡车，24小时昼夜不停地工作。每年的运输总量达到77.5亿箱，总行程6.5亿千米。合理调度如此大规模的商品采购、库存、物流和销售管理，当然离不开高科技的手段。为此，沃尔玛建立了专门的电脑管理系统、卫星定位系统。

沃尔玛全球4 500多个店铺的销售、订货、库存情况可以随时调出查询。5 500辆运输卡车，全部装备了卫星定位系统，每辆车在什么位置，装载什么货物，目的地是什么地方，总部一目了然。这样就可以合理安排运量和路程，最大限度地发挥运输潜力，避免浪费，降低成本，提高效率。

沃尔玛正是通过信息流对物流及资金流的整合、优化和及时处理，实现了有效的物流成本控制。从采购原材料到制成最终产品，最后由销售网络把产品送到消费者手中，这个过程十分高效有序，实现了商业活动的标准化、专业化、统一化、单纯化，从而达到实现规模效益的目的。

阅读上面的案例，你可以进一步思考：沃尔玛"天天平价"是如何做到的？先进的技术对于沃尔玛的配送系统来说，有什么作用？沃尔玛的配送中心具有哪些功能？

(资料来源：佚名. 沃尔玛的物流配送策略. 百度文库. https://wenku.baidu.com/view/ecd1ef492379168884868762caaedd3383c4b508.html. 2018-09-17.)

第一节　配送中心的作业管理

配送中心作业是指物流配送中心根据客户的入库指令视仓储情况做相应的入库受理；按所签的合同进行货物受理，并根据给货物分配的库区库位打印出入库单；在货物正式入库前进行货物验收，主要是对要入库的货物进行核对处理，并对所入库货物进行统一编号(包括合同号、批号、入库日期等)。而物流中心作业管理则可以细分为进货作业、装卸搬运作业、储存作业、盘点作业、订单作业、拣货作业、配送运输作业和退货作业等。

一、进货作业管理

1. 集货作业

集货入库作业主要包括收货、检验和入库三个流程。收货是指连锁店总部的进货指令向供货厂商发出后，配送中心对运送的货物进行接收。检验活动包括核对采购订单与供应商发货单是否相符，开包检查商品有无损坏，核查购买商品的质量。商品的数量检查有4种方式。

① 直接检查，将运输单据与供货商发货单对比。
② 盲查，即直接列出所收到的商品种类与数量，待发货单到达后再做检查。
③ 半盲查，即事先收到有关列明商品种类的单据，待货物到达时再列出商品数量。
④ 联合检查，即将直接检查与盲查结合起来使用。如果发货单及时到达，就采用直接检查法；如果未及时到达，就采用盲查法。

收货检验工作一定要慎之又慎。因为一旦商品入库，配送中心就要担负起商品质量全部的责任。经检查准确无误后方可在厂商发货单上签字，并将有关信息及时登记录入信息库，转达采购部，经采购部确认后开具收货单，从而使已入库的商品及时进入可配送状态。

2. 商品堆垛

商品堆垛是指根据商品的性质、形状、轻重等因素，结合仓库储存条件，将其堆码成一定的货垛。

(1) 商品堆垛应具备的条件

进行商品的堆码，要遵循合理、牢固、定量、整齐、方便等几个基本要求。要达到上述要求，在商品堆码前应具备以下条件。

① 堆码商品的数量已彻底查清，商品的质量已检验合格；对需要取样的商品，堆码后能方便取样。
② 包装外的尘土、雨雪等已清扫干净，包装外表的污损已不影响商品的质量。
③ 商品有受潮、锈蚀，或已发生某种质量变化，但已除潮、除锈，已加工处理或已做出处理决定。

(2) 商品堆垛应遵循的原则

① 商品应面向通道进行保管。为使商品出入库方便，容易在仓库内移动，应将商品面向通道保管。
② 尽可能地向高处码放，提高保管效率。为有效利用库内容积，应将商品尽量码放在高处，为防止破损，保证安全，应当尽可能使用棚架等保管设备。
③ 根据出库频率选定位置。出货和进货频率较高的物品应放在靠近出入口，易于作业的地方；流动性差的物品应放在距离出入口稍远的地方；季节性物品则依其季节特征来选定放置的场所。
④ 同一品种放在同一地方保管。为提高作业效率和保管效率，同一物品或类似物品应放在同一地方保管，员工对库内物品放置位置的熟悉程度直接影响着出入库的时间，将类似的物品放在临近的地方也是提高效率的重要方法。
⑤ "先进先出"。商品保管的一条重要原则是，对于易变质、易破损、易腐败的物品和机能易退化、老化的物品，应尽可能按先进先出的原则，加快周转。

3. 收货操作程序和要求

商品的收货是指商品接运、搬卸、装运、检查包装、清点数量、验收质量、商品堆码、办理交接手续和登记入账手续等一系列的操作过程。其具体内容包括：入库商品的接运、验收；根据商品入库凭证，清点数量，检查商品的品名、规格、等级、产地是否与入库凭证上所列相符(若发现商品残缺、短少以及质量不合要求，如发生发霉、生锈、受潮等，要做好记录，以备检查)；在规定的时间内向主管领导和存货单位报告，按规定程序办理各种进库手续和凭证。

(1) 商品接运

商品接运人员要熟悉各交通运输部门及有关供货单位的制度和要求，根据不同的接运方式，处理接运中的各种问题。商品的接运方式大致分为4种。

① 专用线接运。专用线接运是铁路部门将转运的商品直接运送到仓库内部专用线的一种接运方式。仓库接到车站到货通知后，就确定卸车货位，力求缩短场内搬运距离，准备好卸车所需的人力和机械。火车车皮到达后，开始卸货。

② 车站码头提货。凭提货单到车站、码头提货时，应根据运单和有关资料认真核对商品的名称、规格、数量、收货单位等。货到库后，接运人员应及时将运单连同取回的商品向保管人当面点清，然后双方办理交接手续。

③ 仓库自行接货。配送中心的仓库接受货主委托直接到供货单位提货时，应根据提货通知，了解所提货物的性能、规格、数量，准备好提货所需的机械、工具、人员，配备保管员在供货方场地当场检验质量、清点数量，并做好验收记录，接货与验收合并一次完成。

④ 库内接货。存货单位或供货单位将商品直接运送到仓库储存时，应由保管员直接与送货人办理交接手续，当面验收并做好记录。若有差错，应填写记录，由送货人签字证明，根据此证明向有关部门索赔。

在完成商品接运工作的同时，每一个步骤应有详细的记录，并详细列明接运商品到达、接运、交接等各环节的情况。

(2) 核对凭证

商品运抵仓库后，仓库收货人员首先要检验商品入库凭证，然后按商品入库凭证所列的收货单位、货物名称、规格数量等具体内容，对抵运商品进行一一核对。经复核复查无误后，即可以进行下一道程序。通常入库商品应该具备下列证件。

① 存货单位提供的入库通知书、订货合同等。

② 供货单位提供的质量证明书或合格证、装箱单、磅码单、发货明细表等。

③ 运输单位提供的运单。如商品在入库前已有残损，应有笔录内容。

(3) 大数点收

大数点收是按照商品的大件包装进行数量清点。点收的方法有两种。

① 逐件点收。靠人工记录，一般费力易错，可采用简易计算器，记数累计得总数。

② 集中堆码点数法。对于花色、品种单一，包装大小一致，数量大或体积较小的商品，适用于集中堆码点数法，即将入库的商品堆成固定的垛形，排列整齐，每层、每行件数一致。

(4) 检查包装

在大数点收的同时，对每件商品的包装和标志要进行认真的检查。如发现异装包装，必须单独存放，并打开包装详细检查内部的商品有无短缺、破损和变质。逐一查看包装标志，目的在于防止不同商品混入，避免差错，并根据标志指示操作，确保入库存储安全。在检查完毕后，通常就可以与保管人员办理商品的交接手续。

二、装卸搬运作业管理

1. 装卸搬运的基本知识

在同一地域范围内(如车站范围、工厂范围、仓库内部等)改变"物"的存放、支撑状态的活动称为装卸，改变"物"的空间位置的活动称为搬运，两者全称装卸搬运。有时候或在特定场合，单称"装卸"或单称"搬运"也包含了"装卸搬运"的完整含义。在使用习惯中，物流领域(如铁路运输)常将装卸搬运这一整体活动称作"货物装卸"；在生产领域中，常将这一整体活动称作"物料搬运"。实际上，活动内容都是一样的，只是领域不同而已。在实际操作中，装卸与搬运是密不可分的，两者是相伴发生的。搬运的"运"与运输的"运"区别之处在于，搬运是在同一地域的小范围内发生的，而运输则是在较大范围内发生的，两者是量变到质变的关系，中间并无一个绝对的界限。

(1) 装卸搬运在物流中的地位与作用

装卸搬运是物流系统的构成要素之一，是为运输和保管的需要而进行的作业。但是，相对于运输产生的场所效用和保管产生的时间效用来说，搬运本身并不创造价值。

然而，物品由生产到消费的流动过程中，搬运作业是不可缺少的。装卸搬运活动的基本动作包括装车(船)、卸车(船)、堆垛、入库、出库以及联结上述各项动作的短程输送，是随运输和保管等活动而产生的必要活动。在物流过程中，装卸搬运活动是不断出现和反复进行的，它出现的频率高于其他各项物流活动，每次装卸搬运活动都要花费很长时间，所以往往成为决定物流速度的关键。装卸活动所消耗的人力也很多，所以装卸搬运费用在物流成本中所占的比重也较高。以我国为例，铁路运输的始发和到达的装卸作业费大致占运费的20%，海运占40%。因此，为了降低物流费用，提高装卸搬运环节的效率是关键。此外，进行装卸操作时往往需要接触货物，因此，这是在物流过程中造成货物破损、散失、损耗、混合等损失的主要环节。例如，袋装水泥纸袋破损和水泥散失主要发生在装卸过程中，玻璃、机械、器皿、煤炭等产品在装卸时最容易造成损失。由此可见，装卸活动是影响物流效率、决定物流技术经济效果的重要环节。因此，搬运的好坏对物流成本影响很大，合理装卸搬运是提高物流效率的重要手段之一。

(2) 装卸搬运的特点

① 装卸搬运是附属性、伴生性的活动。装卸搬运是物流每一项活动开始及结束时必然发生的活动，因而常被人忽视，而它却是其他操作过程不可缺少的组成部分。例如，一般而言的"汽车运输"，就包含了相随的装卸搬运，仓库中泛指的保管活动，也含有装卸搬运活动。

② 装卸搬运是支持、保障性的活动。实际上，装卸搬运对其他物流活动有一定决定性。装卸搬运会影响其他物流活动的质量和速度，例如，装车不当，会引起运输过程中的损失；卸放不当，会造成货物转换下个物流活动的困难。许多物流活动在有效的装卸搬运支持下，才能实现高水平运转。

③ 装卸搬运是衔接性的活动。在各物流活动互相过渡时，其都是以装卸搬运来衔接的。因此，装卸搬运往往成为整个物流的"瓶颈"，是物流各功能之间能否形成有机联系和紧密衔接的关键。例如，采用比较先进的系统物流方式——联合运输方式，就是为了提升这种衔接方面的效率。

④ 装卸搬运是增加物流成本的活动。传统物流装卸搬运，既会导致物流时间的延长，又要投入大量不带来附加值的活劳动和物化劳动，增大物流成本。因此，应重视反复装卸搬运的累计成本。

2. 装卸搬运合理化八原则

虽然装卸搬运作业本身并不创造价值，但是装卸搬运的合理化可以大大提高物流效率，一般而言，在装卸搬运作业时，可遵循以下8个合理化原则。

(1) 省力化原则

所谓省力，就是节省动力和人力。货物装卸搬运不产生价值，作业的次数越多，货物破损和发生事故的频率越大，费用越高，因此首先要考虑尽量不装卸搬运或尽量减少装卸搬运次数。集装化装卸、多式联运、集装箱化运输、托盘一贯制物流等都是有效的做法。具体的做法则包括：利用货物本身的重量和落差原理，如滑槽、滑板等工具的利用；减少从下往上的搬运，多采用斜坡式，以减轻负重；水平装卸搬运，如仓库的作业台与卡车车厢处于同一高度，手推车直接进出；卡车后面带尾板升降机，仓库作业月台设装卸货升降装置等。总之，省力化装卸搬运原则是：能往下则不往上，能直行则不拐弯，能用机械则不用人力，能水平则不要上斜，能滑动则不摩擦，能连续则不间断，能集装则不分散。

(2) 活性化原则

这里所说的活性化是指"从物的静止状态转变为装卸状态的难易程度"。如果容易或适于下一步装卸搬运作业，则活性化高。例如，仓库中的货物乱七八糟与整齐堆码的差别，散乱状态与放在托盘上的差别，等等。此外，在装卸机械灵活化方面，可多使用叉车、铲车、带轨道的吊车、能转动360度的吊车和带轮子、履带的吊车等。

(3) 顺畅化原则

货物装卸搬运的顺畅化是保证作业安全、提高作业效率的重要方面。所谓顺畅化，就是作业场所无障碍，作业不间断，作业通道畅通。如叉车在仓库中作业，应留有安全作业空间，转弯、后退等动作不应受面积和空间限制；人工进行货物搬运，要有合理的通道，脚下不能有障碍物，头顶留有空间，不能人撞人、人挤人；用手推车搬运货物，地面不能坑坑洼洼，不应有电线、工具等杂物影响小车行走；人工操作电葫芦吊车，地面防滑、行走通道两侧的障碍等问题均与作业能否顺畅进行有关。

(4) 短距化原则

短距化，即以最短的距离完成装卸搬运作业，最明显的例子是生产流水线作业。它把各道工序连接在输送带上，通过输送带的自动运行，使各道工序的作业人员以最短的动作距离实现作业，大大地节约了时间，减少了人的体力消耗，大幅度提高了作业效率。例如转动式吊车、挖掘机等都是短距化的表现。在生活中也能找出短距化实例，如转盘式餐桌，各种美味佳肴放在转盘上，人不必站起来就能夹到菜。缩短装卸搬运距离，不仅省力、省能，还能使作业快速、高效。

(5) 单元化原则

单元化装卸搬运是提高装卸搬运效率的有效方法，如集装箱、托盘等单元化设备的利用都是单元化的表现。

(6) 连续化原则

连续化装卸搬运的例子很多，如输油管道、输气管道、气力输送设备、皮带传送机、辊道输送机、旋转货架等都是连续化装卸搬运的有力证明。

(7) 人格化原则

装卸搬运是重体力劳动，很容易超出人的承受限度。如果不考虑人的因素或不够尊重人格，容易发生野蛮装卸、乱扔乱摔现象。搬运的东西在包装和捆包时应考虑人的正常能力和抓拿的方便性，也要注重安全性和防污染性等。

(8) 集中化原则

集中作业才能使作业量达到一定水平，为实现机械化、自动化创造条件。物流规划时要尽量将装货点和卸货点靠近，建立专业作业区、专业码头、专业装卸线。仓库要集中检货、补货时间，以增加作业的批量。

三、储存作业管理

1. 储存保管的目标

在储存保管中合理利用空间是十分重要的。如何降低储存成本，如何利用现有的仓库面积，都是仓储企业必须考虑的。使仓储空间利用率最大化，降低仓储成本已成为提高企业竞争力的重要手段。做好储存保管工作的目的有以下几点。

① 劳动力和设备的有效使用；

② 货物的方便存取；
③ 货物的有效移动；
④ 货物的良好保养；
⑤ 对货物进行有效的管理。

2. 储位管理

储位是指仓库中实际可用于堆放商品的面积。储位管理的重要前提是做好储位编号工作，储位编号是将库房、货场、货棚、货堆、货架及商品的存放具体位置顺序，统一编列号码，并做出明显标志。一般地，可按下列方法进行编号。

① 对于整个仓库各储存场所的编号，可根据所在地面位置按顺序编号，编码数字写在醒目处(如仓库外墙、库门上)。

② 库房内各货位编号。可按库房内干支道的分布，划分若干储位，按顺序编号，并标于明显处。

③ 货场储位的编号。一般可将货场划分排号，再对各排按顺序编上储位号。储位号码可直接标在地上。

④ 货架上各储位编号。可先按一个仓库内的货架进行编号，然后对每个货架的储位按层进行编号。顺序是从上到下、从左到右、从里到外。

储位的选择是在商品分区分类的基础上进行的，所以储位的选择应遵循确保商品安全、方便吞吐发运、力求节约仓容的原则。在进行储位管理时要注意遵循以下原则。

(1) 确保商品安全的原则

① 怕潮、易霉、易锈的商品，如步鞋、棉布、茶叶、烟卷、五金商品等应选择干燥或密封的货位。

② 怕光、怕热、易溶的商品，如橡胶制品、有色纸、油脂、油墨、糖果等，应选择低温的货位。

③ 怕冻的商品，如瓶装墨水、西药制剂、某些化妆品等流汁商品，要选择不低于零摄氏度的货位。

④ 易燃、易爆、有毒、腐蚀性、放射性等危险品，如酒精、树脂胶、硫酸、樟脑晶块、火柴等应放在郊区仓库分类专存。

⑤ 性能互相抵触和有挥发性、串味的商品不能同区储存。如日用肥皂与纸张，因性能抵触不能储存在一起，茶叶、卷烟、胶木制品、油脂、化妆品等，都有不同程度的挥发性和串味，必须专仓专储。

⑥ 消防灭火方法不同的商品不要一起存放。有虫害感染可能的商品不能存放在一起，如草制品和棉布、针织品。

(2) 方便吞吐发运原则

储位的选择，应符合方便吞吐的原则，即要方便商品进出库，尽可能缩短收、发货作业时间，需要考虑到以下几个方面。

① 发货方式。采取送货制方式的商品，由于分拣理货、按车排货、发货等作业需要，其储存货位应靠近理货、装车的场地；采取提货制方式的商品，其储存货位应靠近仓库出口，便于外来提货的车辆进出。

② 操作条件。各种商品具有不同的包装形态、包装质地和体积重量，因而需要采用不同的装卸操作方法和工具。所以储位的选择必须考虑货区的装卸设备条件与装卸仓储商品的操作方法相适应。

③ 吞吐快慢。仓储商品的流转快慢，有着不同的活动规律。对于快进快出的商品，要选择利于车辆进出库的库位；滞销久储的商品，不宜靠近库门；整进零出的商品，要考虑零星提货的条

件；零进整出的商品，要考虑到集中发运的能力。

(3) 力求节约仓容的原则

储位的选择，还要符合节约的原则，以最小的仓容储存最大限量的仓品。在储位负荷量和高度基本固定的情况下，应从存储商品不同的体积重量出发，使货位与商品的重量、体积紧密结合起来。对于轻泡商品，应安排在载重量(负荷量)小和空间高的储位。对于实重商品，应安排在载重量大而且空间低的储位。除此之外，在储位的选择和具体使用时，还可根据仓储商品吞吐快慢不一的规律和操作难易不一的特点，把热销和久存、操作困难和省力的商品，搭配在同一货区储存。这样不仅能充分发挥仓容使用的效能，而且还能克服各个存储区域之间忙闲不均的现象。

3. 保管作业

仓储保管作业按业务活动的内容分为以下三个阶段。

(1) 物品入库阶段。物品入库阶段是根据物品入库计划和供货合同的规定进行作业的。在接收物品入库时，需要进行一系列的作业活动，如货物的接运、验收、办理入库手续等。

(2) 物品储存保管阶段。这一阶段是物品在整个储存期间，为保持物品的原有使用价值，仓库需要采取一系列保管、保养措施，如货物的堆码，盖垫物品的维护、保养，物品的检查、盘点等。

(3) 物品发放阶段。物品的发放阶段是根据货主开的出库凭证，为使物品准确、及时、安全地发放出去，所进行的一系列作业活动，如备料、复核、装车等。

4. 库存管理作业

库存管理作业包含仓库区的管理及库存数控制。

① 仓库区的管理包括货品在仓库区域内摆放方式、所占区域大小、所在区域的分布等规划，以及容器的使用与容器的保管维修。货品进出仓库的控制遵循先进先出或后进先出。进出货方式的制定包括货品所用的搬运工具、搬运方式，仓储区储位的调整及变动。

② 库存数量的控制则依照一般货品出库数量、入库时间等来制定采购数量及采购时点，并制定采购时点预警系统。要制定库存盘点方法，在一定时间内印制盘点清册，并依据盘点清册内容清查库存数、修正库存账册并制作盘亏报表。

四、盘点作业管理

商品在库房中因不断的搬动和进出库，其库存账面数量容易与实际数量不符。有些物品因存放时间过久、储存方式不恰当而变质、丢失等，造成损失。为了有效控制库存货物数量而对各库存场所的货物进行数量清点的工作，称为盘点。仓库盘点能够确保货品在库数量的真实性以及各种货品种类的完整性。

1. 盘点作业的目的

(1) 确定现存量

通过盘点可以查清实际库存数量，并确认库存货品实际数量与库存账面数量的差异。账面库存数量与实际库存数量不符主要是收发作业中产生的误差而导致的。例如记录库存数量时多记、误记、漏记；作业中导致商品损坏、遗失；验收与出库时清点有误。如发现盘点的实际库存数量与账面库存数量不符，应及时查清问题原因，并做出适当的处理。

(2) 查清企业损益

库存商品的总金额直接反映企业库存资产的使用情况。库存量过高，将增加企业库存成本。通过库房盘点，可以定期核查企业库存情况，从而提出改进库存管理的措施。

(3) 发现库房管理存在问题

通过盘点查明盈亏的原因，可发现作业或管理中存在的问题，并通过解决问题来改善作业流程和作业方式。例如，通过盘点可以查出超期保管、长期积压商品的实际品种、数量，分析原因并提出改进，防止再度发生类似情况，从而使管理水平不断提高。

2. 盘点作业的步骤

一般情况下，盘点可以按以下步骤进行。

(1) 盘点前的准备工作

盘点前的准备工作是否充分，关系到盘点作业能否顺利进行。事先对可能出现的问题、对盘点中易出现的差错，进行周密的研究和准备是相当重要的。准备工作主要包括以下内容：确定盘点的程序和具体方法；配合财务会计做好准备；设计盘点用的各种表格；准备盘点使用的基本器具。

(2) 确定盘点时间

视物品性质来确定周期，最好利用连续假期。从理论上讲，在条件允许的情况下，盘点的次数越多越好。但每一次盘点，都要耗费大量的人力、物力和财力。因此，应根据实际情况确定盘点的时间。如可按 ABC 分类法将货物科学的分为 A、B、C 不同的等级，分别制定相应的盘点周期。重要的 A 类物品，每天或每周盘点一次；一般的 B 类物品每两周或三周盘点一次；C 类物品可以一个月甚至更长的时间盘点一次。

(3) 确定盘点方法

因盘点场合、要求的不同，盘点的方法也有差异。对使用哪种盘点方法的决定必须明确，以确保盘点时不致混淆。按照盘点的作用进行分类，可以将盘点方法分为动态盘点法、循环盘点法和低位盘点法。动态盘点就是只盘"盘点周期"内有出入库变动的物料，没有入库和出库的物料不盘；循环盘点是将库存物料进行分区或分类，然后按照一定的周期(如每日、每周)，逐区、逐类地分批盘点的一种方式；低位盘点是在指定期内(比如每天)监控物料的库存量。当物料的库存量低于事前设定的"一定水平"的库存量时，即专门针对该物料进行清盘和对账，以保证账实相符。

(4) 确定并培训盘点人员

由于盘点作业必须动用大批人力，通常盘点应当停止任何休假，并于一周前安排好出勤计划。经过训练的人员必须熟练盘点用的表单。盘点前一日最好对盘点人员进行必要的指导，包括盘点要求、盘点常犯错误及异常情况的处理办法等。盘点、复盘、间盘人员必须经过训练。盘点人员按职责分为填表人、盘点人、核对人和抽查人。

(5) 清理储存场所

盘点工作开始时，首先要对储存场所及库存商品进行一次清理，清理工作主要包括以下几方面的工作内容：对尚未办理入库手续的商品，应标明其不在盘点之列；对已办理出库手续的商品，要提前通知有关部门，运到相应的配送区域；账卡、单据、资料均应整理后统一结清；整理商品堆垛、货架等，使其整齐有序以便于清点记数；检查计量器具，使其误差符合规定要求。

(6) 开始盘点

在盘点过程中一定要仔细认真。由于盘点工作涉及大量的数字，因此若一时大意看错数字，在核对时就会出现差异，从而导致重新盘点。在盘点过程中，还要注意因自然原因导致某些商品挥发、吸湿而导致重量发生增减的情况。

(7) 盘点的盈亏处理

查清差异原因后，为了通过盘点使账面数与实物数保持一致，需要对盘点盈亏和报废品一并进行调整。按差异的主要原因，确定解决办法。对待废品、不良品应视为盘亏。货物在盘点时除了产生数量的亏损外，有些货品在价格上也会发生增减情况。这种价格变化经主管部门批准后，需要利用盘点盈亏和价目增减表格的形式更正过来。

3. 盘点结果的评估检查

(1) 面对盘点所发现问题的态度

面对盘点发现的问题，应该本着不回避矛盾、积极解决问题的态度来处理；查明差异，分析原因；认真总结，加强管理，调整差异。

(2) 问题的处理方法

① 对账时不一致的处理。应该确认是否确实出现实物的丢失；是否按账物单记录实物，或进料、发料单据丢失，而少记账；是否盘点时出现差错，多盘或少盘；对盘点的整个程序进行检查，是否由于盘点制度或流程的缺陷造成盘盈或盘亏；盘盈、盘亏是否在允许的误差范围内。

② 盘点后的修补完善措施。依据管理绩效考核，对分管人员进行奖惩；料账、料卡的账面纠正；损失太大，造成物料不能满足供应时应及时补充订购；呆料、废料迅速处理，以减少仓储费用，释放储存空间，加快资金周转。

③ 完善制度，堵塞漏洞。呆料比重高，应提高认识，进行研究，加强管理制度，尽可能降低；库存周转率低或供应不及时，设法强化物料需求计划和库存管理与采购的配合；料架、堆垛和储位管理足以影响物料管理绩效的，宜通过物流工程的优化方法，研究改进；库存物料成本过大时，应探讨原因，降低采购价格或找寻廉价代用品。

五、订单作业处理

订单是指拣选单、客户订单、配送中心发货单、车间发料单等，订单所需要的每种货品单独一行列出，并列有数量，称为一个订单行或一笔。一般来说，每张订单只有一种货物的可能性很少，因此订单作业处理的主要是多行订单。

1. 接受订单的方式

(1) 传统订货方式

传统订货方式包括厂商补货、厂商巡货、隔日送货、电话口头订货、传真订货、邮寄订单和零售商自行取货这6种方式。不论是以上哪种方式，均必须依赖人工输入相关资料，而且经常重复输入，不仅容易造成作业错误，而且常耽误时间。

(2) 电子订货方式

电子订货是将订货资料转化为电子资料，并借由通信网络传送的订货形式，也就是用电子资料交换方式取代传统商业下单、接单的自动化订货模式。

① 电子订货方式的表现形式

采用电子订货应用系统，经由企业的订单处理系统，可将订货资料由软件将其转换成与供应商约定的通用格式，并在约定时间里将资料传出。

终端销售管理系统(point of sales，POS)。零售商可在商品库存档内设定安全存量，每销售一笔商品，电脑会自动扣除该商品库存量，当库存量低于安全存量时，随即自动产生订货资料，资料确认后再通过电信网络传送给总公司或供应商。

订货人员携带订货簿及手持终端机(handy terminal)巡视货架，当商品缺货时，用扫描器进行扫描，再输入订货数量，当公司所有订货资料输入完毕后，利用数据终端设备可将订货资料传给总公司或供应商。

② 电子订货的效益

对供应商而言,电子订货可以简化接单作业手续,缩短接单时间,避免人工处理错误,缩短交货前置时间,减少退货处理作业,满足客户多样、少量、高频率订货的需要。

对零售商而言,电子订货可以缩短交货时间,降低商品库存量,减少库存成本压力,帮助商品库存适量化,能快速、正确地下单,减少因交货错误所造成的缺货,降低进货检验作业。

③ 电子订货方式的演进

电子订货的发展经历了从企业内部传送订货信息到在企业间进行资料交换的这样一个过程。电子订货发展初期,电子订货只应用于企业内部的订货作业连线,也就是将各子公司(或分店)借由终端机与总公司连线传送订货资料。之后,由于企业间相互合作愈来愈密切,以电子订货方式进行的资讯流通与整合,在企业间的资料交换内容中日渐普及。不过各企业间因有不同作业流程、不同表单和不同电脑机种,因此技术上需要通过 EDI 及 VAN 网络中心进行整合。

2. 订单内容的确定

不同的企业由于生产节奏、业务特色及产品特性的不同,对订单内容的制定都有所不同。物流中心是为各种各样的企业提供物流服务的,对不同类型的订单要提供不同的处理方法,满足企业不同种类的订单需求。订单的种类一般包括以下几种。

(1) 一般订单

接单后,按正常的订单处理程序处理,数据处理完后进行拣货、出货、配送,物流中心定期进行收款结账等作业。

(2) 现销式订单

现销式订单是与客户当场直接交易、直接给货的订单。订单资料输入后,因为物品已经交付给客户,所以订单资料不需要再参与拣货、出货、配送等作业,只需要记录交易资料,以便收取应收款项,或现场将货款结清,返回物流中心后进行入账处理。

(3) 间接订单

间接订单是指客户从物流中心订货,但由供货商直接配送给客户的订单。接单后,将客户的出货资料传给供应商,由供应商负责按订单出货。其中需要注意的是,客户的订货单是自行制作或委托供应商制作的,物流中心的管理信息系统要记录所有相关单据的信息,以保证进行市场预测时数据的准确性。

(4) 合约式订单

合约式订单是指与客户签订配送契约而产生的订单,如在一定时期内定时配送某种物品。到约定的送货日时,将该笔业务的资料输入系统进行处理,并出货配送;或在最初输入合约内容的订货资料,并设定各批次的送货时间,以便在约定日期系统自动产生需要送货的订单资料。

(5) 寄存式订单

客户因促销、降价等市场因素预先订购某种物品,然后视需要再决定出货时所下的订单。当客户要求配送寄存物品时,系统应核实客户是否有此项物品寄存。若有,则进行物品的出库作业,并扣除相应物品的积存量,而物品的交易价格则是根据客户当初订购时所定的单价来计算的。

(6) 兑换券订单

兑换券订单是指客户用兑换券兑换商品、由此产生配送出货的订单。将客户用兑换券所兑换的商品被配送给客户时,系统应该核查客户是否确实有此兑换券的回收资料。若有,依据兑换券券面说明并根据兑换条件予以出货,同时,应扣除客户相应兑换券的回收资料。

六、拣货作业

拣货作业是依据顾客的订货要求或配送中心的送货计划，尽可能迅速、准确地将商品从其储位或其他区域拣取出来，并按一定的方式进行分类、集中、等待配装送货的作业流程。

在配送中心搬运成本中，拣货作业的搬运成本约占 90%；在劳动密集型的配送中心，与拣货作业直接相关的人力占 50%；拣货作业时间占整个配送中心作业时间的 30%～40%。因此，在配送作业的各环节中，拣货作业是整个配送中心作业系统的核心。合理规划与管理拣货作业，对配送中心作业效率的提高具有决定性的影响。而且，时代的发展和消费者日益丰富的消费需求使商品配送在向多样少量、高频率的配送转变，这些改变都加大了拣货作业的难度。

1. 拣选作业技术

传统物流中的拣货作业采用的是人工目视分拣的方法，作业效率低，尤其在拣货量大的情况下无法保证分拣的准确性。统计数据表明这种方式分拣的出错率为 1/300。而现代物流体系下的拣货作业技术主要有以下两种。

① 利用自动分拣系统。这种系统可在最短的时间内对货物按照类别、货主、具体储位、到达地点、到达时间等进行快速准确的分类，并按照配送地点的不同输送至不同的出货口等候装车。

② 人工结合条码进行扫描的技术。进行拣货时计算机信息系统根据订单打印出拣货单，仓储管理员手持无线条码采集终端(POT)，按照拣货单指定的库位、货物及数量进行货物提取，作业时利用 POT 扫描货物条码获取数据，做到实物的数据资料及时登录，留待出货核查和处理货物的移动。货物则从货架上卸下放置于车辆或者传送带上进入下一个环节。

2. 拣选作业的两种方法

(1) 按订单拣货

这种作业方式是按照每张订单中品种和数量的要求，依次将客户所需求的商品由存放位置挑选出来的方式。适用于单张订货数量较多，所需商品品项不多的订单。

按照订单拣货的优点：作业方法简单，实施容易且弹性大；拣完货后不用再进行分类作业；拣取的准确度较高，很少发生货差，并且机动灵活。

按照订单拣货的缺点：拣货区域大时，补货及搬运的系统设计困难；商品品种多时，拣货行走路径加长，拣货的效率降低。

(2) 批量拣货

把多张订单汇集成一批，按商品类别及品种将数量相加后先进行初次拣货，然后按照每张订单的要求将货品进行分配。

批量拣货的优点：在批量拣取时，由于将用户的需求集中起来进行拣取，所以有利于进行拣取路线规划，减少不必要的重复行走。

批量拣货的缺点：对订单的到来无法做出立刻的反映，必须等待订单累积到一定数量时才做一次处理，因此会有停滞时间产生。而且其计划性较强，规划难度较大，容易发生错误。

3. 拣选作业与设施

拣货作业需要的设备很多，如储存设备、搬运设备、信息设备等。通过使用高效的拣货设备可以大大地提高配货效率。

(1) 人至物的拣货设备

这是指物品固定，拣货人员到物品位置处把物品拣出来需要的设备，大概分以下几类。

① 储存设备

储存设备包括托盘货架、轻型货架、储柜、流动货架、高层货架、数位显示货架等。

② 搬运设备

搬运设备包括无动力台车、动力台车、动力牵引车、堆垛机、拣选车、搭乘式存取机、无动力输送机、动力输送机、计算机辅助台车等。

(2) 物至人的拣货设备

这与人至物的拣选方法相反，拣货人员位置固定，等待设备把货品运到拣货者面前进行拣货。这一过程对拣货设备的自动化水平要求较高，需要设备本身附有动力，所以能移动货品储位或把货品取出，包括的设备有储存设备、搬运设备。

① 储存设备。储存设备包括单元负载自动仓库、轻负载自动仓库、水平旋转自动仓库、垂直旋转自动仓库、梭车式自动仓库等。

② 搬运设备。搬运设备包括堆垛机、动力输送带、无人搬运车等。

(3) 自动拣货系统

除上述两种拣货设备之外，还有一种就是自动拣货系统。其拣货无人介入，自动进行。其中又包括箱装自动拣货系统和单品拣货系统两种。

4. 拣货作业基本流程

(1) 拣货资料的构成及建立

拣货作业开始前，拣货作业的单据或信息必须先行处理完成。虽然一些配送中心直接利用顾客订单或公司交货单作为拣货指示，但此类传票容易在拣货过程中受到污损而产生错误，所以多数拣货方式仍需将原始传票转换成拣货单或电子信号，使拣货员或自动拣取设备进行更有效的拣货作业。

因此，利用 EOS(electric ordering system)、POT 直接将订货资讯通过计算机快速及时地转换成拣货单或电子信号是现代配送中心必须解决的问题。

(2) 行走与搬运

拣货时，拣货作业人员或机器必须直接接触并拿取货物，这样就形成了拣货过程中的行走与货物的搬运。这一过程可通过人至物的方式、物至人的方式两种方式完成。

① 人至物的方式。拣货人员通过步行或拣货车辆至货品储存区，即货品处于静态的储存方式(如轻型料架)，而主要移动者为拣取者(可能是人，也可能是机器)。

② 物至人的方式。主要移动者为货品，即拣货者处于静态状态，而货品处于动态的储存方式，如旋转自动仓储。

(3) 拣取

拣取包括吸取及确认动作两部分，吸取是抓取物品的动作；确认动作的目的是确定吸取的物品、数量是否与指示拣货的信息相同，它可能由拣取人员直接比对，也可能通过电脑进行比对。

(4) 分类与集中

配送中心在收到多个客户的订单后，可以形成批量拣取，然后再根据不同的客户或送货路线分类集中，有些需要进行流通加工的商品还需根据加工方法进行分类，加工完毕后再按一定方式分类出货。多品种分货的工艺过程较复杂，难度也大，容易发生错误，必须在统筹安排形成规模效应的基础上提高作业的精确性。分类完成后，经过查对、包装，便可以出货了。

5. 拣货策略及影响因素

拣货策略是影响拣货作业效率的关键，主要包括分区、订单分割、订单分批、分类4个因素，这4个因素相互作用，可产生多个拣货策略。

(1) 分区

分区是指将拣货作业场地进行区域划分，主要的分区原则有以下三种。

① 按拣货单位分区。如将拣货区分为箱装拣货区、单品拣货区等，基本上这一分区与存储单位分区是相对应的，其目的在于将存储与拣货单位分类统一，以便拣取与搬运单元化。

② 按物流量分区。这种方法是按各种货物出货量的大小以及拣取次数的多少进行分类，再根据各组群的特征，决定合适的拣货设备及拣货方式。这种分区方法可以减少不必要的重复行走，提高拣货效率。

③ 按工作分区。这种方法是指将拣货场地划分为几个区域，由专人负责各个区域的货物拣选。这种分区方法有利于拣货人员记忆货物存放的位置，熟悉货物品种，缩短拣货所需时间。

(2) 订单分割

当订单所订购的商品种类较多，或设计一个要求及时快速处理的拣货系统时，为了能在短时间完成拣货处理，需要将一份订单分割成多份子订单，交给不同的拣货人员同时进行拣货。要注意只有将订单分割与分区原则结合起来，才能取得较好的效果。

(3) 订单分批

订单分批是将多张订单集中起来进行批次拣取的作业。订单分批的方法主要有以下 4 种。

① 按照总合计量分批。在拣货作业前将所有订单中订货量按品种进行累计，然后按累计的总量进行拣取，其好处在于可以缩短拣取路径。

② 按时窗分批。在存在紧急订单的情况下可以开启短暂而固定的 5 或 10 分钟的时窗，然后将这一时窗的订单集中起来进行拣取。这一方式非常适合到达间隔时间短而平均的订单，常与分区以及订单分割联合运用，不适宜订购量大以及品种过多的订单。

③ 固定订单量分批。在这种分批方法下，订单按照先到先处理的原则，积累到一定量后即开始拣货作业。这种分批方法可以维持较稳定的作业效率。

④ 智能型分批。订单系统将拣取路径相近的各订单集合成一批。这种方法可以有效减少重复行走的距离。

(4) 分类

如果采用分批拣货策略，还必须明确相应的分类策略。主要的分类方式有以下两种。

① 在拣取货物的同时，将其分类到各订单中。

② 集中分类，先批量拣取，然后再分类，可以用人工集中分类，也可以用自动分类机进行分类。

七、配送运输作业管理

1. 配送运输的含义

配送运输是指将被订购的货物使用汽车或其他运输工具从供应点送至顾客手中的活动。

配送运输通常是一种短距离、小批量、高频率的运输形式，它以服务为目标，以尽可能满足客户要求为优先条件。如果单从运输的角度看，它是对干线运输的一种补充和完善，属于末端运输、支线运输，主要由汽车运输进行。具有城市轨道货运条件的可以采用轨道运输；对于跨城市的地区配送可以采用铁路运输进行，或者在河道水域通过船舶进行。在配送运输过程中，货物可能是从工厂等生产地仓库直接送至客户，也可能通过批发商、经销商或由配送中心、物流中心转送至客户手中。它具有时效性、安全性、沟通性、方便性和经济性。

2. 配送运输的影响因素

影响配送运输效果的因素很多。动态因素，如车流量变化、道路施工、配送客户的变动、可供调动的车辆变动等；静态因素，如配送客户的分布区域、道路交通网络、车辆运行限制等。各种因素互相影响，很容易造成送货不及时、配送路径选择不当、贻误交货时间等问题。因此，对配送运输的有效管理极为重要，否则不仅影响配送效率和企业信誉，而且将直接导致配送成本上升。

3. 配送运输方法

影响配送运输的因素较多，为了在运输方法的选择上既有利于客户的便捷性、经济性，又有利于货物的安全性，应尽量避免不合理运输。配送运输方法主要有：汽车整车运输、多点分运及快运。

八、退货作业管理

配送中心在完成配送过程中，也会遇到将货物交到用户后，因为货物包装破损、商品损坏、商品临近保质期或已过期、送交的商品与要求的商品不符等情况而发生退货。商品退货管理是指在完成物流配送活动中，由于配送方或用户方关于配送物品的有关影响因素存在异议，而进行处理的活动。退货作业流程如下。

(1) 商品登记

所有销后退回的商品，验收员应凭销售部门开具的退货凭证收货，并将退货商品放于退货库(区)，悬挂黄牌标识。对被退回商品，还应核对其品名、规格、发货日期和批号是否与原发货记录相符。若相符，应有业务、质量等有关部门在《销售退货通知单》上签署意见后办理冲退；若不相符，不能办理退货手续，应向顾客做出解释。如遇特殊情况，应及时与业务部门联系，经有关部门同意后办理冲退。

对所有退回的商品，应按照采购商品的进货验收、检验的标准和验收操作进行验收，并将验收情况及时、如实地登入《退货商品处理情况记录》。

(2) 做好记录

记录应按规定及时、规范、逐项填写清楚，不得撕毁或任意涂改。退货商品记录应保存三年。

(3) 重新入库

退货后配送中心要补货给要货单位，对退回的商品暂存待处理区，经检验后做处理，如完好的商品(错配退回等)送回正品存放区(填写移转单)，重新入库。对质量和包装有问题的商品，通知公司业务部归还给供应商(填写退货单)，过期和损坏的商品作报废处理(填写报损单)等。这些商品处理的流动过程也影响到总库存量的变化。掌握和控制这些商品的流转过程，就能有效地控制和掌握总库存量。

(4) 质量管理部门的追踪管理

质量管理部门要对发生退货的商品进行调查分析，找出产生退货的原因，根据调查分析结果填写商品收回通知单后，销售部门根据商品收回通知单及销售记录将可能收回的商品收集起来，并填写收回记录。质量管理部门对退回商品追查原因并填写处理意见，生产计划部门根据处理意见安排再加工或销毁，并由质量管理部门跟踪进行。质量管理部门应根据造成退货的不同原因，责成相关责任部门采取措施，防止不合格品的再次出现。

第二节　配送中心信息管理

从广义来讲，配送中心信息是配送中心生产、运作、经营和发展情况的反映，是配送中心方方面面的表现，包括配送中心的组织结构信息、后勤生活服务信息、运作信息和经营管理信息。从狭义来讲，配送中心信息是指与配送中心作业及经营管理有关的信息。

配送中心信息管理的含义是：利用适当的物流信息技术和方法，快速实现物流活动相关信息的收集、传输、存储、加工，加强物流信息的利用和控制。而建立配送中心信息管理系统，是实现配送中心信息有效管理的关键途径。连锁经营物流系统的大多数物流活动都是集中在配送中心进行的，可以说配送中心的信息系统管理情况是整个物流系统经营好坏的标志。

配送中心信息管理系统是指处理企业的现行配送业务，控制配送中心的物流管理活动，预测配送中心的购销趋势，为配送中心物流决策提供信息，给决策者提供一个分析问题、构造模型和模拟决策过程及其效果的人机系统的集成。

配送中心信息系统具有重要的意义。以一个销售型配送中心为例，信息系统是由 4 个基本的子系统组成的，即销售出库管理子系统、采购入库管理子系统、财务管理子系统、经营绩效管理子系统。同时，每个子系统又由若干作业处理子模块组成。它们协同运转，实现配送系统的各项功能，完成配送业务系统目标。销售出库管理系统有 6 个模块：订单处理模块，销售分析与销售预测模块，拣货规划模块，包装、流通加工规划模块，配送计划，出库处理。采购入库管理系统包括采购管理模块、入库作业处理模块。财务管理系统包括账务处理和人事工资管理。经营绩效管理系统从各子系统取得数据，可帮助企业制定各种经营政策，它包括配送资源计划、经营管理、绩效管理等模块。

一、配送中心信息管理系统的作用

配送中心信息管理系统是以计算机和通信技术为基础，为配送中心各级管理人员提供配送辅助决策的信息系统。它也是企业物流信息集成系统的子模块之一，是企业物流管理现代化的重要标志。

(1) 使企业物流活动紧密衔接、有组织地进行

企业整个物流过程是一个多环节(子系统)的复杂系统。物流系统中的各个子系统通过物资实体的运动将它们联系在一起。一个子系统的输出就是另一个子系统的输入。合理组织物流配送活动，就是使各个环节相互协调，根据企业总目标的需要，适时、适量地调度系统内的基本资源。物流系统中的相互衔接是通过信息予以沟通的，基本资源的调度也是通过信息的传递来实现的。信息使得各项物流活动有序进行，它是衔接各项活动的"连接器"。

(2) 辅助企业进行各项计划制订

计划是任何一个企业最基本的管理职能。计划决策就是确定经营管理活动的目标，编制计划就是要预先决策要做什么和解决如何去做的问题。

在企业计划体系中，物流系统计划很多，并且相互关联，企业的配送计划是建立在销售计划、生产计划、生产用料计划、库存计划基础之上的，同时它又决定采购进货计划的制订。然而，缺乏有效的配送信息或配送中心信息管理系统所提供的信息准确性不高，其他计划就无法做出或做出的计划完全脱离实际，最后成为一纸空文。由此可见，信息传输通畅，是各项计划能够按时、准确制订的保证，更是整个企业平稳高效运营的关键。

(3) 实现物流全过程的有效控制

在企业管理中，为了使计划能够顺利地实现，控制是不可缺少的。控制与计划不同，它的重心已不是在构造未来之上，而是更多地立足于不久之前和现在以及系统的具体发展趋势。

控制包括三个方面的内容：规定完成的标准；对照标准检查执行情况；纠正偏差。其中标准并不一定是计划，而是对完成计划的具体要求，它可以是定量的，也可以是定性的。

显然，在物流系统的控制过程中必须掌握反映标准和执行情况的信息，利用这些信息才能对物流进行有效的控制。物流过程中的控制以两种形式存在，一种是利用信息指挥调度，使物流按照信息规定的路线、任务、时间以及各项标准的要求而进行；另一种是利用信息的反馈作用改进控制，将执行过程中或是在偏离预期标准后产生的信息反馈，随时与标准信息进行比较，找出偏差，调节或做出新的决策，进而对过程进行控制。例如，当用户商品出现断档时，就应将现有配送供应量与用户订货量、实际生产需求量进行比较，找出出现差异的原因，协助用户企业准确预测商品需求，从而修正配送作业计划，在保证用户企业生产或销售的基础上，尽量使用户企业实现"零库存"。

二、销售出库管理系统

1. 销售出库管理系统与其他三大系统间的关联

销售出库管理系统所涉及的作业主要包括：自客户处取得订单、进行订单处理、出货准备到实际将商品运送至客户手中。上述作业均以对客户服务为主。对内的作业内容则包括进行订单需求统计，并将其传送到库存系统作为补货的参考；从库存系统处取得库存数据，在商品发货后将应收账款、账单转入财务系统，用作转账；最后将各项内部数据提供给经营绩效管理系统作为考核参考，并从经营绩效管理子系统取得各项经营政策与指示。

2. 销售出库管理系统的结构

(1) 销售出库管理系统所包含的结构模块

① 订单处理模块。包括订单自动接收与转换、客户信用调查、报价、库存数量查询、拣货产能查询、包装产能查询、配送设备产能查询(卡车、出货月台)、配送人力查询、订单数据输入与维护、退货数据处理等功能。

其具体功能如下：能输入包括客户资料、商品规格资料、商品数量等数据；能自动填写并修改日期及订单号码、报价单号码系统；具备按客户名称、客户编号、商品名称、商品编号、订单号码、订货日期、出货日期等查询订单内容的功能；具备客户的多个出货地址记录，可根据不同交货地点开具发票；可查询客户信用、库存数量、产能分配状况设备工具使用状况及人力资源分配；具备单一订单或批次订单的打印功能；报价系统具备客户名称、客户编号、商品名称、商品编号、最近报价日期、最近订货数据等查询该客户的报价历史、订购出货状况和付款状况的资料，可作为对客户进行购买力分析及信用评估的标准；可由销售主管或其他高层主管随时修改客户信用额度；具备相似产品、可替代产品资料，当库存不足无法出货时，可向客户推荐替代品以争取销售机会；可查询未结订单资料，以便出货作业的跟踪催款。

② 销售分析与销售预测模块，具有销售分析、销售预测和商品管理功能。

销售分析。可输入销售日期、月份、年度、商品类别、商品名称、客户名称、作业员名称、仓库等，查询销售资料或销售统计资料；提供商品销售量统计表、年度商品数量统计表、年度及月份商品数量统计比较分析报表、商品成本利润百分比分析报表，并可查询作业员销售业绩及各仓库经营业绩等数据。

销售预测。可根据现有销售资料与作业模式应用多种统计方法预估配送中心的发展方向，并按特定需求查询及打印商品销售预测报表、工具设备需求报表、库存需求报表、人力资源需求报表、成本需求分析报表等。

商品管理。能输出常用的商品管理报表，包括：商品销售排行、畅销品及滞销品分析，商品周转率分析，商品获利率分析等。

③ 拣货规划模块，具有拣货订单批次规划、打印拣货单与拣货总表、批次拣货排程(人力、机器设备规划)、拣货计划及补货排程、拣货数据输入、维护及与自动拣货机间数据转移与传输等功能。

④ 包装、流通加工规划模块，具有包装、流通加工订单批次规划、打印包装、流通加工工作总表、批次包装、流通加工安排、补货计划及补货排程(含人力、机器设备、包装材料、库存数量)、包装、流通加工数据输入与自动包装机间数据转换与传输等功能。

⑤ 配送计划模块。该模块根据客户的订单内容，将当日预定出货订单汇总，查询车辆、地图数据库，按客户地址划分配送区域，统计该区域出货商品的体积与重量，以体积最大者或重量最重者为首选配送条件来分配配送车辆的种类及数量，优化配送路线。随后根据外车调用数据库、公司自有车调用数据库、设备调用数据库、工具调用数据库、人力资源调用数据库来制定出车批次、装车及配送调度，并打印配送批次规划报告、批次配送调度报表等。批次调度报表包括月台、机具设备、车辆、装车搬运人力、配送司机及随车人员的分配报表等。

⑥ 出库处理模块。确定配送装车批次后，由配送计划模块打印客户出货单，集货人员持出货单及批次调度报表，将商品由拣取区取出并核定商品内容，然后集中于出货月台前，准备装车。

(2) 销售出库管理系统的功能

当商品配送出库后，订购数据即由订单数据库转入应收账款数据库，财务人员于结账日将应收账款按客户进行统计，并打印催款单及发票。发票的打印可以比较灵活，将统计账款总数开成一张发票，或以订单为基础开具多张发票。收到的账款可由会计人员确认并登录，作为应收账款的销项，并转为收支会计系统的进项。系统还可打印应收账款统计表、应收账款收入状况一览表等。

三、采购入库管理系统

采购入库管理系统是处理与供货厂商的相关作业，内容包括根据入库商品内容做库存管理，根据需求商品向供货厂商下订单，它主要包括以下模块。

1. 采购管理模块

采购管理模块，是为采购人员提供的一套快速而准确地向供货厂商适时、适量地开具采购单的系统，使商品能在出货前准时入库，并无库存不足及积压货太多等情况发生。此模块包括4个子模块：采购预警系统、供应厂商管理系统、采购单据打印系统、采购跟踪系统。

当库存控制系统建立采购批量及采购时间文件后，仓库管理人员即可随时调用采购预警系统来核对需要采购的商品。仓库管理人员输入日期，系统访问库存数据库、采购批量及采购时间数据库，对比现有库存数是否低于采购点。如果库存数低于采购点，就将此商品的情况打印出来，打印报表内容包括商品名称、建议采购量、现有库存量、已购待入商品数量等数据。仓库管理人员根据报表内容查询供应厂商数据、输入商品名称后，从供应商数据库中检索供应商报价数据、以往交货记录、交货质量等数据，以作采购参考。

系统所提供的报表有商品供货厂商报价分析报表、各供货厂商交货报表。根据这些报表，仓库管理人员可按采购商品需求向供应商下达采购单。此时仓库管理人员需要输入商品数据、供应商名称、采购数量、商品等级等数据，并由系统自动获取日期来建立采购数据库。系统可打印出采购单，以供配送中心对外采购使用。当配送中心与供应商通过电子订货系统采购商品时，系统还需要具备计算机网络数据接收、转换与传送功能。

采购单发出后，仓库管理人员可用采购跟踪系统打印预定入库报表及已采购未入库报表，作为商品入库跟踪或商品入库日期核准等作业的参考。系统不需要输入特殊数据，只需要选择欲打印报表名称，由系统根据当日日期与采购数据库进行比较，打印未入库数据。采购系统最好具备材料结构数据，在采购组合产品时可据此计算各商品的需求量。采购单可由单笔或多笔商品交易组成，且允许有不同的进货日期。

2. 入库作业处理模块

入库作业处理系统包括预定入库数据处理和实际入库作业。

(1) 预定入库数据处理

预定入库数据处理为入库月台调度、入库人力资源及机具设备资源分配提供参考。其数据来自采购单上的预定入库日期、入库商品、入库数量等，可根据供应商预先通告的进货日期、商品及数量，定期打印出入库数据报表。

(2) 实际入库作业

实际入库作业发生在生产厂商交货之时，输入数据包括采购单号、厂商名称、商品名称、商品数量等，可输入采购单号来查询商品名称、内容及数量是否符合采购内容，并用以确定入库月台。然后，仓库管理人员指定卸货地点及摆放方式，并将商品置于托盘上，仓库管理人员检验后将修正入库数据输入，包括修正采购单一并转入库存数据库，并调整库存数据库。退货入库的商品也需检验，可用者方可入库。

商品入库后有两种处理方式：立即出库或上架出库。如果采用立即出库的方式，入库系统需具备待出库数据的查询功能，并连接配送出货系统。当入库数据输入后即访问订单数据库，取出该商品待出货数据，将此数据转入出货配送数据库，并修正库存可调用量。如果采用上架入库再出库的方式，入库系统需具备货位指定功能或货位管理功能。货位指定功能是指当入库数据输入时即可启动货位指定系统，由货位数据库、产品明细数据库来计算入库商品所需货位的大小，根据商品特性及货位储存现状来指定最佳货位。货位的判断可根据诸如最短搬运距离、最佳储运分类等原则。

货位管理系统则主要完成商品货位登记、商品跟踪，并提供现行使用货位报表、空货位报表等，作为货位分配的参考。也可以不使用货位指示系统，由人工先行将商品入库，然后将储存位置登入货位数据库，以便商品出库及商品跟踪。货位跟踪时可将商品编码或入库编码输入货位数据库来查询该商品的所在货位，输出的报表包括货位指示单、商品货位报表、可用货位报表、各时间段入库一览表、入库统计数据等。货位管理系统还需具备人工操作的功能，以方便仓库管理人员调整货位；另外，还能根据多个特性查询入库数据。

采购商品入库后，采购数据即由采购数据库转入应付账款数据库，财务管理人员依此为供货厂商付款，并做应付账款统计表用作金额核准。账款支付后，可由会计人员登录付款数据，更改应付账款文件内容，制作应付账款一览表等。高层主管人员可由此查询应付账款一览表、应付账款统计表、已付款统计报表等。

四、财务管理系统

财务会计部门对外主要使用采购部门传来的商品入库数据,核查供货厂商送来的催款数据,并据此给厂商付款;或由销售部门获取出货单来制作应收账款催款单并收取账款。财务子系统还需制作各种财务报表,提供给经营绩效管理系统参考。财务管理系统具有以下功能。

(1) 账务处理

账务处理功能可将销售管理子系统、采购管理子系统的数据转入,并制作成会计总账、分类账、各种财务报表等。

(2) 人事工资管理

人事工资管理包括人事数据的建立与维护、工资统计报表的生成、工资的集中管理与银行计算机联网的工资数据转换等。

五、经营绩效管理系统

经营绩效管理系统从各子系统取得数据,制定各种经营政策,然后将政策内容及执行方针告知各部门,并向社会提供配送中心的有关数据。经营绩效管理系统包括:配送资源计划、经营管理、绩效管理等模块。

1. 配送资源计划模块

该模块包含如下功能:仓库选址及数量规划、多仓商品线计划、多仓商品分配计划、多仓库存控制、多仓设备规划控制、多仓人力资源计划、多仓商品配送计划等。

配送资源计划是指在配送中心有多个运作单位时,规划各种资源及经营方向、经营内容。其解决的问题包括:当配送中心有多座仓库、多个储运中心或多个转运站时,应该设置多少仓库、仓库的位置如何,才可满足市场开发的需求;哪座仓库应存放哪些商品、商品存放量有多少,才足以保证该区域的商品需求;所需仓库空间需要多大,才足以存放该数量的商品;为了适应某个配送活动,各仓库需具备什么机械机具及人力资源;资源如何分配,彼此间又如何协调,等等。

仓库设置地点及数量规划需要从外界收集数据,所收集的数据包括区域人口数、年龄分布状况、区域销售商店分布状况、区域商品销售总金额、每一年龄层的消费品种等。根据这些数据来估计该区域的市场潜力、可销售的商品种类、销售金额与数量及设置仓库数、仓库设立的地点等。

决定了设立仓库的数量及位置后,即可根据市场分析所得的数据来划分每个仓库所进销的商品种类,即制订多仓商品线计划;再根据市场调查数据分析计算,求得各仓库所需各类商品数量,即制订多仓商品分配计划;然后对各仓库所需库存数量、机器设备、人力资源进行规划、协调、调度及控制,即制订多仓设备规划控制、多仓人力资源计划及多仓商品配送计划。

2. 经营管理模块

经营管理模块包含设备租用、采购计划、销售策略、费用制定、配送成本分析、外车管理等功能。

经营管理模块供配送中心高层管理人员使用,用来制定各类管理政策(如车辆设备租用、采购计划、销售策略计划、配送成本分析、运费制定、外车管理等),偏向于投资分析与预算分配。配送中心可通过自有车或雇用外车来配送,主要考虑车辆的管理方便性、投资大小及成本效益。

企业销售策略指根据销售额、作业员销售实绩、商品销售能力、销售区域分配状况等数据来制定配送中心的销售策略,包括进销商品内容、客户分布区域规划、作业员销售额及区域划分、市场营销对策和促销计划等。

配送成本分析系统以会计数据为基础分析配送中心各项费用，以此来反映盈利或资源投资回收的状况，同时可作为运费制定系统中运费制定的基准。配送成本分析与运费制定系统是非常重要的系统，因为配送中心需要确定运费能否赢得客户并合理地覆盖成本。外车管理系统是管理外雇车辆的系统，包括外车雇用数据的维护、管理方法的选用分析、配送车辆的调度及调度计划等。

3. 绩效管理模块

配送中心的盈利状况，除各项经营策略的正确制定与实际计划的执行外，还需要有良好的信息反馈作为政策、管理及实施方法修正的依据。这就需要绩效管理系统的帮助，它包括以下几个部分。

① 销售人员管理。包括作业销售区域划分、销售总金额管理、呆账率分析、票据期限分析等。
② 客户管理。包括客户销售金额管理、客户信用管理、客户投诉管理等。
③ 订单处理绩效分析。指订单处理失误率分析、订单处理时效分析、订单处理量统计分析等。
④ 库存周转率评估。包括资金周转率分析与计算、单品周转率分析、某类商品平均周转率分析与比较。
⑤ 制作缺货金额损失管理报表。包括库存盘点时核算盘盈盘亏并计算报废商品的金额及数量。
⑥ 仓库内部作业的管理考核。包括制定拣货绩效管理报表、包装绩效管理报表、入库作业绩效管理报表、装车作业绩效管理报表等，主要进行作业处理量统计、作业失误率分析等。
⑦ 资源利用管理。包括制作车辆使用率评估报表、月台使用率评估报表、人力使用绩效报表、机器设备使用率评估报表、仓库使用率评估报表、商品保管率评估报表等。报表内容可用来进一步计算显示仓库内部机具设备及人力资源的使用时间统计、效率评估及成本回收状况，可作为机器设备使用政策制定的参考，或机具租用、采购的评估基础。

思考与练习题

1. 集货作业包含哪些流程？
2. 简述商品堆垛应具备的条件。
3. 配送中心是如何进行收货的？
4. 简述装卸搬运合理化需要遵循的原则。
5. 简述储存保管的目标。
6. 简述盘点作业的目的。
7. 简述订单的种类。
8. 简述拣选作业的方法。
9. 什么是配送运输？影响它的因素有哪些？
10. 简述退货作业的流程。
11. 配送中心管理信息系统的作用是什么？
12. 销售出库管理系统的结构是什么？
13. 采购入库管理包含哪些功能模块？
14. 简述经营绩效管理系统的组成。

拓展阅读

1. 张芮. 配送中心运营管理[M]. 北京：中国物资出版社，2011.
2. 李庆阳，刘雨平，袁清. 配送中心管理理论与实务[M]. 北京：清华大学出版社，2011.
3. 魏堂建，冯媛媛. 基于时间和装载能力约束的配装作业计划[J]. 系统工程，2013(12):87-91.
4. 陶莎，胡志华. 单元化三级装卸搬运作业链集成优化的三层进化算法[J]. 系统工程理论与实践，2014，34(8): 1971-1985.
5. 宁浪，张宏斌，张斌. 面向JIT制造的零部件配送中心货位优化研究[J]. 管理科学学报，2014(11):14-23.

第十三章

物流运输与配送的新趋势

学习目标

消费升级与互联网革命这两个因素推动了新零售业态的进一步发展,新零售的发展则又推动了物流业的急剧变革。物流业开始由标准化的大宗物流转向个性化、快速响应市场的碎片化物流。通过本章的学习,你将了解我国物流领域未来的发展趋势;掌握国家发布的重大物流战略以及最新的物流政策;认识现代新兴技术在物流领域的应用。

引导案例

京东亚洲一号无人仓

京东亚洲一号无人仓,是京东首个全流程无人仓库,占地4万平方米。物流中心主体由收货、存储、包装、订单拣选4个作业系统组成。亚洲一号于2014年10月正式投入使用,它拥有各种机器人多达上千台,分为十几个不同的工种,同时应用了自动立体式存储、3D视觉识别、自动包装、人工智能、物联网等各种前沿技术。

在收货存储阶段,亚洲一号使用的是高密度存储货架,存储系统由8组穿梭车立库系统组成,可同时存储商品万箱,可以简单理解为存储量更大的无人货架。货架的每个节点都有红外射线,这是因为在运输货物的过程中是没有工作人员的,需要以此确定货物的位置和距离,保证货物的有序排放。

在包装阶段,京东投放使用自主研发的、全球最先进的自动打包机,分为两种——纸箱包装和纸袋包装。在打包过程中,机器可以扫描货物的二维码,并根据二维码信息来进行包装和纸板的切割。两种包装在货物的包装数量上有不同。其中白色袋装可以同时包装好几件商品,更加灵活。黄色箱装只能包装1件商品,并且是更加标准化的商品,例如手机。在打包时,两种包装分为两条轨道独立运作,在去分拣中心之前汇集。

在货物入库、打包这两个环节里,京东无人仓配备了3种不同型号的六轴机械臂,应用在入库装箱、拣货、混合码垛、分拣机器人供包4个场景。

在分拣阶段，采用 AGV(automated guided vehicle，无人搬运车，即"小红人")进行作业，亚洲一号负责人告诉媒体，亚洲一号的 AGV 有三种类型，按型号分为大中小，中小 AGV 是在分拣轨道里面运作，运输货物；而大的 AGV 则在货物掉入集宝口之后直接将集宝口运送到不同的分拨中心。

在分拣场内，京东分别使用了 2D 视觉识别、3D 视觉识别，以及由视觉技术与红外测距组成的 2.5D 视觉技术，为仓库内上千智能机器人安装了"眼睛"，实现了机器与环境的主动交互。这种视觉技术上的巨大变化，是为了让机器人更好地判断 SKU 的条码，视觉技术升级后，机器人可以更好地改进动作幅度、吸力来判断该抓取商品的位置。不过，即使如此，仍然会出现差错。这是因为，为了节省成本，商品通常只会打上一张条码，一旦条码处于机器人的视觉盲点，系统将无法获取商品信息。

这些 AGV 每次充电耗时 10 分钟，按照不同的轨道进行货物的运送，遇到加急的货物，其他 AGV 会自动让道，让加急货物优先运送。目前亚洲一号的每日包裹量可达 20 万个，这种体量仅分拣场景就需要 300 人同时作业，而实现无人后可以通过机器实现全自动化。

在亚洲一号中，手机是目前实现全流程无人的品类。这是因为相对于其他品类，手机更加标准化，包装是严格的长方体；同时，尽管每部手机都有一个串码，间距是微米级的，导致作业十分复杂，但对于京东而言，手机一直属于优势品类，京东对其实际作业十分熟悉。目前，江浙沪地区(上海、江苏、浙江)90%的手机订单都在亚洲一号分拣，亚洲一号拥有全球最大的手机分拣中心。

阅读上面的案例，你可以进一步思考：未来物流业的发展趋势是什么？科技在哪些方面对物流业产生了重大影响？

(资料来源：彭倩. 京东"亚洲一号"仓实现全流程无人，承包江浙沪 90%的手机订单. 36 氪. https://36kr.com/p/1722539933697.2018-05-24.)

第一节　物流配送中的国家战略

一、"一带一路"合作倡议

"一带一路"(The Belt and Road，英文缩写为 B&R)是"丝绸之路经济带"和"21 世纪海上丝绸之路"的简称，2013 年 9 月和 10 月由中国国家主席习近平分别提出建设"新丝绸之路经济带"

和"21世纪海上丝绸之路"的合作倡议。依靠中国与有关国家既有的双多边机制，借助既有的、行之有效的区域合作平台，"一带一路"旨在借用古代丝绸之路的历史符号，高举和平发展的旗帜，积极发展与沿线国家的经济合作伙伴关系，共同打造政治互信、经济融合、文化包容的利益共同体、命运共同体和责任共同体。

2015年3月28日，国家发展改革委、外交部、商务部联合发布了《推动共建丝绸之路经济带和21世纪海上丝绸之路的愿景与行动》。"一带一路"经济区开放后，承包工程项目突破3 000个。2015年，中国企业对"一带一路"相关的共49个国家进行了直接投资，投资额同比增长18.2%；中国承接"一带一路"相关国家服务外包合同金额178.3亿美元，执行金额121.5亿美元，同比分别增长42.6%和23.45%。2016年6月底，中欧班列累计开行1 881列，其中回程502列，实现进出口贸易总额170亿美元。2019年3月23日，中意签署"一带一路"备忘录。

当前，共建"一带一路"已经在"五通"上取得重要进展和显著成效。一是在政策沟通方面，截至2020年5月，中国政府已先后与138个国家、30个国际组织签署200份共建"一带一路"合作文件。二是在设施联通方面，中老铁路、中泰铁路、雅万高铁、匈塞铁路等扎实推进。瓜达尔港、汉班托塔港、比雷埃夫斯港、哈利法港等进展顺利。2020年，中欧班列全年开行数量已达到12 406列。三是在贸易畅通方面，2020年，我国与"一带一路"沿线国家货物贸易总额达1.35万亿美元。中白工业园、中国—阿联酋产能合作园区、中埃苏伊士经贸合作区等稳步推进。四是在资金融通方面，2020年，我国企业在"一带一路"沿线对58个国家非金融类直接投资177.9亿美元。中方已经与国际货币基金组织联合设立了能力建设中心。五是在民心相通方面，我国在科技交流、教育合作、文化旅游、绿色发展、对外援助等方面取得了一系列的成果。

"一带一路"倡议既源于深化全球开放合作的诉求，又诞生于全球化遭受挑战之际，它承载着巨大的历史革命。近年来，世界越来越多的国家支持参与"一带一路"建设，"一带一路"从倡议到实践，从愿景到行动，朋友圈不断扩大，合作进程及成果远超预期。"一带一路"倡议已经释放出强大的生命力，成为构建人类命运共同体的重要平台。如果说当前全球开放合作遭遇挑战亟待化解，那么"一带一路"就是化解全球化挑战，引领全球开放合作新时代的重要手段。

二、长江三角洲区域一体化发展

2018年11月5日，习近平总书记在首届中国国际进口博览会上宣布，将支持长江三角洲区域一体化发展，并上升为国家战略，着力落实新发展理念，构建现代化经济体系，推进更高起点的深化改革和更高层次的对外开放，同"一带一路"建设、京津冀协同发展、长江经济带发展、粤港澳大湾区建设相互配合，完善中国改革开放空间布局。长江三角洲(以下简称长三角)地区是我国经济发展最活跃、开放程度最高、创新能力最强的区域之一，在国家现代化建设大局和全方位开放格局中具有举足轻重的战略地位。推动长三角一体化发展，增强长三角地区创新能力和竞争能力，提高经济集聚度、区域连接性和政策协同效率，对引领全国高质量发展、建设现代化经济体系意义重大。

当今世界面临百年未有之大变局，全球治理体系和国际秩序变革加速推进，世界新一轮科技革命和产业变革同我国经济优化升级交汇融合，为长三角一体化发展提供了良好的外部环境。中国特色社会主义进入新时代，我国经济转向高质量发展阶段，对长三角一体化发展提出了更高的要求。"一带一路"建设和长江经济带发展战略深入实施，为长三角一体化发展注入了新动力。党中央、国务院作出将长三角一体化发展上升为国家战略的重大决策，为长三角一体化发展带来新机遇。2019年底，中共中央、国务院印发了《长江三角洲区域一体化发展规划纲要》，并发出通知，要求各地区各部门结合实际认真贯彻落实。纵观整个规划纲要内容，关于大物流行业提到多次，按照出现频次和重要程度，总结了以下几点。

① 港口物流、航运物流、跨境物流三个细分物流领域最为核心，是长三角重点发展的物流业态，这与长三角处于改革开放高地与内外贸核心枢纽的地理位置密不可分。

② 快递和航空物流位于第二梯队，纲要聚焦的核心是"速度"，围绕高铁和航空的物流体系建设，是以消费为主的经济发展的重要支撑。

③ 工业物流、化工物流、中欧班列、冷链物流也被提及，但更多聚焦在了如何配合产业的供给侧改革和升级，以及产业转移和长三角内的协同，这也是物流企业需要看到的趋势。

2020年12月26日，十三届全国人大常委会第二十四次会议表决通过了《长江保护法》，此法已于2021年3月1日实施。

三、粤港澳大湾区建设

2019年2月，中共中央、国务院印发了《粤港澳大湾区发展规划纲要》(以下简称《规划纲要》)。粤港澳大湾区包括香港特别行政区、澳门特别行政区和广东省广州市、深圳市、珠海市、佛山市、惠州市、东莞市、中山市、江门市、肇庆市(以下称珠三角九市)，总面积5.6万平方千米，2017年末总人口约7 000万人，是我国开放程度最高、经济活力最强的区域之一，在国家发展大局中具有重要战略地位。建设粤港澳大湾区，既是新时代推动形成全面开放新格局的新尝试，也是推动"一国两制"事业发展的新实践。规划近期至2022年，远期展望到2035年。

粤港澳大湾区地处我国沿海开放前沿，以泛珠三角区域为广阔发展腹地，在"一带一路"建设中具有重要地位，且交通条件便利，拥有香港国际航运中心和吞吐量位居世界前列的广州、深圳等重要港口，以及中国的香港、广州、深圳等具有国际影响力的航空枢纽，利于现代综合交通运输体系的加速形成。

《规划纲要》指出，加强基础设施建设，畅通对外联系通道，提升内部联通水平，推动形成布局合理、功能完善、衔接顺畅、运作高效的基础设施网络，为粤港澳大湾区经济社会发展提供有力支撑。以中国的香港、澳门、广州、深圳四大中心城市作为区域发展的核心引擎，继续发挥比较优势做优做强，增强对周边区域发展的辐射带动作用。其主要表现在以下5个方面。

① 提升珠三角港口群国际竞争力。巩固提升中国香港国际航运中心地位，支持中国香港发展船舶管理及租赁、船舶融资、海事保险、海事法律与争议解决等高端航运服务业，并为内地和澳门企业提供服务。增强广州、深圳国际航运综合服务功能，进一步提升港口、航道等基础设施服务能力，与香港形成优势互补、互惠共赢的港口、航运、物流和配套服务体系，增强港口群整体国际竞争力。以沿海主要港口为重点，完善内河航道与疏港铁路、公路等集疏运网络。

② 建设世界级机场群。巩固提升中国香港国际航空枢纽地位，强化航空管理培训中心功能，提升广州和深圳机场国际枢纽竞争力，增强澳门、珠海等机场功能，推进大湾区机场错位发展和良性互动。依托中国香港金融和物流优势，发展高增值货运、飞机租赁和航空融资业务等。支持澳门机场发展区域公务机业务。加强空域协调和空管协作，优化调整空域结构，提高空域资源使用效率，提升空管保障能力。

③ 畅通对外综合运输通道。完善大湾区经粤东西北至周边省区的综合运输通道。推进赣州至深圳、广州至汕尾、深圳至茂名、岑溪至罗定等铁路项目建设，加快构建以广州、深圳为枢纽，高速公路、高速铁路和快速铁路等广东出省通道为骨干，连接泛珠三角区域和东盟国家的陆路国际大通道。

④ 构筑大湾区快速交通网络。以连通内地与港澳以及珠江口东西两岸为重点，构建以高速铁路、城际铁路和高等级公路为主体的城际快速交通网络。编制粤港澳大湾区城际(铁路)建设规划，完善大湾区铁路骨干网络。

⑤ 推进粤港澳物流合作发展，大力发展第三方物流和冷链物流，提高供应链管理水平，建设国际物流枢纽。

第二节 物流配送中的新兴技术

一、物联网技术

随着物联网在行业内的进一步应用，物流也顺便搭上了物联网的顺风车，欲通过新应用提高物流配送的效率。物联网对物流业最大的意义就在于更好地整合供应链体系，把采购、仓储、运输、信息等系统通过物联网进行整合。

物联网技术对物流业的发展发挥了积极作用。物联网能够使物流供应链的透明度大大提高，通过技术应用，可以使得产品在供应链的任何地方都被实时跟踪，自动记录物品在整个供应链的流动，并且可以把终端信息反馈给销售及生产商，上游生产者可以据此改善供应链体系，提高仓储、运输效率及销售环节的服务水平。

尽管物联网在物流业可以发挥重大作用，但由于物联网技术研发和应用都处于初级阶段，难以实现规模化，物流与物联网的结合在短期内似乎难以实现。物联网在物流领域内投入成本较高，较难形成成熟的商业模式和推广应用体系，这是制约物联网在物流应用中的主要瓶颈。同时，国家对物联网行业政策、标准的制定，企业能否加快探索成熟的商业模式，均是影响物联网与物流发展的主要因素。

对我国物联网企业而言，最主要的是掌握核心技术，而目前来看，从传感器芯片到制造工艺，我国均落后于美国等西方发达国家；在应用层面，我国物联网企业需要更为漫长的探索。要改变现状，我们还需要在技术与应用的结合层面做更大的努力。同时，中国物流业发展的困扰并不在技术层面，更多的在于行政监管及产业格局层面，在监管层面，中国物流行业仍具有较强的计划经济色彩，公路运输、水运、铁路运输、航空运输等仍属不同的职能部门进行监管，相互之间缺乏有效衔接，导致物流行业缺乏统一的监管体系。

(1) 物联网的基本定义

这里的"物"要满足以下条件才能够被纳入"物联网"的范围：要有数据传输通路；要有一定的存储功能；要有CPU；要有操作系统；要有专门的应用程序遵循物联网的通信协议；在世界网络中有可被识别的唯一编号。

物联网是新一代信息技术的重要组成部分。其英文名称是"the internet of things"。由此，顾名思义，"物联网就是物物相连的互联网"。这有两层意思：第一，物联网的核心和基础仍然是互联网，是在互联网基础上延伸和扩展的网络；第二，其用户端延伸和扩展到了任何物品与物品之间，进行信息交换和通信。因此，物联网的定义是通过射频识别(RFID)、红外感应器、全球定位系统、激光扫描器等信息传感设备，按约定的协议，把任何物品与互联网相连接，进行信息交换和通信，以实现对物品的智能化识别、定位、跟踪、监控和管理的一种网络。

物联网是一个基于互联网、传统电信网等信息承载体，让所有能够被独立寻址的普通物理对象实现互联互通的网络。它具有普通对象设备化、自治终端互联化和普适服务智能化三个重要特征。

物联网指的是将无处不在(ubiquitous)的末端设备(devices)和设施(facilities)，包括具备"内在智能"的传感器、移动终端、工业系统、楼控系统、家庭智能设施、视频监控系统等和"外在使能"(enabled)的，如贴上 RFID 的各种资产(assets)、携带无线终端的个人与车辆等"智能化物件或动物"或"智能尘埃"(mote)，通过各种无线/有线的长距离/短距离通信网络实现互联互通(M2M)、应用大集成(grand integration)，以及基于云计算的 SaaS 营运等模式，提供安全可控乃至个性化的实时在线监测、定位追溯、报警联动、调度指挥、预案管理、远程控制、安全防范、远程维保、在线升级、统计报表、决策支持、领导桌面(集中展示的 cockpit dashboard)等管理和服务功能，实现对"万物"的"高效、节能、安全、环保"的"管、控、营"一体化的网络。

2009 年 9 月，在北京举办的"物联网与企业环境中欧研讨会"上，欧盟委员会信息和社会媒体司 RFID 部门负责人 Lorent Ferderix 博士给出了欧盟对物联网的定义：物联网是一个动态的全球网络基础设施，它具有基于标准和互操作通信协议的自组织能力，其中物理的和虚拟的"物"具有身份标识、物理属性、虚拟的特性和智能的接口，并与信息网络无缝整合。物联网将与媒体互联网、服务互联网和企业互联网一道，构成未来互联网，如图 13-1 所示。

图 13-1　物联网示意图

一般来讲，物联网的开展步骤主要如下：

① 对物体属性进行标识，属性包括静态属性和动态属性，静态属性可以直接存储在标签中，动态属性需要先由传感器实时探测；

② 需要识别设备完成对物体属性的读取，并将信息转换为适合网络传输的数据格式；

③ 将物体的信息通过网络传输到信息处理中心(处理中心可能是分布式的，如家里的电脑或者手机，也可能是集中式的，如中国移动的 IDC)，由处理中心完成物体通信的相关计算。

(2) 物联网的产生背景

物联网的实践最早可以追溯到 1990 年施乐公司的网络可乐贩售机——networked coke machine。而物联网(internet of things)这个概念是 1999 年 MIT Auto-ID 中心的 Ashton 教授在研究 RFID 时最早提出来的。2003 年，美国《技术评论》提出传感网络技术将是未来改变人们生活的十大技术之首。

2005 年 11 月 17 日，在突尼斯举行的信息社会世界峰会(WSIS)上，国际电信联盟(ITU)发布《ITU 互联网报告 2005：物联网》，引用了"物联网"的概念。物联网的定义和范围已经发生了变化，覆盖范围有了较大的拓展，不再只是指基于 RFID 技术的物联网。峰会提出，无所不在的"物联网"通信时代即将来临，世界上所有的物体从轮胎到牙刷、从房屋到纸巾都可以通过互联网主动进行交换。射频识别技术(RFID)、传感器技术、纳米技术、智能嵌入技术将得到更加广泛的应用。根据 ITU 的描述，在物联网时代，通过在各种各样的日常用品上嵌入一种短距离的移动收发器，人类在信息与通信世界里将获得一个新的沟通维度，将任何时间任何地点的人与人之间的沟通连接扩展到人与物和物与物之间的沟通连接。物联网概念的兴起，很大程度上得益于国际电信联盟 2005 年以物联网为标题的年度互联网报告。

2008 年后，为了促进科技发展，寻找经济新的增长点，各国政府开始重视下一代的技术规划，将目光放在了物联网上。在中国，同年 11 月在北京大学举行的第二届中国移动政务研讨会"知识社会与创新 2.0"提出：移动技术、物联网技术的发展代表着新一代信息技术的形成，并带动了经济社会形态、创新形态的变革，推动了面向知识社会的以用户体验为核心的下一代创新(创新 2.0)形态的形成，创新与发展更加关注用户、注重以人为本。而创新 2.0 形态的形成又进一步推动新一代信息技术的健康发展。

2009年1月28日，时任美国总统奥巴马与美国工商业领袖举行了一次"圆桌会议"，IBM首席执行官彭明盛首次提出"智慧地球"这一概念，建议新政府投资新一代的智慧型基础设施。当年，美国将新能源和物联网列为振兴经济的两大重点。2009年2月24日，在2009IBM论坛上，IBM大中华区首席执行官钱大群公布了名为"智慧的地球"的最新企业策略。此概念一经提出，即受到美国各界的高度关注，甚至有分析认为IBM公司的这一构想极有可能上升至美国的国家战略，并在世界范围内引起轰动。IBM认为，IT产业下一阶段的任务是把新一代IT技术充分运用在各行各业之中，具体地说，就是把感应器嵌入和装备到电网、铁路、桥梁、隧道、公路、建筑、供水系统、大坝、油气管道等各种物体中，并且被普遍连接，形成物联网。在策略发布会上，IBM还提出，如果在基础建设的执行中植入"智慧"的理念，不仅能够在短期内有力地刺激经济、促进就业，而且能够在短时间内为中国打造一个成熟的智慧基础设施平台。IBM希望"智慧地球"策略能掀起"互联网"浪潮之后的又一次科技产业革命。该战略能否掀起如当年互联网革命一样的科技和经济浪潮，不仅为美国关注，更为世界所关注。2009年8月，物联网被正式列为国家五大新兴战略性产业之一，写入"政府工作报告"，物联网在中国受到了全社会极大的关注。

物联网的概念与其说是一个外来概念，不如说它已经是一个"中国制造"的概念。它的覆盖范围与时俱进，已经超越了1999年Ashton教授和2005年ITU报告所指的范围，被贴上了"中国式"标签。

(3) 物联网的特征

和传统的互联网相比，物联网有其鲜明的特征。

首先，它是各种感知技术的广泛应用。物联网上部署了海量的、多种类型的传感器，每个传感器都是一个信息源，不同类别的传感器所捕获的信息内容和信息格式不同。传感器获得的数据具有实时性，按一定的频率和周期采集环境信息，不断更新数据。

其次，它是一种建立在互联网上的泛在网络。物联网技术的重要基础和核心仍旧是互联网，通过各种有线和无线网络与互联网融合，将物体的信息实时准确地传递出去。物联网上的传感器定时采集的信息需要通过网络传输，由于其数量极其庞大，形成了海量信息。在传输过程中，为了保障数据的正确性和及时性，必须适应各种异构网络和协议。

此外，物联网不仅提供了传感器的连接，其本身还具有智能处理的能力，能够对物体实施智能控制：物联网可将传感器和智能处理相结合，利用云计算、模式识别等各种智能技术，扩充其应用领域。从传感器获得的海量信息中分析、加工和处理出有意义的数据，以适应不同用户的不同需求，发现新的应用领域和应用模式。

(4) 射频识别技术(射频识别技术)

作为物联网发展的排头兵，射频识别技术(radio frequency identification technology，简称RFID)成了市场最为关注的技术。RFID是20世纪90年代开始兴起的一种自动识别技术，是目前比较先进的一种非接触识别技术。以简单RFID系统为基础，结合已有的网络技术、数据库技术、中间件技术等，构筑一个由大量联网的阅读器和无数移动的标签组成的、比Internet更为庞大的物联网成为RFID技术发展的趋势。

RFID是能够让物品"开口说话"的一种技术。在"物联网"的构想中，RFID标签中存储着规范而具有互用性的信息，通过无线数据通信网络把它们自动采集到中央信息系统，实现物品(商品)的识别，进而通过开放性的计算机网络实现信息交换和共享，实现对物品的"透明"管理。数据显示，2019年，我国RFID市场规模在960亿元左右。2020年，我国RFID市场规模为1096亿元。

根据其实质用途，RFID 有以下三种基本应用模式。

① 智能标签。通过二维码，RFID 等技术可用于标识特定的对象，区分对象个体。例如，生活中我们使用的各种智能卡，条码标签的基本用途就是用来获得对象的识别信息；而且通过智能标签，还可以获得对象物品所包含的扩展信息，例如智能卡上的金额余额，二维码中包含的网址和名称等。如图 13-2 所示，RFID 技术为物联网的四大关键领域之一。

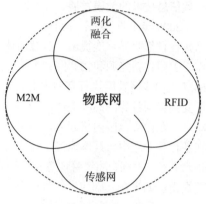

图 13-2　物联网四大关键领域

② 环境监控和对象跟踪。利用多种类型的传感器和分布广泛的传感器网络，可以实现对某个对象实时状态的获取和特定对象行为的监控，如使用分布在市区的各个噪声探头监测噪声污染，通过二氧化碳传感器监控大气中二氧化碳的浓度，通过 GPS 标签跟踪车辆位置，通过交通路口的摄像头捕捉实时交通流程等。

③ 对象的智能控制。物联网基于云计算平台和智能网络，可以依据传感器网络获取的数据进行决策，通过改变对象的行为进行控制和反馈。例如根据光线的强弱调整路灯的亮度，根据车辆的流量自动调整红绿灯时长间隔等。

(5) 物联网的发展趋势。

物联网的发展与应用需要各行各业的参与，还需要政府的政策扶助。物联网一方面可以提高经济效益，大大节约成本；另一方面可以为全球经济的复苏提供技术动力。2020 年 5 月，工业和信息化部印发《关于深入推进移动物联网全面发展的通知》(以下简称《通知》)。《通知》要求，未来一段时期的重要任务有以下几方面：一是加快移动物联网网络建设；二是加强移动物联网标准和技术研究；三是提升移动物联网应用广度和深度；四是构建高质量产业发展体系；五是建立健全移动物联网安全保障体系。如今，物联网技术研发水平和创新能力显著提高，适应产业发展的标准体系初步形成，物联网规模应用不断拓展，泛在安全的物联网体系基本成型。

近年来，在中国制造 2025、"互联网+双创"等带动下，中国物联网产业发展取得长足进步。在企业、高校、科研院所共同努力下，中国形成了芯片、元器件、设备、软件、电器运营、物联网服务等较为完善的物联网产业链，基于移动通信网络部署到机器；涌现出一批较强实力物联网领军企业，初步建成一批共性技术研发、检验检测、投融资、标识解析、成果转化、人才培训、信息服务等公共服务平台；建成一批重点实验室。

二、人工智能技术

人工智能，简称 AI(artificial intelligence)，是一种对人类思维进行模拟，然后生产出像人类一样具备判断和反应能力的智能系统，人工智能技术一般是通过计算机程序加上相应的硬件设施来呈现的。人工智能因其算法的开源性以及基于大数据和互联网的特点，在物流配送中的应用能体现出其解决方案多元化、精准化和解决效率高等优势，逐渐成为全球物流配送发展的推动力。当前，我国物流配送业正由高速发展向高质量发展转变，体量巨大和增速放缓成为目前的两大特征。人工智能与物流的融合创新不断深化，成为降本增效、高质量发展的重要方式。可以说，在数据、算法和算力的不断发展、网络通信能力的显著提升以及人机交互方式的创新变革等技术的驱动下，以人工智能为核心的新一代信息技术得以快速发展，物流与信息技术的融合创新应用成为重要的发展趋势。

第十三章 物流运输与配送的新趋势

近年来,物流行业发展基础和整体环境发生显著变化,新兴技术广泛应用、包裹数量爆发增长、用户体验持续升级等对传统物流企业运作思路、商业模式、作业方式提出新需求、新挑战,驱动物流不断转型升级。总体来看,当前物流行业呈"五化"发展趋势,即物流网络协同化、物流要素数字化、物流服务体验化、物流活动绿色化和物流运营经济化。其中,协同化和数字化作为物流业转型升级的重要手段,驱动整体产业链条向体验化、绿色化、经济化方向发展。人工智能技术与物流配送可以有以下结合形式。

(1) 机器学习+物流配送

物流的海量数据和复杂的任务目标为机器学习应用提供了良好的机遇。物流数据涵盖了生产、销售、库存、运输及配送等各个环节,每一单交易背后存在着大量的数据信息,Avent 公司全球运输副总裁 Marianne McDonald 表示:"每一桩运输交易都会生成超过 50 列的数据,以及超过 2.5 亿的数据值。"随着我国物流量的不断增加,数据海量增长。在海量的数据下,隐藏着物流在降低成本、提高时效、增强体验、节约资源等方面的巨大潜在价值,在高度复杂关联的数据中找到最佳的解决方案正是机器学习的用武之地。机器学习在统计预测、决策优化和深度学习等方面的能力可以助力物流在库存、仓储、运输、配送环节的全面升级。机器学习基于对数据的深度挖掘,能够找到数据与任务目标之间的潜在规律,一是能够在物流的决策执行阶段提供决策优化,例如智能选仓、智能分仓、箱型智配等;二是能够对未来的物流状况进行统计预测,例如智能排产、设备运维预测等。此外,机器学习在图像识别、语音交互和自然语言处理方面的深度学习技术为机器提供了智能识别和交互能力,可利用人脸识别和语音交互技术提升配送体验,利用图像识别判断暴力分拣、仓库内的潜在起火点等。机器学习在库存、仓储、运输、配送等环节的应用技术具体可包括智能排产、预测性维护、智能选仓、智能分仓、箱型智配、车货智配、实时动态路径规划、机器视觉和语音助手等。机器学习在物流配送中的典型场景包括以下几个。

① 机器学习算法和运行此类算法的 App 能迅速分析体量庞大、多种多样的数据集,提高需求预测的准确性。物流配送的一大挑战是预测未来的运输需求,而现有技术,包括移动平均线等基线统计分析方法和高级仿真建模等机器学习方法能非常有效地考虑到现有技术无法追踪或量化的因素。

② 机器学习擅长视觉模式识别,在整个供应链网络实体资产的物理检查和维护保养方面提供了很多潜在的应用。事实证明,利用在多个数据集中迅速找出类似模式的算法进行设计,机器学习还能非常有效地自动对物流枢纽进行入站质量检查,隔离受损的运输货物。IBM Watson 平台的机器学习算法能确定集装箱和/或产品是否受损,根据受损时间进行分类,推荐最佳的纠正措施来修复资产。Watson 结合视觉和基于系统的数据,进行实时追踪、报告和推荐。

③ 预测新产品的需求,包括最能推动新销量的因素,这是机器学习能发挥巨大作用的一个领域。从询问渠道合作伙伴、销售团队他们将卖出多少新产品,到利用高级统计模型,企业有很多方法来预测新产品的需求。事实证明,机器学习能非常有效地考虑到以前未知的需求影响因素,并准确预测出新产品的需求量。

(2) 数字孪生+物流配送

数字孪生(digital twin),是以数字化方式为物理对象创建的虚拟模型,来模拟其在现实环境中的行为。通过搭建物流作业全流程的数字孪生系统,能实现物流系统全过程数字化,提高智慧物流系统创新水平,提高物流作业效率,实现物流系统柔性化与智能化。digital twin 一词由美国密歇根大学的迈克尔·格里菲斯教授,于 2003 年在他所讲授的产品生命周期管理课程上引入,并且于 2014 年在其所撰写的白皮书中进行了详细的阐述。世界著名的 IT 技术咨询公司 Gartner 发布的《2018 年十大战略科技发展趋势》报告,数字孪生技术被列为十大战略科技第 4 名。数字孪生类似于物流系统的仿真模拟,它让物流系统仿真过程越来越精确,越来越智能。数字孪生技术从虚

· 331 ·

拟制造、数字样机等技术上发展而来，原本是美国军方在航天系统研究中提出来的，现在已经拓展到智能制造、预测设备故障、改进产品等多个领域，也必将向智慧物流系统延伸。

随着物联网技术的发展，利用物理模型、传感器更新、运行历史等数据，集成多科学、多物理量、多尺度的仿真技术，建立智慧化物流中心的"数字孪生"模型，可以模拟和测试智慧物流中心的各种场景下的运行情况，解决系统面临的极限需求问题，优化智慧物流中心系统，并完成动态调整。

目前，敏锐的工厂及生产线已经引入数字孪生，在没有建造之前，对工厂进行仿真和模拟，并将真实参数传给实际的工厂建设，有效减少误差和风险。待厂房和生产线建成之后，日常的运行和维护通过数字孪生进行交互，能够迅速找出问题所在，提高工作效率。智能制造比物流系统更为复杂，在智慧物流系统引入数字孪生技术大有可为。

数字孪生物流是技术演进与需求升级驱动下新型智慧物流发展的一种新理念、新途径、新思路。虽然物流数字化的概念由来已久，但全链条数字化一直未能实现，这与技术发展的局限性和成熟度有关。如今，数字孪生物流的理念真正体现了智慧物流意图达到的理想愿景。数字孪生物流作为狭义数字化物流的终点，却是智慧物流的起点，它是物流领域实现智慧化的重要设施和基础能力，是物流信息化从量变走向质变的一个里程碑。与工业领域数字孪生体构建模式类似，数字孪生物流是在物流的范围与场景下，整合全链感知、历史积累、运行监测等多元异构数据，集成多学科、多尺度的仿真过程，集成规划调度、运行决策、客户服务等智慧应用，共同构建与现实物流过程同生共存、虚实交融的复杂系统，反映物流运行全过程。数字孪生在物流配送中的典型场景包括以下几个。

① 仓库和分拣中心的数字孪生。仓库和分拣中心数字孪生有一个特点——规模庞大。它以仓库或者分拣中心的 3D 模型为基础，并搭载了平台收集的 IoT 数据、实时库存和运营产生的数据，例如货物的大小、数量、位置、需求等。这些实时信息的映射可以帮助管理者更快更全面地掌握仓库或者分拣中心当前的运营情况。在这些数据累积到一定程度后再来进行仓库运营模拟，就能更为真实地反映调整后的情况。比如在进行仓库设施更改前，使用数字孪生系统进行模拟，可以使设施管理人员测试和评估布局更改，或者引入新设备和新工艺的潜在影响，从而帮助企业做出正确的决策，在保持仓库吞吐量的同时减少浪费。除了宏观上的优化调度，数字孪生还可以装配前线，赋能一线员工。借助可穿戴设备如 HoloLens，来部署虚拟现实工具，帮助一线员工提高效率。比如识别二维码或条码显示货物信息完成拣选，基于大数据计算最佳前往路线并以 AR 的形式呈现等。在货箱拣取搬运场景，AR 眼镜会自动扫描箱子上的条形码或二维码，完成货物拣取确认。

② 外包装的数字孪生。一个物理产品通常包括产品本身以及外包装，经过物流运输的产品则需要再加一层外包装。小件货物通常会集中放入一个更大更坚固的盒子里来满足长途运输中的标准化管理。比如适用于铁路运输、海运的集装箱，适用于工厂间运输零配件的板条箱。目前的技术可以通过扫描外包装上的条形码来追踪"包装盒"的历史足迹。另外，还可通过记录使用时长和日常检查来判定该包装能否继续使用。而数字孪生可以帮助缩短这一过程的判断时间，并提供更科学的方案。借助 3D 扫描成像工具，能快速建立外包装的数字孪生。通过和预先设定标准模型进行对比，迅速识别是否存在凹痕和裂缝等潜在问题。再结合历史足迹信息，就能提供有关何时应该修理或进行报废处理的决定。除此之外，通过汇总历史数据，也有利于发现在运输过程中哪个地方最容易发生事故，从而有针对性地对这几个地方进行改善供应链。

(3) 5G＋物流配送

第五代移动通信技术(英文为 5th generation mobile networks，5th generation wireless systems，或 5th-Generation)，简称 5G 或 5G 技术，是最新一代蜂窝移动通信技术。5G 呈现出低时延、高可靠、低功耗等特点，已经不再是一个单一的无线接入技术，而是多种无线接入技术和现有无线接入技术集成后的解决方案总称。其带来的最大改变是将会实现从人与人之间的通信走向人与物、物与物之间的通信，最终实现万物互联，从而推动社会的发展。

2019年是5G商用元年，物流中的人工智能、大数据、云计算、物联网将拥有高质量的通信技术支撑，关于5G的核心产品和服务将加速落地，5G时代的智慧物流呼之欲出。从物流行业主要业务需求及挑战出发，5G技术与物流场景的结合可分为应用侧和网络侧两大类。5G技术在应用侧和网络侧赋能智慧物流。其中，应用侧赋能注重物流业务场景需求与5G性能指标间的结合，具体又分为增强型移动宽带类、海量机器类通信类和超高可靠低时延通信类；网络侧赋能注重物流业务场景需求与5G网络架构间的结合，具体又可分为网络切片类和边缘技术类。总体上看，5G技术的广泛应用将为物流行业各场景数字化转型升级提供有力支撑，成为引领智慧物流的通用平台技术之一。

① 增强型移动宽带类(eMBB)：基于5G的无人仓储物流应用。目前，仓库货物搬运主要使用叉车，随着人力成本的增加和设备自动化水平的提升，自动叉车在无人仓中已经得到部分应用。叉车对货物信息的获取主要使用DWS(dimensioning weighting scanning)系统，主要依托视觉数据完成信息处理，对通信上行带宽较高，而基于5G网络大带宽特性的DWS系统将能极大提高设备部署的灵活性，降低后期维护成本，提高入库作业效率。

② 海量机器通信类(mMTC)：基于5G窄带物联网(NB-IoT)无车承运人平台。货车在安装平台指定传感器设备后，除能实时向控制中心提供车辆在途位置和行驶轨迹外，其配备的油耗、空重、温湿度、防盗锁、震动、光强感知等八大基于5G网络的NB-IoT传感器，能实时将相关数据传输至云控平台，并与司机、顾客进行信息沟通交互。此外，平台工作人员可以在后台对数据进行监控分析，并适时采取干预措施，实现智能、高效、安全的物流配送作业。

③ 超高可靠低时延类(URLLC)：基于5G网络的物流无人机系统。无人机物流行业通常分为"干线—支线—末端"三段式空运网络架构，基于5G网络的物流无人机主要适用支线航空场景，往返于大城市与小城市，或小城市之间的快速直达。物流无人机配送涉及配送任务的下发、配送任务的执行、任务及无人机的监控等流程。

当然，5G技术的落地、运用不是一个一蹴而就的过程。未来，跨越速运将首先实现5G技术在车联网、人工智能、物流追踪、物联网、智能设备等方面的基础运用，并逐步对可视化智慧物流体系、智慧化供应链体系、智慧化物流追溯体系进行全面升级，并最终实现万物互联的无界物流，为客户提供更现代化的物流服务，创造更高的利益价值。

(4) 无人系统＋物流

无人系统是能够通过先进的技术进行操作或管理而无须或降低人工干预的自主系统。无人系统是由机械工程、电气工程、计算机科学、通信技术、认知科学等多种技术融合而成的复杂系统。无人系统最先应用于工业领域并逐步民用化，按类型可分为无人车、无人机、无人车间/智能工厂、服务机器人、空间机器人、海洋机器人等。

传统物流是人力密集型行业，物流的效率及成本受到人力的制约，而无人系统将重新定义物流劳动力。物流领域的许多对人力需求高的关键领域(从仓内操作到最后一千米配送)正在被无人系统所赋能。按照适配的物流场景划分，无人系统可分为无人仓、无人车以及无人机三类。无人仓即仓储无人化，实现物流仓储环节中入库、存储、拣选、出库等仓库作业流程的无人化操作，需要具备自主识别货物、追踪货物流动、自主执行生产任务、无须人工干预等前提。从具体实践来看，无人仓可以看作传统大规模自动化物流仓储的升级版。2016年，以阿里和京东为代表的电商企业就已经宣布各自的无人仓项目落地并投入使用。无人车在物流领域呈现为无人货车及无人配送车两种形态，通过搭载先进的车载传感器、控制器、执行器等装置，并融合现代通信与网络技术，可实现"安全、高效、舒适、节能"行驶，并最终替代人来操作。无人货车可进行大容量的干线运输，通常里程较长，并长时间保持高速行驶。而无人配送车可进行小容量的末端配送，在城市环境下进行低速行驶。无人机在物流领域的应用包括安全巡检、库存检查和物流配送，其中前者短期内创造附加值更高。在安全巡检与库存检查中，无人机作为空中移动的传感器节点，可对物流流程进行动态监控，并将数据回传到后台系统以进行管理和优化。

(5) 增强现实+物流

增强现实(augmented reality, AR)技术是一种将虚拟信息与真实世界巧妙融合的技术，广泛运用了多媒体、三维建模、实时跟踪及注册、智能交互、传感等多种技术手段，将计算机生成的文字、图像、三维模型、音乐、视频等虚拟信息模拟仿真后，应用到真实世界中，两种信息互为补充，从而实现对真实世界的"增强"。

AR通过虚实结合方式为物流作业人员提供解放双手和信息增强现实的能力。在物流作业中，工作人员往往需要对照流程信息进行，并通过双手操作。AR可以通过头显或者其他数字设备呈现出叠加在工作环境背景基础上的信息，进而帮助使用者智能地实现对于所处环境的理解，甚至可以完成对需要关注对象的智能匹配判断。AR可以在需要信息显示的物流活动全流程中应用，并且可以对肉眼难以观察到的信息内容进行增强显示，在高度依靠人工判断的仓储作业和设备维修中尤其具备应用的潜力。

近年来，随着AR在图像识别技术和设备性能稳定性方面的进步，AR设备的进一步推广普及成为可能，已经有越来越多的组织从事将AR应用于物流作业的研究开发工作。

思考与练习题

1. 简述当前中国物流运输的主要战略及特点。
2. 简述物联网的定义及其产生背景。
3. 简述物联网的特征及物联网的发展趋势。
4. 简述大数据在物流配送领域的应用。
5. 试述5G、AR技术在物流配送领域的应用。
6. 试述人工智能在物流配送领域的发展趋势。

拓展阅读

1. 陈晓曦. 数智物流[M]. 北京：中国经济出版社，2020.
2. 郁士祥，杜杰. 5G+物流[M]. 北京：机械工业出版社，2020.
3. 林庆. 物流3.0："互联网+"开启智能物流新时代[M]. 北京：人民邮电出版社，2017.
4. 王先庆. 新物流：新零售时代的供应链变革与机遇[M]. 北京：中国经济出版社，2019.
5. 潘永刚，余少雯，张婷. 重新定义物流[M]. 北京：中国经济出版社，2019.
6. 况漠，况达. 中国智慧物流产业发展创新路径分析[J]. 甘肃社会科学，2019(6): 151-158.
7. 刘艳，程恩萍，侯爱军. 基于创新驱动的我国物流业创新发展评价[J]. 科研管理，2018 (S1): 20-30.
8. 张焱，苑春荟，吴江. 5G背景下我国物流产业创新生态系统构建与演化研究[J]. 科学管理研究，2020，38(1): 62-70.
9. 师宁，李泽萍，赵胜利，等. 基于互联互通的现代物流体系构建[J]. 科技管理研究，2019(15): 191-197.

附　录

附录 A　物流企业排行榜

一、2019 年中国物流企业 50 强名单

根据国家发展改革委、中国物流与采购联合会《国家发展改革委关于进一步加强社会物流统计工作的通知》(发改运行〔2019〕758 号)的要求，中国物流与采购联合会组织实施了重点物流企业统计调查。根据调查结果，提出了 2019 年度中国物流企业 50 强排名。50 强物流企业 2018 年物流业务收入合计 9 833 亿元，按可比口径计算，同比增长 16.9%。50 强物流企业门槛提高到 32.6 亿元，比上年增加 3 亿元。

表 A-1　2019 年中国物流企业 50 强名单

排名	企业名称	物流业务收入(万元)
1	中国远洋海运集团有限公司	22 121 401
2	厦门象屿股份有限公司	14 040 454
3	顺丰控股股份有限公司	8 967 688
4	中国外运股份有限公司	7 731 184
5	京东物流集团	3 917 670
6	中国物资储运集团有限公司	3 887 225
7	中铁物资集团有限公司	3 019 406
8	圆通速递股份有限公司	2 746 515
9	上汽安吉物流股份有限公司	2 508 257
10	德邦物流股份有限公司	2 302 532
11	锦程国际物流集团股份有限公司	1 519 586
12	江苏苏宁物流有限公司	1 351 190
13	厦门港务控股集团有限公司	1 339 086
14	一汽物流有限公司	1 220 000
15	福建省交通运输集团有限责任公司	1 211 649
16	全球国际货运代理(中国)有限公司	1 111 263
17	中国石油化工股份有限公司管道储运分公司	1 027 952
18	青岛日日顺物流有限公司	1 014 431

续表

排名	企业名称	物流业务收入（万元）
19	泉州安通物流有限公司	1 005 754
20	嘉里物流(中国)投资有限公司	918 294
21	重庆港务物流集团有限公司	860 805
22	上海中谷物流股份有限公司	807 786
23	准时达国际供应链管理有限公司	761 967
24	山西快成物流科技有限公司	680 897
25	云南能投物流有限责任公司	674 347
26	安得智联科技股份有限公司	589 457
27	全球捷运物流有限公司	566 996
28	四川安吉物流集团有限公司	557 344
29	北京长久物流股份有限公司	546 845
30	江苏百盟投资有限公司	540 000
31	中铁铁龙集装箱物流股份有限公司	533 614
32	日通国际物流(中国)有限公司	525 480
33	重庆长安民生物流股份有限公司	512 710
34	武汉商贸国有控股集团有限公司	502 116
35	林森物流集团有限公司	499 536
36	浙江物产物流投资有限公司	497 800
37	中都物流有限公司	474 961
38	湖南星沙物流投资有限公司	468 561
39	传化智联股份有限公司	464 576
40	河北宝信物流有限公司	455 488
41	广东省航运集团有限公司	452 977
42	玖隆钢铁物流有限公司	450 000
43	九州通医药集团物流有限公司	421 451
44	国药控股扬州有限公司	401 334
45	利丰供应链管理(中国)有限公司	378 988
46	云南建投物流有限公司	378 769
47	南京福佑在线电子商务有限公司	351 366
48	湖南一力股份有限公司	348 106
49	希杰荣庆物流供应链有限公司	333 852
50	中通服供应链管理有限公司	325 565

二、2019 年中国民营物流企业 50 强名单

随着民营物流企业的快速发展，中国物流与采购联合会于 2019 年首次提出了民营物流企业 50 强排名。民营 50 强物流企业物流业务收入合计 3 528 亿元，同比增长 28.0%，增速高于 50 强企业 11.1 个百分点。民营 50 强物流企业门槛为 8.4 亿元。

表 A-2　2019 年中国民营物流企业 50 强名单

排名	企业名称	物流业务收入（万元）
1	顺丰控股股份有限公司	8 967 688
2	京东物流集团	3 917 670
3	圆通速递股份有限公司	2 746 515
4	德邦物流股份有限公司	2 302 532
5	锦程国际物流集团股份有限公司	1 519 586

续表

排名	企业名称	物流业务收入(万元)
6	江苏苏宁物流有限公司	1 351 190
7	泉州安通物流有限公司	1 004 884
8	上海中谷物流股份有限公司	807 786
9	准时达国际供应链管理有限公司	761 967
10	山西快成物流科技有限公司	680 897
11	安得智联科技股份有限公司	589 457
12	全球捷运物流有限公司	566 996
13	北京长久物流股份有限公司	546 845
14	江苏百盟投资有限公司	540 000
15	林森物流集团有限公司	499 536
16	湖南星沙物流投资有限公司	468 561
17	传化智联股份有限公司	464 576
18	河北宝信物流有限公司	455 488
19	玖隆钢铁物流有限公司	450 000
20	九州通医药集团物流有限公司	421 451
21	南京福佑在线电子商务有限公司	351 366
22	湖南一力股份有限公司	348 106
23	希杰荣庆物流供应链有限公司	333 852
24	江苏飞力达国际物流股份有限公司	319 845
25	正本物流集团有限公司	315 371
26	上海则一供应链管理有限公司	310 596
27	跨越速运集团有限公司	279 200
28	密尔克卫化工供应链服务股份有限公司	263 777
29	江苏众诚国际物流有限公司	244 923
30	建华物流有限公司	236 556
31	盛丰物流集团有限公司	227 016
32	上海环世物流(集团)有限公司	226 627
33	盛辉物流集团有限公司	224 718
34	湖南湾田供应链管理有限公司	212 350
35	镇海石化物流有限责任公司	208 357
36	统业物流科技集团股份有限公司	205 935
37	宏图智能物流股份有限公司	205 355
38	陕西卡一车物流科技有限公司	193 194
39	宝供物流企业集团有限公司	193 189
40	湖南兴义物流有限公司	189 016
41	湖南金煌物流股份有限公司	178 238
42	山东宇佳物流有限公司	175 462
43	新疆九洲恒昌供应链管理股份有限公司	171 421
44	山东佳怡供应链管理有限公司	170 855
45	江西正广通供应链管理有限公司	166 177
46	上海佳吉快运有限公司	165 631
47	内蒙古众利惠农物流有限公司	92 990

续表

排名	企业名称	物流业务收入(万元)
48	济南零点物流港有限公司	85 312
49	江苏澳洋顺昌股份有限公司	84 404
50	驻马店市恒兴运输有限公司	83 894

三、2019 年全球物流公司 50 强排行榜(不包含快递、快运)

2019 年全球物流公司 50 强排行榜是 Transport Topics 和 Armstrong & Associates Inc.的联合研究项目。榜单中的各公司根据实际(或估计)的净收入进行排名。2019 年度的榜单(数据取自 2018 年)显示，全球前十强物流公司排行分别为：XPO 物流公司、UPS 供应链解决方案、DHL 供应链、J.B.亨特运输服务公司、C.H.罗宾逊全球物流、莱德供应链解决方案、华盛顿国际商贸公司、潘世奇物流公司、Lineage Logistics、NFI。具体排名如表 A-3 所示。

表 A-3 全球物流公司 50 强排行榜(不包含快递、快运)名单

公司名称	2019 排名	2018 排名	净收入(百万)
XPO 物流公司	1	1	$6 112(估计)
UPS 供应链解决方案	2	2	$4 750(估计)
DHL 供应链	3	3	$3 809
J.B.亨特运输服务公司	4	6	$2 900(估计)
C. H. 罗宾逊全球物流	5	4	$2 705
莱德供应链解决方案	6	7	$2 636
华盛顿国际商贸公司	7	5	$2 620
潘世奇物流公司	8	12	$1 840(估计)
Lineage Logistics	9	18	$1 837
NFI	10	10	$1 700
联邦快递物流	11	8	$1 625(估计)
瑞士德迅集团	12	11	$1 579
Ingram Micro Commerce & fulfillment Branch	13	24	$1 400(估计)
乔达国际物流	14	15	$1 319
基华物流	15	13	$1 195(估计)
施奈德物流	16	18	$1 180(估计)
美冷物流	17	9	$1 158
Radial	18	14	$1 082
Syncreon 控股公司	19	18	$1 050(估计)
全球国际货运代理有限公司	20	17	$1 028(估计)
沃纳全球物流	21	21	$1 028
Ruan	22	22	$900(估计)
Neovia	23	23	$763(估计)
红雀物流控股公司	24	25	$718
全面质量物流	25	29	$683
美集物流	26	16	$665(估计)
环球物流控股有限公司	27	27	$610(估计)
美国速运企业公司	28	31	$571

续表

公司名称	2019排名	2018排名	净收入(百万)
马鞍溪物流服务	29	30	$538(估计)
枢纽集团公司	30	33	$536(估计)
DSC 物流	31	28	$535(估计)
Kenco Group	32	26	$534
美洲得夫得斯	33	32	$522(估计)
黑马运输公司	34	35	$491
TransGroup Global	35	36	$460(估计)
Performance Team	36	39	$456
泛亚班拿	37	34	$435
回声全球物流	38	40	$420
莱帝土地星系统公司	38	42	$420(估计)
百运达国际货运代理	40	38	$379
奥德赛物流技术公司	41	50	$365
Worldwide Express	42	41	$360
Covenant Transport	43	无	$298(估计)
拓领环球物流	44	48	$290(估计)
可见供应链管理	44	44	$290(估计)
Cowan Logistics	46	45	$281(估计)
Transplace Inc.	47	46	$280
马尔登运输公司	48	无	$275(估计)
Lazer Spot Inc.	49	无	$256
GlobalTranz Enterprises	50	无	$245

下面我们对榜单前10名的物流公司做具体的介绍。

1. XPO 物流公司

该榜单显示 XPO 物流公司净收入预估 61.12 亿美元，TOP50 强排名第一。

XPO Logistics, Inc.是美国一家空运和货运服务公司，创立于 1996 年，总部位于美国康涅狄格州格林威治，欧洲总部位于法国里昂，是世界十大运输和物流服务供应商之一。XPO Logistics 公司的年收入约 150 亿美元，为 50 000 多个客户提供服务，并在 34 个国家拥有超过 87 000 名员工和 1 440 个地点的网络。

XPO 是世界第二大货运代理提供商，是世界第二大合同物流提供商，也是北美第二大小货车(LTL)运输公司。在欧洲，XPO Logistics 拥有最大的自有运输车队和外包电子商务的最大平台。

2. UPS 供应链解决方案

该榜单显示 UPS 净收入预估 47.5 亿美元，TOP50 强排名第二。

UPS 最初作为一家信使公司于 1907 年在美国成立，现已成长为一家年营业额达到数百亿美元的全球性的公司，致力于以支持全球商业发展为目标。如今的 UPS，或者称为联合包裹服务公司，是一家全球性的公司，其商标是世界上最知名、最值得敬仰的商标之一。作为世界上最大的快递承运商与包裹递送公司，同时也是专业的运输、物流、资本与电子商务服务的领导性的提供者，每天都在世界上 200 多个国家和地区管理着物流、资金流与信息流。

UPS 每年处理将近 40 亿件货品，全球设有 1 800 处转运中心，并拥有一条大型铁路和 270 多架货机组成的机队，还拥有 9.5 万辆陆运货车。依托庞大的运输团队，UPS 能够在全球 200 多个国家和地区展开业务。但是这家巨无霸物流企业的核心是位于肯塔基州的路易维尔(Louisville)转运中心，被称为 UPS 世界港。UPS 世界港占地 240 公顷(2.4 平方千米)，巨大的转运中心直接和机场接驳。UPS 世界港的核心建筑是 4 层楼高的处理中心，内建有多条数千米长的传送带，处理中心连接有 44 个货运站的 3 大货机收发侧翼，每 4 小时轮转一次，能提供多达 100 架货机的装卸工作。工厂更是拥有规模惊人的作业量，世界港每天处理超过 100 万件货物，最高纪录是在 24 小时内处理 250 万件货物。

UPS 世界港是目前全世界最大的物流中转中心：营运面积达 37 万平方米，相当于 80 个美式橄榄球场地大小，拥有 44 个航站近机位。仅营业场地内的传送带就有 1.9 万个，总长达 150 千米，货物每秒移动 5 米以上。UPS 世界港共有 9 000 名雇员，中转中心的核心是构建一条信息高速公路，这里每小时处理超过 5 000 万笔交易信息。UPS 世界港集中处理来自当地转运中心的所有货物，也堪称是全球最先进的货物分拣设施。

3. DHL 供应链

该榜单显示 DHL 净收入 38.09 亿美元，TOP50 强排名第三。

DHL 国际快递是全球知名的邮递和物流集团 Deutsche Post DHL 旗下的公司，其中文名称为敦豪航空货运公司，总部位于德国波恩。1969 年，DHL 开设了他们的第一条从旧金山到檀香山的速递运输航线，公司的名称 DHL 由三位创始人姓氏的首字母组成(Dalsey，Hillblom 和 Lynn)。很快，DHL 把他们的航线扩张到中国香港、日本、菲律宾、澳大利亚和新加坡等国家和地区。20 世纪 70 年代中后期，在致力建立起一个崭新的、提供全球门到门速递服务的网络的构想下，DHL 把航线扩展到南美洲、中东地区和非洲。

DHL 作为德国的一家全球物流公司，自 1970 年便开始布局全球化。其主要业务由四大板块组成，邮政—电商—包裹、DHL 快递、DHL 全球货运代理、DHL 供应链。

目前，DHL 的业务遍布全球 220 个国家和地区，是全球国际化程度最高的公司，提供专业的运输、物流服务，为全球最大的递送网络之一，在五大洲拥有将近 34 个销售办事处以及 44 个邮件处理中心。其运输网络覆盖全球 220 多个国家和地区的 120 000 多个目的地(主要城市)。

4. J.B.亨特运输服务公司

该榜单显示 J.B.亨特运输服务公司净收入预估 29 亿美元，TOP50 强排名第四。

J.B.亨特运输服务公司(J.B. Hunt Transport Services)于 1969 年建立，总部位于北美。是由约翰尼·布莱恩·亨特创立的一家货车运输公司。公司最初只有 5 辆卡车和 7 辆冷冻车，主要进行稻壳运输工作。如今，J.B.亨特运输服务公司已凭借年收入 20 亿美元，成为美国几大货运公司巨头之一。公司主要业务方向为大型双轮拖车，并且公司提供横跨美国、墨西哥和加拿大的运输服务。公司员工数已超过 16 000 名，并超过 11 000 辆卡车在营运中。此外，还有超过 47 000 个拖车和集装箱。

1989 年，J.B.亨特运输服务公司与铁道部门联手进行联合运输。如今，公司 40%的收入与 50%的利润来自联合运输。公司也协同即将实行的卡车服务设立了一些专项的货运服务，主要有专门的运输合同，内贸运输管理/运费经纪人佣金，多式联运等。J.B.亨特运输服务公司是美国最大的多式联运之一营销公司。多式联运是现在其业务总量的 61%。JB 的 ICS 大约产生 10%的收入，其毛利率大概为 13%。

5. C.H. 罗宾逊全球物流

该榜单显示 C.H. 罗宾逊全球物流净收入 27.05 亿美元，TOP50 强排名第五。

美国 C.H.罗宾逊全球物流有限公司创建于 1905 年,是北美最大的第三方后勤物流公司。通过在北美、南美及欧洲的办公网络,它提供全球多模式的运输服务及后勤解决方案。通过与汽运公司的合约,它拥有全美唯一的最大汽运能力的运输网络。

以"无车承运人"角色整合服务资源的罗宾逊,凭借着集成信息服务平台,6.3 万家运输企业签约成为罗宾逊的合同承运人,这些企业合计拥有 100 多万辆卡车。如此规模,堪称全球最大的公路货运企业,罗宾逊可承接遍及全美的公路物流服务,也有足够能力掌握服务定价权。

6. 莱德供应链解决方案

该榜单显示莱德物流公司净收入 26.36 亿美元,TOP50 强排名第六。

莱德物流公司(Ryder System)成立于 1933 年,从驾驶一辆混凝土运输车到管理全美 23.4 万辆卡车,历时 85 年,是北美最古老也是最大的车队管理公司。2017 年,公司实现营收总额 73.30 亿美元,利润 7.91 亿美元。

莱德物流公司(Ryder System)在运输和供应链管理解决方案上是全球性的领导者,占有北美最大的商用车队市场。除了在美国的业务外,还在向加拿大、拉丁美洲、欧洲和亚洲进行业务扩张。全球设有 629 个 FMS 运营地点,管理仓库面积达 484 万平方米,拥有车辆 18.6 万辆,在职员工 3.6 万名。

莱德物流公司主要营收来源于 5 个地区:美国、加拿大、欧洲、墨西哥、马来西亚。莱德物流以服务大客户为主,在竞争激烈的市场中运作,客户会基于多种因素,包括服务质量、价格、技术和服务来进行考量合作。莱德物流公司的客户群散布在各行各业,其中食品和饮料服务(22%)、运输和仓储(20%)、汽车(11%)、零售业(10%)、工业(8%)、房地产(8%)、技术(7%)、商业和个人服务(5%)、其他(9%)。

莱德主营业务包括三大部分:车队管理解决方案(FMS)、供应链解决方案(SCS)、专业运输解决方案(DTS),其中 FMS 营收 47.34 亿,占比达 58%,是三大业务占比最大的,同时是其他两大业务的重要支撑点;SCS、DTS 营收 26.89 亿、10.96 亿,占比 27%、15%。

7. 华盛顿国际商贸公司

该榜单显示华盛顿国际商贸公司净收入 26.2 亿美元,TOP50 强排名第七。

华盛顿国际商贸公司是一家财富 500 强服务型物流公司,创立于 1979 年,总部位于美国华盛顿西雅图市,区域总部位于伦敦、迪拜、上海和新加坡。华盛顿国家商贸公司,为客户提供高度优化和定制的供应链解决方案,通过遍布六大洲 103 个国家的 322 个地点的全球网络集成统一技术系统,在全球拥有 17 400 多名员工。

华盛顿国际商贸公司的核心服务是供应链解决方案,主要包括运输、海关与合规、仓储与配送。从业务类型来看,业务主要集中在空运、海运和货代方面,按照收入划分,分别占 63%、25% 和 12%。而从地区分布来看,主要集中在远东,占 56%,在美国、欧洲和中东、南美、澳大利亚的收入分别占 25%、15%、2%、1%。

公司业务也从清关扩充到了空运、海运、货代、保险、分销、供应链软件等服务,而其核心业务依旧是运输服务业务。在全年海运的承运量中,无船承运人箱量超 1 170 000 标准箱,代理订舱箱量超 360 000 标准箱,全年的陆运货量逾越 16 亿千克。

华盛顿国际商贸公司在中国有 47 个分公司,厦门分公司成立于 1997 年,是经过国家外经贸部批准的一级国际货运代理企业,现位于厦门国际航运中心,主要承办国际海运、空运代理业务。福州分公司于 2006 年成立,办公地点设在福州市恒力创富中心。

8. 潘世奇物流公司

该榜单显示潘世奇物流公司净收入预估 18.4 亿美元，TOP50 强排名第八。

美国潘世奇物流公司(Penske Logistics)是世界领先的物流服务提供商，在美国排名前 5。公司提供供应链管理、运输管理和仓储管理等物流服务，年营业收入超过 10 亿美元。潘世奇物流拥有 20 万辆汽车、约 93 万平方米的仓库和直接换装区，300 个物流中心遍布南美洲、北美洲和欧洲。

潘世奇物流公司于 2004 年 3 月 16 日宣布其独资子公司潘世奇上海物流咨询有限公司正式成立，主要提供包括物流规划、系统控制和信息管理等咨询服务。

9. Lineage Logistics

该榜单显示 Lineage Logistics 净收入 18.37 亿美元，TOP50 强排名第九。

Lineage Logistics 是温控供应链及物流行业领先的创新者。Lineage 综合了端对端物流解决方案领域的专长、无可匹敌的房地产网络及技术运用，促进食品安全性，提升配送效率，推进可持续发展，减少环境影响并减少供应链浪费。因此，Lineage 帮助从财富 500 强公司到小型家族企业的各种规模客户提高效率并保护其温控供应链的完整性。

2018 年 11 月，仓储物流巨头 Lineage Logistics 就宣布已收购了英国首屈一指的温控物流服务提供者和冷冻食品经销商 Yearsley Group Limited。2019 年 2 月，这家全球第二大冷藏仓储物流公司又宣布正在收购一家冷冻服务公司 Preferred Freezer Services，以扩大其全球仓库足迹，这显然将使其成为全球最大的温控仓库运营商。

此次交易将增加 Lineage 投资下一代技术的能力，同时利用该公司的综合知识产权取得新的进展。这些增强的创新能力将使 Lineage 能够为其扩大的客户群提供无与伦比的运营和能源效率。合并后，Lineage 将拥有 17 个自动化设施，拥有超过 800 000 个自动位置，包括世界上最大的两个自动化设施，以及加速战略，以带来最先进的自动化解决方案，以满足不断增长的客户需求和复杂性。

10. NFI

该榜单显示 NFI 净收入 17 亿美元，TOP50 强排名第十。

NFI 是一家完全集成的第三方供应链解决方案提供商，总部位于新泽西州樱桃山。NFI 致力于为世界各地、各个行业的客户提供定制、工程化的解决方案，以推动业务取得成功。NFI 的业务范围包括专用运输、仓储、联运、经纪、运输管理、全球和房地产服务。

自 1932 年成立以来，NFI 由布朗家族私人持有，年收入超过 20 亿美元，雇用了 10 900 多名员工。NFI 拥有大约 465 万平方米的仓库和配送空间，该公司的分销设施涵盖自动化电子商务履行中心，跨站台，转运设施，多温度配送中心，海关检查和食品级仓库等。此外，NFI 的内部房地产团队还专注于快速收购或构建先进的仓库和配送中心，以满足客户的独特需求。NFI 的专用和拖运车队由 4 000 多台拖拉机和 9 700 辆拖车组成。NFI 提供基于资产的运输解决方案，涵盖干燥和温度控制，以及运营专业车队的专业知识，包括油轮、平板等。此外，该公司不断努力改善其对环境的影响，并经营电动、清洁柴油和天然气卡车。

凭借遍布北美的 40 000 多家合作伙伴运营商和 10 个办事处的强大网络，NFI 继续发展其非资产运输解决方案方面的业务。除了关于运营卡车的专业知识外，NFI 的经纪和运输管理功能还包括冷藏、平板、超维、多式联运和最终里程。通过收购 SCR，NFI 通过非资产冷藏多式联运专业知识拓展了自身的经纪业务。

附录 B 全球各大物流关卡介绍

1. 英吉利海峡

英吉利海峡，又名拉芒什海峡，是分隔英国与欧洲大陆的法国、并连接大西洋与北海的海峡。海峡长 560 公里(350 英里)，最狭窄处又称多佛尔海峡，仅宽 34 公里(21 英里)。英吉利海峡和多佛尔海峡是世界上海洋运输最繁忙的海峡，战略地位重要。国际航运量很大，每年通过该海峡的船舶达 20 万艘之多，居世界各海峡之冠。历史上由于它对西欧、北欧各资本主义国家的经济发展曾起过巨大的作用，人们把这两个海峡的水道称为"银色的航道"。其资源丰富，蕴藏有石油、天然气，盛产青鱼、鲱鱼、鳕鱼和比目鱼等。海洋潮能约有 8 000 万千瓦，约占世界海洋潮能(10 亿千瓦～30 亿千瓦)的 3%～8%，是世界海洋潮汐动力资源最丰富的地区。

2. 马六甲海峡

马六甲海峡又译作麻六甲海峡(Strait of Malacca)，位于马来半岛与苏门答腊岛之间。马六甲海峡呈东南－西北走向。它的西北端沟通印度洋的安达曼海，东南端连接中国南海。海峡全长约 1 080 千米，西北部最宽达 370 千米，东南部最窄处只有 37 千米，是连接沟通太平洋与印度洋的国际水道。马六甲海峡是印度洋与太平洋之间的重要通道，连接了世界上人口非常多的三个大国：中国、印度与印度尼西亚。另外，马六甲海峡也是西亚到东亚的重要通道，日本称马六甲海峡是"海上生命线"。海峡现由新加坡、马来西亚和印度尼西亚三国共同管辖。马六甲海峡是沟通太平洋与印度洋的咽喉要道，通航历史远达两千多年，是亚、非、欧沿岸国家往来的重要海上通道，许多发达国家从外国进口的石油和战略物资，都要经过这里运出。由于海运繁忙以及独特的地理位置，马六甲海峡被誉为"海上十字路口"，是环球航线的一个重要环节。马六甲海峡每天平均通过的船有 200 多艘，每年通过 8 万多艘，是世界上最繁忙的海峡之一。

3. 直布罗陀海峡

直布罗陀海峡(Strait of Gibraltar)是沟通地中海与大西洋的重要门户，和地中海一起构成欧洲和非洲之间的天然分界线，位于西班牙最南部和非洲西北部之间。最窄处在西班牙的罗马基角和摩洛哥的西雷斯角之间，宽仅 13 千米。由于直布罗陀海峡表层海水永远从西向东流，所以轮船从大西洋驶往地中海，经过直布罗陀海峡时，永远是顺水航行；同样，潜水艇从地中海海底进入大西洋也是顺水，这一现象早年就被大西洋航海家们所利用，地中海沿岸国家的探险船队曾频繁地通过这里而到达大西洋，从而完成他们的探险之举。1869 年苏伊士运河通航后，尤其是波斯湾的油田得到开发之后，它的战略地位更加重要，成为西欧能源运输的"生命线"，是大西洋与地中海以及印度洋、太平洋间海上交通的重要航线。每天有千百艘船只通过海峡，每年可达十万艘，是国际航运中最繁忙的通道之一，具有重要的经济和战略地位。

4. 霍尔木兹海峡

霍尔木兹海峡是连接波斯湾和印度洋的海峡，亦是唯一一个进入波斯湾的水道。海峡的北岸是伊朗，有阿巴斯港，海峡的南岸是阿曼，海峡中间偏近伊朗的一边有一个隶属于伊朗的格什姆岛。霍尔木兹海峡自古以来就是东西方国家间经济、文化和贸易的枢纽，16 世纪初葡萄牙开始入侵该地区，其后成为英国、荷兰、法国、俄国等争夺的重要目标。作为当今全球最为繁忙的水道之一，霍尔木兹海峡又被称为世界重要的咽喉，特别在海湾地区成为世界石油宝库之后，平均每 8～10 分钟就有 1 艘海轮驶过海峡，该海峡是波斯湾石油通往西欧、美国、日本和世界各地的唯一海上通道。由于它是波斯湾进入印度洋的必经之地，因此有"海湾的咽喉"之称。

5. 土耳其海峡

被称为"天下咽喉"的土耳其海峡，是地中海通往黑海的唯一海峡，故又称黑海海峡。它包括博斯普鲁斯海峡、马尔马拉海和达达尼尔海峡三部分，全长345千米，整个海峡呈东北—西南走向，是亚、欧两洲的分界线。东北端为博斯普鲁斯海峡，西南端为达达尼尔海峡，两海峡之间是土耳其内海马尔马拉海。两岸主权均属于土耳其。冷战时期，美苏均将黑海海峡确立为全球最重要的海上咽喉之一。冷战后，北约仍视黑海海峡为欧亚大陆的战略要点之一。土耳其海峡是海上交通要道，它沟通黑海和地中海，是罗马尼亚、保加利亚、乌克兰、格鲁吉亚等国唯一的出海口。峡区属地中海气候，全年大部分时间风平浪静，海流缓慢，滩礁亦少，航运条件优越，故海上航运十分繁忙，年通过船舶约4万艘、军舰几百艘，总吨位达4亿吨左右(不包括军舰)。

6. 白令海峡

白令海峡(Bering Strait)位于亚欧大陆最东点的俄罗斯杰日尼奥夫角和美洲大陆最西点的美国威尔士王子角之间，西经169°40′，北纬65°35′，约80千米宽，深度在30～50米。海峡连接北冰洋、楚科奇海和白令海，是亚洲和北美洲的分界线。白令海峡的名字来自丹麦探险家维他斯·白令，他于1728年在俄国军队任职时候穿过白令海峡，第一次穿过北极圈。

白令海峡是沟通北冰洋和太平洋的唯一航道，也是北美洲和亚洲大陆间的最短海上通道。位于亚洲东北端楚科奇半岛和北美洲西北端阿拉斯加之间。北连楚科奇海，南接白令海，最大水深52米。海峡的狭窄和水浅削弱了北冰洋和太平洋间深层水的交换。在距今1万年前的第四纪冰期时，海水低于海面约100～200米，海峡历史上是亚洲和北美洲间的"陆桥"，两洲的生物通过陆桥相互迁徙。海峡水道中心线既是俄罗斯和美国的交界线，又是亚洲和北美洲的洲界线，还是国际日期变更线。

7. 台湾海峡

台湾海峡，是中国福建省与台湾省之间连通南海、东海的海峡。北起中国台湾省新北市富贵角与福建省平潭岛连线，南至福建省漳州市东山岛与中国台湾省鹅銮鼻连线。其主要以大陆棚为主，平均水深约60米，最深处水深为88米。海域上的岛屿，除靠近福建的沿海岛屿外，尚有澎湖群岛与台湾省屏东县的小琉球。

8. 苏伊士运河

苏伊士运河于1869年修筑通航，是一条海平面的水道，在埃及贯通苏伊士地峡，沟通地中海与红海，提供从欧洲至印度洋和西太平洋附近土地的最近航线。它是世界使用最频繁的航线之一，也是亚洲与非洲的交界线，是亚洲与非洲、欧洲人民来往的主要通道。

运河北起塞得港，南至苏伊士城，长190千米，在塞得港北面掘道入地中海至苏伊士的南面。苏伊士运河的建成使得非洲大半岛变成非洲大陆，埃及横跨亚非、西南亚、东北非以及南欧的贸易更繁忙。

苏伊士运河当前由埃及苏伊士运河管理局拥有和管理，是埃及的重要外汇收入来源，每年超过2万艘船只通过苏伊士运河，占世界海运贸易的14%。苏伊士运河是世界上最繁忙的人工河流之一。

9. 巴拿马运河

巴拿马运河(英语为Panama Canal，西班牙语为Canal de Panama)位于中美洲国家巴拿马，横穿巴拿马地峡，连接太平洋和大西洋，是重要的航运要道，被誉为世界七大工程奇迹之一的"世界桥梁"。巴拿马运河由美国建造完成，1914年开始通航，现由巴拿马共和国拥有和管理，属于水闸式运河。从一侧的海岸线到另一侧海岸线长度约为65千米(40英里)，而由加勒比海的深水处至太平洋一侧的深水处约82千米(50英里)，宽的地方达304米，最窄的地方也有152米。

巴拿马运河承担着全世界5%的贸易货运。中国是巴拿马运河的第二大用户。

参 考 文 献

1. 王效俐，沈四林. 运输组织学[M]. 上海：立信会计出版社，2006.
2. 洪生伟. 汽车运输服务质量管理体系[M]. 北京：中国计量出版社，2004.
3. 胡思继. 交通运输学[M]. 北京：人民交通出版社，2001.
4. 肯尼思·巴顿. 运输经济学[M]. 冯宗宪，译. 北京：商务印书馆，2001.
5. 张旭凤. 运输与运输管理[M]. 北京：北京大学出版社，2004.
6. 管楚度. 新视域运输经济学[M]. 北京：人民交通出版社，2002.
7. 陈志红. 运输实务[M]. 北京：人民交通出版社，2005.
8. 缪六莹. 运输管理实务[M]. 北京：电子工业出版社，2004.
9. 杨浩. 运输组织学[M]. 北京：中国铁道出版社，2004.
10. 奉毅. 物流运输组织与管理[M]. 北京：机械工业出版社，2005.
11. 朱隆亮，谭任绩. 物流运输组织管理[M]. 北京：机械工业出版社，2003.
12. 骆勇，宇仁德. 道路运输经济学[M]. 北京：人民交通出版社，2006.
13. 朱隆亮，万耀明. 物流运输组织与管理[M]. 北京：机械工业出版社，2005.
14. 沈志云. 交通运输工程学[M]. 北京：人民交通出版社，2003.
15. 蒋惠国. 运输市场营销学[M]. 北京：人民交通出版社，2004.
16. 许明月. 国际货物运输[M]. 北京：中国人民大学出版社，2004.
17. 武德春. 集装箱运输实务[M]. 北京：机械工业出版社，2005.
18. 余群英. 运输组织与管理[M]. 北京：机械工业出版社，2004.
19. 王焰. 配送中心规划与管理[M]. 长沙：湖南人民出版社，2006.
20. 袁长明，刘梅. 物流仓储与配送管理[M]. 北京：北京大学出版社，2007.
21. 姚城. 物流配送中心——规划与运作管理[M]. 广州：广东经济出版社，2004.
22. 李永生，郑文岭. 仓储与配送管理[M]. 北京：机械工业出版社，2006.
23. 于承新，赵莉. 物流设施与设备[M]. 北京：经济科学出版社，2007.
24. 高晓亮，伊俊敏，甘卫华. 仓储与配送管理[M]. 北京：清华大学出版社，2006.
25. 张三省. 仓储与运输物流学[M]. 广州：中山大学出版社，2007.
26. 王登清. 仓储与配送管理实务[M]. 北京：北京大学出版社，2009.
27. 真虹，张婕姝. 物流企业仓储管理与实务[M]. 北京：中国物资出版社，2007.
28. 赵家俊. 仓储与配送管理[M]. 北京：科学出版社，2009.
29. 周盛世. 仓储与配送管理[M]. 北京：中国铁道出版社，经济科学出版社，2008.
30. 郑克俊. 仓储与配送管理[M]. 北京：科学出版社，2005.
31. 张念. 仓储与配送管理[M]. 大连：东北财经大学出版社，2008.
32. 罗松涛. 配送和配送中心管理[M]. 北京：对外经济贸易大学出版社，2008.
33. 殷延海. 配送中心规划与管理[M]. 北京：高等教育出版社，2008.
34. 刘联辉. 配送实务[M]. 北京：中国物资出版社，2004.
35. 苏巧玲，郭仪. 运输与配送管理[M]. 武汉：华中科技大学出版社，2020.
36. C. 小约翰·兰利，约翰·J. 科伊尔，罗伯特·A. 诺华克，等. 供应链管理：物流视角[M]. 9版. 宋华，译. 北京：电子工业出版社，2016.

37. 霍佳震. 物流与供应链管理[M]. 2版. 北京：高等教育出版社，2012.

38. 约翰•J. 科伊尔，罗伯特•A. 诺华克，布赖恩•J. 吉布森. 运输管理[M]. 8版. 北京：清华大学出版社，2019.

39. 徐瑞华，张国宝，徐行方. 轨道交通系统行车组织[M]. 北京：中国铁道出版社，2005.

40. 陈家源. 港口企业管理学[M]. 大连：大连海事大学出版社，1999.

41. 杨新湦. 民用航空概论[M]. 北京：人民交通出版社，2019.

42. Stopford M. Maritime Economics[M]. 3rd Editon. Routledge, 2008.

43. 欧国立. 运输市场学[M]. 北京：中国铁道出版社，2005.

44. 刘作义，赵瑜. 运输市场营销学[M]. 3版. 北京：中国铁道出版社，2010.

45. 蒋惠园. 运输市场营销学[M]. 北京：人民交通出版社，2004.

46. 孙家庆. 国际货运代理[M]. 2版. 大连：东北财经大学出版社，2008

47. 严作人，杜豫川，张戎. 运输经济学[M]. 2版. 北京：人民交通出版社，2009.

48. 荣朝和. 西方运输经济学[M]. 2版. 北京：经济科学出版社，2008.

49. 尹传忠，王立坤，武中凯，等. 综合运输学概论[M]. 上海：上海交通大学出版社，2020.

50. 陆化普. 交通规划理论与方法[M]. 2版. 北京：清华大学出版社，2006.

51. Sheffi Y. Urban transportation networks[M]. Prentice-Hall, Englewood Cliffs, NJ, 1985.

52. 冯檬莹，曾文杰，许茂增. 危险货物物流管理[M]. 北京：人民交通出版社，2018.

53. 钱大琳，吕莹，张玉玲，等. 危险货物道路运输[M]. 北京：人民交通出版社，2020.

54. 傅莉萍，姜斌远. 配送管理[M]. 北京：北京大学出版社，2014.

55. 威廉 J. 史蒂文森. 运营管理[M]. 英文版•11版. 北京：机械工业出版社，2012.

56. 徐贤浩. 物流配送中心规划与运作管理[M]. 武汉：华中科技大学出版社，2014.

57. 易华，李伊松. 物流成本管理[M]. 3版. 北京：机械工业出版社，2017.

58. 董永茂. 物流成本管理[M]. 杭州：浙江大学出版社，2011.

59. 张芮. 配送中心运营管理[M]. 北京：中国物资出版社，2011.

60. 李庆阳，刘雨平，袁清. 配送中心管理理论与实务[M]. 北京：清华大学出版社，2011.

61. 陈晓曦. 数智物流[M]. 北京：中国经济出版社，2020.

62. 郁士祥，杜杰. 5G+物流[M]. 北京：机械工业出版社，2020.

63. 林庆. 物流3.0："互联网+"开启智能物流新时代[M]. 北京：人民邮电出版社，2017.

64. 王先庆. 新物流：新零售时代的供应链变革与机遇[M]. 北京：中国经济出版社，2019.

65. 潘永刚，余少雯，张婷. 重新定义物流[M]. 北京：中国经济出版社，2019.

66. 刘翠莲. 港口装卸工艺[M]. 大连：大连海事大学出版社，2013.